U0570480

全國高等院校古籍整理研究工作委員會資助項目

前言

《越絶書》是記載我國早期吴越歷史的重要典籍。它所記載的内容，以春秋末年至戰國初期吴、越爭霸的歷史事實爲主幹，上溯夏禹，下迄兩漢，旁及諸侯列國，對這一歷史時期吴越地區的政治、經濟、軍事、天文、地理、曆法、語言等多有所涉及。其中有些記述，不見於現存其他典籍文獻，而爲此書所獨詳；有些記述，則可與其他典籍文獻互爲發明，彼此印證，因而向爲學者所重視。在現代社會科學的研究過程中，曾有不少人，從不同角度、在不同程度上利用《越絶書》，來考察中國古代史、中國文學史、中國民族史、漢語語言學史、中國歷史地理中的一些具體問題，並取得了不少重要成果。這説明此書對於以上諸學科的研究，具有一定的參考價值。

出於種種原因，在《越絶書》的成書年代、作者、卷數、書名、篇名等問題上，至今仍存在着許多不同的看法。如關於成書年代，有春秋説、戰國説、戰國—西漢—東漢説、戰國—東漢説、東漢初年説、東漢末年説、東漢初年—東漢末年説、西晉説；關於作者，有子貢撰説，子胥撰説，袁康撰説，袁康、吴平合撰説，袁康撰吴平修訂説，袁康、吴平輯録説；

關於卷數，有十五卷說，十六卷說；關於書名，有《越絶書》原稱《越絶》說，《越絶書》原稱《越絶記》說，《越絶記》非《越絶書》說；關於篇名，有《吴太伯》與《兵法》篇亡佚說，今本《吴地傳》即古本《吴太伯》篇說，《伍子胥水戰兵法内經》即古本《兵法》篇說，今本《陳成恒》非古本《陳恒》篇說，等等。以上這些，一方面說明，關於《越絶書》的一些重要問題，意見尚未統一，疑點猶待探討；另一方面也同時說明，正是由於《越絶書》的史料價值，在諸典籍中佔有特殊的地位，因而使衆多的研究者爲之鍥而不舍。

應當指出，近十幾年來，一些學者在前人研究的基礎上，對以上的這些問題，又作過一番深入的探尋，其中陳橋驛先生、黄葦先生、徐奇堂先生都有專文討論〔一〕，倉修良先生的文章也有所涉及〔二〕。這些論文，或對諸問題的研究狀況加以介紹，或就各個問題的方面發表自己的新解。這些研究的新成果，對於初涉《越絶書》的人來說，可作爲入門的向導，對於專家來說，可供參考。總之，感興趣的讀者不妨一讀。我對這些問題以及《越絶書》的其他一系列問題，也曾作過考察，這裏爲篇幅所限，無法展開，待觀點與讀者見面，再來和大家一起，相析疑義，共賞奇文〔三〕。

前人在《越絶書》的整理研究方面，作過一些工作，除歷代的抄本、刻本外，其主要成果是：清人的《越絶書札記》二種、張宗祥的《越絶書校註》、樂祖謀的《越絶書》點校本。

中國史學基本典籍叢刊

越絶書校釋

李步嘉　校釋

中華書局

圖書在版編目(CIP)數據

越絶書校釋/李步嘉校釋. —北京:中華書局,2013.5(2024.7重印)
(中國史學基本典籍叢刊)
ISBN 978-7-101-09118-2

Ⅰ.越… Ⅱ.李… Ⅲ.①中國歷史-吴國(？~前473)-史料②中國歷史-越國(？~前306)-史料③《越絶書》-注釋 Ⅳ.K225.04

中國版本圖書館CIP數據核字(2012)第312958號

責任編輯:胡　珂
封面題簽:劉　濤
封面設計:周　玉
責任印製:管　斌

中國史學基本典籍叢刊
越絶書校釋
李步嘉 校釋
*
中華書局出版發行
(北京市豐臺區太平橋西里38號　100073)
http://www.zhbc.com.cn
E-mail:zhbc@zhbc.com.cn
三河市鑫金馬印裝有限公司印刷
*
850×1168毫米 1/32 · 16¼印張 · 2插頁 · 350千字
2013年5月第1版　2024年7月第6次印刷
印數:9801-10200册　定價:72.00元

ISBN 978-7-101-09118-2

目録

以下對《越絶書》的這四種主要成果，分别加以評述。

清人的《越絶書札記》二種，一爲德清俞樾所作，刻入《曲園雜纂》，一爲常熟錢培名所作，刻入《小萬卷樓叢書》。俞樾是清代中後期的小學名家，一生從事文字、音韻、訓詁方面的研究，其代表作是《群經平議》與《諸子平議》，所以，他在《札記》中也往往用小學家的手段解字校文。如他在《外傳記吴地傳第三》「吴古故從由拳辟塞，度會夷，奏山陰」條下釋「會夷」二字説：

會夷即會稽之異文也。王充《論衡》力辨夏禹巡狩會計之説，而未知古有會夷之名。

這裏俞氏以「夷」、「稽」爲假借之字，從而闡明了古代的會夷即後世的會稽，就是其中的一個例子。

另外，俞氏熟悉先秦兩漢文獻，知識較爲廣博，對《越絶書》中的難點，也曾作過一些考訂，其中也有可取之處，如他在解釋《外傳記軍氣第十五》中的有關分野問題時説：

韓，角、亢也。鄭，角、亢也。燕，尾、箕也。越，南斗也。吴，牛、須女也。齊，虚、危也。衛，營室、壁也。魯，奎、婁也。梁，畢也。晉，觜也。秦，東井也。周，柳、七星、張也。楚，翼、軫也。趙，參也。樾謹按：十二分野見於《周官・保章氏》註。星紀，吴越也。元枵，齊也。娵訾，衛也。

降婁，魯也。大梁，趙也。實沈，晉也。鶉首，秦也。鶉火，周也。鶉尾，楚也。壽星，鄭也。大火，宋也。析木，燕也。乃此書則爲十四國，蓋分吳越爲二，增韓、梁而無宋也。吳越雖分，然同一星紀之次，則仍與不分同。其增韓而與鄭同爲角、亢，則仍與不增同。惟所增之梁屬畢，則大梁之次，而佔趙之分野；移趙屬參，則實沈之次，而佔晉之分野。晉爲觜，則其爲實沈如故。然趙、韓、梁皆晉之所分，舊説有晉又有趙，已爲無理，此則分列晉、趙、韓、梁爲四國，更無理矣。其無宋，未詳。疑有闕誤。又按：晉皇甫謐《帝王世紀》，自畢十二度至東井十五度，曰實沈之次，今晉魏分野。然則晉與魏同屬實沈。此書梁與趙宜互易，梁即魏也。晉、梁並屬實沈，與《帝王世紀》合，趙則仍爲大梁，與舊説無不合矣。

俞氏援引《周禮》鄭玄註與《帝王世紀》之文，來比較並説解《越絶書》的這段文字，不但解決了傳統記載中的十二分野與《越絶書》分爲「十四國」的矛盾，在考釋中求得了自圓其説，而且還指出錯簡所在，「此書梁與趙宜互易」。姑無論俞氏的結論究竟正確與否，總之多少會對我們理解或研究《越絶書》提供一些幫助，因爲就我所見，古今學者還没有人對這段文字作過除俞氏以外的專門的解釋。

俞氏的《札記》無論從客觀上還是主觀上看也還存在着較大的不足。首先，其篇幅不大，僅約二千餘字，這當然對我們全面地理解或研究《越絶書》的需求來説，是遠爲不夠的。其次，就其内容來看，一些地方也不及俞氏的上乘作品那樣精詳。如上面所舉俞氏釋「會夷」的那條，説法就很簡單，僅僅指出「會夷即會稽之異文也」，没有説明「夷」、「稽」二字的聲韻部關係，更没有列具書證。儘管結論正確，但總不免令人覺得有些草率。由此可知，這篇《札記》至少不是俞氏的精心之作。

錢培名是清代的校勘、輯佚學家，生活年代與俞樾幾乎同時。雖然他的名氣與學術地位遠不如俞樾，但他的《越絶書札記》則是其力作。《江蘇藏書家史略》載錢培名小傳説：

> 常熟人，熙經子，官縣丞。熙祚刻守山閣叢書，世稱善本，培名又搜輯放佚以補其闕，爲《小萬卷樓叢書》，工未竣而洪、楊亂作，僅刻成十七種，其中如《越絶書》、《申鑒》、《中論》、《陸士衡集》，均附《札記》，校勘頗精。

別人在他校刻的諸書之中，首列《越絶書》及其《札記》，可知錢氏這一成果早爲學界所見重。

錢氏的《札記》實際上是一部通校《越絶書》之後的校勘記與《越絶書》佚文的彙録，是與帶有一種隨文説解讀書筆札性質的俞氏《札記》完全不同的。包括每條校勘記之前所列的《越絶書》被校、被釋的原文，錢氏《札記》的文字量約有一萬五千餘字。錢氏的校勘具體方法是：以古今逸史本、漢魏叢書本二種，來校元大德刊本，這是對校；以《越絶書》上下段或前後篇文字的邏輯聯係與叙事的特點，來作出考訂，這是本校與理校；另外還廣引群書，搜輯放佚以補其闕，作了大量的他校工作。其輯佚的具體方法是：從史註、地誌、類書、集註四類書中，輯出今本所無的《越絶書》佚文，逐條排比分列，若一條佚文重見諸書而文字有出入的，還以校勘記的形式列出異同。綜觀錢氏的《札記》，無論是在校勘還是在輯佚方面，都取得了一些不容忽視的成績。

在校勘方面，錢氏長於考訂，一些判斷往往正確。如在《吴内傳第四》「我與汝君」條下，錢氏説：

我，原誤君。依漢魏叢書本改。

元大德本上原作「君與汝君」，錢氏據漢魏叢書本校改「君」爲「我」字。這一條《越絶書》的前後文原來是這樣的：「使齊以國事魯，我與汝君；不以國事魯，我不與汝君。」從文義來看，若作「君與汝君」，顯然扞格不通。另外，上句「我與汝君」，與下句「我不與汝君」，是相對成文的，更何況文淵閣四庫全書本此處正作「我與汝君」，從版本上提供了支持錢説而錢氏當時未見到的證據，故而錢氏此條校改不誤。又如，在《外傳記范伯第八》「有高世之材」條下錢氏説：

依下句例，句末當有者字。

這一條錢氏所據的三種本子均作「有高世之材」，但錢氏通過推理，仍然認爲「句末當有者字」，其理由是「依下句例」。尋檢《越絶書》，這段文字的前後文是這樣的：「有高世之材，必有負俗之累，有至智之明者，必破（嘉按：「破」爲「被」之訛，説見本書該篇校釋）庶衆之議。」由於「下句例」的「有至智之明者」句，句末存有「者」字，因此錢氏推斷「有高世之材」句的句末，也「當有者字」。錢氏的這一説法，也應該説是有道理的，因爲我後來看到《昭明文選》卷三五《七命》李善註引《越絶書》此文，正作「有高世之材者」，在諸典籍所引《越絶書》的舊文中，又没有看到相反的證明材料，所以可以證明錢説有理。又如，在《外傳記地傳第三》「柴辟亭到語兒就李」條下，錢氏説：

辟，原誤碎，今改。

後來我才發現，不唯錢氏所據的那三種版本，現在流行的所有版本都將此處的「柴辟亭」書作「柴碎亭」。錢氏徑改「碎」爲「辟」字，《札記》中無任何説明，也許他生於常熟，對吴越一帶地理情況熟悉，知有「柴辟亭」，而無「柴碎亭」。實際上《越絶書》中已記有「柴辟亭」一名，如《外傳記地傳第十》載：「語兒鄉，故越界，名曰就李，吴疆越地以爲戰地，至於柴辟亭。」《記地傳》中的「柴辟亭」，也即《吴地傳》中的「柴辟亭」，此地名又屢見於《讀史方輿紀要》。另外，《中國古今地名大辭典》釋「柴辟亭」也説：「在浙江崇德縣東南。」據此，也知錢氏校改不誤。又如，他在《外傳記吴地傳第三》「葬三日而白虎居上」條下説：

葬，原誤築，依《集解》、《御覽》五三、又三四三、《事類賦》註改。

錢氏所據的三種本子，「葬三日而白虎居上」的句首「葬」字，原均作「築」，但錢氏在「搜輯放佚」之文時，看到《史記·吴太伯世家》中裴駰《集解》、《太平御覽》卷五三《地部·丘門》、《太平御覽》卷三四三《兵部·劍門》、吴淑《事類賦》等書，所引此條《越絶書》的舊文，「築」均作「葬」，即從舊文之説，改今本「築」爲「葬」字。一般説來，典籍書中所引的某書舊文，是要比該書的今本文字接近古本原貌一些，儘管在使用時還要謹慎。具體而言，此條錢氏四引《越絶書》舊文，「築」皆作「葬」，後來我所看到的《吴郡志》卷三九《冢墓》、《姑蘇志》卷三四引《越絶書》此條，句首也作「葬」字，另外，《白氏六帖》卷二八《白虎門》叙此事也作「葬」，所見諸書引《越絶書》此條又無一如今本作「築」的，所以應該説，錢氏的校改，恢復了此條《越絶書》的古本原貌，首發其覆，考訂不誤。

在輯佚方面，錢氏搜輯了存於史註、地誌、類書、集註中的不少今本所無的《越絶書》佚文，排比分列於《札記》之中。這些佚文當然是研究或補充今本《越絶書》的寶貴材料，所以也受到後人的重視。近代著名輯佚學家王仁俊，就把錢氏《札記》佚文部分中的全部佚文，録入其著作《玉函山房輯佚書續編》之中，唯恐其失傳〔四〕；陳橋驛教授也對如何研究或進一步整理這些佚文，提出過一些看法〔五〕，這都從不同角度説明了這些佚文的價值。其中有些佚文的價值是相當高的，如錢氏所輯的《伍子胥水戰兵法内經》，文字長達一百餘字，被人們認爲是研究《越絶書》古本《兵法》篇去向的重要證據之一。又如所引《北堂書鈔》卷九四中關於「三女墳」的一條，即「闔廬葬女於邽西，名爲三女墳，吴先主發掘無得，鑿分爲三，呼爲三女墳」，就成了人們用來討論《越絶書》成書年代的重要材料之一。總之，錢氏的輯佚工作下了一番工夫，取得了一定的成績，佚文的價值讀者研究後自知，這裏不再詳説。

然而，錢氏的《札記》也非盡善盡美，也還存在許多不盡如人意之處。如前所叙，錢氏的《札記》是一部通校《越絶書》之後的校勘記與佚文彙録，也就是説，内容只有校文與佚文兩部分，而没有釋文註語，未嘗對《越絶書》文字作一番全面解釋的工作，這是錢氏研究重點自有所在使然，不必苛求；我們所要指出的是，就錢氏《札記》的工作本身而言，無論在搜輯文獻還是在校勘考訂方面，疏漏也還不少。

第一，在廣搜載有《越絶書》舊文的文獻，來作爲他校材料基礎與佚文出自根據的問題上，錢氏引書顯然數量不足。我曾統計，錢氏引此類書共是一八種〔六〕，而僅我所知，載有《越絶書》舊文的古代文獻，就有四二種〔七〕。不少重要文獻，爲錢氏所失收。

如《三國志》卷四二《郤正傳》中，裴松之註引《越絶書》一段，是《外傳記寶劍》篇裏的文字，長達二二三八字。這段材料非常重要，就時間而言，它是繼《文選》薛綜註、劉淵林註引《越絶書》之後，文獻中時代較早的《越絶書》的記載，是我們目前所能見到的《越絶書》早期出現的重要證據之一，而且與今本記載有出入〔八〕，而錢氏的搜輯，不及於此。

又如《齊民要術》卷三引有《越絶書》一段，是《外傳枕中》篇的文字。這段材料也很重要，因爲它可與《水經註》所引《越絶書》的材料一起，共同證明《越絶書》曾由東晉南朝傳入北朝，是研究《越絶書》南北朝時期的流傳情況的佐證之一。這段文字也與今本有異同，一些地方勝於今本〔九〕，而錢氏對此，卻失之交臂。

又如《戰國策》卷一七《楚策四》姚宏註引《越絶書》一段，是通過比對後可以確認的比任何一個今本都要完整的《外傳春申君》篇，凡五四五字，是研究今本《外傳春申君》篇來歷的不可多得的珍貴材料，同時可校補今本訛誤脱缺十餘字〔一〇〕。錢氏對此，又視而未見。

錢氏《札記》的佚文部分的引書情況也不全面，《荆楚歲時記》、《嶺表録異》、《會稽志》、《會稽續志》、《會稽三賦》、《晏元獻公類要》、《浙江通志》等書中，都不同程度地保留有今本所無的不少《越絶書》佚文，而不爲錢氏《札記》所徵引〔一一〕。

第二，就錢氏已收集到的文獻而言，通過比較，也可以肯定錢氏没有把這些文獻中的所有記有《越絶書》舊文的材料爬梳一遍，全部鉤稽出來加以利用。也就是説，在錢氏作《札記》已確定的使用書籍中，具體材料的收集工作的疏漏還不少。

如《外傳記吴地傳第三》「下池廣六十步」條下，錢氏説：

廣下《御覽》有平字。

錢氏列出《太平御覽》的異文，本無可非議，但這一條《史記·吴太伯世家》中《集解》引《越絶書》，同於今本，「廣」字下並無「平」字，結合其他證據，我們可以判斷今本不誤，而錢氏所引的那條出自《太平御覽》的《越絶書》舊文當衍「平」字〔一二〕。然而《史記集解》在錢氏《札記》中屢見徵引，這裏錢氏没有徵引，加以綜合考察，應是材料收集的工作疏漏所致。

又如《外傳記吴地傳第三》「路西宫在長秋」條下，錢氏説：

路字疑衍，西宫似當另起。然《御覽》亦作路西宫，恐路上有脱文，姑仍其舊。在長秋，《御覽》作長秋門。

錢氏這裏所説的《御覽》，是指的《太平御覽》卷一九三《居處部·城門》中所引的《越絶書》〔一三〕。我們這裏姑無論錢氏的各種推測有無道理，但至少收漏了材料是可以肯定的，因爲《太平御覽》卷九二二《羽族部·燕門》也引有《越絶書》此條，作「吴路西宫在長秋」，其中句首「吴」字，是今本與錢氏所引的《太平御覽》中的《越絶書》文所没有的。另外，「長秋」二字，同於今本，與錢氏所引《太平御覽》載的那條作「長秋門」不同。《太平御覽》也是錢氏《札記》中常常徵引的文獻，一書之中，顧此失彼的現象，也只能是錢氏的疏忽所致。

這類例子還很有一些，讀者在本書中將可以多處看到，這裏就不一一指明了。

第三，錢氏在校勘考訂時，在徵引文獻與選擇版本問題上，還有一些不夠準確的地方。如在《外傳記吴地傳第三》「銅槨三重」條下，錢氏誤把《太平御覽》卷五五二所載的《越絶書》文，説成出自《太平御覽》卷五五一。在《外傳記地傳第十》「上茅山」條下，誤把載於《太平御覽》卷八一的《越絶書》文，説成是出自《太平御覽》卷八三。在《外傳記吴地傳第三》「去縣十七里」條下，錢氏《札記》誤寫《越絶書》正文「十七里」爲「七十里」。以上是錢氏誤引文獻卷數、誤録文獻文字例。又如在《外傳記吳地傳第三》「延陵季子冢也」條下，錢氏引《續漢書·郡國志》劉昭註引《越絶書》「縣南城，在荒地」，其中「在荒」二字，應是「古淹」二字之訛，現在的中華書局點校本《後漢書》，已從善本，改「在荒」二字爲「古淹」二字〔一四〕，可知錢氏所據，當爲劣本。以上是錢氏選擇版本上的毛病。

第四，錢氏的校勘，無論是在對校、本校、理校，還是在他校方面，也還存在一些疏漏的地方。

如在對校方面，《外傳本事第一》「直斥以身者也」條，漢魏叢書本作「直斥以爲身者也」，「以」字下多一「爲」字。如前面所介紹，漢魏叢書本是錢氏的參校本之一，這裏他卻没有將漢魏叢書本與元大德刊本的不同情況寫入校記之中。而這類校記依錢氏《札記》的體例，是照例應寫出的。如《請糴内傳第六》「有智臣范蠡」條下，錢氏的校記説：「『智臣』下，漢魏叢書、逸史本有『曰』字。」又同篇「不能與謀」條下，錢氏的校記説：「『能』，漢魏叢書、逸史本作『可』。」很顯然，錢氏校勘的對校部分，時有脱漏。

又如在本校方面，《外傳記吳地傳第三》「闔廬子女冢」條下，錢氏説：「『子女』疑當倒。」也就是説錢氏懷疑原文應作「闔廬女子冢」，今本將「子」、「女」二字，互寫顛倒。其實，如果錢氏作了一番細心的本校，這一懷疑，自可不必産生，因爲《外傳記寶劍第十三》中，記載了與此相同的事，也作「子女」，而不作「女子」〔一五〕，可知此條原來不誤，而錢氏之疑，殊無所據。

又如在理校方面，《外傳記吴地傳第三》「更始五年」條下，錢氏説：「按：更始無五年，此『五』字誤。」這一「更始」，據《越絶書》上下文，是指的西漢末年，下江、平林農民起義軍所擁立的劉玄的年號。據《後漢書・劉玄列傳》及《資治通鑒》所載，劉玄的更始年號，僅行用三年。錢氏很可能就是據這些記載，在這裏判斷「更始五年」的「五」字誤。但是我們知道，史書上所記載的歷史上某一政權的某一年號的行用時間，卻由於戰亂或者當時的交通條件有限等方面所造成的原因，往往與某一地區奉行這一年號的實際情況有出入〔一六〕。錢氏在這裏對「更始五年」中的「五」字誤的理由未加説明，另外，《外傳記吴地傳第三》在「更始五年」以後，又有更始「六年」的記載，而錢氏對此，卻未作詳考，因而錢氏的這一推斷，没有自圓其説，不能令人信服〔一七〕。

又如在他校方面，《外傳記吴地傳第三》：「太守府大殿者，秦始皇刻石所起也。」其下錢氏説：「『秦始皇刻石所起也』，『起』疑當作『造』。」錢氏在這裏疑文中「起」字原當作「造」，其説殊誤。其實，「起」字在古漢語中，本有造作之義。《漢書・武帝紀》太初元年二月條「起建章宮」，「起建章宮」即造建章宮，《記吳地傳》這裏的「起」字義是可以説得通的，根本不必「疑當作造」，何況我後來看到《姑蘇志》卷二二引《越絶書》此文正作「起」字，而不作「造」。由此可證今本不誤，錢疑無據。如果錢氏他校引書廣博，看到了《姑蘇志》此條所記，其考訂中的誤會，也就不會發生了。

以上對清人的《越絶書札記》二種，即俞樾的《札記》與錢培名的《札記》，作了評述，以下來談張宗祥的《越絶書校註》。

張宗祥生於一八八二年，卒年不詳〔一八〕，民國時期曾在京師圖書館任職，後任浙江圖書館館長，是版本、目録、校勘學家。張氏的《越絶書校註》，是《越絶書》有始以來的第一個校註本，也是唯一的一個校註本，因而受到學界廣泛的注意〔一九〕。此書由商務印書館一九五六年十二月出版，印數爲三五〇〇册，各大圖書館裏，應有收藏。

張氏《校註》的校勘部分，從體例與内容上看，主要是重在對校方面，另外作了少量的他校，而本校與理校的例子，在書中極其有限。

張氏對校的方式，據《校註》張氏《序》稱，由於他所見到的各種版本，「皆行款不同，字句略有小異，編目分卷不一，如此而已，非有大出入也。」因此，採取「合校各本，從其長者，義有可通，則註於下」的辦法，可知没有選擇一定的版本爲底本，而是採取彙校彙録的方式。

關於張氏當時見到的各種版本，據《校註》自序，有以下幾種：明正德己巳翻刻宋本、雙柏堂本、張佳胤本、明萬曆年間翻刻元本、嘉靖二十四年孔文谷刊本、嘉靖丁未陳塏刊本、吴琯古今逸史本、程榮與何鏜的漢魏叢書本二種。但從《校註》的内容看，張氏的校記中，只見引有翻元本（疑即雙柏堂本）、張佳胤本、陳塏刊本、吴琯古今逸史本、四庫全書本。其中四庫全書本，《校註》張《序》中未説。而《序》中説到的一些版本，在校記中没有看到。其中的原因，也可能是張氏《序》中所列的版本，只是曾經見過，而未一一據以校勘，也可能是這些版本的文字，「非有大出入也」，因而張氏略而未記。

張氏的《校註》因爲採用的是彙校彙録的方式，所據的版本比錢培名等前人要多一些，所以從對校方面看，是取得了一定成績的。

首先，張氏把翻元本（疑即雙柏堂本）、張佳胤本、陳塏刊本、古今逸史本、四庫全書本等版本，相互之間在文字上的一些異同情況，寫成校勘記，保留在校註之中，這爲我們進一步全面地校勘《越絶書》，提供了版本上的參考。

其次，在對校過程中，張氏的一些考訂也有可取之處。如在《外傳本事第一》「越專其功，故曰越絶」條下，張氏説：

張本有絶字，各本均無。宗祥按：證之下文，何不言齊絶乎句，當有。

可知「故曰越絶」一句中的「絶」字，在張氏當時所據的版本中，除了張佳胤本保留了以外，各本均無。但張氏在結合下句「何不言齊絶乎」的文義比較之後，判斷「故曰越絶」句中的「絶」字「當有」。應該説張氏這裏的結論是正確的，因爲錢培名在此條上也曾有按斷，他從《德序外傳記第十八》的句中找到了證據，認爲這裏「故曰越絶」句中的「絶」字，不可能是别的什麽字，儘管錢氏没有來自對校方面版本上的任何證據。由此可知，張宗祥的《校註》與錢培名的《札記》，有些考訂是殊途同歸，校勘的方式與所據的材料不同，而結論一致。這裏張氏的校勘，可以視作補證錢説之例。

張氏《校註》的他校、本校、理校的工作，内容都很少，本校與理校校得好的例子，在《外傳記軍氣第十五》中存有幾條，讀者可以參看。他校引用的文獻，載有《越絶書》舊文的，只用了《史記》三家註中的幾條，顯然不全。此外，張氏還用了《左傳》、《國語》、《史記》、《吴越春秋》中的與《越絶書》某篇某段文字類似的記載，來作爲他校的補充，但搜採不能説是廣泛的，讀者稍作比較後就會發現，這裏就不詳舉其例，一一加以指出了。

張氏《校註》的註釋部分，主要是註解詞語、地名與考訂史實。《越絶書》的《外傳記吴地傳》、《外傳記地傳》二篇，是備受研究者重視的記載早期吴越地理的珍貴資料，張氏的註釋，在這二篇中用力最勤。張氏引用《續漢書·郡國志》、《通典》、《文獻通考》、《嘉泰會稽志》、《雲門志略》、《秀水縣志》、《萬曆紹興府志》、《明一統志》、《名勝志》、《嘉靖浙江通志》、《弘治嘉興府志》等書，考察並疏解這二篇文獻中的一些具體地理位置的所在，以及山川地形方面的特點、地名的由來等等，這對於我們今天閱讀《越絶書》，無疑會提供一定的幫助。

在註解詞語與考訂史實方面，張氏引用了一些文獻舊註與早期字書，隨文詮釋，往往説一字義，必據舊典，尋其上下文氣而定，講一通假，必羅列書證，擺出緣由；考訂史實，特别是對吴越君長世系考察入微，有其獨立的見解，對《越絶書》中所載的一些吴越早期歷史傳聞，在與《吴越春秋》、《吕氏春秋》、《史記》的比較基礎上，作出了較爲合理的解釋。

全面地看張氏的《校註》，所存在的問題也是不少的。首先，《校註》的工作有些虎頭蛇尾，詳前而略後。《越絶書》現存十九篇，但自第十一篇《外傳計倪》以後，《校註》的内容就很少了。如第十六篇《外傳枕中》，本來是《越絶書》中較長的一篇，约有二千六百字左右，但《校註》的按語在此篇中，總計還不到五十字，幾乎是一篇白文。

其次，無論是在校勘方面，還是在註釋方面，《校註》也有一些不足之處。

從校勘上看，第一，如前面所述，張氏《校註》的工作重點是在對校方面，而本校、理校、他校方面頗嫌不足。從全面地校勘《越絶書》的角度上看，《校註》還遠遠没有達到這一目標。

第二，從具體的校勘内容上看，還有一些地方似可商榷。如《荆平王内傳第二》中有這樣一段：

其後荆將伐蔡，子胥言之闔廬，即使子胥救蔡而伐荆。十五戰，十五勝。

張宗祥在「十五戰，十五勝」下説：

《史記》作五戰楚五敗，《吴越春秋》作五戰徑至於郢，兩「十」字衍。

張氏在比較了《史記》與《吴越春秋》之後，認爲「十五戰，十五勝」，當作「五戰五勝」，認爲文中的兩「十」字，是傳抄過程中的衍文。首先我們注意到張氏這裏没有來自《越絶書》版本方面的證據，也就是説張氏所據《越絶書》的各本均作「十五戰，十五勝」。其次，《太平御覽》卷四八二《人事部・仇讎門》與《藝文類聚》卷三三《人事部・報讎門》引《越絶書》此事，均作「十五戰，十五勝」，而没有看到文獻引《越絶書》或《越絶書》某本作「五戰五勝」的例證。再次，《越絶書》的一些記載，現在看來與《史記》、《吴越春秋》往往有同記一事而異辭之處〔二〇〕。從以上三方面看，《校註》斷然地説「兩『十』字衍」，就至少理由不充分了。

又如《請糴内傳第六》中有這樣的記載：

昔者，越王句踐與吴王夫差戰，大敗，保棲於會稽山上，乃使大夫種求行成於吴，吴許之。越王去會稽，入官於吴。

張宗祥這裏對「入官於吴」這一句作了校語，他説：

《國語》、《吴越春秋》均作「入臣」。

這一條他較前條謹慎，没有直接判斷應作「入官」，還是應作「入臣」，只是列具他書異文，客觀地擺在讀者面前。其實，《越絶書》的内部證據，可以證明這一句「入官於吴」中的「入官」二字没有問題，至於《國語》與《吴越春秋》作「入臣」，這裏應該視爲文獻傳寫的系統不同，辭各有異方面的問題。《外傳記地傳第十》載：

女陽亭者，句踐入官於吴，夫人從，道産女此亭。

《記地傳》的「入官於吴」與《請糴内傳》的完全一致，可見《越絶書》記此事均作「入官」，張氏如果這裏稍作本校考察，孰是孰非，也就不言自明。

第三，張氏的《校註》在徵引文獻方面，也有一些不準確的地方，如《外傳記吴地傳第三》記載：

吴古故水道，出平門，上郭池，入瀆，出巢湖，上歷地，過梅亭，入楊湖，出漁浦，入大江，奏廣陵。

在這一段末尾，張氏説：

此言吴古故水道由北面平門以出也。廣陵當指今楊州。《左傳》云：吴城邗溝以通江淮，可證。

張氏所引的《左傳》，見於哀公九年，原文作：「吴城邗，溝通江淮。」張氏不僅引録《左傳》原文有誤，多一「以」字，而且點斷有誤，使讀者在這裏費解。

又如《外傳記吴地傳第三》記吴闔廬冢時説：

銅槨三重，澒池六尺。

其中「澒池六尺」，各本多作「墳池六尺」，張宗祥按：

《史記集解》引《越集》作「澒池六尺」。

張氏所説的《史記集解》，見《史記》卷三一《吴太伯世家》中，而所引的是《越絶》，不是「《越集》」，這裏是張氏的抄録失誤。

張氏《校註》從註釋上看，也有以下兩方面的問題。第一，由於張氏《校註》虎頭蛇尾，因此註釋在《越絶書》的後半部分，也顯得太少，不能滿足通讀《越絶書》的需要。

第二，在已有的註釋中，有些地方，還可以補充。如《外傳記吳地傳第三》載：

> 莋碓山，故爲鶴阜山，禹游天下，引湖中柯山置之鶴阜，更名莋碓。

張氏在「故爲鶴阜山」下有註：

> 即岝崿山。《圖經》云：形如獅子，故亦名獅子山也。梁隱士何求、何點葬此。後改名何山。

其實另外有些書對此山的山名、地理位置及其有關傳説與張註引有不同。如《吳郡圖經續記》卷下説：

> 吳王僚墓在吳縣西十二里岝崿山旁，在西下有思益寺。

又《姑蘇志》卷九説：

> 何山在獅山北一里，其地舊名鶴邑墟，故山名鶴阜山，因梁隱士何求、何點葬此改今名。

《姑蘇志》卷九又説：

> 岝崿山在金山東，俗稱獅子山，以形名。一名鶴阜山，又名莋雄山。

接下《姑蘇志》自註説：

俗傳此山本在太湖，禹治水移至此。又西南有兩小山，皆有石如卷荏，禹所用牽牛也。吴山有淺處，在三山之南。長老云是岝嶺山麓。自此以東差深，言是牽牛之溝。

首先，關於《越絶書》中的「荏碓山」，《姑蘇志》又名「荏雄山」，另外，《北堂書鈔》卷一六〇還引作「荏雒山」，其中「碓」、「雄」、「雒」顯然因字形接近，必存在訛誤，究爲孰正孰誤，還要進一步考訂，但各書所記山名不同的本身，至少提出了問題。其次，此山的位置，《吴郡圖經續記》說是在「吴縣西十二里」，《姑蘇志》說是在「金山東」，都可補充張氏《校註》解釋此山的不足之處。再次，《越絶書》所說的「禹游天下，引湖中柯山置之鶴阜」，與《姑蘇志》註所說的「俗傳此山本在太湖，禹治水移至此」的傳聞，顯然一脈相承，但《姑蘇志》註又說「又西南有兩小山，皆有石如卷荏，禹所用牽牛也」，則是張氏《校註》與《越絶書》中所都没有的。

下面再舉一例。《荆平王内傳第二》有這樣一段記載：

昔者，荆平王有臣伍子奢。奢得罪於王，且殺之，其二子出走，伍子尚奔吴，伍子胥奔鄭。

張氏《校註》在「荆平王有臣伍子奢」句下註解說：

荆，楚也。見《國語・晉語》註。平王，共王子棄疾也，伍子奢，《左傳》、《史記》、《吴越春秋》均作伍奢，無子字。

張氏註解「伍子奢」，説「《左傳》、《史記》、《吴越春秋》均作伍奢，無子字」，是屬於史實考訂中的有關人物記載方面的問題。雖然張註不誤，但尚可補充。因爲《淮南子》的記載與《越絶書》同，作「伍子奢」，而不作「伍奢」。該書卷一八《人間訓》説：

因命太子建守城父，命伍子奢傅之。居一年，伍子奢游人於王側，（中略）王因殺太子建而誅伍子奢。

《淮南子》這裏三次提到「伍子奢」，可見《越絶書》對於這一人名的記載，既没有弄錯，也不是孤證。我們知道，《淮南子》的作者雖舊題爲漢淮南王劉安，但實際上的作者應是劉安的一批幕僚，即所謂「蘇飛、李尚、左吴、田由、雷被、毛被、伍被、晉昌等八人，及諸儒大山、小山之徒」〔二一〕，據考訂這些人應是劉安作淮南王時收羅的謀客策士〔二二〕。出自漢代淮南國謀客策士之手的《淮南子》的記載，與出自吴越地區文士之手的《越絶書》相同，而與出自中原文士之手的《左傳》、《史記》不同〔二三〕，這裏所反映的顯然不能説僅是某個字的有無或某個歷史人名的差異，而與早期江淮、吴越地區文化交流的一種特殊現象完全無關。

下面來評述樂祖謀同志的《越絶書》點校本。

樂祖謀同志八十年代初，作爲歷史地理學研究生，攻讀於杭州大學地理系，是我國著名歷史地理學專家陳橋驛教授的學生，他的點校本《越絶書》一九八五年十月由上海古籍出版社出版。

點校本《越絶書》的主要工作是校勘與分段標點，另外書末作爲附録有《越絶書序跋輯録》一項，共輯有無名氏、丁黼、汪綱、都穆、楊愼、陳塏、張佳胤、王謨、《四庫提要》、錢培名、張宗祥的有關序跋、提要共十一篇，以供讀者參考。

關於版本的選擇與校勘的原則，點校本《越絶書序》作了説明，是「在以《四部叢刊》影印江安傅氏雙鑒樓藏明雙柏堂本爲底本的同時，較多地吸收了張宗祥本在校勘上的成果。此外並參校了明正德劉以貞，嘉靖孔文谷、陳塏，萬曆吴琯、何鏜等諸本，在各篇末尾寫了校勘記，凡改字及兩可的異文均寫校記，他本誤者則不出校。」據以上《序》所列，參校本爲「明正德劉以貞」以下共五種，但據點校本《越絶書》的《主要參校書目》所列，參校本多出了王謨《增訂漢魏叢書》與錢培名《小萬卷樓叢書》本二種。觀其校勘記的具體情況，王、錢二本在不同程度上確有徵引，因而除底本以外，點校本《越絶書》的參校本應該是七種。

點校本《越絶書》的校勘方式，僅限於對校，但在徵引錢培名、張宗祥的校記中，本校、理校、他校的例子都有，儘管徵引的例子很有限。由於點校本《越絶書》在選擇參校本中，比張宗祥的《校註》本多出了孔文谷刊本、增訂漢魏叢書本、小萬卷樓叢書本三種，因此在實際校勘過程中，補充了張氏《校註》本的不足。如《外傳本事第一》「薛、許、邾、婁、莒旁轂趨走」條下，張宗祥原有按語：

莒，翻元本作吕。宗祥按：吕、旅、莒三字古通。吕，旅也。見《漢書・律曆志註》。《詩・皇矣》：以按徂旅，《孟子・梁惠王下》作以遏徂莒。莒國，己姓，東夷之國也。

點校本本條樂祖謀按：

原本及正德本、陳本莒皆作吕，孔本作莒，莒是，據孔本改。

張宗祥通過通假關係，説明「吕」爲「莒」的借字，文中的「吕」當爲「莒」，指代「莒國」。點校本的校記，則以孔本爲憑，校改底本，不但補充了《校註》本版本上的不足，而且結論正確。

又如《外傳記吴地傳第三》「後二世而至夫差」條下，張宗祥説：

翻元本、陳本三，誤。

樂祖謀説：

原本及正德本、陳本世誤作三，據孔本等改。

可知孔文谷刊本這裏也不誤。點校本在校勘過程中，時有對避諱改字的説明。如《外傳計倪第十一》有這樣一段：

越王勃然曰：孤聞齊威淫泆，九合諸侯，一匡天下，蓋管仲之力也。

文中的「齊威」，顯然指的是齊桓公，但齊桓何以作「齊威」？樂祖謀說：

威，據史當作桓，各本皆作威，當仍宋本避宋欽宗諱改之故。

應該説樂祖謀同志的判斷是正確的，周廣業《經史避名彙考》卷二〇「欽宗恭文順德仁孝皇帝」條載：

（紹興二年）九月十六日，三省同奉聖旨，令禮部太常等同共議定申尚書省：伏觀淵聖皇帝御名見於經傳，義訓不一。或以威武爲義，或以回旋爲義，又爲植立之象，又爲亭郵表名，又爲圭名，又爲姓氏，又爲木名，又爲水名。當各以其義類求之。今謹按：《詩》曰：桓武志也。孔穎達曰：有威武之義。又按：《詩》曰：桓桓武王。鄭康成曰：有威武之王。（中略）又按《爾雅》：桓桓、烈烈，威也。凡此皆以威武爲義也。若此之類，今欲定讀曰威。

可證樂説不誤。

點校本《越絶書》的標點工作，主要是把作爲底本的明雙柏堂本（四部叢刊影印），按其内容分段並加以新式標點，在内容的分段中，應參考過錢培名與張宗祥按語中的一些對分段的提示，其標點也應參考過張宗祥《校註》的點斷。總之，分段標點過的點校本《越絶書》，眉目清楚，頗便讀者，而分段與標點絶大部分是準確的。

點校本《越絶書》在一些具體的地方，也還存在一些疏漏，以下略舉幾例。

如《外傳記吴地傳第三》記載：

闔廬宫，在高平里。

點校本這裏作「闔廬官，在高平里」，「宫」作「官」，我查了底本雙柏堂本及有關各本，均作「闔廬宫」，不作「闔廬官」，加上點校本這裏没有出校，應是對底本的誤録、誤抄或誤排所致。

又如《外傳記吴地傳第三》記載：

秦始皇發會稽適戍卒。

文中「戍卒」二字，雙柏堂本、漢魏叢書本、張宗祥《校註》本均作「戎卒」，「戍」作「戎」，點校本作「戍卒」，但未出校，按改動底本例應出校的原則，這裏點校本應有疏漏。錢培名這裏原有按語：

戍，原誤戎，今改。

點校本這裏可能參考錢校改字，但不出校是不應該的。

又如《外傳記地傳第十》記載：

北陽里城，大夫種城也，取土西山以濟之。徑百九十四步。或爲南安。

文中「徑百九十四步」，點校本作「經百九十四步」，並出校記説：

經百九十四步，經字正德本作徑。

點校本這裏雖然列出了正德本作「徑」的異文，但未定是非，仍保留了底本上的「經」字，實際上這裏應作「徑百九十四步」，不應作「經百九十四步」。「徑」是指某處的道路，《越絶書》在叙述其他有關情況時，屢用這一「徑」字，如《記地傳》記「苦竹城」時説：

苦竹城者，句踐伐吴還，封范蠡子也。其避居，徑六十步。

又《外傳記吴地傳第三》也説：

邑中徑從閶門到婁門，九里七十二步。

另外，《會稽志》卷一引《越絶》，《浙江通志》卷四四引《越絶書》，這裏均作「徑百九十四步」，没有看到本證、他證作「經」的，因而點校本這裏應從正德本改「經」爲「徑」。

以上對俞樾、錢培名的《越絶書札記》二種、張宗祥的《越絶書校註》、樂祖謀的點校本《越絶書》作了評述，不正之處，尚請讀者指出。

根據以上對《越絶書》研究整理各方工作的具體評述，現在，我們可以對《越絶書》研究整理的總體狀況得出以下結論：

《越絶書》的校勘、註釋、輯佚、標點這四項工作都取得了一定的成績，但還存在一些不足。第一，在校勘方面，對校工作基本完成，《越絶書》傳世之本中的重要版本，大多數已爲各家所用，但對校中各家也均有脱漏，須加以補正。本校、他校方面還存在很大缺陷，尤須深入發掘材料，補充完善今本。第二，在註釋方面，張宗祥的《校註》本開了頭，但不少地方或可以補充，或可以商搉，至於未註的《越絶書》難懂之處還很多。第三，在輯佚方面，錢培名已輯出一部分佚文，而存在於文獻之中錢氏未輯出的《越絶書》佚文，還有一些，須作輯補工作。另外，對《越絶書》的佚文，也要進一步的考訂。第四，分段標點工作已經完成，但點校本少數分段、標點處也值得商搉。

本《校釋》就是鑒於以上《越絶書》研究整理各方面都還存在着不足之處而作。具體内容俱見書中，此不贅叙。又《越絶書》的各家成果，都自成一書，不便觀覽，今取錢培名《越絶書札記》、張宗祥《越絶書校註》、樂祖謀點校本中的所有校語、註文，悉入《校釋》之中〔二四〕，並一一標舉姓名，列其高見；至於某説可商，某處可補，則以「步嘉謹按」字樣别出。俞樾《越絶書札記》與前人對《越絶書》的許多考證，因不屬通盤整理研究，故擇善而從，不復畢采，以避煩猥叢雜。《詩》云：「它山之石，可以爲錯。」糾謬拾遺，敬俟高明。

一九九一年七月修訂完畢

註　釋

〔一〕陳文載《杭州大學學報》一九七九年第四期；上海古籍出版社一九八五年十月版點校本《越絶書》卷首。黄文載《方志論集》，浙江人民出版社一九八三年十一月第一版。徐文載《廣州師院學報》一九九〇年第二期。

〔二〕倉文載《歷史研究》一九九〇年第四期。

〔三〕拙著《越絶書研究》正在增補、修訂，待出版。又《越絶書》向稱「奇書」，這裏借稱「奇文」。

〔四〕見《玉函山房輯佚書續編》的「經籍佚文」部分，上海古籍出版社一九八九年影印本三七八頁——三八〇頁。

〔五〕參見點校本《越絶書序》，載上海古籍出版社一九八五年十月版卷首。

〔六〕這十八種書是：《史記集解》、《史記索隱》、《史記正義》、《續漢書·郡國志註》、《水經註》、《太平寰宇記》、《吴地記》，《吴郡志》、《吴越春秋註》、《路史》、《事類賦註》、《咸淳毗陵志》、《北堂書鈔》、《藝文類聚》、《初學記》、《太平御覽》、《太平廣記》、《文選註》。若把《史記》三家註合算爲一種，只有十六種。

〔七〕參見本書《徵引文獻一覽》部分。

〔八〕參見《越絶外傳記寶劍第十三》中的有關校釋。

〔九〕參見《越絶外傳枕中第十六》中的有關校釋。

〔一〇〕參見《越絶外傳春申君第十七》中的有關校釋。

〔一一〕參見本書附録二：《越絶書佚文輯補》。

〔一二〕參見《越絶外傳記吴地傳第三》的有關校釋。

〔一三〕參見錢培名《越絶書札記》，中華書局排印叢書集成初編本第七九頁第一行至第二行。

〔一四〕參見中華書局點校本《後漢書》第三四九〇頁，第一一行。

〔一五〕《越絶外傳記寶劍第十三》中記爲：「闔廬無道，子女死，殺生以送之。」按本條下文云：「舞鶴吴市，殺生以送死。」知所記爲一事。

〔一六〕這種情況很普遍。請參看各種石碑所題年月及諸家考證。或可參看敦煌、吐魯番出土文書的有關史料。

〔一七〕據《後漢書·光武帝紀》，劉秀於建武十三年才初步統一全國，一些地區還時有騷亂。建武十三年爲公元三十七年，更始元年爲公元二十三年，據此以推，更始五年應爲公元二十七年，當時全國正在戰亂之中。若以公元二十七年時，各地區都奉行建武年號，那是不可能的事。

〔一八〕據張宗祥《越絶書校註・序》自稱：「今年七十有五」，落款日期是「丙申清明前一日」，「丙申」是一九五六年的干支，按傳統虚歲算法，應生於一八八二年。

〔一九〕各種介紹史學名著的書多提到張宗祥的《越絶書校註》，如張舜徽《中國史學名著題解》第二二九頁。張志哲《中國史籍概論》第五四四頁。吕濤、潘國基、奚椿年《史籍淺説》第二三四頁。

〔二〇〕參見本書校釋的排比、考訂之處。

〔二一〕參見後漢高誘的《淮南子序》。

〔二二〕據《容齋續筆》説：「壽春有八公山，正(劉)安所延致賓客之處。傳記不見姓名，而高誘序以爲蘇飛等八人。然惟左吴、雷被、伍被見於史。」步嘉按：左吴、雷被、伍被三人，見於《漢書》卷四四《淮南王劉安傳》及卷四五《伍被傳》。

〔二三〕《吴越春秋》的作者趙曄雖也是會稽山陰人，但《後漢書・趙曄傳》説他「到犍爲資中，詣杜撫受《韓詩》，究竟其術，積二十年，絶問不還」，其學問淵源，並非從吴越本地而來。

〔二四〕其中三家按語雷同者，依時代取前者爲説。參見《校釋凡例》。

凡例

一、本校釋以樂祖謀《越絶書》點校本（上海古籍出版社一九八五年十月第一版）爲底本，以文淵閣四庫全書本、四部叢刊本、漢魏叢書本、增訂漢魏叢書本爲參校本，參考錢培名校本（叢書集成初編本）、張宗祥校註本（商務印書館一九五六年版），並廣搜類書、地誌、史註、集註四十餘種古籍文獻，輯録其中全部《越絶書》舊文，詳加考校。

二、凡底本中訛字、衍文以及脱、倒、錯簡等等，一般不改，僅於本條校釋下考證説明，或附前人之説；明顯錯誤又證據充分者，則加以訂正，凡訂正之處皆於本條校釋下説明改正理由。

三、底本原有新式標點，並按文義分段。標點、分段一般仍其舊，但或有可商之處，亦加以改正。

四、錢培名、張宗祥、樂祖謀三家校語及有關註文，悉加採録，但三家校語雷同者，僅取其時代靠前者爲説。至於古今各家研究《越絶書》之言，唯録其精華，不復畢採，以避煩猥叢雜之病。

五、凡録前人之説，皆標其姓名，引其著述，散於《越絶書》正文之下。前説或有可商，或二説不同，校釋則加以考辨；前人未校未釋之處，作者凡有一管之見，校釋亦詳爲補正，並以「步嘉謹按」字樣别出。

六、本校釋以校爲主，輔之以釋。解釋工作以考證史實、指明典故出處、疏通文字爲本，至於疑難待辨之處，不强爲之釋，非唯藏拙，亦守不知蓋闕之古訓。

七、本校釋先校後釋，所引前人之説也如是。

八、本校釋徵引典籍文獻一百四十餘種，具體書名詳見《徵引文獻一覽》。

越絶書

越絶外傳本事第一

問曰：「何謂《越絶》？」「越者，國之氏也[一]。」「何以言之？」「按《春秋》序齊魯，皆以國爲氏姓，是以明之。絶者，絶也。謂句踐時也[二]。當是之時，齊將伐魯，孔子恥之[三]，故子貢説齊以安魯。子貢一出，亂齊，破吴，興晉，彊越[四]。其後賢者辯士，見夫子作《春秋》而略吴越，又見子貢與聖人相去不遠，脣之與齒，表之與裏，蓋要其意，覽史記而述其事也[五]。」

問曰：「何不稱《越經書記》[六]，而言絶乎？」曰：「不也。絶者，絶也[七]。句踐之時，天子微弱，諸侯皆叛[八]。於是句踐抑彊扶弱，絶惡反之於善，取舍以道，沛歸於宋，浮陵以付楚，臨沂、開陽，復之於魯[九]。中國侵伐，因斯衰止[一〇]。以其誠在於内，威發於外，越專其功，故曰《越絶》[一一]。故作此者，貴其内能自約，外能絶人也。賢者所述，不可斷絶，故不爲記明矣[一二]。」

問曰：「桓公九合諸侯，一匡天下〔一三〕，任用賢者，誅服彊楚，何不言《齊絶》乎〔一四〕？」曰：「桓公，中國〔一五〕。兵彊霸世之後，威凌諸侯，服彊楚，此正宜耳。夫越王句踐，東垂海濱，夷狄文身〔一六〕，躬而自苦〔一七〕，任用賢臣，轉死爲生，以敗爲成〔一八〕。越伐彊吳，尊事周室，行霸琅邪〔一九〕，躬自省約，率道諸侯，貴其始微，終能以霸，故與越專其功而有之也。」

問曰：「然越專其功而有之，何不第一，而卒本吳太伯爲〔二〇〕？」曰：「小越而大吳。」「小越大吳奈何？」曰：「吳有子胥之教，霸世甚久。北陵齊、楚，諸侯莫敢叛者，乘〔二一〕，薛、許、邾、婁、莒旁轂趨走〔二二〕，越王句踐屬芻莝養馬〔二三〕，諸侯從之，若果中之李〔二四〕。反邦七年，焦思苦身，克己自責〔二五〕，任用賢人〔二六〕。越伐彊吳，行霸諸侯，故不使越第一者，欲以貶大吳，顯弱越之功也。」

問曰：「吳亡而越興，在天與？在人乎？」「皆人也。夫差失道，越亦賢矣。濕易雨，饑易助〔二七〕。」曰：「何以知獨在人乎？」「子貢與夫子坐，告夫子曰：『太宰死。』夫子曰：『不死也。』如是者再。子貢再拜而問：『何以知之？』夫子曰：『天生宰嚭者，欲以亡吳。吳今未亡，宰何病乎〔二八〕？』後人來言不死。聖人不妄言，是以明知越霸矣。」「何以言之？」曰：「種見蠡之時〔二九〕，相與謀道：『東南有霸兆，不如往仕〔三〇〕。』相要東游〔三一〕，入越而止。賢者不妄言，以是知之焉。」

問曰：「《越絶》誰所作？」「吴越賢者所作也。當此之時，見夫子删《書》作《春秋》〔三二〕，定王制，賢者嗟歎，決意覽史記〔三三〕，成就其事。」

問曰：「作事欲以自著，今但言賢者，不言姓字〔三四〕何？」曰：「是人有大雅之才，直道一國之事，不見姓名，小之辭也。或以爲子貢所作，當挾四方〔三五〕，不當獨在吴越。其在吴越，亦有因矣。此時子貢爲魯使，或至齊，或至吴〔三六〕。其後道事以吴越爲喻，國人承述，故直在吴越也。當是之時，有聖人教授六藝，删定五經〔三七〕，七十二子，養徒三千，講習學問魯之闕門。《越絶》，小藝之文，固不能布於四方，焉有誦述先聖賢者，所作未足自稱，載列姓名，直斥以身者也〔三八〕？一説蓋是子胥所作也〔三九〕。夫人情，泰而不作，窮則怨恨，怨恨則作，猶詩人失職怨恨，憂嗟作詩也〔四〇〕。子胥懷忠，不忍君沈惑於讒，社稷之傾。絶命危邦，不顧長生，切切爭諫〔四一〕，終不見聽。憂至患致，怨恨作文。不侵不差，抽引本末〔四二〕。明己無過，終不遺力。誠能極智，不足以身當之，嫌於求譽，是以不著姓名，直斥以身者也〔四三〕。後人述而説之，仍稍成中外篇焉。」

問曰：「或經或傳，或内或外〔四四〕，何謂？」曰：「經者，論其事，傳者，道其意，外者，非一人所作，頗相覆載。或非其事，引類以託意。説之者見夫子删《詩》、《書》，就經《易》，亦知小藝之復重。又各辯士所述，不可斷絶。小道不通，偏有所期〔四五〕。明説者不專，故删定復重，以爲中外篇〔四六〕。」

校釋

〔一〕步嘉謹按：《會稽志》卷一八引《越絶别傳》云：「何謂《越絶》？曰：越者，國之氏。」宋王十朋《會稽三賦》卷上「越絶之稱，權輿於此」句下周世則註：「《越絶書》：問者曰：何謂《越絶》？曰：越者，國之氏也。」《直齋書録解題》卷五「越絶書十六卷」下隨齋批註此句作：「越者，國之氏也。」今觀以上《會稽志》引作「《越絶别傳》」，今本作「《越絶外傳》」，宋時傳本文或不同也。《會稽志》引「國之氏」後無「也」字，《會稽三賦》周註及隨齋批註引與今本同，則今本較勝。又《會稽三賦》周註引「問曰」，作「問者曰」，檢今本《本事》一篇皆作「問曰」，不作「問者曰」，則不當有「者」字。張宗祥曰：「《史記正義》：《吴越春秋》云：禹周行天下，還歸大越。登茅山以朝四方群臣，封有功，爵有德，崩而葬焉。至少康，恐禹跡宗廟祭祀之絶，乃封其庶子於越，號曰無餘。賀循《會稽記》云：少康其少子號曰於越，越國之稱始此。《史記考證》梁玉繩曰：《墨子・非攻下篇》：越王繄虧，出自有遽，始邦於越。《世本》：越爲芈姓，與楚同祖。故《鄭語》稱：芈姓夔越。《吴語》註：句踐，祝融之後。然則越非禹後明矣。《越語》：范蠡曰：吾先君周室之不成子也。《韓詩外傳八》曰：越亦周室之列封也。然則越非夏封明矣。宗祥按：如從《史記》原文，越王句踐其先禹之苗裔，而夏后帝少康之庶子也。及《吴越春秋・越君無余外傳》之言（張自註：無余即無餘），則越爲禹後。然《吴越春秋》所紀，自無余傳世十餘，末君微劣，不能自立。禹祀斷絶十有餘歲，有人生而能言，我是無余君之苗末，因共封立，號曰無壬。壬生無曎，曎卒，或爲夫譚，夫譚生元常（張自註：他書皆作允常，獨此書作元常），元常當吴王壽夢諸樊闔閭之時云云。是由無余至句踐，遥遥二千五百七十餘年中，所傳僅二十餘世，必無此理。況此二十餘世中，所可紀者，又僅三五人乎？宜錢大昕亦以爲非也。如從《墨子》、《國語》諸書，則越爲羋姓而非姒姓，封出於周。則至句踐二十餘傳之説，實爲信史。且《國語》成於左氏，在《史記》、《吴越春秋》之前，似當以此爲據。蓋禹封早絶，而周又復封羋姓於越也。」

〔二〕步嘉謹按：張宗祥據《國語》、《墨子》而不從《史記》、《吴越春秋》，而《越絶書》文字實與《史記》、《吴越春秋》近與《國語》、《墨子》遠也。又《通志》卷二六《氏族二》鄭樵曰：「三代之時，天子諸侯傳國，支庶傳氏。其傳國者，國亡則以國爲氏。三代之後，雖有國號，無問適庶，皆以氏傳，而謂之姓。如漢家雖亡，亦稱劉氏，或有稱漢者，雖存古道，而存爲希姓。」鄭樵又曰：「以國爲氏者有二，諸侯之子在其國稱公子，在他國則稱國。國亡無爵者亦稱國。」

〔三〕步嘉謹按：「絶者，絶也。謂句踐時也。」此句《會稽志》卷一八、《會稽三賦》卷上周世則註、《直齋書録解題》卷五隨齋批註引與今本同。又「絶者，絶也。」復見《本事》篇下文，「不也，絶者，絶也。句踐之時，天子微弱」云云，《越絶書》全書僅此二見。

〔三〕步嘉謹按：《越絶内傳陳成恒第九》：「昔者，陳成恒相齊簡公，欲爲亂，憚齊邦鮑、晏，故徒其兵而伐魯。魯君憂也。孔子患之，乃召門人弟子而謂之曰：諸侯有相伐者，尚恥之。今魯，父母之邦也，丘墓存焉，今齊將伐之，可無一出乎？」《史記》卷六七《仲尼弟子列傳》：「田常欲作亂於齊，憚高、國、鮑、晏，故移其兵欲以伐魯。孔子聞之，謂門弟子曰：夫魯，墳墓所處，父母之國，國危如此，二三子何爲莫出？」此文所言：「齊將伐魯，孔子恥之。」蓋即此事。

〔四〕步嘉謹按：《越絶内傳陳成恒第九》作：「故曰子貢一出，存魯，亂齊，破吴，疆晉，霸越是也。」《史記》卷六七《仲尼弟子列傳》作：「故子貢一出，存魯，亂齊，破吴，疆晉而霸越。」又《太平御覽》卷四四七《人事部・品藻門》引蔣子《萬機論》：「昔齊欲伐魯，回求説陳常而孔子不許，遂使子貢。子貢一出，破齊，疆晉，亡吴，霸越，存魯也。」又《越絶篇叙外傳記第十九》：「賜之説也，魯安，吴敗，晉疆，越霸。」

〔五〕步嘉謹按：史記，先秦史書之總名。《史記》卷一三〇《太史公自序》：「自獲麟以來四百有餘歲，而諸侯相兼，史記放絶。」《越絶書》「史記」一名三見。《本事》篇下文曰：「當此之時，見夫子删《書》（步嘉謹按：《書》前當有《詩》字）作《春秋》，定王制，賢者嗟歎，決意覽史記，成就其事。」又《德序外傳記曰》：「夫子作經，攬史記，憤懣不泄，兼道事後。」三記「史記」之義皆同。

〔六〕清李慈銘曰：「按首篇《外傳本事》，首發絶字之義，兩云絶者絶也，謂句踐内能自約，外能絶人，故不稱《越經書記》，而稱《越絶》。」説見《越縵堂讀書記》「越絶書」條。步嘉謹按：不稱《越經書記》，謂《越絶》一書，不稱《越經》，不稱《越書》，不稱《越記》。《越絶書》中有經有傳，本篇作者謂不以經、書、記者爲書名。「書」、「記」亦皆古書之體裁。《文心雕龍・書記第二十五》：「詳總書體，本在盡言……記之言志，進己志也。……夫書記廣大，衣被事體，筆札雜名，古今多品。……雖藝文之末品，而政事之先務也。」然後代稱《越絶書》、《越絶記》者，殆非《本事》作者之意歟？

〔七〕明楊慎曰：「而越絶二字，尤非解者。曰絶者絶也，謂句踐時也。内能約己，外能絶人，故曰越絶。又曰聖文（步嘉謹按：當是聖人）絶於此，辯士絶於彼，故曰越絶。二説似夢魘譫語，不止齊東野人之類而已。」説見《楊升菴全集》卷一〇。田汝成曰：「其曰越絶，義含二端，或曰奇絶，或曰斷絶，句踐困憊餘魂，弱身强志，轉敗爲功，得非夷裔雄材曠世奇事乎！故解者曰：絶者，絶也。謂句踐時也。」説見《田叔禾小集》卷一。

〔八〕步嘉謹按：《越絶吴内傳第四》：「闔廬，諸侯也，不稱薨而稱卒者，何也？當此之時，上無明天子，下無賢方伯，諸侯力政，疆者爲君。南夷與北狄交爭，中國不絶如綫矣。臣弑君，子弑父，天下莫能禁止。」今按之史實，闔廬與句踐同時，此乃「句踐之時，天子微弱，諸侯皆叛」之所指。

〔九〕張宗祥曰：「《史記》作以淮上地與楚，歸吴所侵宋地於宋，與魯泗東方百里。《吴越春秋》同。」步嘉謹按：張宗祥引《史記》文見卷四一《越王句踐世家》。言《吴越春秋》同者，見卷一〇《句踐伐吴外傳》。又浮陵，地名。其地不詳。開陽，地名。先秦稱啟陽，至漢景帝，因避諱改曰開陽。《漢書・地理志》東海郡有開陽縣。清徐松曰：「在今沂州府城北十五里。」《後漢書》註：

故城在臨沂縣北。《太平寰宇記》：北十五里。《春秋傳》曰啟陽也。」説見《新校註地里志集釋》。

〔一〇〕「中國侵伐」，錢培名曰：「國，《德序篇》作『邦』。」步嘉謹按：檢《越絶德序外傳記》，錢説不誤。徐益藩曰：「又凡書中『邦』、『恒』諸字，不避漢諱。」説見《越絶考》。步嘉謹按：《本事》一篇，「國」字三見，曰「中國侵伐」，曰「桓公，中國」，曰「國人承述」，而不見「邦」字，則此「國」字似不可易。

〔一一〕錢培名曰：「絶，原誤故，依《德序篇》改。」張宗祥曰：「張本有絶字，各本均無。宗祥按：證之下文，何不言《齊絶》乎句，當有。」樂祖謀曰：「越絶，除張本外，各本均無『絶』字。……按張説甚是。又據張宗祥云，張本此句係出自明張佳胤刊本，當張宗祥氏所見之刻本如此，今據張本增。」步嘉謹按：叢書集成初編排印小萬卷樓覆刻元刊本此處作「越絶」，或據錢校補。

〔一二〕樂祖謀曰：「故不爲記明矣。孔本無『矣』字。」

〔一三〕步嘉謹按：《越絶吴内傳第四》：「齊公子小白，亦反齊國而匡天下者。……小白反國，用管仲，九合諸侯，一匡天下，故爲桓公。」《越絶外傳計倪第十一》：「越王勃然曰：孤聞齊威淫泆，九合諸侯，一匡天下，蓋管仲之力也。」又《史記》卷三二《齊太公世家》：「於是桓公稱曰：……寡人兵車之會三，乘車之會六，九合諸侯，一匡天下。」《國語》卷六《齊語》「兵車之屬六，乘車之會三」下韋昭註：「兵車之會，謂魯莊十三年會於北杏，十四年會於鄄，十五年復會於鄄，魯僖元年會於檉，十三年會於鹹，十六年會於淮。乘車之會，在僖三年，會於陽穀，五年會於首止，九年會於葵丘。九會也。」步嘉謹按：兵車、乘車之會，《史記》、《國語》文互有歧異耳。

〔一四〕步嘉謹按：春秋齊霸，春秋末至戰國越霸。問者曰，越能亡大吴而可述，是稱《越絶》，齊誅服疆楚何不述之，而稱《齊絶》邪？

〔一五〕步嘉謹按：中國，中原諸侯國。《韓非子》卷四《孤憤》：「夫越雖富兵强，中國之主，皆知無益於己也。」

〔一六〕步嘉謹按：《越絶内傳陳成恒第九》越王句踐曰：「上棲會稽山，下守溟海，唯魚鼈是見。」《史記》卷四一《越王句踐世家》：「越王句踐，其先……封於會稽，以奉守禹之祀。文身斷髮，披草萊而邑焉。」《禮記》卷一二《王制》：「東方曰夷，被髮文身，有不火食者矣。」孔穎達正義曰：「文身者，謂以丹青文飾其身。」

〔一七〕步嘉謹按：《越絶内傳陳成恒第九》子貢引吴王言曰：「夫越君，賢主也。苦身勞力，以夜接日，内飾其政，外事諸侯，必將有報我之心。」又《越絶請糴内傳第六》記伍子胥曰：「胥聞越王句踐罷吴之年，宫有五竈，食不重味，省妻妾，不别所愛，妻操斗，身操概，自量而食，適饑不費，是人不死，必爲國害。越王句踐食不殺而饜，衣服純素，不袀不玄，帶劍以布，是人不死，必爲大故。」云云，此皆《越絶書》記句踐「躬而自苦」之事跡。

〔一八〕步嘉謹按：《越絶德序外傳第十八》：「昔者，越王句踐困於會稽，嘆曰：『我其不伯乎！』欲殺妻子，角戰以死。蠡對曰：『殆哉！王失計也，愛其所惡。且吴王賢不離，不肖不去，若卑辭以地讓之，天若棄彼，彼必許。』句踐曉焉，曰：『豈然哉！』遂聽能以勝。」

〔一九〕步嘉謹按：《越絶外傳記地傳第十》：「句踐伐吴，霸關東，從瑯琊起觀臺。臺周七里，以望東海。」又曰：「親以上至句踐，凡八君，都瑯琊二百二十四歲。」《漢書》卷二八《地理志》「琅邪郡琅邪縣」條《漢書》自註：「越王句踐嘗治此，起館臺。有四時祠。」

〔二〇〕步嘉謹按：今本《越絶書》缺《吴太伯》一篇。徐益藩曰：「然於書末《德序》、《篇叙》兩篇，猶可考見其原次：首太伯，次荆平，次吴人，次計倪，次請糴，次九術，次兵法，而終之於陳恒。今本缺太伯、兵法二篇，陳恒篇誤次於九術之前，而其餘五篇之次皆合。」説見《越絶考》。

〔二一〕錢培名曰：「按哀四年《公羊傳疏》引《春秋説》云：黄池之會，滕薛夾轂而趨，魯衛驂乘。疑此有脱文。」步嘉謹按：錢培名説誤。檢哀四年《公羊傳》何休註云：「是後宋事彊吴，齊晉前驅，滕薛俠轂，魯衛驂乘。」徐彦疏云：「《春秋説》文。謂下十三年黄池之會時也。」則哀四年《公羊傳疏》未引《春秋説》也。又哀十三年《公羊傳》何休註：「時吴彊而無道，敗齊臨菑，乘勝大會中國。齊晉前驅，魯衛驂乘，滕薛俠轂而驅。」徐彦疏：「云齊晉前驅，魯衛驂乘，滕薛俠轂而趨者，《春秋説》文也。」則徐彦發明何註爲《春秋説》文，並未徑引。

〔二二〕張宗祥曰：「莒，翻元本作吕。宗祥按：吕、旅、莒三字古通。吕，旅也。見《漢書・律曆志註》。《詩・皇矣》：以按徂旅，《孟子・梁惠王下》作以遏徂莒。莒國，己姓，東夷之國也。」樂祖謀曰：「原本及正德本、陳本『莒』作『呂』，孔本作『莒』，『莒』是，據孔本改。」

〔二三〕張宗祥曰：「莝，斬芻。見《漢書·尹翁歸傳註》。」

〔二四〕俞樾曰：「諸侯從之若果中之李。樾謹按：此語未詳。《宋書·張敷傳》：梨爲百果之宗。豈古語本謂李而後世訛爲梨乎？」張宗祥按：「《爾雅翼》曰：李，木之多子者。此蓋喻諸侯從者之多也。」

〔二五〕步嘉謹按：史記卷四一《越王句踐世家》：「吴既赦越，越王句踐反國，乃苦身焦思，置膽於坐，坐卧即仰膽，飲食亦嘗膽也。曰：『女忘會稽之恥邪？』」

〔二六〕步嘉謹按：《越絶外傳計倪第十一》：「（越王）乃使群臣身問疾病，躬視死喪，不厄窮僻，尊有德，與民同苦樂，激河泉井，示不獨食。行之六年，士民一心，不謀同辭，不呼自來，皆欲伐吴。遂有大功而霸諸侯。孔子曰：『寬則得衆。』此之謂也。」

〔二七〕《春秋繁露》卷一三《同類相動》：「今平地注水，去燥就濕，均薪施火，去濕就燥。」步嘉謹按：此與「濕易雨」義略同。

〔二八〕《説苑》卷一一《善説》：「子貢見太宰嚭。太宰嚭問曰：孔子何如？對曰：臣不足以知之。太宰曰：子不知，何以事之？對曰：惟不知，故事之。……賜其猶一累壤也，以一累壤增大山，不益其高，且爲不知。太宰嚭曰：然則子有所酌也？對曰：天下有大樽，而子獨不酌焉，不識誰之罪也。」向宗魯曰：「春秋時有二太宰嚭，一在吴，一在陳。據《史記·弟子傳》與《越絶書·

陳成恒篇》、《吴越春秋・夫差内傳》、本書《奉使篇》，則子貢嘗至吴，此蓋吴太宰嚭也。」説見《説苑校證》。步嘉謹按：孔子與太宰嚭之關係見此。

〔二九〕步嘉謹按：《越絶外傳紀策考第七》：「范蠡其始居楚也。……大夫種入其縣，知有賢者，未覩所在，求邑中，不得其邑人，以爲狂夫多賢士，衆賤有君子，汎求之焉。得蠡而悦。」《史記》卷四一《越王句踐世家》中《史記集解》：「《太史公素王妙論》曰：『蠡本南陽人。』《列仙傳》云：『蠡，徐人。』」《史記正義》：「《吴越春秋》云：『蠡字少伯，乃楚宛三户人也。』《越絶》云：『在越爲范蠡，在齊爲鴟夷子皮，在陶爲朱公。』」步嘉謹按：《正義》所引《越絶》文，不見於今本，當是佚文。

〔三〇〕步嘉謹按：《越絶外傳紀策考第七》：「種曰：『今將安之？』蠡曰：『彼爲我，何邦不可乎？』去吴之越，句踐賢之。」

〔三一〕步嘉謹按：《越絶外傳記范伯第八》：「昔者，范蠡其始居楚，曰范伯。……謂大夫種曰：『三王則三皇之苗裔也，五伯乃五帝之末世也。天運歷紀，千歲一至。黄帝之元，執辰破巳。霸王之氣，見於地户。子胥以是挾弓干吴王。』於是要大夫種入吴。」

〔三二〕錢培名曰：「書上疑脱詩字，句又見本篇末，有詩字。」步嘉謹按：錢説是。《本事篇》末云：「説之者見夫子删《詩》、《書》。」錢即以此爲證。步嘉又按：觀《越絶書》中「詩書」二字連文，往往脱「詩」字。如今本《越絶外傳春申君第十七》：「能鼓音，讀書通一經。」此句檢各本皆如此，然《戰國策》卷一七《楚策四》宋姚宏註引《越絶書》作「能鼓音，讀《詩》、《書》，通一經。」此亦可證本篇當有「詩」字。

〔三三〕步嘉謹按：史記，先秦史書之總名，説參本篇〔校釋五〕。

〔三四〕步嘉謹按：「姓字」疑是姓名之訛。本篇下文曰：「是以不著姓名，直斥以身者也。」又曰：「所作未足自稱，載列姓名。」又《越絶篇叙外傳記第十九》曰：「以去爲姓，得衣乃成，厥名有米，覆之以庚。……邦賢以口爲姓，丞之以天，楚相屈原，與之同名。」皆言「姓名」，不言「姓字」。

〔三五〕步嘉謹按：《隋書》卷三三《經籍志》：「又有《越絶》，相承以爲子貢所作。」《史記》卷六五《孫子吴起列傳》中《史記索隱》：「按：《越絶書》云是子貢所著，恐非也。其書多記吴越亡後土地，或後人所録。」清浦起龍曰：「《隋經籍志》：《越絶書》十六卷，子貢撰。《越絶本事》：絶謂句踐時也，貴其内能自約，外能絶人也。吴、越賢者所作。按：書内有春申、秦皇、漢祖諸人，又有毗陵、無錫、鹽官、太末、丹陽、豫章諸地，皆後世名，其非子貢撰可知。」説見《史通通釋》。

〔三六〕步嘉謹按：子貢至吴事，見《史記》卷六七《仲尼弟子列傳》、《越絶内傳陳成恒第九》。

〔三七〕步嘉謹按：六藝，《周禮·地官保氏》：「保氏掌諫王惡，而養國子以道。乃教之六藝：一曰五禮，二曰六樂，三曰五射，四曰五馭，五曰六書，六曰九數。」五經，《白虎通·五經》：「五經何謂？謂《易》、《尚書》、《詩》、《禮》、《春秋》也。」

〔三八〕步嘉謹按：直斥，直接指明。《詩·周頌·雝》「假哉皇考」鄭箋云：「嘉哉君考，斥文王也。」

〔三九〕《史記》卷六五《孫子吴起列傳》中《史記正義》：「《七録》云：《越絶》十六卷，或云伍子胥撰。」《崇文總目·雜史類》：「子貢撰，或云子胥。」步嘉謹按：《越絶書》云子胥撰者，目録學著作中，以《七録》首見。

〔四〇〕步嘉謹按：《詩譜序》曰：「論功頌德，所以將順其美，刺過譏失，所以匡救其惡。」

〔四一〕步嘉謹按：《韓詩外傳》卷四：「有大忠者，有次忠者，有下忠者，有國賊者。以道覆君而化之，是謂大忠也。以德調君而輔之，是謂次忠也。以是諫非而怨之，是謂下忠也。不卹乎公道之達義，偷合苟同，以持禄養交者，是謂國賊也。若周公之於成王，可謂大忠也。管仲之於桓公，可謂次忠也。子胥之於夫差，可謂下忠也。曹觸龍之於紂，可謂國賊也。皆人臣之所爲也，吉凶賢不肖之效也。」

〔四二〕步嘉謹按：抽引，引出。《釋名》卷四《釋采帛》：「紬，抽也，抽引絲端出細緒也。」《淮南子》卷二一《要略》：「夫作爲書論者，所以紀綱道德，經緯人事，上考之天，下揆之地，中通諸理。雖未能抽引玄妙之中才，繁然足以觀終始矣。」抽引又作「紬引」。《廣韻·尤韻》：「或作紬，紬引其端緒也。」

〔四三〕張本作「直斥以爲身者也」。張宗祥曰：「翻元本、陳塏刻本無爲字。」樂祖謀曰：「正德本『以』下有一『爲』字。」步嘉謹按：漢魏叢書本、增訂漢魏叢書本皆有「爲」字。

〔四四〕徐益藩曰：「本書體例，或經或傳，或内或外，《本事篇》既釋之矣。《崇目》曰『舊有内紀八，外傳十七』，内紀殆合内經、内傳而言。今本僅存内經二、内傳四、外傳十三，所謂『文題闕舛』者也。」説見《越絶考》。

〔四五〕《越絶篇叙外傳記第十九》：「寫精露愚，略以事類，俟告後人。」步嘉謹按：「小道不通，偏有所期。」與此義同。

〔四六〕張宗祥曰：「一作焉。」樂祖謀曰：「以爲中外篇。各本『篇』下皆有註：『一作焉。』」步嘉謹按：檢各本，樂説是。又錢培名曰：「原註：一作焉。按上節云：乃稍成中外篇焉。疑此文篇下亦當有焉字。」

越絶卷第一

越絶荆平王内傳第二

昔者，荆平王有臣伍子奢〔一〕。奢得罪於王，且殺之〔二〕，其二子出走，伍子尚奔吴，伍子胥奔鄭〔三〕。王召奢而問之，曰：「若召子，孰來也？」子奢對曰：「王問臣，對而畏死，不對不知子之心者。尚爲人也，仁且智，來之必入，胥爲人也，勇且智，來必不入〔四〕。胥且奔吴邦，君王必早閉而晏開〔五〕，胥將使邊境有大憂。」

於是王即使使者召子尚於吴，曰：「子父有罪，子入，則免之，不入，則殺之〔六〕。」子胥聞之，使人告子尚於吴：「吾聞荆平王召子，子必毋入〔七〕。胥聞之，入者窮，出者報仇。入者〔八〕皆死，是不智也。死而不報父之仇，是非勇也。」子尚對曰：「入則免父之死，不入則不仁。愛身之死，絶父之望，賢士不爲也。意不同，謀不合，子其居，尚請入〔九〕。」

荆平王復使使者召子胥於鄭〔一〇〕，曰：「子入，則免父死，不入，則殺之。」子胥介冑彀弓，出見使者，謝曰：「介冑之士，固不拜矣〔一一〕。請有道於使者：王以奢爲無罪，赦而蓄之，其子又何適乎？」使者還報荊平王，王知子胥不入也，殺子奢而并殺子尚〔一二〕。

子胥聞之，即從橫嶺〔一三〕上大〔一四〕山，北望齊晉〔一五〕，謂其舍人曰：「去，此邦堂堂，被山帶河，其民重移〔一六〕。」於是乃南奔吴〔一七〕。至江上，見漁者，曰：「來，渡我〔一八〕。」漁者知其非常人也〔一九〕，欲往渡之，恐人知之〔二〇〕，歌而往過之〔二一〕，曰：「日昭昭，侵以施，與子期甫蘆之碕〔二二〕。」子胥即從漁者之蘆碕〔二三〕。日入，漁者復歌往，曰：「心中目施，子可渡河，何爲不出〔二四〕？」船到即載，入船而伏〔二五〕。半江，而仰謂漁者曰：「子之姓爲誰？還，得報子之厚德。」漁者曰：「縱荊邦之賊者，我也，報荊邦之仇者，子也。兩而不仁〔二六〕，何相問姓名爲？」子胥即解其劍，以與漁者，曰：「吾先人之劍，直百金，請以與子也。」漁者曰：「吾聞荊平王有令曰：『得伍子胥者，購之千金〔二七〕。』今吾不欲得荊平王之千金，何以百金之劍爲？」漁者渡於于斧之津〔二八〕，乃發其簞飯，清其壺漿而食〔二九〕，曰：「亟食而去〔三〇〕，毋令追者及子也〔三一〕。」子胥曰：「諾。」子胥食已而去，顧謂漁者曰：「掩爾壺漿〔三二〕，無令之露。」漁者曰：「諾。」子胥行，即覆船，挾匕首〔三三〕自刎而死江水之中〔三四〕，明無洩也。

子胥遂行。至溧陽界中〔三五〕，見一女子擊絮於瀨水之中〔三六〕，子胥曰：「豈可得託食乎〔三七〕？」女子曰〔三八〕：「諾。」即發簞飯〔三九〕，清其壺漿而食之〔四〇〕。子胥食已而去，謂女子曰：「掩爾壺漿，毋令之露〔四一〕。」女子曰：「諾。」子胥行五步，還顧女子，自縱於瀨水之中而死[四二]。

子胥遂行。至吴。徒跣被髮，乞於吴市。三日，市正疑之，而道於闔廬曰[四三]：「市中有非常人，徒跣被髮，乞於吴市三日矣[四四]。」闔廬曰：「吾聞荆平王殺其臣伍子奢而非其罪[四五]，其子子胥勇且智[四六]，彼必經諸侯之邦可以報其父仇者[四七]。」王即使召子胥。入，吴王下階迎而唁，數之曰：「吾知子非恒人也[四八]，何素窮如此？」子胥跪而垂泣曰：「胥父無罪而平王殺之[四九]，而并其子尚[五〇]。子胥遯逃出走[五一]，唯大王可以歸骸骨者[五二]，惟大王哀之。」吴王曰：「諾。」上殿與語，三日三夜，語無復者[五三]。王乃號令邦中[五四]：「無貴賤長少，有不聽子胥之教者[五五]，猶不聽寡人也，罪至死，不赦[五六]。」

子胥居吴三年，大得吴衆[五七]。闔廬將爲之報仇，子胥曰：「不可。臣聞諸侯不爲匹夫興師[五八]。」於是止。其後荆將伐蔡[五九]，子胥言之闔廬，即使子胥救蔡而伐荆。十五戰，十五勝[六〇]。荆平王已死，子胥將卒六千，操鞭捶笞平王之墓而數之曰[六一]：「昔者吾先人無罪而子殺之，今此報子也[六二]。」

後，子昭王、臣司馬子期[六三]、令尹子西歸，相與計謀：「子胥不死，又不入荆，邦猶未得安，爲之奈何？莫若求之而與之同邦乎？」昭王乃使使者報子胥於吴，曰：「昔者吾先人殺子之父，而非其罪也。寡人尚少，未有所識也。今子大夫報寡人也特甚，然寡人亦不敢怨子。今子大夫何不來歸子故墳墓丘冢爲？我邦雖小，與子同有之，民雖少，與子同使之。」子胥曰：「以此爲名，名即章，以此爲利，利即重矣。前爲父報仇，後求其利，賢者不爲也。父已死，子食其禄，非父之義也。」使者遂還，乃報荆昭王曰：「子胥不入荆邦，明矣。」

校釋

〔一〕張宗祥曰：「荆，楚也。見《國語·晉語》註。平王，共王子棄疾也。伍子奢，《左傳》、《史記》、《吴越春秋》均作伍奢，無子字。」步嘉謹按：《淮南子》卷一八《人間訓》作「伍子奢」。其文曰：「因命太子建守城父，命伍子奢傅之。居一年，伍子奢游人於王側……王因殺太子建而誅伍子奢。」

〔二〕步嘉謹按：《越絶外傳紀策考第七》：「伍子胥父子奢，爲楚王大臣。爲世子聘秦女，夫有色，王私悦之，欲自御焉。奢盡忠入諫，守朝不休，欲匡正之。而王拒之諫，策而問之，以奢乃害於君。絶世之臣，聽讒邪之辭，係而囚之，待二子而死。」其事又見《史記》卷六六《伍子胥列傳》、《吴越春秋》卷三《王僚使公子光傳》。

〔三〕張宗祥曰：「此節不叙伍奢傅太子建，平王娶秦女，與《左傳》、《史記》、《吴越春秋》不同。《左傳》、《史記》叙尚、胥被召時似同在一地，故兄弟相商決去留。《吴越春秋》亦然。此書則云分奔吴、鄭，倘二子早離楚國，無論平王越國召人，大非易事，且急難之間，兄弟各處一方，吴、鄭相距雖非甚遠，而使人往來相告語，亦事理所難能。」步嘉謹按，《吕氏春秋》卷一〇《異寳篇》：「五員亡，荆急求之，登太行而望鄭曰：『蓋是國也，地險而民多知，其主俗主也，不足與舉。』去鄭而之許，見許公而問所之。許公不應，東南嚮而唾。五員載拜受賜曰：『知所之矣。』因如吴。」據此，則伍子胥入吴前，實曾奔鄭。

〔四〕步嘉謹按：《吴越春秋》卷三《王僚使公子光傳》記此事：「伍奢曰：『臣有二子，長曰尚，少曰胥。尚爲人慈温仁信，若聞臣召，輒來。胥爲人少好於文，長習於武，文治邦國，武定天下，執綱守戾，蒙垢受恥，雖冤不争，能成大事，此前知之士，安可致耶？』」

〔五〕步嘉謹按：「早閉而晏開」，謂楚國邊塞之城門也。

〔六〕步嘉謹按：《史記》卷六六《伍子胥列傳》：「（平王）使人召二子曰：『來，吾生汝父，不來，今殺奢也。』」

〔七〕樂祖謀曰：「子必毋入。原本及正德本、陳本、吴本、漢魏本均作『母』，據孔本等改。」

〔八〕張宗祥曰：「陳塏本『則』。」

〔九〕步嘉謹按：《史記》卷六六《伍子胥列傳》：「伍尚曰：『我知往終不能全父命。然恨父召我以求生而不往，後不能雪恥，終爲天下笑耳。』謂員：『可去矣！汝能報殺父之仇，我將歸死。』」

〔一〇〕步嘉謹按：《吴越春秋》卷三《王僚使公子光傳》：「楚得子尚，執而囚之。復遣追捕子胥。」

〔一一〕步嘉謹按：《史記》卷六六《伍子胥列傳》：「尚既就執，使者捕伍胥。伍胥貫弓執矢向使者，使者不敢進。」《吴越春秋》卷三《王僚使公子光傳》：「胥乃貫弓執矢去楚。楚追之……使者追及無人之野，胥乃張弓布矢欲害使者。」

〔一二〕步嘉謹按：《史記》卷六六《伍子胥列傳》：「伍尚至楚，楚並殺奢與尚也。」《吴越春秋》卷三《王僚使公子光傳》：「尚至楚就父，俱戮於市。」

〔一三〕步嘉謹按：樂祖謀本同四部叢刊本，「横嶺」作「横領」。庫本、漢魏叢書本、增訂漢魏叢書本、張宗祥校本均作「横嶺」，「横嶺」是。據改。

〔一四〕張宗祥曰：「張本、四庫本『太』。」

〔一五〕張宗祥曰：「是時子胥當在鄭，所謂横嶺大山，當是今河南東部之山。」

〔一六〕錢培名曰：「原註一作『侈』。」張宗祥曰：「《考工記·輿人》：飾車欲侈。杜註通移。然此處當作動解。移，動也。見《國語·晉語》『弗能移也』註。蓋言齊晉大國，其民難動，不能藉以報仇也。」

〔一七〕錢培名曰：「『奔』，鈔本《北堂書鈔》一〇六、《太平御覽》三四三、又五七一引並作『走』。」步嘉謹按：錢説是。《北堂書鈔》卷一〇六《樂部·歌篇門》與《太平御覽》卷三四三《兵部·劍門》並引作「伍子胥走吴，至江上。」《太平御覽》卷五七一《樂部·歌門》引作「伍子胥走至吴江上。」

〔一八〕步嘉謹按：《韓非子》卷七《説林上》：「子胥出走，邊候得之。子胥曰：上索我者，以我有美珠也。今我已亡之矣。我且曰：子取吞之。候因釋之。」《戰國策》卷五《秦策三》：「伍子胥橐載而出昭關，夜行而晝伏。」《韓子》、《國策》文，皆早期伍子胥出走之傳説。

〔一九〕步嘉謹按：「非常人也」，「常人」，《太平御覽》卷五七一《樂部·歌門》、卷三四三《兵部·劍門》皆作「恒人」。又《太平御覽》卷三四三引無「也」字。

〔二〇〕錢培名曰：「《書鈔》、《御覽》五七一引，並『人』上有『衆』字。」步嘉謹按：檢《書鈔》卷一〇六、《御覽》卷五七一，錢説是。

〔二一〕錢培名曰：「《書鈔》、《御覽》五七一引，『歌』上有『即』字。」

〔二二〕張宗祥曰：「施，讀曰移。見《荀子·儒效篇》註。又馳，施也。見《文選·神女賦序》註。《吴越春秋》正作『侵已馳』。甫爲男子美稱。此處作語助。《吴越春秋》作『乎』。『碕』，《吴越春秋》作『漪』，非。漪乃水波，碕爲曲岸，此歌若曰：日太明，待其没，相期於蘆之曲岸也。又按：《秦策》：伍子胥橐載而出昭關，夜行而晝伏，至於蔆水云云。可與此節參觀。」步嘉謹按：「昭昭」，《太平御覽》卷五七一《樂部·歌門》引作「炤炤」。「侵以施」，《太平御覽》卷五七一、《北堂書鈔》卷一〇六《樂部·歌篇門》並引作「侵已施」。「與子」，《太平御覽》卷五七一作「於子」，然《北堂書鈔》卷一〇六作「與子」，與今本同，則「與子」是。「蘆之碕」，《太平御覽》卷五七一脱「碕」字。上皆錢培名脱校也。步嘉又按：《吕氏春秋》卷一〇《異寶》記伍員奔吴：「過於荆，至江上，欲涉，見一丈人，刺小船，方將漁，從而請焉。丈人度之，絶江，問其名族，則不肯告，解其劍以予丈人，曰：『此千金之劍也，願獻之丈人。』丈人不肯受，曰：『荆國之法，得伍員者，爵執圭，禄萬擔，金千鎰。昔者子胥過，吾猶不取，今我何以子之千金劍爲乎？』」陳奇猷引梁伯子云：「此江上丈人僞言也，因揣知必五員，故作此以拒之耳。」説見《吕氏春秋校釋》。此《吕氏春秋》與《越絶書》所記略有不同。

〔二三〕步嘉謹按：《北堂書鈔》卷一〇六《樂部·歌篇門》引作「子胥即從漁者」。無「之蘆碕」三字。《吴越春秋》卷三《王僚使公子光傳》作「子胥即止蘆之漪」。

〔二四〕錢培名曰：「首句有脱誤。『爲』字疑當在句末，與施河韻。《書鈔》作『心中有悲日已施，子可渡河不出爲。』『爲』字作正韻，但脱『何』字耳。《吴越春秋》作『日已夕兮，予心憂悲，月已馳兮，何不渡爲。』」樂祖謀曰：「陳本作『子可渡河，何不渡爲？不出將奈何？』張本從陳本增。」步嘉謹按：錢説「爲」字在句尾作韻，良是。然錢引《書鈔》有誤。《北堂書鈔》卷一〇六《樂部·歌篇門》引《越紀》作「子可渡河，不出何爲」。又《太平御覽》卷五七一《樂部·歌門》引《越絶書》作「子可渡河不出爲」。知「爲」是韻腳不誤。步嘉又按：「心中目施」一句，《書鈔》卷一〇六作「心中有悲日已施」，錢校已引，御覽卷五七一引作「心中悲，日已施」。與《書鈔》引文略有不同。

〔二五〕步嘉謹按：《書鈔》卷一〇六、《御覽》卷五七一引，「船到即載，入船而伏」句與今本同。《太平御覽》卷三四三《兵部·劍門》引作「即載入船」。

〔二六〕錢培名曰：「『兩而不仁』，句不可解。《吴越春秋》作『兩賊相得，得形於默』。」步嘉謹按：《吴越春秋》卷三《王僚使公子光傳》：「漁父曰：今日凶凶，兩賊相逢，吾所謂渡楚賊也。兩賊相得，得形於默。何用姓字爲？」

〔二七〕錢培名曰：「『吾聞荆平王有令曰』，平王時不當謚。《御覽》三四三引無『平』字，是也。下同。」步嘉謹按：《御覽》雖作「荆王」，然《越絶書》中多作「荆平王」，疑原當有「平」字，此乃後人所追述也。步嘉又按：「得伍子胥者，購之千金」，《御覽》卷三四三引作「能得伍子胥者，購之千金」。多一「能」字。按《吕氏春秋》卷一〇《異寶》作「得五員者」，《吴越春秋》卷三《王僚使公子光傳》作「得伍胥者」，皆無「能」字，《御覽》引文「能」字疑衍。

〔二八〕錢培名曰：「《御覽》『于』字不重。《紀策考篇》亦作『于斧』。《吴越春秋》作『乃渡之千潯之津』。《御覽》末卷引《吴越春秋》作『千溢』，與《越絶》合。然溢水與吴楚不相涉，由楚入吴，以潯爲近。《太平寰宇記》於鄂州武昌縣羅洲下引《輿地記》，述漁父渡伍子胥事，則非溢水明矣。」步嘉謹按：錢培名曰：《御覽》「于」字不重，所引《御覽》，當是卷三四三《兵部·劍門》引《越絶書》文。今考《御覽》作「漁者渡千斧之津」，不作「于」字，錢校誤引。

〔二九〕樂祖謀曰：「陳本作『食之』，多一字。」

〔三〇〕錢培名曰：「『亟食而去』，『食』，《御覽》作『飡』。」步嘉謹按：檢錢校引文不誤。見《御覽》卷三四三《兵部·劍門》引《越絶書》。

〔三一〕步嘉謹按：「毋令追者及子也。」《太平御覽》卷三四三《兵部·劍門》引作：「無令遺追者及子也。」

〔三二〕步嘉謹按：《吴越春秋》卷三《王僚使公子光傳》作：「誡漁父曰：『掩子之盎漿，無令其露。』」

〔三三〕錢培名曰：「『挾匕首』，『挾』，《御覽》作『伏』。」步嘉謹按：檢《御覽》文，錢説不誤。文見卷三四三《兵部・劍門》引。

〔三四〕步嘉謹按：「自刎而死江水之中。」《太平御覽》卷三四三《兵部・劍門》引作「自刎而死」，無「江水之中」四字。《吴越春秋》卷三《王僚使公子光傳》作「已覆船自沉於江水之中矣」。

〔三五〕步嘉謹按：「至溧陽界中」，《吴越春秋》卷三《王僚使公子光傳》作「疾於中道，乞食溧陽」。元徐天祜註：「今建康屬邑。」又《史記》卷六六《伍子胥列傳》中《史記集解》引張勃曰：「子胥乞食處在丹陽溧陽縣。」步嘉又按：《太平御覽》卷八二六《資産部・漂門》引《越絶書》作「伍子胥至漂陽」，「溧」字作「漂」，《御覽》當誤。然無「界」字，則與《吴越春秋》同。

〔三六〕步嘉謹按：「見一女子擊絮於瀨水之中」，《太平御覽》卷八二六《資産部・漂門》引作「見一女子擊絮瀨水中」，無「於」字、「之」字。《吴越春秋》卷三《王僚使公子光傳》作「適會女子擊綿於瀨水之上」。

〔三七〕步嘉謹按：「豈可得託食乎」，《太平御覽》卷八二六《資産部・漂門》引《越絶書》作「豈可得飡乎」。《吴越春秋》卷三《王僚使公子光傳》作「可得一餐乎」。

〔三八〕步嘉謹按：「女子曰」，《太平御覽》卷八二六《資産部・漂門》引作「女曰」，無「子」字。考《吴越春秋》卷三《王僚使公子光傳》亦作「女子曰」，則《御覽》引有脱文。

〔三九〕樂祖謀曰：「『即發簞飯』，陳本、張本『發』下多一『其』字。」步嘉謹按：有「其」字者是。《太平御覽》卷八二六《資産部・漂門》引《越絶書》作「即發其簞飯」。

〔四〇〕步嘉謹按：「清其壺漿而食之」。《太平御覽》卷八二六《資産部・漂門》引作「清其壺漿而與之」。考《吴越春秋》卷三《王僚使公子光傳》作「飯其盎漿，長跪而與之」，亦作「與」字。

〔四一〕步嘉謹按：「謂女子曰：『掩爾壺漿，毋令之露。』」此句《太平御覽》卷八二六《資産部・漂門》引作「子胥謂女子毋令之露」，無「曰」字，少「掩爾壺漿」句，又多「子胥」二字。《吴越春秋》卷三《王僚使公子光傳》此句作：「又謂女子曰：『掩夫人之壺漿，無令其露。』」

〔四二〕步嘉謹按：「自縱於瀨水之中而死」，《太平御覽》卷八二六《資産部・漂門》引作「自投瀨水之中」。「縱」作「投」，又無「而死」二字。《吴越春秋》卷三《王僚使公子光傳》此句作「已自投於瀨水矣」。與《御覽》引文略同。

〔四三〕步嘉謹按：「而道於闔廬曰」句，《太平御覽》卷一九一《居處部・市門》引《越絶書》作「而導於闔閭曰」。按「闔廬」即「闔閭」，「道」、「導」古通。張宗祥曰：「是時主吴者爲僚，公子光尚未立，不得稱『闔廬』，蓋闔廬乃公子光王吴後之稱，當云『道於公子光曰』。」

〔四四〕步嘉謹按：「乞於吴市三日矣」句，《太平御覽》卷一九一《居處部・市門》引作「乞於吴市三日」，無「矣」字。

〔四五〕錢培名曰：「『吾聞荆平王殺其臣伍子奢』，《御覽》一九一引無『平』字、『子』字。」

〔四六〕步嘉謹按：「其子子胥勇且智」句，《太平御覽》卷一九一《居處部·市門》引作「其子胥勇且智」，少一「子」字。

〔四七〕步嘉謹按：「彼必經諸侯之邦可以報其父仇者」，《太平御覽》卷一九一《居處部·市門》引作「彼必經諸侯之邦可以報其父之仇者」，《御覽》引文多一「之」字。

〔四八〕步嘉謹按：「吾知子非恒人也」句，《太平御覽》卷一九一《居處部·市門》引作「吾知子非常人也」。「恒」作「常」，當因避諱所改。

〔四九〕錢培名曰：「『而平王殺之』，『平』《御覽》作『楚』，是。」步嘉謹按：檢《御覽》卷一九一《居處部·市門》，錢校引《御覽》文不誤。

〔五〇〕步嘉謹按：「而并其子尚」句，《太平御覽》卷一九一《居處部·市門》引作「而并其子」，無「尚」字。按本篇前云「殺子奢而并殺子尚」，《史記》卷六六《伍子胥列傳》作「楚並殺奢與尚也」，《吴越春秋》卷三《王僚使公子光傳》作「尚至楚就父，俱戮於市」，皆有「尚」字，《御覽》引文當脱。

〔五一〕錢培名曰：「『子胥遯逃出走』子胥下《御覽》有『得』字。」

〔五二〕步嘉謹按：「唯大王可以歸骸骨者」句，《太平御覽》卷一九一《居處部·市門》引作「唯可以歸骸骨者」，無「大王」二字。

〔五三〕步嘉謹按：「三日三夜，語無復者」句，《太平御覽》卷一九一《居處部·市門》引作「三日語無復者」，無「三夜」二字。

〔五四〕步嘉謹按：「王乃號令邦中」句，《太平御覽》卷一九一《居處部·市門》引作「王乃令邦中」，無「號」字。

〔五五〕步嘉謹按：「有不聽子胥教者」句，《太平御覽》卷一九一《居處部·市門》引作「有不聽子胥教者」，無「之」字。

〔五六〕錢培名曰：「『猶不聽寡人也』，『也』《御覽》作『之』，則連下『罪』字爲句。」步嘉謹按：錢説不誤。《御覽》卷一九一引作「猶不聽寡人之罪，至死不赦」。

〔五七〕步嘉謹按：「子胥居吴三年」句，《太平御覽》卷四八二《人事部·仇讎門》引作「伍子胥入吴，居三年」。《藝文類聚》卷三三《人部·報讎門》引作「子胥入吴」，與今本皆異。又「大得吴衆」句，《御覽》卷四八二、《類聚》卷三三引文皆無。

〔五八〕步嘉謹按：「諸侯不爲匹夫興師」句，《太平御覽》卷四八二《人事部·仇讎門》引同。《越絶吴内傳第四》作「諸侯不爲匹夫報仇」。按《公羊傳》卷二五定公四年作「諸侯不爲匹夫興師」，又《穀梁傳》卷一九定公四年作「君不爲匹夫興師」，則「興師」是。《越絶吴内傳》作「報仇」者，文有所改易也。

〔五九〕步嘉謹按：「其後荆將伐蔡」句，《太平御覽》卷四八二《人事部·仇讎門》引與今本同。《藝文類聚》卷三三《人部·報讎門》引作「其後荆將軍伐蔡」，「軍」字當衍。

〔六〇〕張宗祥曰：「《史記》作五戰楚五敗，《吴越春秋》作五戰徑至於郢。兩『十』字衍。」步嘉謹按：兩

「十」字不當衍。《史記》、《吴越春秋》均作「五戰」，書各傳聞異辭耳。《太平御覽》卷四八二《人事部・仇讎門》、《藝文類聚》卷三三《人部・報讎門》引《越絶書》皆作「十五戰，十五勝」，此可證也。

〔六一〕步嘉謹按：「操鞭捶笞平王之墓而數之曰」句，《太平御覽》卷四八二《人事部・仇讎門》引作「子胥捶笞平王之墓而數之曰」，《藝文類聚》卷三三《人部・報讎門》引作「子胥操捶笞平王之墓而數之曰」，唐宋類書均無「鞭」字。步嘉又按：《説苑》卷一二《奉使》曰：「刀教曰：『使者問梧之年耶？昔者，荆平王爲無道加諸申氏，殺子胥父與其兄，子胥被髮乞食於吴，闔閭以爲將相。三年，將吴兵，復仇乎楚，戰勝乎柏舉，級頭百萬，囊瓦奔鄭，王保於隨，引師入郢，軍雲行乎郢之都。子胥親射宫門，掘平王冢，笞其墳，數以其罪曰：吾先人無罪而子殺之！士卒人加百焉，然後止。』」又《説苑》卷一一《善説》曰：「蘧伯玉曰：『伍子胥生於楚，逃之吴，吴受而相之，發兵攻楚，墮平王之墓，伍子胥生於楚而吴善用之。』」與《越絶書》本節可互爲參覯。嘉又按：「刀教」，庫本作「刁教」。

〔六二〕錢培名曰：「『今此報子也』，『今』下《藝文類聚》三三、《御覽》四八三引並有『以』字，是。《吴人内傳篇》作『今此以報子也』。」張宗祥校「今此報子也」句曰：「原註一作『之』。」樂祖謀曰：「『今此報子也』，各本『也』下均註：『一作之』。」

〔六三〕步嘉謹按：樂祖謀本作「司馬子其」，錢培名曰：「『司馬子期』，原誤『其』，依漢魏叢書本改。」張宗祥曰：「《左傳》、《史記》均作『期』。」按：錢、張説是，據改。

越絶卷第二

越絶外傳記吴地傳第三

昔者，吴之先君太伯，周之世，武王封太伯於吴〔一〕，到夫差，計二十六世〔二〕，且千歲〔三〕。闔廬之時，大霸，築吴越城〔四〕。城中有小城二。徙治胥山〔五〕。後二世〔六〕而至夫差，立二十三年，越王句踐滅之。

闔廬宫〔七〕，在高平里。

射臺二，一在華池昌里，一在安陽里〔八〕。

南城宫，在長樂里〔九〕，東到春申君府。

秋冬治城中，春夏治姑胥之臺〔一〇〕。旦食於紐山，晝遊於胥母〔一一〕，射於鷗陂〔一二〕，馳於遊臺，興樂石城，〔一三〕走犬長洲〔一四〕。

吴王大霸，楚昭王、孔子時也。

吴大城〔一五〕，周四十七里二百一十步二尺〔一六〕。陸門八，其二有樓。水門八〔一七〕。南面十里四十二步五尺[一八]，西面七里百一十二步三尺[一九]，北面八里二百二十六步三尺[二〇]，東面十一里七十九步一尺[二一]。闔廬所造也[二二]。吴郭周六十八里六十步[二三]。

吴小城，周十二里[二四]。其下廣二丈七尺，高四丈七尺[二五]。門三，皆有樓，其二增水門二[二六]，其一有樓，一增柴路[二七]。

東宫周一里二百七十步[二八]。路西宫在長秋[二九]，周一里二十六步[三〇]。秦始皇帝十一年[三一]，守宫者照燕失火，燒之[三二]。

伍子胥城[三三]，周九里二百七十步[三四]。

小城東西從武里[三五]，面從小城北[三六]。

邑中徑從閶門到婁門[三七]，九里七十二步，陸道廣二十三步，平門到蛇門[三八]，十里七十五步，陸道廣三十三步。水道廣二十八步。

吴古故陸道，出胥門[三九]，奏出土山[四〇]，度灌邑，奏高頸，過猶山[四一]，奏太湖，隨北顧以西，度陽下溪，過歷山陽、龍尾西大決，通安湖[四二]。

吴古故水道，出平門，上郭池，入瀆，出巢湖，上歷地，過梅亭，入楊湖，出漁浦，入大江，奏廣陵[四三]。

吴古故從由拳辟塞[四四]，度會夷，奏山陰[四五]。辟塞者，吴備候塞也[四六]。

居東城者〔四七〕，闔廬所遊城也，去縣二十里。

柴辟亭到語兒就李〔四八〕，吴侵以爲戰地。

百尺瀆，奏江，吴以達糧。

千里廬虚者〔四九〕，闔廬以鑄干將劍〔五〇〕。歐冶僮女三百人〔五一〕。去縣二里，南達江。

閶門外高頸山東桓石人〔五二〕，古者名「石公」，去縣二十里。

閶門外郭中冢者，闔廬冰室也〔五三〕。

闔廬冢，在閶門外〔五四〕，名虎丘〔五五〕。下池廣六十步〔五六〕，水深丈五尺〔五七〕。銅槨三重〔五八〕。澒池六尺〔五九〕。玉鳧之流〔六〇〕，扁諸之劍三千，方圓之口三千。時耗、魚腸之劍在焉〔六一〕。十萬人築治之〔六二〕。取土臨湖口。葬三日而白虎居上〔六三〕，故號爲虎丘〔六四〕。

虎丘北莫格冢，古賢者避世冢〔六五〕，去縣二十里〔六六〕。

被奏冢，鄧大冢是也，去縣四十里。

闔廬子女冢〔六七〕，在閶門外道北。下方池廣四十八步，水深二丈五尺。池廣六十步，水深丈五寸。隧出廟路以南〔六八〕，通姑胥門。并周六里〔六九〕。舞鶴吴市，殺生以送死〔七〇〕。

餘杭城者，襄王時神女所葬也。神多靈。

巫門外麋湖西城〔七一〕，越宋王城也。時與摇城王周宋君戰於語招〔七二〕，殺周宋君。毋頭騎歸，至武里死亡，葬武里南城。午日死也〔七三〕。

巫門外冢者，闔廬冰室也。

巫門外大冢〔七四〕，吴王客齊孫武冢也〔七五〕，去縣十里。善爲兵法〔七六〕。

蛇門外塘波洋中世子塘者〔七七〕，故曰王世子造以爲田〔七八〕。塘去縣二十五里。洋中塘，去縣二十六里。

蛇門外大丘，吴王不審名冢也，去縣十五里〔七九〕。

築塘北山者，吴王不審名冢也，去縣二十里。

巫門外欐溪櫝中連鄉大丘者〔八〇〕，吴故神巫所葬也，去縣十五里。

婁門外馬亭溪上復城者〔八一〕，故越王餘復君所治也，去縣八十里。是時烈王歸於越，所載襄王之後〔八二〕，不可繼述。其事書之馬亭溪〔八三〕。

婁門外鴻城者〔八四〕，故越王城也，去縣百五十里。

婁門外雞陂墟〔八五〕，故吴王所畜雞處〔八六〕，使李保養之〔八七〕，去縣二十里。

胥門外有九曲路〔八八〕，闔廬造以遊姑胥之臺〔八九〕，以望太湖中，闚百姓〔九〇〕。去縣三十里。

齊門，闔廬伐齊，大克，取齊王女爲質子〔九一〕，爲造齊門，置於水海虚。其臺在車道左、水海右。去縣七十里。齊女思其國死，葬虞西山[九二]。

吴北野禺櫟東所舍大疁者[九三]，吴王田也，去縣八十里。

吴西野鹿陂者，吴王田也。今分爲耦瀆，胥卑虚，去縣二十里。

吴北野胥主疁者，吴王女胥主田也，去縣八十里。

麋湖城者[九四]，闔廬所置麋也[九五]，去縣五十里。

欐溪城者[九六]，闔廬所置船宫也。闔廬所造。

婁門外力士者，闔廬所造，以備外越[九七]。

巫欐城者，闔廬所置諸侯遠客離城也，去縣十五里。

由鍾窮隆山者[九八]，古赤松子所取赤石脂也[九九]，去縣二十里。子胥死，民思祭之[一〇〇]。

莋碓山，故爲鶴阜山[一〇一]，禹遊天下，引湖中柯山置之鶴阜[一〇二]，更名莋碓。

放山者，在莋碓山南。以取長之莋碓山下[一〇三]，故有鄉名莋邑。吴王惡其名，内郭中，名通陵鄉[一〇四]。

莋碓山南有大石[一〇五]，古者名爲「墜星」，去縣二十里。

撫侯山者，故闔廬治以諸侯冢次，去縣二十里。

吴東徐亭東西南北通溪者[一〇六]，越荆王所置，與麋湖相通也。

馬安溪上干城者，越干王之城也，去縣七十里。

巫門外冤山大冢，故越王王史冢也〔一〇七〕，去縣二十里。

搖城者，吴王子居焉，後越搖王居之。稻田三百頃，在邑東南，肥饒，水絶。去縣五十里。

胥女大冢〔一〇八〕，吴王不審名冢也，去縣四十五里。

蒲姑大冢，吴王不審名冢也，去縣三十里。

石城者〔一〇九〕，吴王闔廬所置美人離城也〔一一〇〕，去縣七十里。

通江南陵，搖越所鑿，以伐上舍君。去縣五十里。

婁東十里坑者，古名長人坑，從海上來。去縣十里。

海鹽縣，始爲武原鄉〔一一一〕。

婁北武城，闔廬所以候外越也，去縣三十里。今爲鄉也。

宿甲者，吴宿兵候外越也，去縣百里，其東大冢，搖王冢也。

烏程、餘杭、黝〔一一二〕、歙、無湖、石城縣以南〔一一三〕，皆故大越徙民也。秦始皇帝刻石徙之〔一一四〕。

烏傷縣常山〔一一五〕，古人所採藥也〔一一六〕，高且神。

齊鄉，周十里二百一十步，其城六里三十步，牆高丈二尺，百七十步，竹格門三〔一一七〕，其二有屋。

虞山者〔一一八〕，巫咸所出也〔一一九〕。虞故神出奇怪。去縣百五里。

母陵道，陽朔三年太守周君造陵道語昭。郭周十里百一十步，牆高丈二尺。陵門四，皆有屋〔一二〇〕。水門二。

無錫城，周二里十九步，高二丈七尺，門一樓四。其郭周十一里百二十八步，牆一丈七尺，門皆有屋。

無錫歷山，春申君時盛祠以牛，立無錫塘。去吴百二十里。

無錫湖者〔一二一〕，春申君治以爲陂，鑿語昭瀆以東到大田。田名胥卑。鑿胥卑下以南注大湖，以寫西野。去縣三十五里。

無錫西龍尾陵道者〔一二二〕，春申君初封吴所造也〔一二三〕。屬於無錫縣。以奏吴北野胥主曈。

曲阿，故爲雲陽縣〔一二四〕。

毗陵，故爲延陵，吴季子所居〔一二五〕。

毗陵縣南城，故古淹君地也〔一二六〕。東南大冢，淹君子女冢也。去縣十八里。吴所葬。

毗陵上湖中冢者，延陵季子冢也〔一二七〕，去縣七十里。上湖通上洲。季子冢古名延陵墟〔一二八〕。

蒸山南面夏駕大冢者，越王不審名冢，去縣三十五里〔一二九〕。

秦餘杭山者〔一三〇〕，越王棲吳夫差山也，去縣五十里。山有湖水，近太湖。

夫差冢，在猶亭西卑猶位〔一三一〕。越王候干戈人一累土以葬之〔一三二〕。近太湖，去縣十七里〔一三三〕。

三臺者，太宰嚭、逢同妻子死所在也，去縣十七里〔一三四〕。

太湖，周三萬六千頃〔一三五〕。其千頃，烏程也〔一三六〕。去縣五十里。

無錫湖，周萬五千頃。其一千三頃，毗陵上湖也。去縣五十里。一名射貴湖〔一三七〕。

尸湖，周二千二百頃，去縣百七十里。

小湖，周千三百二十頃，去縣百里。

耆湖，周六萬五千頃，去縣百二十里〔一三八〕。

乘湖，周五百頃，去縣五里。

猶湖，周三百二十頃，去縣十七里〔一三九〕。

語昭湖，周二百八十頃，去縣五十里。

作湖，周百八十頃，聚魚多物，去縣五十五里。

昆湖，周七十六頃一畝，去縣一百七十五里〔一四〇〕。一名隱湖。

湖王湖，當問之。

丹湖，當問之。

吳古故祠江漢於棠浦東〔一四一〕，江南爲方牆，以利朝夕水。古太伯君吳，到闔廬時絶。

胥女南小蜀山〔一四二〕，春申君客衛公子冢也，去縣三十五里〔一四三〕。

白石山〔一四四〕，故爲胥女山〔一四五〕，春申君初封吳〔一四六〕，過，更名爲白石〔一四七〕。去縣四十里。

今太守舍者，春申君所造，後殿屋以爲桃夏宫〔一四八〕。

今宫者，春申君子假君宫也〔一四九〕。前殿屋蓋地東西十七丈五尺，南北十五丈七尺。堂高四丈，十霤高丈八尺〔一五〇〕。殿屋蓋地東西十五丈，南北十丈二尺七寸。户霤高丈二尺。庫東鄉屋南北四十丈八尺，上下户各二。南鄉屋東西六十四丈四尺，上户四，下户三。西鄉屋南北四十二丈九尺，上户三，下户二。凡百四十九丈一尺。檐高五丈二尺。霤高二丈九尺。周一里二百四十一步。春申君所造。

吳兩倉，春申君所造。西倉名曰均輸〔一五一〕，東倉周一里八步〔一五二〕。後燒。更始五年〔一五三〕，太守李君治東倉爲屬縣屋，不成。

吳市者，春申君所造，闕兩城以爲市。在湖里〔一五四〕。

吴諸里大閈，春申君所造。

吴獄庭〔一五五〕，周三里，春申君時造。

土山者〔一五六〕，春申君時治以爲貴人冢次〔一五七〕，去縣十六里。

楚門，春申君所造。楚人從之，故爲楚門〔一五八〕。

路丘大冢，春申君客冢。不立，以道終之。去縣十里。

春申君，楚考烈王相也。烈王死，幽王立，封春申君於吴。三年，幽王徵春申爲楚令尹〔一五九〕，春申君自使其子爲假君治吴〔一六〇〕。十一年，幽王徵假君與春申君，并殺之。二君治吴凡十四年。後十六年，秦始皇并楚，百越叛去，更名大越爲山陰也〔一六一〕。春申君姓黄，名歇。

巫門外罘罳者〔一六二〕，春申君去吴，假君所思處也。去縣二十三里。

壽春東梟陵亢者，古諸侯王所葬也。楚威王與越王無疆竝。威王後烈王，子幽王，後懷王也。懷王子頃襄王也，秦始皇滅之〔一六三〕。秦始皇造道陵南〔一六四〕，可通陵道，到由拳塞，同起馬塘，湛以爲陂，治陵水道到錢唐，越地，通浙江。秦始皇發會稽適戍卒〔一六五〕，治通陵高以南陵道，縣相屬〔一六六〕。

秦始皇帝三十七年，壞諸侯郡縣城。

太守府大殿者，秦始皇刻石所起也〔一六七〕。到更始元年，太守許時燒〔一六八〕。六年十二月乙卯鑿官池〔一六九〕，東西十五丈七尺，南北三十丈。

漢高帝封有功，劉賈爲荆王〔一七〇〕，并有吴。賈築吴市西城，名曰定錯城〔一七一〕，屬小城，北到平門，丁將軍築治之。十一年，淮南王反〔一七二〕，殺劉賈。後十年，高皇帝更封兄子濞爲吴王〔一七三〕，治廣陵，并有吴。立二十一年，東渡之吴〔一七四〕，十日還去。立四十二年，反〔一七五〕。西到陳留縣，還奔丹陽，從東歐〔一七六〕。越王弟夷烏將軍殺濞。東歐王爲彭澤王，夷烏將軍今爲平都王〔一七七〕。濞父字爲仲〔一七八〕。

匠門外信士里東廣平地者〔一七九〕，吴王濞時宗廟也。太公、高祖在西，孝文在東〔一八〇〕。去縣五里。永光四年，孝元帝時，貢大夫請罷之。

桑里東今舍西者，故吴所畜牛、羊、豕、雞也，名爲牛宫。今以爲園。

漢文帝前九年，會稽并故鄣郡〔一八一〕。太守治故鄣，都尉治山陰〔一八二〕。前十六年〔一八三〕，太守治吴郡，都尉治錢唐〔一八四〕。

漢孝景帝五年五月〔一八五〕，會稽屬漢。屬漢者，始并事也〔一八六〕。漢孝武帝元封元年，陽都侯歸義，置由鍾。由鍾初立，去縣五十里。

漢孝武元封二年，故鄣以爲丹陽郡〔一八七〕。

天漢五年四月，錢唐浙江岑石不見，到七年，岑石復見。越王句踐徙瑯邪，凡二百四十年〔一八八〕，楚考烈王并越於瑯邪。後四十餘年，秦并楚〔一八九〕。復四十年〔一九〇〕，漢并秦。到今二百四十二年。句踐徙瑯邪到建武二十八年，凡五百六十七年〔一九一〕。

校釋

〔一〕張宗祥曰：「《史記·吴世家》、《吴越春秋》皆云：太伯奔荆蠻，荆蠻義之，從而歸之千餘家，立爲吴太伯。又《史記》云：武王克殷，求得周章封之。周章者，太伯無子，傳弟仲雍，仲雍子季簡，季簡子叔達，叔達子周章是也。《吴越春秋》則云：追封太伯於吴。是武王時乃封太伯之後於吴，因而追封及於太伯，非封太伯也。此處當云封太伯之後於吴。」步嘉謹按：張據《史記》、《吴越春秋》文，以《越絶書》爲非。按本篇下云：「古太伯君吴，到闔廬時絶。」則《越絶書》自以太伯爲吴之先君，嘗君吴，與《史記》、《吴越春秋》傳聞異辭，張亦失之檢耳。

〔二〕步嘉謹按：《史記》卷三一《吴太伯世家》中《史記集解》引《越絶書》作：「太伯到夫差二十六代且千歲。」按「世」作「代」者，避唐諱也。張宗祥曰：「《史記正義》曰：太伯居梅里，在常州無錫縣東南六十里。至十九世孫壽夢居之，號句吴。壽夢卒，諸樊南徙吴。至二十一代孫光，使子胥築闔閭城都之，今蘇州也。二書所載，世次不同。今按《史記》云：太伯卒，無子，弟仲雍立。

仲雍卒，子季簡立。季簡卒，子叔達立。叔達卒，子周章立。周章卒，子熊遂立。（張自註：《吴越春秋》作章子熊，熊子遂。實二世。《史記》作一人，恐有脱。）熊遂卒，子柯相立。柯相卒，子彊鳩夷立。彊鳩夷卒，子餘橋疑吾立。（張自註：橋，《吴越春秋》作喬。）餘橋疑吾卒，子柯盧立。（張自註：盧，《吴越春秋》作廬。）柯盧卒，子周繇立。周繇卒，子屈羽立。屈羽卒，子夷吾立。夷吾卒，子禽處立。禽處卒，子轉立。（張自註：轉，《吴越春秋》作專。）轉卒，子頗高立。頗高卒，子句卑立。（張自註：卑，《吴越春秋》作畢。）句卑卒，子去齊立。去齊卒，子壽夢立。大凡從太伯至壽夢十九世。若從《吴越春秋》熊、遂分爲二人，則爲二十世。壽夢卒乃立長子諸樊，諸樊卒，授弟餘祭。餘祭卒，弟餘昧立。餘昧卒，乃立子僚爲王。公子光弑僚代立爲王，傳子夫差。據此以言，則《正義》二十一世之説，乃以兄弟相繼爲一世。而熊、遂分爲二人，故至光爲二十一世也。若太伯、仲雍爲二世，諸樊、餘祭、餘昧爲三世，熊、遂亦分二人，則自太伯至夫差正二十六世。以此知熊、遂當分，《史記》合爲一人者誤也。」

〔三〕步嘉謹按：「且千歲」三字，《史記集解》引《越絶書》同，參本篇〔校釋二〕。

〔四〕張宗祥曰：「《吴越春秋》云：闔閭元年，造大城。無『吴越』之名。吴越城之名，僅見於此。考吴故無城，太伯始作之。故《吴越春秋》曰：遭殷之末，世衰，中國侯王數用兵，恐及於荆蠻。故太伯起城，周三里二百步，外郭三百餘里，在西北隅，名曰故吴，人民皆耕田其中。可證吴地本無城，太伯爲使民安居，始築城。至闔閭，又築此規模較大之城。《吴越春秋》云：子胥乃使相土嘗水，象天法地，造築大城。周迴四十七里。可證自太伯之後，至闔閭又築大城。又按樂史《寰宇記》曰：太伯築城在平門外，今無錫縣東南四十里太伯城是也。平門即吴城北水門。是知太伯故城，亦距闔閭大城甚近，距今所謂無錫較遠。《通典》以謂太伯始居無錫者，蓋從梁劉昭補《後漢郡國志》之説，以無錫爲句吴，以姑蘇爲吴，以太伯爲居無錫，以諸樊爲徙姑蘇故也。實則太伯故城，接近平門，惟北界亦兼無錫耳。若以下文吴小城之名例之，此或當作吴大城。吴越之名，他書未見，亦費解。」錢培名曰：「吴下原衍『越』字，不可通，今删。」步嘉謹按：錢、張均云「吴越城」之名不可通，甚是。然張云或當作吴大城，似不可從。按「吴大城」之名，本篇下文已見，别有所指，此則不可復稱吴大城。當從錢校作「吴城」爲是。

〔五〕張宗祥曰：「胥山在西太湖口。《寰宇記》云：子胥既死，吴人立祠江上，因名胥山。此説非是。胥即蘇，姑蘇山一名姑胥，一名姑餘。此即後來姑蘇、蘇州之名所由起。闔閭之時，子胥未死，何從立祠？又何從因以爲名？」

〔六〕錢培名曰：「世，原誤三。依漢魏叢書、古今逸史本改。」張宗祥曰：「翻元本、陳本『三』，誤。」樂祖謀曰：「原本及正德本、陳本『世』誤作『三』，據孔本等改。」步嘉謹按：檢庫本作「世」字，不誤。

〔七〕步嘉謹按：檢各本均作「闔廬宫」，樂祖謀本作「闔廬官」，「官」乃「宫」之誤。又按：「闔廬宫，在高平里」句，《姑蘇志》卷三三引《越絶書》同。

〔八〕步嘉謹按：《姑蘇志》卷三三引《越絶書》、《吴越春秋》卷四《闔閭内傳》徐天祜註引《越絶》，皆與今本同。《吴地記》作：「射臺在吴縣横山安平里。」

〔九〕步嘉謹按：各本皆作「南越宫」。錢培名曰：「『南城宫』，『城』，原誤『越』。依《吴越春秋》改。徐天祜《吴越春秋》註引《越絶書》無『城』字，《吴地記》作『南宫城』。」嘉按錢説是。「南越宫」不當在吴，名不可解，「南城宫」者是。考《吴郡圖經續記》卷下云：「華池、華林園、南城宫故傳皆在長洲界，闔閭之故跡也。」又《姑蘇志》卷三三亦云：「華池、華林園、南城宫、石龍皆在長洲縣界，闔閭故跡也。」錢引證《吴越春秋》，文見卷四《闔閭内傳》。今依錢校改。

〔一〇〕步嘉謹按：《吴越春秋》卷四《闔閭内傳》作：「秋冬治於城中，春夏治於城外。」《吴郡圖經續記》卷上作：「故傳闔閭秋冬治城中，春夏泊城外。」

〔一一〕錢培名曰：「『旦食於紐山』，『組』，原誤紐，依徐天祐（步嘉按：祐當作祜）引改。《吴越春秋》作『鉏』。」步嘉謹按：今本皆作「紐」，錢依徐註改爲「組」，然《吴越春秋》作「鉏」，又《文選》卷三四《七發》李善註引《越絶書》曰：「闔閭旦食鉏山，晝游於胥母。」與《吴越春秋》同。又宋朱長文《吴郡圖經續記》卷上叙此事云：「旦食蛆山，晝游蘇臺。」字又作「蛆」。按「組」、「鉏」、「蛆」聲符同而可假借，則今本「紐」字似誤。而究屬某字終不可遽定，存疑於此，以俟後考。張宗祥曰：「姑胥即姑蘇，見《文選・吴都賦》註。胥母，《江南通志》引《盧志》云：洞庭東山一名胥母。即今莫釐山。《洞庭記》云：本胥母山。」

〔一二〕錢培名曰：「『射於鷗陂』，『鷗』，原誤『軀』，依《吴越春秋》改。」步嘉謹按：錢説是。《吴郡圖經續記》卷上亦作「鷗陂」，據改。又張宗祥曰：「今沙溢潭與虎丘山塘水合處曰射陂，相傳吴王嘗射於此。」

〔一三〕錢培名曰：「『興樂石城』，原脱石字，城誤越，又自越字以下，斷入下節，致不可通。今悉依《吴越春秋》補正。」張宗祥曰：「卷八云：遊於美人宫，興樂，中宿過歷馬丘，射於樂野之衢，走犬若耶。是此處亦當作興樂，不必作興。越走犬長洲，各本皆提行，作另一條。張本有小註在興樂下，曰：接下文。今從之。越疑衍文，或越下脱一宿字。又按《吴越春秋》此節作：旦食䱋山，晝游蘇臺，射於鷗陂，馳於游臺，興樂石城，走犬長洲。字有不同，文較此書爲順。」步嘉謹按：「興樂石城」句，各本作「興樂越」，文不可通，錢校據《吴越春秋》改作「興樂石城」，錢説是。按本篇下云：「古城者，吴王闔廬所置美人離城也，去縣七十里。」錢培名曰：「石，原誤古，依《郡國志》註、《御覽》改。此即上所云『興樂石城』者也。」此既云「美人離城」，與卷八「遊於美人宫，興樂」句合。又《吴郡圖經續記》卷上也作「興樂石城」。據錢校改。

〔一四〕步嘉謹按：《姑蘇志》卷三三引《越絶書》作：「闔閭走犬長洲。」

〔一五〕錢培名曰：「『吴大城』，原本連上，今按前後例，當另起。」

〔一六〕樂祖謀曰：「『周四十七里二百一十步二尺』，張本作『三尺』，疑筆誤。」步嘉謹按：樂説是。後《漢書・郡國志四》「吴本國」句下劉昭引《越絶》亦作「二尺」。步嘉又按：《文選》卷五《吴都賦》

劉淵林註引《越絶書》作：「大城周匝四十七里二百一十步。」多一「匝」字。又「一十步」後無「二尺」二字，記其大數也。又《太平御覽》卷一九三《居處部・城門》引《越絶書》：「吴大城，周四十七里二百一十步。」

〔一七〕步嘉謹按：「陸門八，其二有樓。水門八」句，《文選》卷五《吴都賦》劉淵林註引《越絶書》作：「水門八，陸門八，其二有樓。」《太平御覽》卷一九三《居處部・城門》引《越絶書》作：「陸門，二有樓，水門八。」按《御覽》雖有脱文，然先叙陸門，再次水門與今本同，《文選》劉註引則先叙水門。《吴越春秋》卷四《闔閭内傳》曰：「造築大城。周迴四十七里。陸門八，以象天八風。水門八，以法地八聰。」亦先陸門而後水門，則《文選》劉註引文疑倒。

〔一八〕錢培名曰：「『南面十里』，《御覽》一九三作『十四里』。」步嘉謹按：《御覽》卷一九三《居處部・城門》引作「南面十四里四十二步」，無「五尺」二字。

〔一九〕步嘉謹按：《太平御覽》卷一九三《居處部・城門》引作「西面七里百一十二步」，無「三尺」二字。

〔二〇〕錢培名曰：「『二百二十六步』，《御覽》作『二百六十步』。」步嘉謹按：《御覽》卷一九三《居處部・城門》引作「北面八里二百六十步」，無「三尺」二字。

〔二一〕錢培名曰：「『東面十一里』，《御覽》作『一十里』。」步嘉謹按：《御覽》卷一九三《居處部・城門》引作「東面一十里七十九步」，無「一尺」二字。

〔二二〕步嘉謹按：「闔廬所造也」句，《太平御覽》卷一九三《居處部・城門》引《越絶書》同。《後漢書・

郡國志四》劉昭註引《越絶》此句在上，云：「吴大城，闔閭所造。」

〔二三〕步嘉謹按：「吴郭周六十八里六十步」句，《太平御覽》卷一九三《居處部・城門》引同。《文選》卷五《吴都賦》劉淵林註引《越絶書》作「吴郭周匝六十八里六十步」，多一「匝」字。

〔二四〕錢培名曰：「『吴小城周十二里』，《御覽》作『一十里』。」步嘉謹按：錢校引《御覽》見是書卷一九三《居處部・城門》。又王鳴盛《蛾術編》卷五〇《説地十四》迮鶴壽引《越絶書》與今本同。

〔二五〕樂祖謀曰：「『廣二丈七尺高四丈七尺』，原本『尺高四』三字爲空格，孔本爲墨釘，據正德本等補。」步嘉謹按：《太平御覽》卷一九三《居處部・城門》引作「其下廣二丈七尺，高四丈」，「高四丈」後無「七尺」二字。

〔二六〕步嘉謹按：《姑蘇志》卷一六註引《越絶書》云：「小城門三，皆有樓。其二增水門。」「水門」後無「二」字。

〔二七〕步嘉謹按：《姑蘇志》卷一六註引《越絶書》作：「其一增柴路，今呼爲柴巷。」無「其一有樓」句，與今本《越絶書》文異。

〔二八〕錢培名曰：「『東宮周一里二百七十步』，《御覽》作『二百步』。」步嘉謹按：錢引《御覽》文不誤。見是書卷一九三《居處部・城門》。

〔二九〕錢培名曰：「『路西宮在長秋』，『路』字疑衍，西宮似當另起。然《御覽》亦作『路西宮』，恐路上有脱文，姑仍其舊。『在長秋』，《御覽》作『長秋門』。」步嘉謹按：錢校引《御覽》見該書卷一九三

《居處部・城門》，然《御覽》卷九二二《羽族部・燕門》引《越絶書》作「吴路西宫在長秋」，則「路」字不衍，又「長秋」與今本合，並無「門」字。

〔三〇〕步嘉謹按：「周一里二十六步」，《太平御覽》卷一九三《居處部》、卷九二二《羽族部》並引《越絶書》作「周一里二百二十六步」。「一里」後皆有「二百」二字，今本疑有脱文。

〔三一〕錢培名曰：「『秦始皇帝十一年』，《御覽》作『二十一年』，又九二二作『十二年』，未知孰是。」

〔三二〕步嘉謹按：「守宫者照燕失火，燒之」句，《御覽》卷一九三《居處部》、卷九二二《羽族部》引《越絶書》與今本同。《姑蘇志》卷一六註引《虞氏家記》作：「始皇時守宫吏燭燕窟燒宫。」

〔三三〕步嘉謹按：《姑蘇志》卷三三云：「伍子胥城、麋湖城、麗溪城、巫欚城，《漢志》、《越絶書》皆云在吴縣，後析置長洲縣。」《後漢書・郡國志四》劉昭註：「《越絶》曰：吴大城，闔閭所造，周四十七里二百一十步二尺。又有伍子胥城，居巢城。」

〔三四〕步嘉謹按：王鳴盛《蛾術編》卷五〇《説地十四》迮鶴壽引《越絶書》與今本同。

〔三五〕張宗祥曰：「張本無『西』字，空一格。……又按『小城東西』云云，中有缺文。」

〔三六〕張宗祥曰：「『面』疑南字之訛。上説小城東西，下當説小城南北也。又按《吴越春秋》曰：立閶門者，以象天門通閶闔風也。立蛇門者，以象地户也。闔閭欲西破楚，楚在西北，故立閶門以通天氣，因復名之破楚門。欲東并大越，越在東南，故立蛇門以制敵國。吴在辰，其位龍也，故小城南門上反羽爲兩鯢鱙以象龍角。越在巳地，其位蛇也，故南大門上有木蛇北向首内示越屬於吴也。此説可以參考。」

〔三七〕步嘉謹按：閶門，吴城西門。婁門，吴城東門。《吴郡圖經續記》卷上云：「其西曰閶門者，象天門有閶闔也。……其東曰婁門者，婁，縣名也。蓋因其所道也。秦謂之瞜，漢謂之婁，今之崑山。其地一也。」

〔三八〕步嘉謹按：平門，吴城北門。蛇門，吴城南門。陸廣微《吴地記》云：「西閶、胥二門，南盤、蛇二門，東婁、匠二門，北齊、平二門。」步嘉又按：平門又稱巫門，然《越絶書》中「平」、「巫」二門混稱。陸廣微《吴地記》又云：「平門北面有水陸通毗陵。子胥平齊，大軍從此門出，故號平門。東北三里有殷賢臣申公、巫咸墳，亦號巫門。」《吴郡圖經續記》卷上雖稱「北有平門，蓋不預八數」，但又云：「或曰平門者，故謂巫門，巫咸所葬也。」與《吴地記》平門即巫門説同。

〔三九〕錢培名曰：「『出胥門』，『門』原誤『明』，今改。」張宗祥曰：「『明』當是『門』字之訛。」步嘉謹按：各本均作「出胥明」，按胥門爲闔閭城八門之一。《吴郡圖經續記》卷上云：「曰胥門者，子胥居其傍，民以稱焉。」門古字作「門」，缺下筆易誤爲「明」，此蓋涉形而訛，錢、張之説是也。據改。

〔四〇〕錢培名曰：「『奏出土山』，『出』字疑衍。」張宗祥曰：「奏，向也。見《漢書・金日磾傳》集註。」

〔四一〕步嘉謹按：「高頸」，山名。又作「高景」。《姑蘇志》卷八云：「高景山在定山、羊山北三里，自天平來，漫衍數里，至此而止。《越絶書》作『高頸山』。」

〔四二〕張宗祥曰：「此爲由太湖入洮湖，趨鎮江北固之西，經山陽縣。即與《文獻通考》所云吴將伐齊，自廣陵掘江通淮之路相聯屬也。」

〔四三〕張宗祥曰：「此言吴故水道由北面平門以出也。廣陵當指今揚州。《左傳》云：吴城邗溝以通江淮可證。」步嘉謹按：張引《左傳》文見哀公九年，引文有誤。當作：「吴城邗，溝通江、淮。」

〔四四〕步嘉謹按：《水經註》卷四〇云「是以《越絶》稱吴故從由拳、辟塞」，「吴」下無「古」字。

〔四五〕錢培名曰：「『度會夷奏山陰』，《水經·漸江水註》『夷』作『稽』，『奏』作『湊』。」

〔四六〕步嘉謹按：「辟塞者，吴備候塞也」句，《浙江通志》卷四一引《越絶書》與今本同。

〔四七〕步嘉謹按：「居東城」之名，《越絶書》中僅此一見，「居」疑爲「吴」之訛。按此篇前條每以「吴」字起句，如「吴小城」、「吴古故陸道」、「吴古故水道」，「居東城」名不可解，殆「吴東城」之誤歟？

〔四八〕錢培名曰：「『柴辟亭』，『辟』，原誤『碎』，今改。」步嘉謹按：各本多作「柴碎亭」，錢校改「碎」作「辟」，甚是。《越絶外傳記地傳第十》云：「語兒鄉，故越界，名曰就李。吴彊越地以爲戰地，至於柴辟亭。」可證，據改。

〔四九〕步嘉謹按：「千里廬虚者」句，《太平御覽》卷五六《地部·墟門》引《越絶書》作「千里墟者」，無「廬」字。按「千里廬虚」、「千里墟」，均不可解。疑此句當作「干將里廬墟者」，原文脱一「將」字，「千」乃「干」字之訛。吴越往往以遠古人名爲地名，如《吴地記》云：「南宫城在長洲縣干將鄉長樂里。」即以干將爲鄉名。檢下文乃云闔廬、歐冶鑄干將劍事，故疑爲「干將里廬墟者」。廬與爐通，「墟」乃廢壞之址，此後人追述語也。

〔五〇〕樂祖謀曰：「闔廬以鑄干將劍，原本『干』誤作『千』，據正德本等改。」步嘉謹按：《太平御覽》卷五六《地部・墟門》引《越絶書》作「闔廬以鑄干將劍處」。多一「處」字。按上句當是地名，此句當以有「處」字者文義較長。

〔五一〕張宗祥曰：「《吴越春秋》曰：干將者，吴人也，與歐冶子同師，俱能爲劍。又曰：莫耶，干將之妻也。又曰：三月不成，干將妻乃斷髮剪爪，投於爐中，使童女童男三百人鼓橐裝炭，金鐵刀濡，遂以成劍。陽曰干將，陰曰莫耶。此處『歐冶』二字衍。」

〔五二〕步嘉謹按：「閶門外高頸山東桓石人」句，《北堂書鈔》卷一六〇《地部・石篇》引《越絶》作「閶門外高頸山東石人」，少一「桓」字。

〔五三〕步嘉謹按：「閶門外郭中冢者，闔廬冰室也」句，《初學記》卷七《地部下・冰門》引《越絶書》作：「吴閶門外郭中冢者，闔廬冰室。」「閶門」前多一「吴」字，「冰室」後少一「也」字。又「冢」字作「家」。按古代冰室多建於地下，起土似冢，《初學記》引誤，本篇下云「巫門外冢者，闔廬冰室也」可證。

〔五四〕錢培名曰：「《史記・吴太伯世家集解》、《御覽》五三、《事類賦註》並作『在吴縣昌門，名曰虎丘』。」步嘉謹按：《御覽》卷三四三《兵部・劍門》、《格致鏡原》卷四二《武備類・劍門》亦引作「闔閭冢在吴縣昌門外」。《藝文類聚》卷四〇《禮部下・冢墓門》引作「闔廬冢在昌門外」，無「吴縣」二字。《吴郡志》卷三九《冢墓》引作：「闔閭冢，在閶門外虎丘下。」

〔五五〕步嘉謹按：《太平御覽》卷四六《地部·虎丘山門》引《越絶書》作：「闔閭冢名虎丘。」

〔五六〕錢培名曰：「『下池廣六十步』，『廣』下《御覽》有『平』字。」步嘉謹按：錢校引《御覽》文見卷五三《地部·丘門》。按池下不當有「平」字，以下文例之，「闔廬子女冢……下方池廣四十八步，水深二丈五尺。池廣六十步，水深丈五寸。」皆云池廣、水深。又《史記》卷三一《吴太伯世家》中《史記集解》引《越絶書》作「下池廣六十步」與今本同，《吴郡志》卷三九《冢墓》引《越絶書》作「池廣六十步」亦無「平」字，可證。

〔五七〕錢培名曰：「『水深丈五尺』，『丈』上《集解》有『一』字。」步嘉謹按：《吴郡志》卷三九《冢墓》引《越絶書》亦作：「水深一丈五尺。」又《姑蘇志》卷三四引《越絶書》及《吴越春秋》與《吴郡志》引同。

〔五八〕錢培名曰：「『銅槨三重』，《吴地記》、《御覽》五五一並與此同。《集解》、《類聚》四〇『槨』作『棺』，誤。」張宗祥曰：「《史記集解》引《越絶》作『桐棺三重』，非。」步嘉謹按：錢校有誤。錢云《御覽》五五一與今本同，按《御覽》卷五五一不見引《越絶書》此條，《御覽》卷五五二《禮儀部·椁門》云：「闔閭葬，銅椁三重。」錢引當即此文，而卷數有誤。「椁」即「槨」字，見《廣韻》。又錢校云《類聚》卷四〇引「槨」作「棺」，檢《藝文類聚》卷四〇《禮部下·冢墓門》作「銅椁三重」不誤，錢當誤記。步嘉又按：《姑蘇志》卷三四註引《越絶書》作「銅棺三重」，《吴郡志》卷三九《冢墓》引《越絶書》亦作「銅棺三重」，《北堂書鈔》卷九四《禮儀部·冢墓門》引《越記》作「闔閭墓鑄銅爲槨」。槨爲棺外之物，故可三重，知錢、張説當爲「槨」字者是。

〔五九〕錢培名曰：「『墳池六尺』，『墳』《集解》作『湏』，與《吴越春秋》合，《類聚》作『洪』。」張宗祥曰：「《史記集解》引《越集》作『湏池六尺』，是。」步嘉謹按：張校《越集》當爲《越絶》之訛。步嘉又按：《吴郡志》卷三九《冢墓》引《越絶書》亦作「湏池六尺」。《説文》曰：「湏，丹沙所化爲水銀也。」《姑蘇志》卷三四註引《越絶書》及《吴越春秋》云「傾水銀爲池六尺」，張校是，據改。

〔六〇〕步嘉謹按：「玉鳬之流」句，《史記》卷三一《集解》引、《藝文類聚》卷四〇《禮部下·冢墓門》引、《太平御覽》卷五三《地部·丘門》引、《吴郡志》卷三九《冢墓》引，與今本同。玉鳬，據前後文當是隨葬之物。《北堂書鈔》卷九四《禮儀部·冢墓門》引《越記》云：「闔閭墓鑄銅爲槨，金玉爲鳬雁。」《姑蘇志》卷三四引《越絶書》及《吴越春秋》云：「傾水銀爲池六尺，黄金珍玉爲鳬雁。」其義甚明。又《拾遺記》卷六記靈帝《招商》歌有「清絲流管歌玉鳬」句，此玉鳬當是歌名，與本篇玉鳬無涉。

〔六一〕錢培名曰：「『時耗』，《集解》、《御覽》三四三、《事類賦註》並作『槃郢』，與《吴越春秋》合。《類聚》作『干將』。」張宗祥曰：「《史記集解》引《越絶》作『槃郢』，是。《吴越春秋》云：臣聞吴王得越所獻寶劍三枚，一曰魚腸，二曰槃郢，三曰湛盧。」步嘉謹按：《吴郡志》卷三九《冢墓》、《姑蘇志》卷三四引《越絶書》並作：「盤郢、魚腸之劍在焉。」按「槃」、「盤」字通，張説是。

〔六二〕錢培名曰：「『十萬人築治之』，『十』原誤『千』，依《集解》、《類聚》改。」張宗祥曰：「《史記集解》引《越絶》作『卒十餘萬人治之』。」步嘉謹按：此句《御覽》卷三四三《兵部·劍門》引《越絶書》作

「十萬人治之」，卷五三《地部·丘門》引作「卒十萬人治之」，《吴郡志》卷三九《冢墓》引作「發卒十萬餘人築治」，《姑蘇志》卷三四引作「發五郡之士十萬人共治」，皆作「十萬」，可證錢校云今本「千萬」誤，據改。

〔六三〕錢培名曰：「『葬三日而白虎居上』，『葬』原誤『築』，依《集解》、《御覽》五三、又三四三、《事類賦》註改。《集解》『葬』下有『之』字，無『而』字，『居』下有『其』字，《事类賦註》『居』作『踞』。」步嘉謹按：錢説是。《吴郡志》卷三九《冢墓》、《姑蘇志》三四引並作「葬之三日」。又《白氏六帖》卷二八《白虎門》云：「吴王闔閭葬於吴縣，三月，有白虎居上，號虎丘。」「三日」作「三月」，但亦云「葬」，不云「築」，知今本誤，依錢校改。

〔六四〕錢培名曰：「『故號爲虎丘』，『爲』《集解》、《御覽》五三並作『曰』，漢魏叢書本無『爲』字。」樂祖謀曰：「孔本無『爲』字。」步嘉謹按：《御覽》卷三四三《兵部·劍門》引作「號曰虎丘」，無「故」字，「爲」作「曰」。《姑蘇志》卷三四引作「故名虎丘」，《白氏六帖》卷二八《白虎門》作「號虎丘」，無「故」字、「爲」字。

〔六五〕步嘉謹按：此句《姑蘇志》卷三四「莫格墓」下引《越絶書》云：「去縣二十里，虎丘之北，莫格，古賢避世者。」與今本異。

〔六六〕「去縣二十里」，「二」字下張宗祥曰：「翻元本『三』。」樂祖謀曰：「正德本『二』作『三』。」

〔六七〕錢培名曰：「『闔廬子女冢』，『子女』疑當倒。」步嘉謹按：《姑蘇志》卷三四「吴女墓在閶門外」句下註引《越絶書》云：「闔廬女冢，在閶門外道北。」無「子」字。然下文云「舞鶴吴市，殺生以送死」，此事《越絶外傳記寶劍第十三》又述之，略云：「闔廬無道，子女死。殺生以送之」，亦作「子女」，則其文本作「子女」不誤。

〔六八〕步嘉謹按：「隧出廟路以南」句，《姑蘇志》卷三四作「隨出廟路以南」，按古冢往往有隧道，作「隨」字者當誤。

〔六九〕步嘉謹按：「通姑胥門，并周六里」句。《姑蘇志》卷三四引與今本同。

〔七〇〕張宗祥曰：「《吴越春秋》作：乃舞白鶴於吴市，令萬民隨而觀之，還使男女與鶴俱入羨門，因發機以掩之，殺生以送死，國人非之。」

〔七一〕錢培名曰：「麋，原誤糜。」

〔七二〕錢培名曰：「『招』，後作『昭』。」張宗祥校與錢校同。

〔七三〕錢培名曰：「按《御覽》五五六引《吴越春秋》云：昇平門外麋湖西城者，麋王城也。與越王遥戰，越王殺麋王，麋王無頭，騎馬還武里，乃死，葬武里城中。以午日死，至今武里午日不舉火。所言越王遥，即此文揺，越王。此文宋王當作麋王，周宋君當作麋君。『與』字當在揺越王下，古書脱誤，愈久而愈失其真。今本《吴越春秋》亦已殘闕，若非《御覽》徵引，則此文不復可讀矣。」步嘉謹按：錢校可信。《姑蘇志》卷三三「麋湖西城，越宋王城也」句下引《吴越春秋》云：「平門外有麋王城，麋王與越王遥戰，越殺麋王，因留葬武里城中，故名。以午日死，至今武里午日不舉火。今吴江有麋城王廟。」與《御覽》引略同。《姑蘇志》引「麋王」作「糜王」，錢校已説。餘可資補證。

〔七四〕錢培名曰：「『巫門外大冢』，《史記·孫吴列傳集解》首有『吴縣』二字。」步嘉謹按：《姑蘇志》卷三四「孫武墓」條下引《越絶書》作「在巫門外大冢」，無「吴縣」二字。與今本同。步嘉又按：此條《姑蘇志》接下云：「《東漢書》引《皇覽》云：在吴縣東門外。《吴地記》云：在平門西北二里，地名永昌。」

〔七五〕步嘉謹按：「吴王客齊孫武冢也」句，《史記》卷六五《孫子吴起列傳》中《史記集解》引《越絶書》作「孫武冢也」，無「吴王客齊」四字。張宗祥曰：「孫武，《史記》亦作齊人。惟《吴越春秋》云：孫子者，名武，吴人也，善爲兵法。既名客，當非吴人，恐誤。」

〔七六〕步嘉謹按：「去縣十里」句，《史記》卷六五《孫子吴起列傳》中《史記集解》引同。

〔七七〕錢培名曰：「『蛇門』，『蛇』原誤『地』，今改。」張宗祥曰：「此門不見他書，無考，疑爲八水門之一。」步嘉謹按：蛇門，各本均作地門，張曰無考，錢校改地作蛇，按錢説是。《越絶書》中所載各門之名，皆見於宋代地志之中，惟無地門。按「蛇」字俗體作「虵」，轉訛爲「地」，形相混也。此條前述巫門，以下接述蛇門，此字當爲蛇字無疑，依錢校改。又錢培名曰：「『塘波洋中』，四字疑衍。」

〔七八〕張宗祥曰：「『故』上當有缺文。」錢培名曰：「『故曰王世子』，『曰』疑當作『越』。」

〔七九〕步嘉謹按：《姑蘇志》卷三四云：「吴王墓有三，一在蛇門外大丘，去縣十五里，一在匠門外欐溪瀆中，去縣二十里，一曰胥女大冢，去縣四十五里。皆見《越絶書》。」然不言所據。

〔八〇〕錢培名曰：「『匠門』，『匠』原誤『近』，今改。」步嘉謹按：檢各本皆作「近門」，錢校改「近」作「匠」,然不言所據。按下文曰「吳故神巫所葬也」。考《姑蘇志》卷三三曰:「申公巫臣墓,《郡國志》云在匠門西南，《祥符圖經》云在將門外，《吴地記》云在巫門外。」步嘉按：巫臣爲春秋時楚國人，後至吴，然各書不云爲神巫事，雖葬匠門外，事猶可疑。《姑蘇志》卷三三又曰：「商巫咸墳在巫門東北三里，巫咸，商太戊時賢臣，是爲巫門。」則巫門之名由巫咸而起。又《吴郡圖經續記》卷上曰：「或曰平門者，故謂巫門，巫咸所葬也。」同書卷下又曰：「巫咸墳在平門東北三里，巫咸，商太戊時賢臣也。……説者以爲巫咸古神巫也。舊傳有墓於此，故書之。」則古神巫乃巫咸，所葬之處當在巫門外，而不當在匠門外。按「近」、「匠」形近，「近門」定是「匠門」之訛，錢説不誤。然古字「巫」、「匠」亦形近，「巫門」亦訛爲「匠門」。今據改。步嘉又按：此條述巫門事疑有錯簡，觀前已述巫門事，下接述蛇門、婁門事，則此條疑當在前。

〔八一〕錢培名曰：「『馬亭溪上復城者』，『亭』，《御覽》一九三、《路史·夏後紀註》並作『寧』。」步嘉謹按：檢二書錢説不誤。《御覽》引作「樓門外馬寧溪止復城者」，《路史》引作「吴樓門外馬寧溪止復城者」，《路史》引句首多一「吴」字，又二書「婁」並作「樓」，按吴城八門有「婁」門，今本不誤。又二書「上」字並作「止」，疑二書引誤。

〔八二〕錢培名曰：「『是時烈王歸於越所載』句上下似有脱文。按後有考烈王并越於瑯邪之文，歸猶并也。或字當作并。時字疑當在於越下。」

〔八三〕步嘉謹按：吴越古跡往往書於舊址。《吴郡圖經續記》卷中云：海隅山西北三里，有越王句踐廟，梁昭明太子嘗作《招真治碑》。

〔八四〕步嘉謹按：《太平御覽》卷一九三《居處部·城門》引《越絶書》作：「婁門外鴻城者，故越王城也。」「婁門」作「樓門」，上條已辨。《路史》卷一三註引《越絶書》作：「門外鴻城，故越王城也。」「鴻城」後無「者」字。又《姑蘇志》卷三三云：「鴻城在婁門外，故越王城也。」

〔八五〕錢培名曰：「『婁門外雞陂墟』，《御覽》作『雞籠山外雞陂』。」步嘉謹按：錢引《御覽》見卷一九三《居處部·城門》。按《御覽》卷五六《地部·墟門》引《越絶書》作「吴門外雞坡墟」，「婁門」作「吴門」，「坡」爲「陂」之訛。又《吴郡圖經續記》卷下云：「雞陂墟者，畜雞之所。」

〔八六〕步嘉謹按：今各本均作「故吴王所畜雞」，《御覽》卷一九三《居處部·城門》引同。考《御覽》卷五六《地部·墟門》引《越絶書》作：「故吴王所畜雞處也。」「所畜雞」後多一「處」字，文義較長。又《吴郡圖經續記》卷下云：「雞陂墟者，畜雞之所。」按「處」即「所」，據補。

〔八七〕步嘉謹按：「使李保養之」句，《太平御覽》卷一九三《居處部·城門》引《越絶書》作「使李保之養」。

〔八八〕錢培名曰：「『胥門外有九曲路』，《御覽》作『闔閭姑胥臺外有九曲路』。」步嘉謹按：錢引《御覽》

見卷一九三《居處部·城門》。然《御覽》卷四六《地部·姑蘇山門》引《越絶書》云：「吴地胥門外有九曲路。」《太平寰宇記》卷九一《江南東道三·蘇州吴縣》引《越絶書》：「吴地胥門外有九曲路。」「胥門」前均多「吴地」二字。《後漢書》卷四二《光武十王傳》「吴興姑蘇而滅」句下李賢註引《越絶書》與今本同。

〔八九〕步嘉謹按：「闔廬造以遊姑胥之臺」句，《御覽》卷四六《地部·姑蘇山門》、卷一九三《居處部·城門》、《太平寰宇記》卷九一引《越絶書》與今本同。《姑蘇志》卷一六引《越絶書》作「闔閭從此游姑胥臺」，《姑蘇志》卷三三引《越絶書》作：「闔廬造九曲路，以游姑胥之臺。」《别雅》卷一引《越絶書》與《姑蘇志》卷三三引同。又《吴郡志》卷八《古跡》引《越絶書》亦與《姑蘇志》、《别雅》引同。

〔九〇〕步嘉謹按：「以望太湖中，闚百姓」句，《後漢書》卷四二《光武十王傳》李賢註引《越絶書》作：「以望湖中。」《太平御覽》卷四六《地部·姑蘇山門》引《越絶書》作：「望湖中，窺百姓。」《太平御覽》卷一九三《居處部·城門》引《越絶書》作：「太湖中，窺百姓。」《太平寰宇記》卷九一引《越絶書》作：「望湖中，窺百姓。」《姑蘇志》卷一六引《越絶書》作：「以望太湖。」步嘉又按：張宗祥、樂祖謀校本均斷作：「以望太湖，中闚百姓。」按「中闚百姓」辭理不達。又各書所引《越絶書》舊文，多以「中」字從上讀，當是。故今從「中」字斷。

〔九一〕步嘉謹按：《吴越春秋》卷四《闔閭内傳》云：「（闔閭）復謀伐齊，齊子使女爲質於吴，吴王因爲太子波聘齊女。」《吴地記》云：「齊門北通毗陵，昔齊景公聘吴太子終累，闔閭長子，夫差兄也。」上二書皆云齊景公以女嫁吴闔閭世子，雖名有不同，事爲一也。然《説苑》卷一三《權謀》云：「齊景公以其子妻闔廬，送諸郊，泣曰：余死不汝見矣！高夢子曰：齊負海而懸山，縱不能全收天下，誰干我君？愛則勿行。公曰：余有齊國之固，不能以令諸侯，又不能聽，是生亂也。寡人聞之，不能令則莫若從。且夫吴，若蜂蠆然，不棄毒於人則不静，余恐棄毒於我也。遂遣之。」按上二説有異，一云齊景公女妻吴王子，一云妻闔廬。觀《説苑》記高夢子曰「誰干我君」，齊景公曰「余恐棄毒於我也」，似與《越絶書》文「闔廬伐齊，大克」不合，則《越絶書》所云之齊女當亦吴太子之妻。今辨。

〔九二〕張宗祥曰：「《吴越春秋》云：女曰：令死者有知，必葬我於虞山之巔，以望齊國。《寰宇記》：常熟虞山有齊女冢。」步嘉謹按：《吴地記》云：「齊女喪夫，每思家國，因號齊門。後葬常熟海隅山東南嶺，與仲雍、固章等墳相近，葬畢，化白龍沖天而去。今號爲母冢墳。」又《吴郡圖經續記》卷下云：「齊女墓在虞山，吴太子所娶也。齊女憂思，發病且死，謂太子必葬我虞山上，倘死而有知，猶望故國。吴王從之。孟子謂齊景公既不能令，又不受命，是絶物也。涕出而女於吴，即此也。」

〔九三〕步嘉謹按：「吴北野禺櫟東所舍大疁者」句，《太平御覽》卷八二一《資産部・田門》引《越絶書》與今本同。

〔九四〕錢培名曰：「『麋湖城者』，《後漢書·郡國志註》作『鹿湖』。」

〔九五〕錢培名曰：「『闔廬所置麋也』，『麋』原誤『糜』，今改。」

〔九六〕錢培名曰：「『欐溪城者』，《郡國志註》作『麗溪』。」步嘉謹按：欐溪城疑在匠門外。《姑蘇志》卷三四引《越絶書》言吴王墓「一在匠門外欐溪瀆中」。「欐溪城」當因「欐溪」得名。

〔九七〕張宗祥曰：「上條『闔廬所造』四字疑當作去縣若干里。此條『力士』下當有脱文。」

〔九八〕錢培名曰：「『由鍾窮隆山者』，《郡國志註》作『穹』，《書鈔》一六〇與今本同。」張宗祥曰：「即今穹窿山。」步嘉謹按：《太平御覽》卷九八七《藥部·赤石脂門》引《越絶書》作「田鍾穹隆山」，《北堂書鈔》卷一六〇《地部·石篇》引《越絶》作「吴中穹窿山」。《姑蘇志》卷九云：「穹窿山比陽山尤高，《五湖賦》云：穹窿紆曲。蓋此山實峻而深，形如釵股。《吴地記》：兩嶺相趨，名曰銅嶺。《越絶書》爲古赤松子取赤石脂處。又《神仙傳》：赤須子，豐人，秦穆公魚吏也。食柏實、石脂，絶穀。後往吴山昇仙去。即穹窿山也。」

〔九九〕步嘉謹按：《北堂書鈔》卷一六〇《石篇》引《越絶》與今本同。《太平御覽》卷九八七《藥部·赤石脂門》引《越絶書》作「赤松子所取赤石脂也」，無「古」字。又《吴郡圖經續記》卷中云：「穹窿山在吴縣西六十里，舊傳赤松子食桂實石脂，絶食仙去。嘗於此山採赤石脂。《吴都賦》云：赤須蟬蛻而附麗。謂此也。」

〔一〇〇〕張宗祥曰：「此二句不應在此，當是錯簡，或者在胥山條下。」

〔一〇一〕張宗祥曰：「即岝㟧山。《圖經》云：形如獅子，故亦名獅子山也。梁隱士何求、何點葬此。後改名何山。」步嘉謹按：《吴郡圖經續記》卷下云：「吴王僚墓在吴縣西十二里岝㟧山旁，在西下有思益寺。」《姑蘇志》卷九云：「何山在獅山北一里，其地舊名鶴邑墟，故山名鶴阜山，因梁隱士何求、何點葬此改今名。其坡有資福寺。」接下《姑蘇志》自註：「《范志》以岝㟧山爲鶴阜山。」又《姑蘇志》卷九云：「岝㟧山在金山東，俗稱獅子山，以形名。一名鶴阜山，又名茌雄山。」按《姑蘇志》又作茌雄山，《北堂書鈔》卷一六〇《地部·石篇》引《越絶》作茌雒山，皆與今本異。

〔一〇二〕樂祖謀曰：「『置之鶴阜』，陳本『置』字爲空格。」步嘉謹按：《姑蘇志》卷九云：「岝㟧山在金山東……一名鶴阜山，又名茌雄山。……《水經》云：吴西有茌嶺山。」接下《姑蘇志》自註：「俗傳此山本在太湖，禹治水移至此。又西南有兩小山，皆有石如卷茌，禹所用牽牛也。吴山有淺處，在三山之南。長老云是岝嶺山麓。自此以東差深，言是牽牛之溝。」

〔一〇三〕錢培名曰：「『以取長之茌碓山下』，『之』原註一作『人』。按疑即後十里坑節所謂長人也。俟考。」

〔一〇四〕張宗祥曰：「下文有長人坑。此處應作長人。從原註。」

〔一〇五〕步嘉謹按：《北堂書鈔》卷一六〇《地部·石篇》引《越絶》作：「茌雒山南有大石，古者名爲墜星，去縣二十里。」「碓」作「雒」字。又《姑蘇志》卷八作「茌雄山」。云：「山南有大石，相傳爲墜星。」《姑蘇志》自註：「今其東有落星涇。」

〔一〇六〕「東」字下張宗祥曰：「原註一作『米』。」樂祖謀曰：「吴東徐亭，各本東下均有註：一作米。」

〔一〇七〕步嘉謹按：《姑蘇志》卷三四「越王史墓」下引《越絶書》作：「巫門外冤山大冢，故越王史冢也，去縣二十里。」「越王王史冢」作「越王史冢」。按《姑蘇志》既題曰「越王史墓」，疑今本衍一「王」字。

〔一〇八〕步嘉謹按：《姑蘇志》卷三四曰：「吴王墓有三，一在蛇門外大丘，去縣十五里。一在匠門外欐溪瀆中，去縣二十里。一曰胥女大冢，去縣四十五里。（皆見《越絶書》）」

〔一〇九〕錢培名曰：「『石城者』，『石』原誤『古』。依《郡國志註》、《御覽》改。此即上所云『興樂石城』者也。」步嘉謹按：「石城者」，各本均作「古城者」，錢校改「古」爲「石」，甚是。《吴郡志》卷八《古跡》引《越絶書》云：「石城者，闔廬所置美人離城也。」正作「石城」。依錢校改。

〔一一〇〕步嘉謹按：《姑蘇志》卷三三云：「石城在常熟縣北五里，《吴越春秋》云：夫差興樂石城。《吴地志》云：越獻西施於吴王，王擇虞山北麓以石甃城爲游樂之所。其地今有石城里。」

〔一一一〕步嘉謹按：《越絶外傳記地傳第十》云：「覲鄉北有武原。武原，今海鹽。」

〔一一二〕張宗祥曰：「黝縣見《漢書・地理志》。顔師古曰：黝音無，字本作黟，其音同。《漢志》外，他書均作黝。」

〔一一三〕張宗祥曰：「《左傳》吴子壽夢十六年，楚子重伐吴，克鳩兹。杜預註：鳩兹，吴邑，在丹陽蕪湖縣東。此無字當作蕪。石城即今貴池縣，漢名石城。」

〔一四〕步嘉謹按：「皆故大越徙民也，秦始皇帝刻石徙之」句，《元和郡縣圖志》卷二五《江南道一》引《越絶》作：「始皇至會稽，徙於越之人於烏程。」《太平寰宇記》卷九四《江南東道六》、《石柱記箋釋》引《越絶外傳》並作：「秦始皇至會稽，徙大越之人於烏程。」《浙江通志》卷六引《越絶書》作：「烏程故大越徙民，秦始皇刻石徙之。」

〔一五〕步嘉謹按：「烏傷縣常山」句，《後漢書·郡國志四》「烏傷」下劉昭註引《越絶》作「有常山」。

〔一六〕錢培名曰「『常山古人所採藥也』，《郡國志註》『人』作『聖』」。

〔一七〕錢培名曰：「『竹格門三』，『格』原誤『挌』，今改。」張宗祥曰：「『格』當是『格』字之訛。格，栈也。《莊子·胠篋篇》：削格羅落置罘之知多，則獸亂於澤。」步嘉謹按：今本多作「格」，依錢校改。

〔一八〕步嘉謹按：「虞山者」句，《姑蘇志》卷九兩引《越絶書》，卷三一、三四各一引《越絶書》，皆作「虞山」，無「者」字。

〔一九〕錢培名曰：「『虞山者巫咸所出也』，《寰宇記》九一作『巫咸所居。山東西十八里，有數十石室，又有石壇，周圍六十丈。又山有仲雍、齊女冢。東是仲雍，西是齊女。』雖未必盡《越絶》原文，然可知今本必有脱逸。」步嘉謹按：《姑蘇志》卷九兩引《越絶書》、卷三一一引皆作「巫咸所居」。《姑蘇志》卷三四引《越絶書》作「巫咸所出」。無「也」字。步嘉又按：《姑蘇志》卷九云：「虞山在常熟縣西北一里，高一百六十丈，周四十六里六十六步。一名海虞，或云海嵎，又名烏目山。雖無峰巒而蜿蜒起伏，略如卧龍，上有土垤魂壘，或疑其古冢而不可考也。」

〔三〇〕樂祖謀曰：「『皆有屋』，原本『屋』作『君』，據正德本等改。」

〔三一〕錢培名曰：「『無錫湖者』，《寰宇記》九二引『無錫湖通長洲，多魚而甚清』，今本脱去。」

〔三二〕步嘉謹按：「無錫西龍尾陵道者」句，《後漢書・郡國志四》「無錫侯國」句下劉昭註引《越絶》作：「縣西龍尾陵道」，「無錫西」作「縣西」，「陵道」後無「者」字。

〔三三〕步嘉謹按：「春申初封吴所造也」句，《後漢書・郡國志四》劉昭註引《越絶》作「春申君初封吴所造」，「所造」後無「也」字。

〔三四〕張宗祥曰：「此七字各本多連上文。宗祥按：以海鹽縣一則例之，當分爲二條。又案：《通典》：丹陽縣，古雲陽地，秦始皇改曰曲阿。《三國吴志》：嘉禾三年，詔復曲阿爲雲陽。唐始改丹陽。」步嘉謹按：「曲阿，故爲雲陽縣」句，《文選》卷二三謝靈運《廬陵王墓下詩》「曉月發雲陽」句下，李善註引《越絶書》作「曲阿爲雲陽縣」，無「故」字。按《漢書》卷二八《地理志上》「會稽郡・曲阿縣」條云：「故雲陽。」則今本較李善註引文義較長。

〔三五〕張宗祥曰：「宗祥案：《史記・吴世家》：季札封於延陵，故號曰延陵季子。《晉太康地理志》曰：故延陵邑，季札所居。栗頭有季札祠。《公羊傳》曰：季子去之延陵。是因其所避居之地，從而封之，以爲采邑。例若封太伯之後周章爲吴子也。」步嘉謹按：《後漢書・郡國志四》曰：「毗陵，季札所居。北江在北。」

〔三六〕步嘉謹按：《後漢書・郡國志四》劉昭註引《越絶》作：「縣南城，古淹地。」無「毗陵」二字，無「故古」二字，無「君」字。張宗祥曰：「『淹』當作『奄』，『奄』，古諸侯，《書·多方》：公來自奄。」

〔二七〕錢培名曰：「『毗陵上湖中冢者延陵季子冢也』，《郡國志註》作『縣南城，在荒地。上湖中冢者，季子冢也。』疑毗陵下有脱文。」步嘉謹按：錢引「在荒」當是「古淹」之訛，點校本《後漢書》已校，錢據誤本。步嘉又按：《郡國志註》引《越絶》「季子冢也」後有「名延陵墟」四字。

〔二八〕步嘉謹按：季札封於延陵，故號曰延陵季子，其冢亦曰延陵墟。《史記》卷三一《吴太伯世家》中《史記索隱》云：「《地理志》云會稽毗陵縣，季札所居。《太康地理志》曰：『故延陵邑，季札所居，栗頭有季札祠。』」

〔二九〕步嘉謹按：《姑蘇志》卷三四引《越絶書》作：「蒸山南夏駕大冢者，越王不審名冢，去縣二十五里。」「南」後無「面」字。又「三十五里」作「二十五里」。

〔三〇〕張宗祥曰：「即今陽山，亦名萬安山。《郡國志》云：萬安山下即干隧，擒夫差處。《史記正義》：干隧在萬安山西南一里。」步嘉謹按：《越絶請糴内傳第六》「吴王率其有禄與賢良遯而去。越追之，至餘杭山」，此無「秦」字，然《越絶外傳記吴王占夢第十二》：「太宰嚭曰：秦餘杭山西坂閒燕，可以休息。」此餘杭山前多一「秦」字。《姑蘇志》卷八云：「又徐侯山在陽山西北十里，一名卑猶，一名徐枕。《吴越春秋》：越王乃葬吴王以禮於秦餘杭卑猶，即此山也。」據《姑蘇志》則此山名徐侯山，又名徐枕，在陽山西北十里，非陽山也。《吴郡志》卷三九《冢墓》：「《越絶書》謂越王棲夫差於餘杭山，去吴縣五十里，即今名陽山。」張説與此略同。

〔三一〕錢培名曰：「『在猶亭西卑猶位』，『亭』原誤『高』。依《吴太伯世家·集解》、徐天祐（步嘉按：當是祜）引《越絶》、《吴地記》改。《集解》『位』上有『之』字，《吴地記》『卑』作『昇』。」步嘉謹按：檢各本皆作「猶高西」，錢校改「高」爲「亭」。甚是。考《吴郡志》卷三九《冢墓》、《姑蘇志》卷八、卷三四引《越絶書》均作「猶亭西」。按《越絶書》中往往誤「亭」爲「高」。《越絶外傳記地傳第十》：「犬山者，句踐罷吴，畜犬獵南山白鹿，欲得獻吴，神不可得，故曰犬山。其高爲犬亭。」「其高爲犬亭」當爲「其亭爲犬亭」之訛。「高」、「亭」形近易混。依錢校改。

〔三二〕錢培名曰：「『越王候干戈人一累土以葬之』，『累』《集解》作『墣』，《吴郡志》作『王令干戈人以一墣土葬之』，此『候』字疑誤。《吳越春秋》作「越王使軍士集於我戎之功人一隰土以葬之」，更謬誤。」步嘉謹按：《姑蘇志》卷三四註引《越絶書》亦作「越王令干戈人以一墣土葬之」，與《吴郡志》引同。《史記》卷三一《吴太伯世家》中《史記集解》引《越絶書》「令」作「使」。

〔三三〕步嘉謹按：「近太湖」句，《吴郡志》卷三九《冢墓》、《姑蘇志》卷三四、《吴越春秋》卷五《夫差内傳》徐天祐引《越絶書》皆在「夫差冢在猶亭西卑猶位」句下，唯《史記》卷三一《吴太伯世家》中《史記集解》引與今本同，在「以葬之」下。錢培名曰：「『去縣七十里（步嘉按：當是十七里之誤）』，《集解》作『五十七里』。徐天祐引與今本同。」

〔三四〕張宗祥曰：「《吴越春秋》無逢同，伯嚭均作白喜。又按：此書及《史記》均作越滅吴，誅伯嚭。《史記》云：越王滅吴，誅太宰嚭，以爲不忠而歸。此書則言誅伯嚭者五：曰擒夫差，殺太宰嚭。

曰殺太宰嚭、逢同與其妻子。曰殺夫差而戮其相。曰殺太宰嚭，戮其妻子。曰擒夫差而戮太宰嚭，與其妻子。考越滅吴爲魯哀公二十二年，《左傳》哀二十四年，哀公如越，季孫懼，使因太宰嚭而納賂焉。是吴亡二年，伯嚭猶在，且越亦信任之。即使終以罪誅，亦在滅吴之後，何所記不同如此也？尋司馬遷記此，皆不從《左氏》而與此書爲近，如記夫差之死云：遂自剄死。《左傳》作縊，亦其一例。則知伯嚭之死，遲早不一，古史所紀，未能盡同。闕疑可也。」步嘉謹按：《吴越春秋》卷五《夫差内傳》徐天祜引《越絶》作「三臺者，嚭妻子死所也。」無「太宰」、「逢同」及「在」五字。

〔一三五〕錢培名曰：「『太湖周三萬六千頃』，《吴地記》下有『亦曰五湖』四字。」步嘉謹按：「太湖周三萬六千頃」，《後漢書・郡國志四》劉昭註、《後漢書》卷二八《馮衍傳》李賢註、《藝文類聚》卷九《水部・湖門》、《玉海》卷二三《地理部・禹五湖門》引《越絶書》與今本同。《初學記》卷七《地部・湖門》引《越絶書》作：「太湖周三萬六千頃，在吴興。」《吴郡志》卷一八《川》、《吴地記》、《無錫縣志》卷二引《越絶書》並作「太湖周回三萬六千頃」，多一「回」字，又《吴郡志》、《無錫縣志》引下句並有「禹貢之震澤」五字。《三吴水考》卷二作：「《越絶書》稱其大，周三萬六千頃。」又《三吴水考》卷二《水利大綱・太湖》作：「《越絶書》曰：其大三萬六千頃，東西二百里，南北百二十里，禹貢謂之震澤。」

〔一三六〕步嘉謹按：「其千頃，烏程也。去縣五十里」句，《石柱記箋釋》卷四引《越絶書》同。

〔一三七〕錢培名曰：「『無錫湖周萬五千頃其一千三頃毗陵上湖也去縣五十里一名射貴湖』，《咸淳毗陵志》引《越絶》及《吴地記》云：無錫湖周萬五千三百頃，其千三百頃爲晉陵上湖，又云射貴湖。疑此有脱文。彼文『晉』字乃『毗』之誤。」張宗祥曰：「後名芙蓉湖，自宋以來，居民屢增堤堰，塞而爲田。」

〔一三八〕張宗祥曰：「尸湖、小湖、乘湖、猶湖、語昭湖、作湖、昆湖、湖王湖，疑皆一湖而各地分名，如今洞庭、青草之類，古今異稱，無從證實。獨耆湖較太湖大且及倍，何地能容此湖？殆古時震澤，包太湖、耆湖而言，如江南北雲夢也。」

〔一三九〕張宗祥曰：「張本作『五十里』。」樂祖謀曰：「『去縣十七里』，漢魏本『十七』作『五十』。」

〔一四〇〕樂祖謀曰：「『一百七十五里』，張本無『一』字。」

〔一四一〕錢培名曰：「『吴古故祠江漢於棠浦東』，『漢』原註一作『海』，按漢遠於吴。作『海』是。」張宗祥曰：「當作『江海』。《史記》：闔閭九年吴伐楚，至於漢水。《吴越春秋》：與楚夾漢水而陣。吴固侵及漢水矣，然自昭王復國之後，吴地不及漢，何以祀漢？海則吴所應祀也。故下有以利朝夕水語。」

〔一四二〕步嘉謹按：「胥女南小蜀山」，《姑蘇志》卷三四「衛公子墓」下引《越絶書》同，《姑蘇志》卷九引《越絶書》作「其南有小蜀山」。

〔一四三〕步嘉謹按：「春申君客衛公子冢也，去縣三十五里」句，《姑蘇志》卷三四引《越絶書》同。《姑蘇志》卷九引《越絶書》作「春申君客衛公子家也」，無「去縣三十五里」六字。

〔一四四〕錢培名曰：「『白石山』，『石』原註一作『公』。」

〔一四五〕步嘉謹按：《姑蘇志》卷九「白石山在滸墅北」句下引《越絶書》與今本同。張宗祥曰：「今名白豸山，在蘇州府北三十二里，滸墅之北。」

〔一四六〕步嘉謹按：「春申君初封吴」句，《姑蘇志》卷九引《越絶書》與今本同。

〔一四七〕錢培名曰：「『過更名爲白石』，『過』下疑説『之』字。」步嘉謹按：《姑蘇志》卷九引《越絶書》此句作「更今名」。無「過」字，「名爲白石」作「今名」。

〔一四八〕錢培名曰：「『今太守舍者春申君所造後殿屋以爲逃夏宫』，原本『殿』誤『壁』，『逃』誤『桃』，依《初學記》二四、《御覽》九八八改。《御覽》『守』作『官』，誤。『造』下有『殿』字。」步嘉謹按：檢各本「殿」皆作「壁」，「逃」皆作「桃」，錢校改「壁」爲「殿」，甚是。按下文有「前殿屋」，知此處應作「後殿屋」。又《姑蘇志》卷二二「吴郡舊治」下引《越絶書》亦作「後殿屋」，據錢校改。步嘉又按：錢校改「桃」爲「逃」，此據《御覽》、《初學記》文，然《姑蘇志》卷二二引《越絶書》作「桃夏宫」，與今本合，今僅存疑而不從錢校改字。

〔一四九〕錢培名曰：「『今宫者春申君子假君宫也』，《御覽》引與上節連。下有『數失火，因涂雌黄，故曰黄堂』十一字。」步嘉謹按：《姑蘇志》卷二二引《越絶書》作：「今宫者，春申君子假君殿也。」「假君宫」作「假君殿」，與今本異。

〔一五〇〕錢培名曰：「『堂高四丈十霤高丈八尺』，『十』字誤，以下文例之，或當作『户』。」

〔一五一〕步嘉謹按：此節《太平御覽》卷一九〇《居處部·倉門》二引《越絶書》，一作：「吴兩倉，春申君所造，一名均輸。」「西倉名曰」作「一名」。一作：「君均東倉。春申君造。西倉名曰君均。」此條《御覽》文錯訛竄亂不可卒讀。

〔一五二〕步嘉謹按：「東倉周一里八步」句，《太平御覽》卷一九〇《居處部·倉門》作：「西倉門周一里八步。」按「門周」一里八步於理不合，或當作「闊周一里八步」，然《御覽》引終是記西倉事，與今本不合。

〔一五三〕錢培名曰：「『更始五年』，按更始無五年，此五字誤。」步嘉謹按：檢下文有云：「太守府大殿者，秦始皇刻石所起也。到更始元年，太守許時燒。六年十二月乙卯鑿官池。」尚記有更始六年事。按後漢初年，天下大亂，各地多有稱帝稱王者，此吴人沿用更始年號而不廢，疑「五」字不誤。

〔一五四〕步嘉謹按：「吴市者，春申君所造，闕兩城以爲市。在湖里」句，《太平御覽》卷一九一《居處部·市門》引《越絶書》與今本同。《初學記》卷二四《居處部·市門》引《越絶》作「吴市者，春申君所造，在湖里」，少「闕兩城以爲市」句。

〔一五五〕錢培名曰：「『吴獄庭』，『獄』原誤『嶽』，依漢魏叢書、逸史本改。」

〔一五六〕張宗祥曰：「(土)原註一作『云』。」步嘉謹按：《姑蘇志》卷八引《越絶書》亦作「土山者」，知「土」

字不誤。

〔一五七〕步嘉謹按：《姑蘇志》卷八引《越絶書》作「春申君治爲貴人冢」，較今本少「時」、「以」、「次」三字。

〔一五八〕錢培名曰：「『春申君所造楚人從之故爲楚門』，《類聚》六三引，『所』作『時』，『之』作『八』，『爲』作『號』。」步嘉謹按：錢校引《類聚》有誤。按《藝文類聚》卷六三《居處部・門門》引《越絶書》：「楚門，春申君時造，楚人從入，故號楚門。」則是「楚人從入」，非「楚人從八」。又《姑蘇志》卷一六引《越絶書》作：「别有楚門，以爲春申君所造，楚人從之，故云。」與今本文字稍異。

〔一五九〕步嘉謹按：《戰國策》卷一七《楚策四》宋姚宏註引《越絶書》云：「春申君，楚考烈王相也。烈王死，幽王立，封春申君於吴。三年，幽王徵春申君爲楚令尹。」「幽王徵春申君爲楚令尹」句，較今本多一「君」字，觀此段文字前後文，凡稱「春申君」者四，不容此處獨稱「春申」，今本當有脱文。又《吴郡志》卷四八《考證》引《越絶書》作：「吴伐楚，封春申君於吴。」與各本稍異。錢培名曰：「按《楚世家》，考烈王以左徒爲令尹，封以吴，號春申君。《春申君列傳》，考烈王元年，春申君請封於江東，因城故吴墟，以自爲都邑。《六國表》，考烈王十五年，春申君徙封於吴，二十二年，王東徙壽春，而《列傳》則以春申就封與楚東徙同時，雖略有先後，然皆在考烈王時，考烈王二十五年卒，李園殺春申君。《楚世家》、《六國表》、《本傳》並同。豈有幽王三年春申尚在之理，不足據。」

〔一六〇〕步嘉謹按：「春申君自使其子爲假君治吴」句，《戰國策》卷一七《楚策四》姚宏引《越絶書》作：

「春申君自使其子親爲假君，治。」「其子」後多一「親」字，「治」後無「吴」字。

〔一六一〕錢培名曰：「『更名大越爲山陰也』，『更』原誤『東』，依後記《越地傳》改。」步嘉謹按：錢説是，各本皆作「東名大越」，《越地傳》曰：「（秦始皇）因徙天下有罪謫吏民，置海南故大越處，以備東海外越，乃更名大越曰山陰。」與此條同記山陰得名事，依錢校改。

〔一六二〕樂祖謀曰：「『巫門』，孔本作『巫山』。」

〔一六三〕錢培名曰：「『威王後烈王子幽王後懷王也懷王子頃襄王也秦始皇滅之』，按《楚世家》：威王十一年卒，子懷王熊槐立。中間並無烈王。又頃襄王子考烈王，考烈王子幽王，幽王弟哀王，哀王庶兄負芻。五年，滅於秦。此不足據。」

〔一六四〕張宗祥於「造道」二字下曰：「張本、吴本、陳本、四庫本均作『通』，從翻元本。」樂祖謀曰：「『造道陵南』，原本及正德本、孔本、吴本、漢魏本『道』作『通』，據陳本改。」

〔一六五〕錢培名曰：「『戍』原誤『戎』，今改。」步嘉謹按：檢庫本、漢魏叢書本、四部叢刊本、張宗祥校本皆作「戎卒」，樂祖謀校本作「戍卒」，然未出校。按樂祖謀校本以四部叢刊影印傅氏雙鑒樓藏明雙柏堂本爲底本，檢雙柏堂本亦作「戎卒」，則樂本依錢校改字而校語未出。「戎卒」前爲「適」字，張宗祥曰：「適通謫。」考「謫戎卒」似未見，「謫戍卒」古書中多見，錢校是。

〔一六六〕錢培名曰：「『治通陵高以南陵道縣相屬』，『高』字、『縣』字並疑衍。」步嘉謹按：「陵高」疑是「陵亭」之訛。歷史上有二陵亭，一在安徽廬江，一在江蘇興化南。《越絶書》往往誤「亭」爲「高」，形相混也，説見本篇〔校釋一三一〕。步嘉又按：「縣」不當爲衍文，疑此句義爲：修通陵亭以南的陵道，使各縣相連接。

〔一六七〕錢培名曰：「『秦始皇刻石所起也』，『起』疑當作『造』。」步嘉謹按：《姑蘇志》卷二二引《越絶書》作「秦始皇刻石所起」，無「也」字。知「起」字不誤。

〔一六八〕步嘉謹按：「到更始元年，太守許時燒」句，《姑蘇志》卷二二引《越絶書》作「至更始元年，太守許時燒」，「到」作「至」字。

〔一六九〕錢培名曰：「『六年』，按更始無六年，疑當作『二』。」步嘉謹按：疑此吴人沿用更始年號，這類情況歷史上多見，字本不誤。步嘉又按：《姑蘇志》卷二二引《越絶書》作：「六年十二月，鑿官池。」無「乙卯」二字。

〔一七〇〕步嘉謹按：《蛾術編》卷五〇《説地》引《越絶書・吴地傳》作「漢高帝封劉賈爲荆王」。

〔一七一〕步嘉謹按：《蛾術編》卷五〇《説地》迮鶴壽引《越絶書》作：「荆王賈築吴市西城，名曰定錯城。」

〔一七二〕步嘉謹按：《蛾術編》卷五〇《説地》引《越絶書》作「十一年淮南王英布反」。

〔一七三〕錢培名曰：「『後一年高皇帝更封兄子濞爲吴王』，『後一年』原作『後十年』。按《史記・高帝紀》、《漢興以來諸侯年表》、《吴王濞列傳》，封濞並在高帝十二年，明年四月高帝崩，安有『後十年』封濞之事，此誤，今改。」步嘉謹按：錢培名曰《越絶書》記漢高帝誅英布後十年乃封濞，其文有誤，誠是。然錢説封濞事當在誅英布「後一年」，其説亦誤。按《資治通鑒》卷一二《漢紀四》，擒殺英布、封吴王濞並在高帝十二年十月中。又《漢書》卷一《高帝紀》「十二年冬十月」條：「上破布軍於會缶，布走，令别將追之。上還，過沛。」《漢書》卷三五《吴王濞傳》：「乃立濞於沛，爲吴王。」顔師古註：「行至沛而封拜濞也。」則不得云封濞事在誅英布「後一年」。又《史記》卷一〇六《吴王濞列傳》云「乃立濞於沛爲吴王」，《集解》引徐廣曰：「十二年十月辛丑。」余謂「後十年」當是「後十日」之訛，二事既均在十月之中，封濞爲十月辛丑，誅布亦當在前十日。今仍舊文，不改。

〔一七四〕錢培名曰：「『東渡之吴』，『東』疑當作『南』。」

〔一七五〕錢培名曰：「『立四十二年反』，『四』原作『三』，按濞反於景帝三年，距高帝十二年凡四十二年，此誤，今改。」步嘉謹按：檢各本皆作「三十二年」，錢改爲「四十二年」，錢説是。《史記》卷一〇六《吴王濞列傳》記七國發兵，「吴王悉其士卒」而反，《史記集解》引徐廣曰：「吴王封吴四十二年矣。」按古書四十作「卌」，三十作「卅」，往往相混。如點校本《北齊書》卷四二《袁聿修傳》：「司徒録事参軍盧思道私貸庫錢四十萬娉太原王乂女爲妻。」點校本《北史》卷四七《袁聿修傳》記此事爲「三十萬」。又點校本《北齊書》卷四一《元景安傳》：「設侯去堂百四十餘步」，點校本《北史》卷五三《元景安傳》記此事爲「一百三十步」。皆由此而誤，今依錢校改。

〔一七六〕步嘉謹按：《史記》卷一〇六《吴王濞列傳》云：「於是吴王乃與其麾下壯士數千人夜亡去，度江走丹徒，保東越。」《史記正義》曰：「《東越傳》云：『獨東甌受漢之購，殺吴王。』丹徒，潤州也。

東甌即東越也。東越將兵從吴在丹徒也。」按《史記》及《正義》皆云「丹徒」，不云「丹陽」。檢《漢書》卷五《景帝紀》「三年十二月」條記：「追斬吴王濞於丹徒。」又《史記》卷一〇六《吴王濞列傳》：「東越即紿吴王，吴王出勞軍，即使人鏦殺吴王，盛其頭。」《集解》引《吴地記》曰：「吴王濞葬武進縣南，地名相唐。」《索隱》引張勃云：「吴王濞葬丹徒縣南，其地名相唐。」《正義》引《括地志》云：「漢吴王濞冢在潤州丹徒縣東練壁聚北，今入於江。」疑今本《越絶書》「還奔丹陽」是「還奔丹徒」之訛。

〔一七〕錢培名曰：「『今爲平都王』，『今』字疑衍。」步嘉謹按：《史記》、《漢書》言平七國亂後封王事，皆未有「彭澤王」、「平都王」。《史記》卷一〇六《吴王濞列傳》：「復置元王少子平陸侯禮爲楚王，續元王後。徙汝南王非王吴故地，爲江都王。」同書之卷一一《孝景本紀》：「立楚元王子平陸侯禮爲楚王。立皇子端爲膠西王，子勝爲中山王。徙濟北王志爲菑川王，淮陽王餘爲魯王，汝南王非爲江都王。齊王將廬、燕王嘉皆薨。」《漢書》略同此。

〔一八〕步嘉謹按：《史記》卷一〇六《吴王濞列傳》：「吴王濞者，高帝兄劉仲之子也。」《漢書》卷三五《吴王濞傳》：「吴王濞，高帝兄仲之子也。」按高帝曰劉季，則仲爲兄弟排行之輩，非字也。《越絶書》所記，傳聞之語。

〔一九〕張宗祥於「匠」字下註：「原註一作『近』。」步嘉謹按：當以「匠門」爲是。「匠門」乃吴城八門之一，「匠」、「近」形近易混，參本篇〔校釋八〇〕。步嘉又按：「信士里」，檢庫本、漢魏叢書本、叢書集成初編本、四部叢刊本、樂祖謀校本皆同此，張宗祥校本作「信七里」，張宗祥曰：「按：信通申，言過七里也。」步嘉按：張宗祥校本作「信七里」，未言所據，「信士里」可作古鄉里之「里」名解。今不從張校。

〔一八〇〕步嘉謹按：《漢書》卷五《景帝紀》「元年冬十月」條記申屠嘉議立宗廟事云：「臣謹議：世功莫大於高皇帝，德莫盛於孝文皇帝。高皇帝廟宜爲帝者太祖之廟，孝文皇帝廟宜爲帝者太宗之廟。天子宜世世獻祖宗之廟。郡國諸侯宜各爲孝文皇帝立太宗之廟。諸侯王列侯使者侍祠天子所獻祖宗之廟。請宣布天下。制曰可。」又《漢書》卷九《元帝紀》「永光四年十月乙丑」條：「罷祖宗廟在郡國者。」按《越絶書》記吴王濞時宗廟有太公、高祖、孝文，《漢書·景帝紀》記景帝元年宣佈天下各郡國諸侯立孝文太宗之廟，正吴王濞未反之時也。又《越絶書》下文記至元帝永光四年罷之。《漢書·元帝紀》正作永光四年十月乙丑詔令「罷祖宗廟在郡國者」，所記與《漢書》略同。

〔一八一〕步嘉謹按：「漢文帝前九年，會稽并故鄣郡」句，《會稽志》卷二引《越絶外傳》作：「漢文帝九年，會稽并故鄣。」「九」上無「前」字，「鄣」下無「郡」字。

〔一八二〕步嘉謹按：「都尉治山陰」句，《會稽志》卷二引《越絶外傳》與今本同。步嘉又按：《會稽志》此條下云：「《舊經》云：文帝九年山陰爲都尉治，蓋本於此。然按漢制，國置中尉，郡置都尉。當文帝時，吴會稽皆吴王濞封國，漢固不當爲置太守、都尉。又《漢紀》景帝中二年秋七月，始更郡守爲太守，郡尉爲都尉，則文帝時其官稱亦未應有太守、都尉之號也。《漢書·地理志》云：西部都尉治錢塘。」

〔一八三〕步嘉謹按：「前十六年，太守治吴郡」句，《會稽志》卷二引《越絶外傳》作「漢文帝前十六年，太守治吴郡」，多「漢文帝」三字。

〔一八四〕步嘉謹按：「都尉治錢唐」句，《會稽志》卷二引《越絶外傳》與今本同。《會稽志》此條接下云：「故《舊經》云：山陰都尉徙治錢塘而不及太守徙治事。《通典》云：今金華縣，漢烏傷縣地。後漢末分爲長山縣，二漢置西部都尉。然則西部固屢徙矣。班固漢人，不載西部徙治本末，《越絶外傳》獨載之詳如此，何也？」步嘉又按：《浙江通志》卷三九「漢西部都尉治」條下引《越絶書》作：「漢文帝前十六年，都尉治錢唐。」較今本多「漢文帝」三字。

〔一八五〕步嘉謹按：「漢孝景帝五年五月」句，《會稽志》卷一引《越絶外傳》作「漢孝景五年」，較今本少「帝」及「五月」三字。

〔一八六〕步嘉謹按：「會稽屬漢，屬漢者，始并事也」句，《會稽志》卷一引《越絶外傳》作：「會稽屬漢。屬漢者，始并之也。」「始并事也」，作「始并之也」。

〔一八七〕張宗祥曰：「今徽州府。」

〔一八八〕張宗祥曰：「《吴越春秋》作：自句踐至於親，其歷八主，皆稱霸，積二百二十四年。」步嘉謹按：張引《吴越春秋》文，見是書卷一〇《句踐伐吴外傳》卷末，其中「至於親」今本作「至王親」，張或據誤本。

〔一八九〕錢培名曰：「越王句踐徙瑯邪凡二百四十年楚考烈王并越於瑯邪後四十餘年秦并楚，原本連上，今按例另起。按越徙瑯邪，當在滅吴後，滅吴當周元王四年，下距秦滅楚，首尾止二百五十四年，此二百四十年。『四十』字疑當倒，後四十餘年，『餘』字疑衍。」

〔一九〇〕錢培名曰：「『復四十年』，按秦并楚，至子嬰出降，止十六年，此四十字，涉上文而誤。」

〔一九一〕錢培名曰：「『句踐徙瑯邪到建武二十八年凡五百六十七年』，按建武二十八年，上距滅吴，止五百三十二年，此亦誤。」

越絶卷第三

越絶吳内傳第四

吳何以稱人乎〔一〕？夷狄之也〔二〕。憂中邦奈何乎〔三〕？伍子胥父誅於楚，子胥挾弓，身干闔廬〔四〕。闔廬曰：「士之甚〔五〕，勇之甚〔六〕。」將爲之報仇〔七〕。子胥曰：「不可〔八〕，諸侯不爲匹夫報仇〔九〕。臣聞事君猶事父也〔一〇〕，虧君之行〔一一〕，報父之仇〔一二〕，不可〔一三〕。」於是止〔一四〕。

蔡昭公南朝楚〔一五〕，被羔裘〔一六〕，囊瓦求之〔一七〕，昭公不與〔一八〕。即拘昭公南郢〔一九〕，三年然後歸之〔二〇〕。昭公去，至河，用事〔二一〕曰：「天下誰能伐楚乎？寡人願爲前列〔二二〕！」楚聞之〔二三〕，使囊瓦興師伐蔡〔二四〕。昭公聞子胥在吳，請救蔡〔二五〕。子胥於是報闔廬曰：「蔡公南朝，被羔裘，囊瓦求之，蔡公不與〔二六〕，拘蔡公三年，然後歸之。蔡公至河，曰：『天下誰能伐楚者乎〔二七〕？寡人願爲前列。』楚聞之，使囊瓦興師伐蔡。蔡非有罪，楚爲無道〔二八〕。君若有憂中國之事意者〔二九〕，時可矣〔三〇〕。」闔廬於是使子胥興師，救蔡而伐楚〔三一〕。楚王已死〔三二〕，子胥將卒六千人，操鞭笞平王之墳〔三三〕，曰：「昔者吾先君無罪，而子殺之〔三四〕，今此以報子也〔三五〕！」君舍君室，大夫舍大夫室，蓋有妻楚王母者〔三六〕。

囊瓦者何？楚之相也〔三七〕。郢者何？楚王治處也。吳師何以稱人？吳者，夷狄也〔三八〕，而救中邦，稱人，賤之也。

越王句踐欲伐吳王闔廬〔三九〕，范蠡諫曰：「不可。臣聞之，天貴持盈，持盈者，言不失陰陽、日月、星辰之綱紀〔四〇〕。地貴定傾，定傾者，言地之長生，丘陵平均〔四一〕，無不得宜〔四二〕。故曰地貴定傾〔四三〕。人貴節事，節事者，言王者已下，公卿大夫，當調陰陽，和順天下。事來應之，物來知之〔四四〕，天下莫不盡其忠信，從其政教，謂之節事〔四五〕。節事者，至事之要也。天道盈而不溢，盛而不驕者〔四六〕，言天生萬物，以養天下。蠉飛蠕動，各得其性〔四七〕。春生夏長，秋收冬藏〔四八〕，不失其常。故曰天道盈而不溢，盛而不驕者也。地道施而不德，勞而不矜其功者也〔四九〕，言地生長五穀，持養萬物〔五〇〕，功盈德博，是所施而不德〔五一〕，勞而不矜其功者矣〔五二〕。言天地之施，大而不有功者也〔五三〕。人道不逆四時者，言王者以下，至於庶人，皆當和陰陽四時之變，順之者有福，逆之者有殃。故曰人道不逆四時之謂也〔五四〕。因惛視動者，言存亡吉凶之應，善惡之叙，必有漸也。天道未作，不先爲客者〔五五〕。」

范蠡值吳伍子胥教化，天下從之，未有死亡之失〔五六〕，故以天道未作，不先爲客〔五七〕。言客者，去其國，入人國。地兆未發，不先動衆，言王者以下，至於庶人，非暮春中夏之時，不可以種五穀、興土利，國家不見死亡之失，不可伐也。故地兆未發，不先動衆，此之謂也〔五八〕。

吴人敗於就李，吴之戰地〔五九〕。敗者，言越之伐吴，未戰，吴闔廬卒，敗而去也〔六〇〕。卒者，闔廬死也。天子稱崩，諸侯稱薨，大夫稱卒，士稱不禄〔六一〕。闔廬，諸侯也，不稱薨而稱卒者，何也？當此之時，上無明天子，下無賢方伯，諸侯力政，彊者爲君。南夷與北狄交爭，中國不絶如綫矣〔六二〕。臣弑君，子弑父，天下莫能禁止〔六三〕。於是孔子作《春秋》，方據魯以王。故諸侯死皆稱卒，不稱薨，避魯之謚也。

晉公子重耳之時，天子微弱，諸侯力政，彊者爲君。文公爲所侵暴，失邦，奔於翟〔六四〕。三月得反國政〔六五〕，敬賢明法，率諸侯朝天子，於是諸侯皆從，天子乃尊。此所謂晉公子重耳反國定天下。

齊公子小白〔六六〕，亦反齊國而匡天下者〔六七〕。齊大夫無知，弑其君諸兒〔六八〕。其子二人出奔。公子糾奔魯。魯者，公子糾母之邦。小白奔莒，莒者，小白母之邦也〔六九〕。齊大臣鮑叔牙爲報仇，殺無知，故興師之魯，聘公子糾以爲君〔七〇〕。魯莊公不與。莊公，魯君也，曰：「使齊以國事魯，我與汝君〔七一〕。不以國事魯，我不與汝君。」於是鮑叔牙還師之莒，取小白，立爲齊君〔七二〕。小白反國，用管仲，九合諸侯，一匡天下〔七三〕，故爲桓公。此之謂也。

堯有不慈之名〔七四〕。堯太子丹朱倨驕，懷禽獸之心〔七五〕，堯知不可用，退丹朱而以天下傳舜。此之謂堯有不慈之名。

舜有不孝之行。舜親父假母〔七六〕，母常殺舜〔七七〕。舜去，耕歷山。三年大熟，身自外養，父母皆饑。舜父頑，母嚚，兄狂，弟敖〔七八〕。舜求爲變心易志。舜爲瞽瞍子也，瞽瞍欲殺舜，未嘗可得〔七九〕。呼而使之，未嘗不在側〔八〇〕。此舜有不孝之行。舜用其仇而王天下者，言舜父瞽瞍，用其後妻，常欲殺舜，舜不爲失孝行，天下稱之。堯聞其賢，遂以天下傳之。此爲王天下〔八一〕。仇者，舜後母也。

桓公召其賊而霸諸侯者，管仲臣於桓公兄公子糾，糾與桓爭國〔八二〕，管仲張弓射桓公，中其帶鉤〔八三〕，桓公受之，赦其大罪，立爲齊相。天下莫不向服慕義。是謂召其賊霸諸侯也。

夏啟獻犧於益。啟者，禹之子。益與禹臣於舜，舜傳之禹〔八四〕，薦益而封之百里。禹崩，啟立，曉知王事，達於君臣之義〔八五〕。益死之後，啟歲善犧牲以祠之。經曰：「夏啟善犧於益〔八六〕。」此之謂也。

湯獻牛荆之伯。之伯者，荆州之君也。湯行仁義，敬鬼神，天下皆一心歸之〔八七〕。當是時，荆伯未從也，湯於是乃飾犧牛以事〔八八〕。荆伯乃媿然曰：「失事聖人禮。」乃委其誠心〔八九〕。此謂湯獻牛荆之伯也。

越王句踐反國六年，皆得士民之衆，而欲伐吴〔九〇〕。於是乃使之維甲。維甲者，治甲系斷〔九一〕。修内矛赤雞稽繇者也，越人謂「人鎩」也〔九二〕。方舟航買儀塵者〔九三〕，越人往如江也。治須慮者，越人謂船爲「須慮」。亟怒紛紛者，怒貌也，怒至。士擊高文者〔九四〕，躍勇士也。習之於夷。夷，海也。宿之於萊。萊，野也。致之於單。單者，堵也。

舜之時，鯀不從令。堯遭帝嚳之後亂，洪水滔天，堯使鯀治之，九年弗能治〔九五〕。堯七十年而得舜〔九六〕，舜明知人情，審於地形，知鯀不能治，數諫不去，堯殛之羽山〔九七〕。此之謂舜之時，鯀不從令也。

殷湯遭夏桀無道，殘賊天下，於是湯用伊尹，行至聖之心。見桀無道虐行，故伐夏放桀，而王道興躍〔九八〕。革亂補弊，移風易俗，改制作新，海内畢貢，天下承風。湯以文聖，此之謂也。

文王以務爭者〔九九〕，紂爲天下，殘賊奢佚〔一〇〇〕，不顧邦政。文王百里，見紂無道，誅殺無刑，賞賜不當，文王以聖事紂，天下皆盡誠知其賢聖，從之〔一〇一〕。此謂文王以務爭也。紂以惡刑爭，文王行至聖，以仁義爭，此之謂也〔一〇二〕。

武王以禮信。文王死九年，天下八百諸侯，皆一旦會於孟津之上。不言同辭，不呼自來，盡知武王忠信，欲從武王，與之伐紂〔一〇三〕。當是時，比干、箕子、微子尚在〔一〇四〕，武王賢之，未敢伐也，還諸侯。歸二年，紂賊比干，囚箕子，微子去之〔一〇五〕。刳姙婦，殘朝涉〔一〇六〕。武王見賢臣已亡，乃朝天下，興師伐紂，殺之〔一〇七〕。武王未下車，封比干之墓，發太倉之粟，以贍天下，封微子於宋〔一〇八〕。此武王以禮信也。

周公以盛德。武王封周公，使傅相成王〔一〇九〕。成王少，周公臣事之。當是之時，賞賜不加於無功，刑罰不加於無罪。天下家給人足，禾麥茂美。使人以時，説之以禮。上順天地，澤及夷狄。於是管叔、蔡叔不知周公而讒之成王〔一一〇〕。周公乃辭位，出，巡狩於邊一年〔一一一〕。天暴風雨，日夜不休，五穀不生，樹木盡偃。成王大恐，乃發金縢之櫃，察周公之册，知周公有盛德。王乃夜迎周公，流涕而行。周公反國，天應之福。五穀皆生，樹木皆起，天下皆實。此周公之盛德也〔一一二〕。

校　釋

〔一〕錢培名曰：「『吳何以稱人乎』，此下二節文，並與定四年《公羊》、《穀梁》二傳相出入，『人』字《公羊》作『子』，此以吳人名篇，故改作『人』。有《篇序》篇文可證。説見上《目録札記》。」錢培名

《札記目録》曰：「『越絶吴人内傳』，原題脱『人』字。趙希弁《郡齋讀書志》附志所舉篇目亦如此，則其來久矣。按本篇首語云：吴何以稱人乎？《篇序》篇云：智能生詐，故次以吴人也。又云：稱子胥妻楚王母，及乎夷狄，貶之，言吴人也。是當有『人』字無疑，今補。」步嘉謹按：錢云此節與定四年《公羊》、《穀梁》文字相出入，所考良是。又《新序》卷九亦有與此篇首文字相合者。按錢云「人」字《公羊》作「子」，所引不誤。《春秋公羊傳》卷二五定公四年云「吴何以稱子」，《春秋穀梁傳》卷一九定公四年記此事作：「吴其稱子，何也？」步嘉又按：篇名今仍底本舊文，不從錢本增「人」字。

〔二〕步嘉謹按：「夷狄之也」句，《春秋公羊傳》定公四年作「夷狄也」，無「之」字。

〔三〕步嘉謹按：「憂中邦奈何乎」句，《春秋公羊傳》定公四年作「其憂中國奈何」，其言小異。

〔四〕步嘉謹按：「伍子胥父誅於楚，子胥挾弓，身干闔廬」句，《春秋公羊傳》定公四年作：「伍子胥父誅乎楚，挾弓而去楚，以干闔廬。」《春秋穀梁傳》定公四年作：「子胥父誅於楚也。挾弓持矢而干闔廬。」《新序》卷九作：「楚平王殺伍子胥之父，子胥出亡，挾弓而干闔閭。」

〔五〕錢培名曰：「『士之甚』，『甚』字與《公羊傳》合。漢魏叢書、逸史本並作『其』，誤。」張宗祥曰：「各本作『其』，從張本。宗祥按：『士之甚』疑當作『智之甚』。」步嘉謹按：「甚」、「其」形近而混，作「其」字者非。步嘉又按：張曰「『士之甚』疑當作『智之甚』」，非。《新序》卷九記此事作「大之甚」。與《穀梁傳》定公四年文合。然終無作「智之甚」者。《賈子・道術》：「守道者謂之士。」

《後漢書·仲長統傳》：「以才智用者謂之士。」則士本謂守道而有才智者，與下勇之甚成對文，謂文武雙全之義也。

〔六〕步嘉謹按：「勇之甚」句，《春秋公羊傳》定公四年語與今本《越絶書》同。《春秋穀梁傳》定公四年作：「大之甚，勇之甚。」「士」作「大」者，古本字各有異，其義亦稍别，然「勇之甚」同今本《越絶書》。《新序》卷九作「勇之」，無「甚」字。

〔七〕步嘉謹按：「將爲之報仇」句，《春秋公羊傳》定公四年作：「將爲之興師而復讎於楚。」《春秋穀梁傳》定公四年作：「爲是欲興師而伐楚。」《新序》卷九作：「爲是而欲興師伐楚。」張宗祥曰：「報仇，《吴越春秋》作王僚時事。」

〔八〕步嘉謹按：「子胥曰：不可」句，《公羊》、《穀梁》均無，《新序》卷九作：「子胥諫曰：不可。」多一「諫」字。按《越絶荆平王内傳第二》記：「闔廬將爲之報仇，子胥曰：不可。」則《越絶書》本無「諫」字。

〔九〕步嘉謹按：「諸侯不爲匹夫報仇」句，《公羊傳》定公四年作「諸侯不爲匹夫興師」，《穀梁傳》定公四年作「君不爲匹夫興師」，《新序》卷九作「君子不爲匹夫興師」，《越絶荆平王内傳第二》作「諸侯不爲匹夫興師」。「報仇」皆作「興師」。疑古語中本有「諸侯不爲匹夫興師」之説，作「報仇」者，後人改易之文也。

〔一〇〕步嘉謹按：「臣聞事君猶事父也」句，《公羊傳》定公四年作「且臣聞之，事君猶事父也」，《穀梁傳》定公四年作「且事君猶事父也」，《新序》卷九記與《穀梁傳》同。

〔一一〕步嘉謹按：「虧君之行」句，《穀梁》、《公羊》及《新序》卷九皆作「虧君之義」。

〔一二〕步嘉謹按：「報父之仇」句，《公羊》傳定公四年、《穀梁傳》定公四年、《新序》卷九並作「復父之讎」。

〔一三〕步嘉謹按：「不可」，《公羊傳》定公四年作「臣不爲也」。《穀梁傳》定公四年作「臣弗爲也」。《新序》卷九記與《公羊傳》合。

〔一四〕步嘉謹按：「於是止」句，《公羊傳》定公四年、《穀梁傳》定公四年、《新序》卷九、《越絶荆平王内傳第二》所記，皆與本篇同。

〔一五〕步嘉謹按：「蔡昭公南朝楚」句，《公羊傳》定公四年作「蔡昭公朝乎楚」，《穀梁傳》定公四年作「蔡昭公朝於楚」，《新序》卷九記與《穀梁傳》同，皆無「南」字。按蔡在北方，楚在南方，曰「南朝」可也。檢下文有「蔡公南朝」句，知《越絶書》原有南字不誤。

〔一六〕步嘉謹按：「被羔裘」句，「羔裘」二字，《公羊傳》定公四年、《穀梁傳》定公四年、《新序》卷九皆作「美裘」。按「羔」、「美」形似，疑當作「美裘」。羔裘亦一般之服，囊瓦何得爲之拘蔡昭公於南郢，美裘即希有之物，義較「羔裘」爲長。然下文也作「羔裘」，其誤當沿襲久矣。

〔一七〕步嘉謹按：「囊瓦求之」句，《公羊傳》、《穀梁傳》定公四年及《新序》卷九所載與今本《越絶書》同。

〔一八〕步嘉謹按：「昭公不與」句，《公羊傳》、《穀梁傳》定公四年所載同。《新序》卷九作「昭公不予」。按「與」、「予」義同。

〔一九〕步嘉謹按：「即拘昭公南郢」句，《公羊傳》、《穀梁傳》定公四年皆作「爲是拘昭公於南郢」。《新序》卷九作「於是拘昭公於郢」。

〔二〇〕步嘉謹按：「三年然後歸之」句，《公羊傳》、《穀梁傳》定公四年皆作「數年然後歸之」。《新序》卷九作「數年而後歸之」。

〔二一〕步嘉謹按：「昭公去，至河，用事」句，《公羊傳》定公四年作：「於其歸焉，用事乎河。」《穀梁傳》定公四年作：「歸乃用事乎漢。」《新序》卷九作：「昭公濟漢水沉璧。」按：「沉璧」即「用事」也，「河」即指「漢」。

〔二二〕步嘉謹按：「天下誰能伐楚乎？寡人愿爲前列」句，《公羊傳》定公四年作：「天下諸侯苟有能伐楚者，寡人請爲之前列。」《穀梁傳》定公四年作：「苟諸侯有欲伐楚者，寡人請爲前列焉。」《新序》卷九作：「諸侯有伐楚者，寡人請爲前列。」

〔二三〕步嘉謹按：「楚聞之」句，《公羊傳》定公四年作：「楚人聞之，怒。」《穀梁傳》定公四年作：「楚人聞之而怒。」《新序》卷九記與《公羊傳》同。

〔二四〕步嘉謹按：「使囊瓦興師伐蔡」句，《公羊傳》定公四年作：「使囊瓦將而伐蔡。」《穀梁傳》定公四年作：「爲是興師而伐蔡。」《新序》卷九作：「於是興師伐蔡。」

〔二五〕步嘉謹按："昭公聞子胥在吴，請救蔡"句，《公羊傳》、《穀梁傳》定公四年皆作："蔡請救於吴。"《新序》卷九同《公羊傳》、《穀梁傳》，均無"昭公聞子胥在吴"句。

〔二六〕步嘉謹按："蔡公南朝"句，疑原作"蔡公南朝楚"，誤脱"楚"字，上文作"蔡昭公南朝楚"，有"楚"字。按此節子胥之復叙，當與上節文字同。然"蔡昭公"作"蔡公"者，則是行文省略，非誤脱也。

〔二七〕步嘉謹按："天下誰能伐楚者乎"句，上文作"天下誰能伐楚乎"，無"者"字。按無"者"字文氣較順，疑此"者"字衍。

〔二八〕步嘉謹按："蔡非有罪，楚爲無道"句，《公羊傳》定公四年作："蔡非有罪也，楚人爲無道。"《穀梁傳》定公四年作："蔡非有罪，楚無道也。"《新序》卷九作："蔡非有罪，楚人無道也。"

〔二九〕步嘉謹按："君若有憂中國之事意者"句，《公羊傳》定公四年作："君如有憂中國之心。"《穀梁傳》定公四年作："君若有憂中國之心。"《新序》卷九記此句與《穀梁傳》同。

〔三〇〕步嘉謹按："時可矣"句，《公羊傳》定公四年作："則若時可矣。"《穀梁傳》定公四年、《新序》卷九並作："則若此時可矣。"

〔三一〕步嘉謹按："闔廬於是使子胥興師，救蔡而伐楚。"《公羊傳》定公四年作："於是興師而救蔡。"《穀梁傳》定公四年作："爲是興師而伐楚。"《新序》卷九作："於是興師伐楚。"

〔三二〕步嘉謹按：楚王，楚平王也。楚平王卒於魯昭公二十六年（公元前五一六）。子胥帥師入郢在魯定公四年(公元前五〇六)。故曰「楚王已死」。《越絶荆平王内傳第二》作「荆平王已死」。

〔三三〕錢培名曰:「『操鞭笞平王之墳』,逸史本無『之』字。」樂祖謀曰:「『笞平王之墳』,孔本『笞』前增一『捶』字。又正德本、孔本、吴本、漢魏本無『之』字。」步嘉謹按:「子胥將卒六千人」,《越絶荆平王内傳第二》作「子胥將卒六千」,無「人」字。又「操鞭笞平王之墳」句,《越絶荆平王内傳第二》作「操鞭捶笞平王之墓」,《太平御覽》卷四八二引《越絶書》作「子胥捶笞平王之墓」,《藝文類聚》卷三三引作「子胥操捶笞平王之墓」,均有捶字而無鞭字。按「捶」與「箠」通,《説文解字》「捶」字下段玉裁註「擊馬者曰箠」,則「捶」即鞭也。疑《越絶書》舊文本作「操捶笞平王之墳」,後人於「捶」後註一「鞭」字,刻工不解,誤置於前作「鞭捶」。今亦未敢輕改,仍從樂本。

〔三四〕步嘉謹按:《越絶荆平王内傳第二》作「昔者吾先人無罪而子殺之」,「先君」作「先人」。

〔三五〕步嘉謹按:「今此以報子也」句,《越絶荆平王内傳第二》作「今此報子也」。無「以」字。

〔三六〕步嘉謹按:「君舍君室,大夫舍大夫室」句,《公羊傳》定公四年作:「君舍於君室,大夫舍大夫室。」《穀梁傳》定公四年作:「君居其君之寢,而妻其君之妻,大夫居其大夫之寢,而妻其大夫之妻。」《淮南子》卷二〇《泰族訓》「舍昭王之宫」句下高誘註:「吴之入楚,君舍乎君室,大夫舍大夫室也。」步嘉又按:「蓋有妻楚王母者」句,《公羊傳》定公四年作:「蓋妻楚王之母也。」《穀梁傳》定公四年作:「蓋有欲妻楚王之母者。」

〔三七〕步嘉謹按:《史記》卷六六《伍子胥列傳》中《史記集解》云:「《左傳》楚公子貞字子囊,其孫名瓦,字子常。」

〔三八〕步嘉謹按：本篇首句云：「吴何以稱人乎？夷狄之也。」與此義同。

〔三九〕步嘉謹按：《國語》卷二一《越語下》：「越王句踐即位三年而欲伐吴，范蠡進諫曰：『夫國家之事，有持盈，有定傾，有節事。』」與此節所記略異。據韋昭註，其時在「句踐三年，魯哀元年」。

〔四〇〕步嘉謹按：「天貴持盈，持盈者，言不失陰陽、日月、星辰之綱紀」句，《文選》卷四《蜀都賦》李善註引《越絶書》作：「天貴持盈，不失日月星辰之綱紀。」同書卷一五《思玄賦》李善註引《越絶書》作：「范蠡曰：天貴持盈，不失日月星辰綱紀。」又唐李荃《太白陰經》卷二《廟勝篇第十三》云：「《經》曰：天貴持盈，不失陰陽四時之紀綱。」按《文選》李註所引之《越絶書》舊文，以及《太白陰經》所記，「不失」前皆無「言」字。檢下文每有「言」字，疑爲後人所增。

〔四一〕步嘉謹按：《太白陰經》卷二《廟勝篇第十三》作：「地貴定傾，不失生長均平之土宜。」無「丘陵」二字。又「長生」作「生長」，「平均」作「均平」。

〔四二〕錢培名曰：「『丘陵平均無不得宜』，『宜』字依漢魏叢書、逸史補。」步嘉謹按：錢補「宜」字，甚是。《太白陰經》卷二《廟勝篇第十三》所載正有「宜」字，參上條〔校釋〕。

〔四三〕步嘉謹按：《國語》卷二一《越語下》「有定傾」句下韋昭註：「定，安也。傾，危也。」此乃爲「定傾者與人」解，與《越絶書》「地貴定傾」之義不合。

〔四四〕步嘉謹按：《太白陰經》卷二《廟勝篇第十三》作：「人貴節事，調和陰陽，布告時令。事來應之，物來知之。」與《越絶書》義略同。

〔四五〕步嘉謹按：《國語・越語下》云「持盈者與天」，韋昭註：「與天，法天也。」「定傾者與人」，韋昭註：「與人，取人之心也。」「節事者與地」，韋昭註：「與地，法地也。」《越絶書》則云「天貴持盈」，「地貴定傾」，「人貴節事」。二書義有不同，而皆作范蠡所云。按《太白陰經》卷二《廟勝篇》所記略同《越絶書》，而《國語・越語下》所記則略同《管子》。《管子》卷一《形勢第二》曰：「持滿者與天，安危者與人。」尹知章註：「能持滿者，則與天合，能安危者，則與人合。不合於天，雖滿必涸，不合於人，雖安必危。」似《國語》之説近古。

〔四六〕步嘉謹按：《白孔六帖》卷一《天門》：「范蠡曰：天以持滿，言天道盈而不溢。」《國語》卷二一《越語下》：「天道盈而不溢，盛而不驕。」韋昭註：「陽盛則損，日滿則虧。」韋昭又註：「盛，元氣廣大時。不驕，不自縱弛。」與《越絶書》以下解釋異義。

〔四七〕步嘉謹按：《新語》卷上《道基第一》：「傳曰：天生萬物，以地養之，聖人成之。……故知天者仰觀天文，知地者俯察地理。跂行喘息，蜎飛蠕動之類，水生陸行，根著葉長之屬，爲寧其心而安其性，蓋天地相承，氣感相應而成者也。」此言天地氣感相應而成，《越絶書》僅以天道言之。

〔四八〕步嘉謹按：《鹽鐵論》卷九文學曰：「故春生，仁。夏長，德。秋成，義。冬藏，禮。」又《新語》卷上《道基第一》：「張日月，列星辰，序四時，調陰陽，布氣治性，次置五行，春生夏長，秋收冬藏。」又《史記》卷一三〇《太史公自序》：「夫春生夏長，秋收冬藏，此天道之大經也。」

〔四九〕步嘉謹按：「勞而不矜其功者也」句，見《國語・越語下》：「天道盈而不溢，盛而不驕，勞而不矜其功。」則此「勞而不矜其功」，蓋言天道，非言地道也。步嘉又按：「地道施而不德」句，未見他書，唯《越語下》「勞而不矜其功」句下韋昭註：「勞，動而不已也。矜，大也。不自大其功，施而不德也。」「施而不德」語，僅見於此。

〔五〇〕步嘉謹按：《國語》卷二一《越語下》：「唯地能包萬物以爲一，其事不失。生萬物，容畜禽獸，然後受其名而兼其利。」

〔五一〕錢培名曰：「『是所施而不德』，『所』疑當作『謂』，或下有『謂』字。」

〔五二〕錢培名曰：「『勞而不矜其功者矣』，『矣』字亦疑衍。」

〔五三〕步嘉謹按：《國語・越語下》「勞而不矜其功」句，韋昭註：「矜，大也。不自大其功。」《越絶書》釋爲「大而不有功者也」，略與韋註義同。

〔五四〕錢培名曰：「『故曰人道不逆四時之謂也』，『曰』字疑衍，依下文例，『之』上當有『此』字。」步嘉謹按：上文起句作「天道盈而不溢，盛而不驕者」，結句作：「故曰天道盈而不溢，盛而不驕者也。」此處起句作「人道不逆四時者」，則結句似應作「故曰人道不逆四時者也」。錢校云疑「曰」字衍，其説未安。今疑「之」字衍，「謂」爲「者」字之訛。

〔五五〕步嘉謹按：「天道未作，不先爲客者」，《國語・越語下》云：「天時不作，弗爲人客。」下韋昭註：「作，起也。攻者爲客。起謂天時、利害、災變之應。」

〔五六〕步嘉謹按：《新書》卷七《耳痺篇》：「竊聞之曰：目見正而口言枉則害，陽言吉錯之民而凶則敗。倍道則死，障光則晦。無神而逆人，則天必敗其事。故昔者楚平王有臣曰伍子胥，王殺其父而無罪，奔走而之吴。……闔廬甚安之。説其謀，果其舉，反其德。用而任吴國之政也，民保命而不失，歲時熟而不凶，五官公而不私，上下調而無尤，天下服而御，四境靜而無虞。」與《越絶書》此段文字可參觀。

〔五七〕錢培名曰：「『故以天道未作』，『以』疑當作『曰』。」

〔五八〕錢培名曰：「『故地兆未發不先動衆此之謂也』，按《越語》，范蠡對吴王，亦有持盈者與天，定傾者與人，節事者與地，及天道盈而不溢，盛而不驕，勞而不矜其功，天時不作，弗爲人客等語，與此大略相合。但彼無地兆未發，不先動衆二句，而多人事不起，弗爲之始句。疑上文既天地人三項並列，後文亦宜相應，此與《越語》互有脱文。」

〔五九〕步嘉謹按：「吴之戰地」數字，乃釋「就李」之文也。《越絶外傳記吴地傳》：「柴辟亭到語兒就李，吴侵以爲戰地。」《越絶外傳記地傳》：「語兒鄉，故越界，名曰就李。吴疆越地以爲戰地，至於柴辟亭。」

〔六〇〕步嘉謹按：《越絶外傳紀策考》：「范蠡興師戰於就李，闔廬見中於飛矢，子胥還師。」《史記》卷六六《伍子胥列傳》：「後五年，伐越。越王句踐迎擊，敗吴於姑蘇，傷闔廬指，軍卻。闔廬病創將死，謂太子夫差曰：『爾忘句踐殺爾父乎？』夫差對曰：『不敢忘。』是夕，闔廬死。」二書所記有異。

〔六一〕步嘉謹按：《白虎通·崩薨》：「天子曰崩，大尊像。崩之爲言崩伏强，天下撫擊失神明。黎庶殞涕，海内悲涼。諸侯曰薨，國失陽。薨之言奄也，奄然亡也。大夫曰卒，精燿終卒。卒之爲言終於國也。士曰不禄，失其忠節，不忠終君之禄。禄之言消也，身消名彰。」可以爲《越絶書》此節解。

〔六二〕步嘉謹按：《淮南子》卷二一《要略》：「齊桓公之時，天子卑弱，諸侯力征，南夷北狄，交伐中國，中國之不絶如綫。……晚世之時，六國諸侯……下無方伯，上無天子，力征爭權，勝者爲右。」《説苑》卷八：「春秋之時，天子微弱，諸侯力政，皆叛不朝，衆暴寡，强劫弱，南夷與北狄交侵，中國之不絶若綫。」《春秋公羊傳》卷一〇僖公四年：「南夷與北狄交，中國不絶若綫。」按：觀《淮南子》、《説苑》、《公羊傳》上下文，皆言齊桓時天下大亂，齊桓扶危救傾。《越絶書》乃言闔廬時事。檢《越絶外傳本事》：「句踐之時，天子微弱，諸侯皆叛。」齊桓元年下距句踐元年約一百九十年，則《越絶書》似别有所指。

〔六三〕步嘉謹按：《史記》卷一三〇《太史公自序》：「《春秋》之中，弑君三十六，亡國五十二，諸侯奔走不得保其社稷者不可勝數。……故曰：『臣弑君，子弑父，非一旦一夕之故也，其漸久矣。』」

〔六四〕步嘉謹按：「奔於翟。」《史記》卷三九《晉世家》：「二十二年，獻公怒二子不辭而去，果有謀矣，乃使兵伐蒲。蒲人之宦者勃鞮命重耳促自殺。重耳踰垣，宦者追斬其衣袪。重耳遂奔翟。」按翟，中國北方少數民族之稱，與「狄」通。《國語》卷八《晉語二》：「公令閹楚刺重耳，重耳逃於狄。」其下韋昭註：「狄，北狄，隗姓也。」

〔六五〕步嘉謹按：「三月得反國政」，此句若承上文「奔於翟」，則與史不合。《史記·晉世家》曰：「重耳遂奔狄。狄，其母國也。是時重耳年四十三。」《晉世家》又曰：「重耳出亡凡十九歲而得入，時年六十二矣。」考《左傳·僖公二十四年》記重耳返國事曰：「（二月）丙午，入於曲沃。丁未，朝於武宫。……三月，晉侯潛會秦伯於王城。己丑晦，公宫火。瑕甥、郤芮不獲公，乃如河上，秦伯誘而殺之。晉侯逆夫人嬴氏以歸。秦伯送衛於晉三千人，實紀綱之僕。」則重耳在二月裏返國，三月裏平定内亂而取得實權。若謂「三月得反國政」句，當作在三月裏文公將國政大權扭轉到手中解釋，又與上下文不相銜接。或前後有脱文，然也未敢遽定，姑存疑於此，以俟後考。

〔六六〕步嘉謹按：「公子小白」即齊桓公，始稱公子小白，見《左傳》。《左傳·莊公八年》：「（鮑叔牙）奉公子小白出奔莒。」

〔六七〕步嘉謹按：《國語》卷六《齊語》：「桓公自莒反於齊」句下韋昭註：「桓公，齊太公之後、僖公之子，襄公之弟桓公小白也。初，襄公立，其政無常，鮑叔牙曰：『亂將作矣。』奉公子小白出奔莒。公孫無知殺襄公而立。管夷吾、邵忽奉公子糾奔魯。齊人殺無知，逆子糾於魯，莊公不即遣，而盟以要之。齊大夫歸逆小白於莒。莊公伐齊，納子糾，桓公自莒先入。」又《史記》卷三二《齊太公世家》末《史記索隱·述贊》：「小白致霸，九合諸侯。」

〔六八〕步嘉謹按：《春秋穀梁傳》卷五《莊公八年》：「齊無知殺其君諸兒。大夫弒其君，以國氏者，嫌也。」《公羊》不記其事，《左傳・莊公八年》略記無知弒齊襄公之過程：「見公之足於户下，遂弒之，而立無知。」《史記》詳記其事，是書卷三二《齊太公世家》：「釐公卒，太子諸兒立，是爲襄公。……而無知、連稱、管至父等聞公傷，乃遂率其衆襲宫。……無知入宫，求公不得。或見人足於户間，發視，乃襄公，遂弒之，而無知自立爲齊君。」

〔六九〕步嘉謹按：「其子二人出奔。公子糾奔魯。魯者，公子糾母之邦。小白奔莒，莒者，小白母之邦也。」《史記》卷三二《齊太公世家》記有此事，略云：「群弟恐禍及，故次弟糾奔魯。其母魯女也。管仲、召忽傅之。次弟小白奔莒，鮑叔傅之。小白母，衛女也，有寵於釐公。」按春秋莒在齊之東境，《史記》稱小白母「衛女也」，則是嫁至齊，與《越絶書》「莒者，小白母之邦也」之説稍異。《左傳》、《公羊傳》、《穀梁傳》、《國語》未詳此事。

〔七〇〕步嘉謹按：此云「齊大臣鮑叔牙爲報仇，殺無知」，與諸書所記異。《三傳》均言齊人殺無知，《史記》卷三二《齊太公世家》詳記此事，云：「桓公元年春，齊君無知游於雍林，雍林人嘗有怨無知，及其往游，雍林人襲殺無知。」又《左傳・昭公十一年》云：「齊渠丘實殺無知。」均不云爲鮑叔牙所殺。按鮑叔牙時佐小白在莒，不由得在無知周圍，此乃傳聞之説也。步嘉又按：「之魯聘公子糾以爲君」者，當非鮑叔牙所爲，詳見《三傳・莊公九年》、《史記・齊太公世家》、《國語・齊語》韋昭註。

〔七一〕錢培名曰："『我與汝君』，『我』原誤『君』，依漢魏叢書本改。"張宗祥曰："翻元本、吴本、陳本、四庫本俱『君』，此從張本。"步嘉謹按：檢文淵閣庫本作"我與汝君"不誤，疑張校誤記。步嘉又按：齊人與魯盟，諸書皆有，言"使齊以國事魯，我與汝君"者，諸書皆無。又《穀梁傳・莊公九年》記："公及齊大夫盟於暨。公不及大夫。大夫不名，無君也。盟納子糾也。不日，其盟渝也。"《公羊傳・莊公九年》記："公及齊大夫盟於暨。公曷爲與大夫盟？齊無君也。然則何以不名？爲其諱與大夫盟也。使若衆然。"則二書以與魯莊公盟之大夫不名。《左傳》、《國語》不詳此事，《史記》卷三二《齊太公世家》記："及雍林人殺無知，議立君，高、國先陰召小白於莒。魯聞無知死，亦發兵送公子糾，而使管仲别將兵遮莒道，射小白帶鉤。小白佯死，管仲使人馳報魯。魯送糾者行益遲，六日至齊，則小白已入，高傒立之，是爲桓公。"則當時齊國掌權之大夫，當爲高氏、國氏。與魯君即令有盟，亦爲彼者所爲。《越絶書》專系之於鮑叔牙一人，亦傳聞之辭也。

〔七二〕步嘉謹按：此亦當爲傳聞之辭，上條〔校釋〕已詳辨，請參見。

〔七三〕步嘉謹按："故爲桓公。"《謚法解》："辟土服遠曰桓。克敬動民曰桓。辟土兼國曰桓。"

〔七四〕錢培名曰："『堯有不慈之名』，堯有不慈之名，舜有不孝之行，見《吕氏春秋・當務篇》。又《莊子・盜跖篇》：堯不慈，舜不孝。"步嘉謹按：檢《吕覽》、《莊子》錢校引文不誤。《當務篇》"堯有不慈之名"句下高誘註："不以天下與胤子丹朱，而反禪舜，故曰有不慈之名也。"《盜跖篇》"堯不慈」下唐成玄英疏：「謂不與丹朱天下。」又《鶡冠子》卷下《世兵篇》：「舜有不孝，堯有不慈。」又《吕氏春秋》卷一九《舉難篇》：「人傷堯以不慈之名。」高誘註：「傷，毀也。」

〔七五〕步嘉謹按：《史記》卷一《五帝本紀》：「堯曰：『誰可順此事？』放齊曰：『嗣子丹朱開明。』堯曰：『吁！頑凶，不用。』」《正義》：「《左傳》云：『口不道忠信之言爲嚚，心不則德義之經爲頑。』」《五帝本紀》又曰：「堯知子丹朱之不肖。」《索隱》：「鄭玄云：『肖，似也。不似，言不如父也。』皇甫謐云：『堯娶散宜氏之女，曰女皇，生丹朱。又有庶子九人，皆不肖也。』」

〔七六〕步嘉謹按：「假母」即後母，《説文》：「假，非真也。」《史記》卷一《五帝本紀》：「舜父瞽叟盲，而舜母死，瞽叟更娶妻而生象，象傲。瞽叟愛後妻子。」

〔七七〕步嘉謹按：「母常殺舜」，疑「常」後脱一「欲」字，原當作「母常欲殺舜」。「常」讀曰「嘗」。按《史記》卷一《五帝本紀》：「瞽叟愛後妻子，常欲殺舜。」同書同卷又曰：「舜父瞽叟頑，母嚚，弟象傲，皆欲殺舜。」均有「欲」字。檢之下文，有「常欲殺舜」句，亦有「欲」字，可證。

〔七八〕步嘉謹按：「弟敖」，《史記》作「弟象傲」。按「敖」即「傲」。《爾雅·釋言》：「敖，傲也。」「敖」通「傲」，《檀弓》「黔敖」，《風俗通·衍禮》作「黔傲」。《爾雅·釋訓》：「慢而不恭曰敖。」步嘉又按：「耕歷山，三年大熟」，《史記》卷一《五帝本紀》：「舜耕歷山，歷山之人皆讓畔；漁雷澤，雷澤上人皆讓居；陶河濱，河濱之器皆不苦窳。一年而所居成聚，二年成邑，三年成都。」與《越絶書》記異。

〔七九〕步嘉謹按：「瞽瞍欲殺舜，未嘗可得。」《史記》卷一《五帝本紀》作：「欲殺，不可得。」《韓詩外傳》卷八作：「索而殺之，未嘗可得。」又《太平御覽》卷八一《皇王部・帝舜有虞氏門》引《帝王世紀》：「象傲而父頑母嚚，咸欲殺舜。舜能和諧，大杖則避，小杖則受。」

〔八〇〕步嘉謹按：「呼而使之，未嘗不在側。」《史記》卷一《五帝本紀》作：「即求，嘗在側。」《韓詩外傳》卷八：「曾子有過，曾晳引杖，擊之撲地，有間乃蘇，起曰：先生得無病乎？魯人賢曾子，以告夫子，夫子告門人，參來，汝不聞昔者舜爲人乎，小箠則待笞，大杖則逃，索而使之，未嘗不在側，索而殺之，未嘗可得。」

〔八一〕「此爲王天下」，張宗祥於「爲」字下註：「陳本『謂』。」樂祖謀校同。步嘉謹按：當以作「謂」字者是。「此謂王天下」句，亦當有脱文。檢上文有起句云「堯有不慈之名」，結句作「此之謂堯有不慈之名」。下文有起句云「桓公召其賊而霸諸侯者」，結句作「是謂召其賊霸諸侯也」。按此段起句當是「舜用其仇而王天下者」，錢培名曾於此句下註：「原本連上，今按例當另起。」樂祖謀校本未另起段，蓋以舜事皆總匯一處，可也。則結句當是「此謂舜用其仇而王天下」。今辨於此。

〔八二〕步嘉謹按：「糾與桓爭國」，「桓」後當脱「公」字，檢各本皆作「桓」。按：「桓」爲謚號，或與國名連，或與爵名連，作「齊桓」、「桓公」可也，單以謚號代人名，本書似無。又上文二有「桓公」，下文也一見，則此處應作「桓公」。又公子糾與桓公爭國事，詳見《史記》卷三二《齊太公世家》、

《國語・齊語》韋昭註。

〔八三〕步嘉謹按：《史記》卷三二《齊太公世家》作：「而使管仲別將兵遮莒道，射中小白帶鉤。」

〔八四〕步嘉謹按：其事見《史記》卷一《五帝本紀》、卷二《夏本紀》。

〔八五〕步嘉謹按：「禹崩，啟立，曉知王事，達於君臣之義。」《太平御覽》卷八二《皇王部・帝啟門》引《越絶書》作：「禹崩，啟立，曉知王事，達君臣義。」「達」字後無「於」字。

〔八六〕錢培名曰：「『經曰夏啟善犧於益』，據此文『經曰』二字，則知此篇晉公子重耳反國定天下，齊公子小白亦反齊國而匡天下，堯有不慈之名，舜有不孝之行，舜用其仇而王天下，桓公召其賊而霸諸侯，夏啟獻犧於益，湯獻牛荊之伯，舜之時，鯀不從令，湯以文聖，文王以務爭，武王以禮信，周公以盛德等語，皆其所謂經也。各立一語爲綱，而下爲之傳。惟句踐反國一節，參雜其間，頗爲不倫，然亦傳體也。『善』上作『獻』，此誤。」步嘉謹按：上句「益死之後，啟歲善犧牲以祠之」。《北堂書鈔》卷八九《禮儀部・祭祀門》引《越絶》作：『益死之後，夏啟善獻犧牲以祠。』則疑此句亦當作「善獻」，錢校云「善」當作「獻」，失之考矣。步嘉又按：《戰國策》卷二九《燕策一》：「或曰：禹授益而以啟爲吏，及老，而以啟爲不足任天下，傳之益也。啟與支黨攻益而奪天下，是禹名傳天下於益，其實令啟自取之。」與此篇異說。

〔八七〕錢培名曰：「『敬鬼神』，『鬼神』，《御覽》八三倒。」步嘉謹按：檢《太平御覽》卷八三《皇王部・殷帝成湯門》引《越絶書》作「湯行仁義，敬鬼神，天下皆一心歸之。」與今本《越絶書》同，「鬼神」二字不倒，錢校當據誤本。

〔八八〕步嘉謹按：「荆伯未從也，湯於是乃飾犧牛以事」句，《北堂書鈔》卷九《帝王部·宏量門》引《越記》作：「荆伯不從，犧牛以事。」「未從」作「不從」。

〔八九〕步嘉謹按：《孟子》卷六《滕文公》：「孟子曰：湯居亳，與葛爲鄰。葛伯放而不祀，湯使人問之曰：何爲不祀？曰：無以供犧牲也。湯使人遺之牛羊，葛伯食之，又不以祀。湯又使人問之曰：何爲不祀？曰：無以供粢盛也」云云，與《越絶書》此篇參觀，皆湯行仁義之事，然湯終征葛，葛伯無誠心也。荆之伯委其誠心，乃傳聞中言湯之德者。

〔九〇〕步嘉謹按：《越絶外傳計倪第十一》：「越王大媿，乃壞池填塹，開倉穀，貸貧乏，乃使群臣身問疾病，躬視死喪，不厄窮僻，尊有德，與民同苦樂，激河泉井，示不獨食。行之六年，士民一心，不謀同辭，不呼自來，皆欲伐吴。」所記較此節爲詳。

〔九一〕張宗祥曰：「維猶連結也，見《周禮·夏官》『以維邦國』註。」步嘉謹按：張説是。維有連結義，連結也即繫聯。《方言》郭註：「繫船爲維。」《公羊傳·昭公二十五年》何註：「繫馬曰維。」《越絶書》云「維甲者，治甲繫斷」，義即繫聯甲的各片，使之成爲一具完整的甲衣。

〔九二〕張宗祥曰：「《國語·吴語》『櫑鐸拱稽』註：稽，棨戟也。又按：繇，茂也。見《書·禹貢》『厥草惟繇』傳。此當指整修矛戟之屬。赤雞，雞羽，所以爲飾者。鎩，《説文》云：鈹有鐔也。賈誼《過秦論》：非銛於句戟長鎩也。又《方言九》註：今江東呼大矛爲鈹。是鎩爲長大之矛。『人』

字疑『大』字之訛。」

〔九三〕張宗祥曰：「並兩船曰方。見《爾雅·釋水》李註。儀塵，未詳。」

〔九四〕錢培名曰：「『怒至士擊高文者』，『文』疑當作『丈』。」

〔九五〕步嘉謹按：《史記》卷二《夏本紀》：「當帝堯之時，鴻水滔天，浩浩懷山襄陵，下民其憂。堯求能治水者，群臣四岳皆曰鯀可。堯曰：『鯀爲人負命毁族，不可。』四岳曰：『等之未有賢於鯀者，願帝試之。』於是堯聽四岳，用鯀治水。九年而水不息，功用不成。」又《史記》卷一《五帝本紀》：「四岳舉鯀治鴻水，堯以爲不可。岳彊請試之，試之而無功，故百姓不便。」同書同卷又曰：「堯於是聽岳用鯀，九歲，功用不成。」

〔九六〕步嘉謹按：《史記》卷一《五帝本紀》作「堯立七十年而得舜」。「堯」後有一「立」字，其義較長。

〔九七〕步嘉謹按：《史記》卷一《五帝本紀》作「殛鯀於羽山」。《史記》卷二《夏本紀作》：「乃殛鯀於羽山以死。」

〔九八〕步嘉謹按：《史記》卷三《殷本紀》：「當是時，夏桀爲虐政淫荒，而諸侯昆吾氏爲亂。湯乃興師率諸侯，伊尹從湯，湯自把鉞以伐昆吾，遂伐桀。」又《春秋繁露》卷二：「桀，天下之殘賊也，湯，天下之盛德也。天下除殘賊而得盛德，大善者再，是重陽也。」

〔九九〕張宗祥曰：「此『務』字當作易『開物成務』之『務』。」

〔一〇〇〕步嘉謹按：《史記》卷三《殷本紀》：「帝紂資辨捷疾，聞見甚敏，材力過人，手格猛獸，知足以距諫，言足以飾非，矜人臣以能，高天下以聲，以爲皆出己之下。好酒淫樂，嬖於婦人。」

〔一〇一〕步嘉謹按：「天下皆盡誠知其賢聖，從之。」《史記》卷三《殷本紀》：「西伯歸，乃陰修德行善，諸侯多叛紂而往歸西伯。」又《史記》卷四《周本紀》：「西伯陰行善……諸侯聞之，曰：『西伯蓋受命之君。』」又《淮南子》卷一三《氾論訓》：「文王處岐周之間也，地方不過百里，而立爲天子者，有王道也。」

〔一〇二〕步嘉謹按：《淮南子》卷二一《要略》：「文王之時，紂爲天子，賦斂無度，殺戮無止，康梁沉湎，宫中成市，作爲炮烙之行，刳諫者，剔孕婦，天下同心而苦之。文王四世累善，修德行義，處岐周之間，地方不過百里，天下二垂歸之。」

〔一〇三〕步嘉謹按：《太平御覽》卷八四《皇王部・武王門》引《越書》作：「八百諸侯，皆一旦會於盟津之上，不言同辭，不呼自來，盡知武王忠信，欲從伐紂。」「八百諸侯」前無「天下」二字，又「欲從武王與之伐紂」句，無「武王與之」四字。又「不言同辭」句，《北堂書鈔》卷一三《帝王部・武功門》引與今本《越絶書》同。

〔一〇四〕步嘉謹按：比干、箕子、微子，皆紂臣也。《史記》卷三《殷本紀》：「紂愈淫亂不止。微子數諫不聽，乃與大師、少師謀，遂去。比干曰：『爲人臣者，不得不以死爭。』乃强諫紂。紂怒曰：『吾聞聖人心有七竅。』剖比干，觀其心。箕子懼，乃佯狂爲奴，紂又囚之。」又《越絶篇叙外傳記第十九》：「微子去者，痛殷道也，比干死者，忠於紂也，箕子亡者，正其紀也。」

〔一〇五〕步嘉謹按：參見本篇〔校釋一〇四〕。

〔一〇六〕步嘉謹按：《太平御覽》卷八三《皇王部·帝紂門》引《帝王世紀》：「熊蹯不熟，紂怒，殺宰人。斫朝涉之脛而視其髓，刳孕婦之腹而觀其胎。」又《尚書·泰誓》：「斫朝涉之脛。」

〔一〇七〕步嘉謹按：《史記》卷四《周本紀》：「居二年，聞紂昏亂暴虐滋甚，殺王子比干，囚箕子。太師疵、少師彊抱其樂器而奔周。於是武王徧告諸侯曰：『殷有重罪，不可以不畢伐。』」

〔一〇八〕步嘉謹按：《淮南子》卷一二《道應訓》：「昔武王伐紂，破之牧野，乃封比干之墓，表商容之閭，柴箕子之門，朝成湯之廟，發鉅橋之粟，散鹿臺之錢。」又《史記》卷四《周本紀》：「命閎夭封比干之墓。」「命南宮括散鹿臺之錢，發鉅橋之粟，以振貧弱萌隸。」步嘉又按：「封微子於宋」事，《史記》卷三八《宋微子世家》云：「周公既承成王命誅武庚，殺管叔，放蔡叔，乃命微子開代殷後，奉其先祀，作《微子之命》以申之，國於宋。」又《史記》卷三五《管蔡世家》：「而分殷餘民爲二：其一封微子啟於宋，以續殷祀；其一封康叔爲衛君，是爲衛康叔。」按《史記》二卷皆言微子爲周公所封於宋，《越絶書》系之於武王，亦傳聞有異。

〔一〇九〕步嘉謹按：事見《尚書·金縢》、《史記·周本紀》、《史記·管蔡世家》。

〔一一〇〕步嘉謹按：《尚書·金縢》：「武王既喪，管叔及群弟，乃流言於國，曰：公將不利於孺子。」

〔一一一〕步嘉謹按：「周公乃辭位，出，巡狩於邊一年。」按《尚書·金縢》：「周公居東二年，則罪人斯得。」孔傳曰：「周公即告二公，遂東征之。二年之中，罪人此得。」孔穎達疏：「《詩·東山》之篇，歌此事也。序云東征，知居東者，遂東往征也。雖征而不戰，故言居東也。《東山》詩曰：『自我不見，於今三年。』又云『三年而歸』，此言二年者，《詩》言初去及來凡經三年，此直數居東之年，除其去年，故二年也。」《越絶書》所言之「巡狩」，當即《金縢》言之「居東」，據孔傳、正義等語，則疑《越絶書》「一年」爲「二年」或「三年」之訛。

〔一三〕步嘉謹按：此節《越絶書》亦本《尚書·金縢》而來，《尚書·金縢》曰：「秋大熟，未穫，天大雷電以風，禾盡偃，大木斯拔，邦人大恐。王與大夫盡弁，以啟金縢之書，乃得周公所自以爲功，代武王之説。二公及王，乃問諸史與百執事，對曰：信。噫！公命我勿敢言。王執書以泣曰：其勿穆卜。昔公勤勞王家，惟予沖人弗及知。今天動威，以彰周公之得。惟朕小子其新逆，我國家禮亦宜之。王出郊，天乃雨，反風，禾則盡起。二公命邦人，凡大木所偃，盡起而築之，歲則大熟。」又《太平御覽》卷八四《皇王部·周成王門》引《琴操》曰：「周金縢者，周公作金縢書也。武王薨，太子誦襲武王之業，年七歲，不能統理海内，周公爲攝政。是時，周公因誅管蔡之後，有謗公於王者，言公專國之權，詐策謀將危社稷，不可置之。成王聞之，勃然大怒，欲囚周公，周公乃奔於魯而死。成王聞公死，且怒之，且傷之，以公禮葬之。天乃大暴風疾雨，禾稼皆偃，木折傷。成王懼，發金縢之書，見周公所爲武王禱命，以身贖之書。成王執書而泣，曰：誰言周公欲危社稷者？取所讒公者而誅之於國。天乃反風霽雨，禾稼復起，成王作思慕之歌。」此與《越絶書》同一傳聞而異辭。

越絶卷第四

越絶計倪内經第五

昔者，越王句踐既得反國〔一〕，欲陰謀吴〔二〕。乃召計倪而問焉〔三〕，曰：「吾欲伐吴，恐弗能取。山林幽冥，不知利害所在〔四〕。西則迫江，東則薄海〔五〕，水屬蒼天，下不知所止〔六〕。交錯相過，波濤濬流，沈而復起，因復相還。浩浩之水，朝夕既有時〔七〕，動作若驚駭，聲音若雷霆〔八〕。波濤援而起〔九〕，船失不能救，未知命之所維〔一〇〕。念樓船之苦，涕泣不可止。非不欲爲也，時返不知所在，謀不成而息〔一一〕，恐爲天下咎。以敵攻敵，未知誰負。大邦既已備，小邑既已保，五穀既已收。野無積庾，廩糧則不屬〔一二〕，無所安取？恐津梁之不通，勞軍紆吾糧道。吾聞先生明於時交〔一三〕，察於道理〔一四〕，恐動而無功，故問其道。」計倪對曰：「是固不可。興師者必先蓄積食、錢、布、帛〔一五〕。不先蓄積，士卒數饑。饑則易傷，重遲不可戰〔一六〕。戰則耳目不聰明，耳不能聽，視不能見，什部之不能使〔一七〕，退之不能解，進之不能行。饑饉不可以動，神氣去而萬里。伏弩而乳〔一八〕，郅頭而皇皇〔一九〕。彊弩不彀，發不能當。旁軍見弱，走之如犬逐羊〔二〇〕。靡從部分，伏地而死，前頓後僵。與人同時而戰，獨受天之殃〔二一〕。未必天之罪也，亦在其將。王興師以年數，恐一旦而亡。失邦無明，筋骨爲野。」越王曰：「善。請問其方。吾聞先生明於治歲，萬物盡長。欲聞其治術，可以爲教常。子明以告我，寡人弗敢忘。」

計倪對曰：「人之生無幾，必先憂積蓄，以備妖祥。凡人生或老或弱，或彊或怯〔二二〕，不早備生，不能相葬。王其審之。必先省賦斂，勸農桑。饑饉在問，或水或塘。因熟積以備四方〔二三〕。師出無時，未知所當〔二四〕。應變而動，隨物常羊〔二五〕。卒然有師，彼日以弱，我日以彊。得世之和，擅世之陽，王無忽忘。慎無如會稽之饑，不可再更〔二六〕。王其審之。嘗言息貨〔二七〕，王不聽，臣故退而不言，處於吴、楚、越之間，以魚三邦之利〔二八〕，乃知天下之易反也。臣聞君自耕，夫人自織，此竭於庸力，而不斷時與智也。時斷則循，智斷則備〔二九〕。知此二者，形於體萬物之情，短長逆順，可觀而已。臣聞炎帝有天下，以傳黄帝〔三〇〕。黄帝於是上事天，下治地。故少昊治西方，蚩尤佐之，使主金〔三一〕。玄冥治北方〔三二〕，白辨佐之〔三三〕，使主水〔三四〕。太皞治東方，袁何佐之，使主木〔三五〕。祝融治南方〔三六〕，僕程佐之，使主火〔三七〕。后土治中央，后稷佐之，使主土。竝有五方，以爲綱紀。是以易地而輔，萬物之常。王審用臣之議，大則可以王，小則可以霸，於何有哉？」

越王曰：「請問其要。」計倪對曰：「太陰三歲處金則穰〔三八〕，三歲處水則毀，三歲處木則康，三歲處火則旱〔三九〕。故散有時積，糴有時領〔四〇〕，則決萬物不過三歲而發矣。以智論之，以決斷之，以道佐之。斷長續短，一歲再倍，其次一倍，其次而反。水則資車，旱則資舟〔四一〕，物之理也。天下六歲一穰，六歲一康，凡十二歲一饑〔四二〕，是以民相離也。故聖人早知天地之反，爲之預備。故湯之時，比七年旱而民不饑〔四三〕，禹之時，比九年水而民不流〔四四〕。其主能通習源流，以任賢使能，則轉轂乎千里外，貨可來也。不習〔四五〕，則百里之内，不可致也。人主所求，其價十倍，其所擇者，則無價矣〔四六〕。夫人主利源流，非必身爲之也。視民所不足，及其有餘，爲之命以利之〔四七〕，而來諸侯。守法度，任賢使能，償其成事，傳其驗而已〔四八〕。如此，則邦富兵强而不衰矣。群臣無空恭之禮〔四九〕、淫佚之行，務有於道術。不習源流，又不任賢使能，諫者則誅，則邦貧兵弱。刑繁，則群臣多空恭之禮、淫佚之行矣〔五〇〕。夫諛者反有德，忠者反有刑，去刑就德，人之情也，邦貧兵弱致亂，雖有聖臣，亦不諫也，務在諛主而已矣〔五一〕。今夫萬民有明父母，亦如邦有明主。父母利源流，明其法術〔五二〕，以任賢子，徼成其事而已，則家富而不衰矣。不能利源流，又不任賢子，賢子有諫者憎之，如此者，不習於道術也。愈信其意而行其言〔五三〕，後雖有敗，不自過也。夫父子之爲親也，非得不諫〔五四〕。諫而不聽，家貧致亂，雖有聖子，亦不治也，務在於諛之而已。

父子不和，兄弟不調，雖欲富也，必貧而日衰。」

越王曰：「善。子何年少，於物之長也？」計倪對曰：「人固不同。慧種生聖，癡種生狂〔五五〕。桂實生桂，桐實生桐〔五六〕。先生者未必能知，後生者未必不能明。是故聖主置臣不以少長，有道者進，無道者退。愚者日以退，聖者日以長，人主無私，賞者有功。」

越王曰：「善。論事若是，其審也。物有妖祥乎？」計倪對曰：「有。陰陽萬物，各有紀綱。日月、星辰、刑德，變爲吉凶〔五七〕，金木水火土更勝，月朔更建，莫主其常〔五八〕。順之有德，逆之有殃。是故聖人能明其刑而處其鄉，從其德而避其衡〔五九〕。凡舉百事，必順天地四時，參以陰陽。用之不審，舉事有殃〔六〇〕。人生不如卧之頃也，欲變天地之常，數發無道，故貧而命不長〔六一〕。是聖人并苞而陰行之，以感愚夫。衆人容容〔六二〕，盡欲富貴，莫知其鄉。」越王曰：「善，請問其方。」計倪對曰：「從寅至未，陽也〔六三〕。太陰在陽，歲德在陰，歲美在是。聖人動而應之，制其收發〔六四〕。常以太陰在陰而發〔六五〕，陰且盡之歲，亟賣六畜貨財，以益收五穀，以應陽之至也〔六六〕。陽且盡之歲，亟發糴，以收田宅、牛馬，積斂貨財，聚棺木，以應陰之至也〔六七〕。此皆十倍者也。其次五倍。天有時而散〔六八〕，是故聖人反其刑，順其衡，收聚而不散。」

越王曰：「善。今歲比熟〔六九〕，尚有貧乞者，何也？」計倪對曰：「是故不等，猶同母之人，異父之子〔七〇〕，動作不同術，貧富故不等。如此者，積負於人，不能救其前後。志意侵下，作務日給〔七一〕，非有道術，又無上賜，貧乏故長久。」越王曰：「善。大夫佚同、若成〔七二〕，嘗與孤議於會稽石室，孤非其言也。今大夫言獨與孤比，請遂受教焉。」計倪曰：「糴石二十則傷農，九十則病末。農傷則草木不辟，末病則貨不出。故糴高不過八十，下不過三十〔七三〕，農末俱利矣。故古之治邦者本之，貨物官市開而至。」越王曰：「善。」計倪乃傳其教而圖之，曰：「審金木水火，別陰陽之明，用此不患無功。」越王曰：「善。從今以來，傳之後世以爲教。」

乃著其法，治牧江南，七年而禽吴也。甲貨之户曰粢，爲上物，賈七十。乙貨之户曰黍，爲中物，石六十。丙貨之户曰赤豆，爲下物，石五十。丁貨之户曰稻粟，令爲上種，石四十。戊貨之户曰麥，爲中物，石三十。己貨之户曰大豆，爲下物，石二十。庚貨之户曰穬，比疏食，故無賈〔七四〕。辛貨之户曰菓，比疏食，無賈。壬癸無貨〔七五〕。

校釋

〔一〕步嘉謹按：反國，返於越國也。句踐先與夫差戰，敗，身入吴國，卑事夫差，《國語》卷二〇《越語上》：「然後卑事夫差，宦士三百人於吴，其身親爲夫差前馬。」即其事也。後夫差赦句踐之罪，而使返國，《史記》卷四一《越王句踐世家》「吴既赦越，越王句踐反國」，即返於越國也。

〔二〕錢培名校本作「欲陰謀吴」。錢培名曰：「『謀』，漢魏叢書、逸史本並作『圖』。」張宗祥校本、樂祖謀校本均作「圖吴」。張宗祥曰：「翻元本『謀』。」步嘉謹按：檢庫本、四部叢刊本、增訂漢魏叢書本皆作「圖吴」，然下文有云「謀不成而息」，按彼「謀不成」之「謀」，即「欲陰謀吴」之「謀」，則作「謀」字者是，今依錢校本改。步嘉又按：《史記》卷四一《越王句踐世家》：「句踐自會稽歸七年，拊循其士民，欲用以報吴。」又《國語》卷二一《越語下》「越王句踐即位三年而欲伐吴」，其下韋昭註：「句踐三年，魯哀元年也。」

〔三〕張宗祥曰：「『計倪』，《吴越春秋》作『計硯』、『計兒』，《史記》作『計然』，云『范蠡之師』，一曰『蠡師事之』。」步嘉謹按：馬國翰《玉函山房輯佚書》，據《意林》、《史記集解》、《御覽》、《容齋續筆》等書輯成《范子計然》卷中，其首云：「計然者，蔡丘濮上人，姓辛氏，字文子，其先晉國亡公子也。博學無所不通，爲人有内無外，形狀似不及人。少而明，學陰陽，見微而知著，其行浩浩，其志汎汎。」

〔四〕步嘉謹按：「山林」，當指會稽山上之叢林。下文接「西則迫江，東則薄海」句，按《越絶内傳陳成恒第九》記越王見子貢曰：「昔者，孤不幸少失先人，内不自量，與吴人戰，軍敗身辱，遺先人恥。遯逃出走，上棲會稽山，下守溟海，唯魚鼈是見。」與此節所述事合。「利害」，猶言得失也。

〔五〕步嘉謹按：「西則迫江」，「江」當指古浙江。「東則薄海」，「海」乃今東海也。「迫」、「薄」皆訓近。

〔六〕步嘉謹按：「水屬蒼天，下不知所止」，謂江水注入大海，入海口處水連青天，未知海之涯際。

〔七〕步嘉謹按：「交錯相過，波濤濬流，沈而復起，因復相還。」謂江水因地勢而順流入海，海水因潮汐而又倒灌江中，故云「交錯相過」，「因復相還」。「朝夕既有時」，「朝夕」即潮汐，謂海水因月之消長而漲落。《字彙·水部》：「潮者，地之喘息也，隨月消長，早曰潮，晚曰汐。」「朝」與「潮」同。《集韻·宵韻》：「淖，《説文》『水轉宗於海。』隸作潮，通作朝。」「汐」也作「夕」，《文選·海賦》李善註：「言月將夕也。」「夕」即「汐」也。

〔八〕步嘉謹按：「動作若驚駭，聲音若雷霆」，形容潮水之洶湧。《文選》卷一二木玄虚《海賦》也有「驚浪雷奔，駭水迸集」句，與此義略同。

〔九〕錢培名曰：「『波濤援而起』，『援』逸史本作『緣』。」張宗祥曰：「吴本『緣』。」

〔一〇〕步嘉謹按：「船失不能救，未知命之所維。」維，系也。謂潮水洶湧，往往將船掀翻，船上的人生命没有保障。「船」據下文乃「樓船」，古代樓船多用爲戰艦。按上篇《越絶吴内傳》：「越王句踐反國六年，皆得士民之衆，而欲伐吴。……治須慮者，越人謂船爲『須慮』。……習之於夷，夷，海也。」則句踐伐吴之前，曾修理船艦，在海上訓練。此處所云，似謂訓練的樓船因受潮汐的影響，人船俱失，越王深爲憂慮，故下文曰：「謀不成而息。」

〔一一〕步嘉謹按：「謀不成而息」之「息」，謂止也。此句謂句踐謀吴不成而休止。「時返不知所在」，時，天時。返，還也。《越絶外傳枕中第十六》：「范子曰：『天道三千五百歲，一治一亂，終而復始，如環之無端。』」「時返不知所在」，謂天時返歸有利於越，不知在何時。《國語》卷二一《越語下》「時將有反，事將有間」句下韋昭註：「時，天時。反，還也。」

〔一二〕步嘉謹按：「以敵攻敵」，謂憑藉敵國的資源充實自己，而進攻敵國。「大邦既已備，小邑既已保，五穀既已收。」皆謂敵國已清野，我軍無所得。「野無積庾，廩糧則不屬」，庾謂野之糧屯。《國語》卷二《周語中》「野有庾積，埸功未畢」句，韋昭註：「此庾露積穀也。《詩》云『曾孫之庾，如坻如京』是也。」屬，足也。廩糧即糧食。謂敵國野外不聚糧屯，我軍食糧就不夠。故下文又云：「恐津梁之不通，勞軍紆吾糧道。」謂若由本國中補充軍糧，又恐江河橋梁不通而受阻。

〔一三〕步嘉謹按：「時交」，時間的更替，故後文有「天下六歲一穰，六歲一康，凡十二歲一饑」説。《玉篇·交部》：「交，更也。」更即更替。

〔一四〕步嘉謹按：「道理」，事物的原理。《莊子·天下篇》：「是故慎到棄知去己，而緣不得已，冷汰於物，以爲道理。」又《韓愈與孟尚書書》：「有一老僧，號太顛，頗聰明，識道理。」

〔一五〕步嘉謹按：《漢書》卷二四《食貨志》曰：「《洪範》八政，一曰食，二曰貨。食謂農殖嘉穀可食之物，貨謂布帛可衣，及金刀龜貝，所以分財布利通有無者也。」又曰：「夫積貯者，天下之大命也。苟粟多而財有餘，何爲而不成？以攻則取，以守則固，以戰則勝。」與此義略同。

〔一六〕步嘉謹按：「重遲」，緩慢，遲鈍。《荀子》卷一《修身篇》：「狹隘褊小，則廓之以廣大，卑濕重遲貪利，則抗之以高志。」楊倞註：「重遲，寬緩也。夫過恭則無威儀，寬緩常不及機事。」

〔一七〕步嘉謹按:「什」,什伍,古代軍事建制中最小的單位,這裏指代軍隊。《後漢書》卷二七《宣秉傳》李賢註:「軍法,五人爲伍,二伍爲什。」「部」,部分,猶今言指揮。

〔一八〕張宗祥曰:「乳,言如乳子不敢動。」

〔一九〕張宗祥曰:「郅,揭也。言舉頭皇皇然。」

〔二〇〕步嘉謹按:「彊弩不彀」,彀,弓引滿也。謂己軍士卒饑饉,强弓不能引滿。「發不能當」,發,猶射也。當,敵也。謂己軍弱力射出的箭,不能抵擋敵軍的進攻。「旁軍」,旁邊的軍隊,古代出征往往三軍,此謂己方一軍示弱,其他的軍隊馬上潰散。

〔二一〕錢培名曰:「『獨受天之殃』,原註:一無『獨』字。」

〔二二〕錢培名曰:「『或彊或怯』,『彊』與『怯』,疑當互易,乃與韻合。」

〔二三〕步嘉謹按:「饑饉在問」,「問」,訊也,告也。「饑饉」,指饑饉之年。「或水或塘」,「水」、「塘」用如動詞,蓄水闢塘。義謂荒年到來之前,興修水利。「四方」,指四方之民。

〔二四〕步嘉謹按:「未知所當」猶今言防不勝防也。

〔二五〕張宗祥曰:「(常羊)即徜羊,猶徘徊也。」步嘉謹按:《漢書·禮樂志》「郊祀歌」曰「雙飛常羊」,顔師古註:「常羊,猶逍遥也。」

〔二六〕步嘉謹按:「慎無如會稽之饑,不可再更。」《文選》卷一六《長門賦》「懷鬱鬱其不可再更」句下李善註引《越絶書》作:「計倪曰:會稽之饑,不可再更。」無「慎無如」三字。

〔二七〕步嘉謹按：「嘗言息貨」，「息」，殖也，「貨」，財物也。息貨謂創造財富。

〔二八〕錢培名曰：「『以魚三邦之利』，『魚』當作『漁』。」

〔二九〕步嘉謹按：「而不斷時與智也。時斷則循，智斷則備。」文中「斷」皆當解爲「決斷」、「判斷」。「時」，時間。「智」，謀略。「循」，順也。「備」，預備。義謂自耕、自織，這僅是盡其勞力，而不能分析時間與自己的對策。判斷了時間就順應規律，分析了自己的對策就可以提前預備。

〔三〇〕步嘉謹按：炎帝，《史記》卷一《五帝本紀》中《史記正義》引《帝王世紀》云：「神農氏，姜姓也。母曰任姒，有蟜氏女，登爲少典妃，游華陽，有神龍首，感生炎帝。人身牛首，長於姜水。有聖德，以火德王，故號炎帝。」又《史記·五帝本紀》云：「黄帝者，少典之子，姓公孫，名曰軒轅。生而神靈，弱而能言，幼而徇齊，長而敦敏，成而聰明。……炎帝欲侵陵諸侯，諸侯咸歸軒轅。軒轅乃修德振兵……以與炎帝戰於阪泉之野。三戰，然後得其志。」與《越絶書》炎帝傳於黄帝之説有異。

〔三一〕步嘉謹按：「故少昊治西方，蚩尤佐之，使主金。」《北堂書鈔》卷一一《帝王部·用賢門》引《越記》作：「使少皞主金，使祝融氏主火。」又《淮南子》卷三《天文訓》：「西方金也。其帝少昊，其佐蓐收，執矩而治秋。其神爲太白，其獸白虎，其音商，其日庚辛。」與《越絶書》所説有異。

〔三二〕步嘉謹按：《淮南子》卷三《天文訓》作：「北方水也。其帝顓頊，其佐玄冥，執權而治冬，其神爲辰星，其獸玄武，其音羽，其日壬癸。」《越絶書》升玄冥爲北方之帝，其佐號白辨，與《淮南子》

有異。

〔三三〕步嘉謹按：遍檢群書，未見白辨之名，俟考。

〔三四〕錢培名曰：「『使主水』，『使』字原脱錯在下『祝融治南方』句『祝』字下，依漢魏叢書、逸史本乙轉。」

〔三五〕步嘉謹按：《淮南子》卷三《天文訓》：「東方木也，其帝太皞，其佐句芒，執規而治春，其神爲歲星，其獸蒼龍，其音角，其日甲乙。」二書東方之帝皆爲「太皞」，而其佐，《淮南子》稱「句芒」，《越絶書》稱「袁何」。又有以渾沌氏爲太皞之佐者。《路史・前紀》卷四：「予嘗議三墳之僞，渾沌氏豈太昊之佐哉！《六韜》之書，渾沌氏在昊英氏前，及班固《表》古今，始列之於伏羲之下，應劭作書，遂以爲太昊之良佐。《三墳》、《姓纂》一皆因之，失其本矣。」

〔三六〕步嘉謹按：《北堂書鈔》卷一一《帝王部・用賢門》引《越記》作：「使少皞主金，使祝融氏主火。」《淮南子》卷三《天文訓》：「南方火也，其帝炎帝，其佐朱明（高誘註：舊説云祝融），執衡而治夏，其神爲熒惑，其獸朱鳥，其音徵，其日丙丁。」

〔三七〕步嘉謹按：「僕程」，其人未詳，俟考。

〔三八〕錢培名曰：「『太陰三歲處金則穰，三歲處水則毁，三歲處木則康，三歲處火則旱。』按《史記・貨殖列傳》引計然曰：『故歲在金穰，水毁，木饑，火旱。』計然即計倪也。處木則康，與史木饑互異。或説『康』即『糠』字，《周書謚法解》：凶年無穀曰糠，是其證。俟考。」步嘉謹按：《論衡・

明雩篇》：「人君爲政，前後若一，然而一湛一旱，時氣也。《范蠡計然》曰：『太歲在於水，毁。金，穰。木，饑。火，旱。』夫如是，水旱饑穰，有歲運也。」此説同於《史記》所載。

〔三九〕步嘉謹按：《史記》一二九《貨殖列傳》「故歲在金，穰；水，毁；木，饑；火，旱」下《史記索隱》曰：「五行不説土者，土，穰也。」按《越絶書》此文，亦未言土也。

〔四〇〕「糴有時領」句下張宗祥曰：「『領』疑當作『頒』，言聚散均有時也。」

〔四一〕步嘉謹按：「水則資車，旱則資舟」句，《史記》卷一二九《貨殖列傳》作「旱則資舟，水則資車」，二句互倒。又《國語》卷二〇《越語上》：「大夫種進對曰：『臣聞之賈人，夏則資皮，冬則資絺，旱則資舟，水則資車，以待乏也。』」則以此語爲大夫種所言，與《越絶書》、《史記》記爲計倪説有異。步嘉又按：《漢書》卷九一《貨殖傳》：「計然曰：『知鬭則修備，時用則知物，二者形則萬貨之情可得見矣。故旱則資舟，水則資車，物之理也。』」有「物之理也」句，與《越絶書》同。

〔四二〕錢培名曰：「『天下六歲一穰，六歲一康，凡十二歲一饑。』《貨殖傳》引計然曰：六歲穰，六歲旱，十二歲一大饑。」步嘉謹按：《太平御覽》卷一七《時序部・歲門》引《淮南子》曰：「三歲而改節，六歲而一衰，十二歲而一荒。」《鹽鐵論・水旱篇》：「故太歲之數，在陽爲旱，在陰爲水。六歲一饑，十二歲一荒。天道然，殆非獨有司之罪也。」又《新書》卷三《憂民》：「五歲小康，十歲一凶。三十歲而一大康。蓋曰大數。」按《淮南子》與《鹽鐵論》所記相近，《越絶書》、《新書》所記並不同。

〔四三〕步嘉謹按：《鹽鐵論·水旱篇》：「禹、湯聖主，后稷、伊尹賢相也，而有水旱之災。」是湯時嘗有水旱之説。又《太平御覽》卷八三《皇王部·殷帝成湯門》引《帝王世紀》：「湯自伐桀後，大旱七年，洛川竭。使人持三足鼎祝於山川曰：欲不節耶？使民疾耶？苞苴行耶？讒夫昌耶？宫室營耶？女謁行耶？何不雨之極也？殷史卜曰：當以人禱。湯曰：吾所爲請雨者，民也。若必以人禱，吾請自當。遂齋戒剪髮斷爪，以己爲牲，禱於桑林之社。曰：唯予小子履，敢用玄牲，告於上天后土曰：萬方有罪，罪在朕躬，朕躬有罪，無及萬方。無以一人之不敏，使上帝鬼神傷民之命。言未已而大雨至，方數千里。」

〔四四〕步嘉謹按：《史記》卷二《夏本紀》：「當帝堯之時，鴻水滔天，浩浩懷山襄陵，下民其憂。堯求能治水者，群臣四岳皆曰鯀可。……於是堯聽四岳，用鯀治水。九年而水不息，功用不成。……於是舜舉鯀子禹，而使續鯀之業。」按「九年而水不息」，與《越絶書》記「比九年水」事合。

〔四五〕步嘉謹按：「不習」，疑此有脱文，當作「不能通習源流」，「通習」，通曉也。「源流」，財富的産生與流通。《荀子》卷六《富國篇》：「故禹十年水，湯七年旱，而天下無菜色者，十年之後，年穀復熟，而陳積有餘。是無它故焉，知本末源流之謂也。」與《越絶書》此節所述略同。

〔四六〕步嘉謹按：「人主所求，其價十倍」，義謂君王想要得的東西，比一般貨物要貴十倍。「其所擇者，則無價矣。」義謂被君王選上的東西，就成爲無價之寶了。

〔四七〕步嘉謹按：「爲之命以利之」，下文接「而來諸侯」句，文義不屬，疑中間有脱文。

〔四八〕步嘉謹按：「償其成事，傳其驗而已。」義謂獎賞成功的人，宣傳成功的效驗罷了。

〔四九〕錢培名曰：「『群臣無恭之禮』，『恭』上當脱一字。漢魏叢書、逸史本並作『空』，蓋校者依下文添補。其實下文字亦非也。又此段脱誤非一，無善本可校，姑仍其舊。」張宗祥曰：「翻元本落『空』字。宗祥按：空猶虚也。見《論語》皇《疏》。」

〔五〇〕錢培名曰：「『則群臣多空恭之禮』，『空』字，疑原本空格，校者妄添。『禮』字原誤『理』，依上文改正。」張宗祥校本作：「則群臣多空恭之理。」張宗祥曰：「(理)當作禮。」樂祖謀曰：「空恭之禮，原本及陳本、吴本『禮』作『理』，張本亦同。按『空恭之理』費解，且與上文不合，據正德本改。」步嘉謹按：檢庫本、漢魏叢書本，皆作「則群臣多空恭之禮」，按：作「禮」字者是。

〔五一〕步嘉謹按：《白虎通·諫諍》：「故有五諫：謂諷諫、順諫、窺諫、指諫、伯諫。諷者，智也。患禍之萌流，睹其事未彰而諫告，此智性也。順諫者，仁也。出辭遜順，不逆君心，仁之性也。窺諫者，禮也。視君顔色不悦，且卻，悦則復前，以禮進退，此禮之性也。指諫者，信也。指質相其事也，此信之性也。伯諫者，義也。惻隱發於中，直言國之害，厲志忘生，爲君不避喪身，義之性也。孔子曰：諫有五，吾從諷之諫。」

〔五二〕步嘉謹按：「明其法術」，「法術」疑爲「道術」之訛。按上文曰「務有於道術」，下文曰「不習於道術也」。所言爲一事，則不當此獨書作「法術」矣。

〔五三〕步嘉謹按：「愈信其意而行其言」，義謂(父母)更加相信自己想法的正確而要求子女執行自己的命令。

〔五四〕步嘉謹按：《白虎通·諫諍》：「子諫父不去者，父子一體而分，無相離之法。猶火去木而滅也。……子之諫父，法火以揉木也。臣諫君以義，故折正之也。子諫父以恩，故但揉之也。」

〔五五〕「慧種生聖」，「慧」，張宗祥校本作「惠」，張宗祥曰：「翻元本『慧』，宗祥按：『惠』、『慧』通。」步嘉謹按：樂祖謀校本亦作「惠」，然《太平御覽》卷七三九《疾病部·狂門》引《越絶書》此句作「慧種生聖，癡種生狂」，與翻元本合，今據改。

〔五六〕步嘉謹按：「桂實生桂，桐實生桐」句，《太平御覽》卷七三九《疾病部·狂門》引《越絶書》與此同。

〔五七〕步嘉謹按：「日月、星辰、刑德，變爲吉凶。」《漢書》卷二六《天文志》篇首云：「凡天文在圖籍昭昭可知者，經星常宿中外官凡百一十八名，積數七百八十三星，皆有州國官宮物類之象。其伏見蚤晚，邪正存亡，虚實闊陿，及五星所行，合散犯守，陵歷鬭食，慧孛飛流，日月薄食，暈適背穴，抱珥虹蜺，迅雷風祅，怪雲變氣：此皆陰陽之精，其本在地，而上發於天者也。政失於此，則變見於彼，猶景之象形，鄉之應聲。是以明君睹之而寤，飭身正事，思其咎謝，則禍除而福至，自然之符也。」

〔五八〕步嘉謹按：「金木水火土更勝」，《越絶外傳枕中第十六》作「金木水火更相勝」，疑此處脱一「相」字。

〔五九〕步嘉謹按：「是故聖人能明其刑而處其鄉，從其德而避其衡。」「鄉」，順着的方向，「衡」，横也，衝突的方向。義謂因此聖人能明確天地之刑而居於順從的方向，服從天地之德而避免與之衝突。《魏書》卷一一一《刑罰志》：「二儀既判，彙品生焉，五才兼用，廢一不可。金木水火土，咸相愛惡。陰陽所育，稟氣成形，鼓之以雷霆，潤之以雲雨，春夏以生長之，秋冬以殺藏之。斯則德刑之設，著自神道。聖人處天地之間，率神祇意。」其義與《越絶書》此節略同。

〔六〇〕步嘉謹按：即春而不可行夏令，夏而不可行秋令，秋而不可行冬令之屬。如《淮南子》卷五《時則訓》：「（季夏）是月也，樹木方盛，勿敢斬伐，不可以合諸侯，起土功，動衆興兵，必有天殃。」又《吕氏春秋》卷一《孟春紀》：「是月也，不可以稱兵，稱兵必有天殃。」

〔六一〕步嘉謹按：上言天道，此言人事。前文謂：「夫父子之爲親也，非得不諫。諫而不聽，家貧致亂，雖有聖人，亦不治也，務在於諛之而已。父子不和，兄弟不調，雖欲富也，必貧而日衰。」即此文所指。

〔六二〕張宗祥曰：「容容，隨衆上下也。見《漢書・翟方進傳》註。」步嘉謹按：張釋「容容」爲隨衆上下之義，誤。按：「容容」本有平庸無功之義。《史記・韋玄成傳》：「其治容容，隨世俗沉浮。」又《後漢書・左雄傳》：「白璧不可爲，容容多厚福。」皆同此。然「容容」又爲「喁喁」之假借，爲仰望之貌。《後漢書・左雄傳》：「天下喁喁，仰其風采。」又《史記・淮陰侯傳》：「百姓疲極，怨望容容無所倚。」此文云：「衆人容容，盡欲富貴，莫知其鄉。」謂衆人望穿雙眼，都想要富貴，非是隨衆上下之義也。

〔六三〕步嘉謹按：以計倪所説，則寅、卯、辰、巳、午、未爲陽，申、酉、戌、亥、子、丑爲陰。

〔六四〕步嘉謹按：據下文，收謂收斂，發謂散發。

〔六五〕錢培名曰：「『常以太陰在陰而發』，『常』，漢魏叢書、逸史本作『當』。」

〔六六〕步嘉謹按：六畜：牛、馬、羊、豕、雞、犬。五穀：據下文，似爲黍、稷、菽、麥、稻。

〔六七〕步嘉謹按：《吕氏春秋》卷一〇《孟冬紀》：「是月也，天子始裘。命有司曰：『天氣上騰，地氣下降，天地不通，閉而成冬。』令百官，謹蓋藏，命司徒，循行積聚，無有不斂。……飭喪紀，辨衣裳，審棺槨之厚薄，營丘壟之小大高卑薄厚之度，貴賤之等級。」

〔六八〕步嘉謹按：「此皆十倍者也。其次五倍。天有時而散。」義謂這樣作都是有十倍利益的，差一點的也有五倍的利益。天有時候是會陰陽轉换的。按「散」，猶衰也。這裏指天道衰減，引申爲陰陽轉换。

〔六九〕步嘉謹按：「比熟」，接連成熟。吴越地區，氣候温暖，莊稼可再熟。

〔七〇〕步嘉謹按：「同母之人，異父之子」，即同母異父之人。古代往往有此。《禮記》卷八《檀弓》：「公叔木有同母異父之昆弟死，問於子游。子游曰：其大功乎。狄儀有同母異父之昆弟死，問於子夏。」

〔七一〕步嘉謹按：「作務」，勞作，作工。「日給」，每日自給。

〔七二〕張宗祥曰：「《吴越春秋》作『扶同、苦成』，是『佚』、『若』二字均誤。」

〔七三〕錢培名曰：「『糴石二十則傷農九十則病末農傷則草木不辟末病則貨不出故糴高不過八十下不過三十農末俱利矣』按：《貨殖傳》引計然曰：『夫糶二十病農，九十病末。末病則財不出，農病則草不辟矣。上不過八十，下不減三十，則農末俱利矣。』與此文大同。此兩糴字似並當從史作糶。」

〔七四〕步嘉謹按：「庚貨之户曰穬，比疏食，故無賈」句，《春秋左傳詁》卷二〇《傳・哀公十三年》洪亮吉引《越絶書・計倪内經》與今本同。

〔七五〕步嘉謹按：「壬癸無貨」句，《春秋左傳詁》卷二〇《傳・哀公十三年》洪亮吉引《越絶書・計倪内經》與今本同。又洪亮吉曰：「庚、癸，吴、越市語也。蓋庚、癸，食之最粗者耳。」

越絶卷第五

越絶請糴内傳第六

昔者，越王句踐與吴王夫差戰，大敗，保棲於會稽山上〔一〕，乃使大夫種求行成於吴〔二〕。吴許之。越王去會稽，入官於吴〔三〕。三年，吴王歸之〔四〕。大夫種始謀曰：「昔者吴夫差不顧義而媿吾王〔五〕。種觀夫吴甚富而財有餘〔六〕，其刑繁法逆〔七〕，民習於戰守，莫不知也。其大臣好相傷，莫能信也〔八〕。其德衰而民好負善〔九〕。且夫吴王又喜安佚而不聽諫，細誣而寡智〔一〇〕，信讒諛而遠士，數傷人而亟亡之〔一一〕，少明而不信人，希須臾之名而不顧後患〔一二〕。君王盍少求卜焉〔一三〕？」越王曰：「善。卜之道何若？」大夫種對曰：「君王卑身重禮〔一四〕，以素忠爲信〔一五〕，以請糴於吴〔一六〕，天若棄之，吴必許諾〔一七〕。」

於是乃卑身重禮，以素忠爲信，以請於吴〔一八〕。將與，申胥進諫曰：「不可。夫王與越也〔一九〕，接地鄰境〔二〇〕，道徑通達〔二一〕，仇讎敵戰之邦〔二二〕，三江環之，其民無所移〔二三〕，非吴有越，越必有吴〔二四〕。且夫君王兼利而弗取，輸之粟與財，財去而凶來〔二五〕，凶來而民怨其上〔二六〕，是養寇而貧邦家也〔二七〕。與之不爲德，不若止。且越王有智臣曰范蠡〔二八〕，勇而善謀〔二九〕，將修士卒，飾戰具，以伺吾間也〔三〇〕。胥聞之，夫越王之謀，非有忠素。請糴也，將以此試我，以此卜要君王，以求益親，安君王之志〔三一〕。我君王不知省也而救之，是越之福也〔三二〕。」吴王曰：「我卑服越，有其社稷〔三三〕。句踐既服爲臣，爲我駕舍，却行馬前〔三四〕，諸侯莫不聞知〔三五〕。今以越之饑，吾與之食，我知句踐必不敢〔三六〕。」申胥曰：「越無罪，吾君王急之，不遂絶其命，又聽其言，此天之所反也。忠諫者逆，而諛諫者反親。今狐雉之戲也，狐體卑而雉懼之〔三七〕。夫獸虫尚以詐相就，而況於人乎？」吴王曰：「越王句踐有急，而寡人與之，其德章而未靡〔三八〕，句踐其敢與諸侯反我乎？」申胥曰：「臣聞聖人有急，則不羞爲人臣僕，而志氣見人。今越王爲吾蒲伏約辭〔三九〕，服爲臣下，其執禮過，吾君不知省也而已，故勝威之。臣聞狼子野心，仇讎之人，不可親也〔四〇〕。夫鼠忘壁，壁不忘鼠〔四一〕，今越人不忘吴矣！胥聞之，拂勝，則社稷固，諛勝，則社稷危。胥，先王之老臣，不忠不信，則不得爲先王之老臣。君王胡不覽觀夫武王之伐紂也？今不出數年，鹿豕遊於姑胥之臺矣〔四二〕。」

太宰嚭從旁對曰〔四三〕：「武王非紂臣耶〔四四〕？率諸侯以殺其君〔四五〕，雖勝，可謂義乎〔四六〕？」申胥曰：「武王則已成名矣〔四七〕。」太宰嚭曰：「親僇主成名，弗忍行〔四八〕。」申胥曰：「美惡相入，或甚美以亡，或甚惡以昌，故在前世矣。嚭何惑吾君王也〔四九〕？」太宰嚭曰：

「申胥爲人臣也，辨其君何必翽翽乎〔五〇〕？」申胥曰：「太宰嚭面諛以求親，乘吾君王，幣帛以求，威諸侯以成富焉。今我以忠辨吾君王。譬浴嬰兒，雖啼勿聽〔五一〕，彼將有厚利。嚭無乃諛吾君王之欲，而不顧後患乎？」吴王曰：「嚭止。子無乃向寡人之欲乎？此非忠臣之道。」太宰嚭曰：「臣聞春日將至，百草從時。君王動大事，群臣竭力以佐謀。」

因遜遯之舍〔五二〕，使人微告申胥於吴王曰：「申胥進諫，外貌類親，中情甚疏，類有外心〔五三〕。君王常親覩其言也，胥則無父子之親、君臣之施矣。」吴王曰：「夫申胥，先王之忠臣，天下之健士也〔五四〕。胥殆不然乎哉！子毋以事相差〔五五〕，毋以私相傷，以動寡人，此非子所能行也。」太宰嚭對曰：「臣聞父子之親，張户別居〔五六〕，贈臣妾、馬牛，其志加親，若不與一錢，其志斯疏。父子之親猶然，而況於士乎？且有知不竭，是不忠，竭而顧難，是不勇，下而令上，是無法。」

吴王乃聽太宰嚭之言，果與粟〔五七〕。申胥遜遯之舍，歎曰：「於乎嗟！君王不圖社稷之危，而聽一日之説。弗對，以斥傷大臣，而王用之〔五八〕。不聽輔弼之臣，而信讒諛容身之徒，是命短矣！以爲不信〔五九〕。胥願廓目於邦門〔六〇〕，以觀吴邦之大敗也。越人之入，我王親爲禽哉！」

太宰嚭之交逢同〔六一〕，謂太宰嚭曰：「子難人申胥，請爲卜焉。」因往見申胥，胥方與被離坐。申胥謂逢同曰：「子事太宰嚭，又不圖邦權而惑吾君王，君王之不省也，而聽衆彘之言。君王忘邦，嚭之罪也〔六二〕。亡日不久也。」逢同出，造太宰嚭曰：「今日爲子卜於申胥，胥誹謗其君不用胥〔六三〕，則無後。而君王覺而遇矣〔六四〕。」謂太宰嚭曰：「子勉事後矣〔六五〕。吴王之情在子乎？」太宰嚭曰〔六六〕：「智之所生，不在貴賤長少〔六七〕，此相與之道。」

逢同出見吴王，慚然有憂色。逢同垂泣不對〔六八〕。吴王曰：「夫嚭，我之忠臣，子爲寡人遊目長耳〔六九〕，將誰怨乎？」逢同對曰：「臣有患也。臣言而君行之，則無後憂。若君王弗行，臣言而死矣！」王曰：「子言，寡人聽之。」逢同曰：「今日往見申胥，申胥與被離坐，其謀慚然，類欲有害我君王。今申胥進諫類忠，然中情至惡，内其身而心野狼〔七〇〕。君王親之不親？逐之不逐？親之乎？彼聖人也，將更然有怨心不已〔七一〕。逐之乎？彼賢人也，知能害我君王。殺之爲乎〔七二〕？可殺之，亦必有以也。」吴王曰：「今圖申胥，將何以？」逢同對曰：「君王興兵伐齊，申胥必諫曰不可，王無聽而伐齊，必大克，乃可圖之〔七三〕。」

於是吴王欲伐齊。召申胥，對曰：「臣老矣，耳無聞，目無見，不可與謀〔七四〕。」吴王召太宰嚭而謀，嚭曰：「善哉，王興師伐齊也。越在我猶疥癬，是無能爲也。」吴王復召申胥而謀，申胥曰：「臣老矣，不可與謀〔七五〕。」吴王請申胥謀者三，對曰：「臣聞愚夫之言，聖主擇焉。胥聞越王句踐罷吴之年，宫有五竈，食不重味〔七六〕，省妻妾〔七七〕，不别所愛，妻操斗，身操概〔七八〕，自量而食，適饑不費，是人不死，必爲國害！越王句踐食不殺而饜，衣服純素，不袀不玄〔七九〕，帶劍以布，是人不死，必爲大故。越王句踐寢不安席，食不求飽〔八〇〕，而善貴有道，是人不死，必爲邦寶。越王句踐衣弊而不衣新，行慶賞，不刑戮，是人不死，必成其名。越在我，猶心腹有積聚，不發則無傷，動作者有死亡。欲釋齊，以越爲憂〔八一〕。」吴王不聽，果興師伐齊，大克。還，以申胥爲不忠，賜劍殺申胥，髡被離〔八二〕。

申胥且死，曰：「昔者桀殺關龍逢，紂殺王子比干〔八三〕。今吴殺臣，參桀紂而顯吴邦之亡也。」王孫駱聞之〔八四〕，旦即不朝。王召駱而問之：「子何非寡人而旦不朝？」王孫駱對曰：「臣不敢有非，臣恐矣。」吴王曰：「子何恐？以吾殺胥爲重乎？」王孫駱對曰：「君王氣高，胥之下位而殺之，不與群臣謀之，臣是以恐矣〔八五〕。」王曰：「我非聽子而殺胥〔八六〕，胥乃圖謀寡人〔八七〕。」王孫駱曰：「臣聞君人者，必有敢言之臣，在上位者，必有敢言之士〔八八〕。如是，即慮日益進而智益生矣。胥，先王之老臣，不忠不信，不得爲先王臣矣。」王意欲殺太宰嚭，王孫駱對曰：「不可。王若殺之，是殺二胥矣。」吴王近駱如故。

太宰嚭又曰：「圖越，雖以我邦爲事，王無憂。」王曰：「寡人屬子邦，請早暮無時。」太宰嚭對曰：「臣聞駟馬方馳〔八九〕，驚前者斬〔九〇〕，其數必正。若是，越難成矣。」王曰：「子制之，斷之。」

居三年，越興師伐吳，至五湖〔九一〕。太宰嚭率徒謂之曰〔九二〕。謝戰者五父〔九三〕。越王不忍，而欲許之。范蠡曰：「君王圖之廊廟，失之中野，可乎？謀之七年〔九四〕，須臾棄之〔九五〕。王勿許，吳易兼也。」越王曰：「諾。」居軍三月，吳自罷。太宰嚭遂亡，吳王率其有禄與賢良遯而去〔九六〕。越追之，至餘杭山〔九七〕，禽夫差，殺太宰嚭〔九八〕。越王謂范蠡：「殺吳王。」蠡曰：「臣不敢殺主。」王曰：「刑之。」范蠡曰：「臣不敢刑主。」越王親謂吳王曰：「昔者上蒼以越賜吳，吳不受也。夫申胥無罪，殺之。進讒諛容身之徒，殺忠信之士。大過者三，以至滅亡，子知之乎〔九九〕？」吳王曰：「知之。」越王與之劍，使自圖之。吳王乃旬日而自殺也〔一〇〇〕。越王葬於卑猶之山〔一〇一〕，殺太宰嚭、逢同與其妻子。

校　釋

〔一〕步嘉謹按：《説苑》卷九《正諫》：「吳以伍子胥、孫武之謀，西破彊楚，北威齊、晉，南伐越。越王句踐迎擊之，敗吳於姑蘇，傷闔廬指，軍卻。闔廬謂太子夫差曰：『爾忘句踐殺而父乎？』夫差對曰：『不敢。』是夕，闔廬死。夫差既立爲王，以伯嚭爲太宰，習戰射，三年，伐越，敗越於夫湫。越王句踐乃以兵五千人，棲於會稽山上。」本篇所云，即《説苑》所載之事。又《國語》卷二〇《越語上》「越王句踐棲於會稽之上」，韋昭註：「山處曰棲。會稽，山名，在今山陰南七里。吴敗越於夫椒，遂入越，越子保於會稽。在魯哀元年。」

〔二〕步嘉謹按：《説苑》卷九《正諫》作「使大夫種厚幣遺吴太宰嚭以請和」，《國語》卷二〇《越語上》：「大夫種進對曰：『……今君王既棲於會稽之上，然後乃求謀臣，無乃後乎？』句踐曰：『苟得聞子大夫之言，何後之有？』執其手而與之謀。遂使之行成於吴。」韋昭註：「《傳》曰：『使種因吴太宰嚭以行成也。』」步嘉按：韋昭所引《傳》乃《春秋・左傳》，其文見哀公元年。

〔三〕張宗祥曰：「《國語》、《吴越春秋》均作『入臣』。」步嘉謹按：《越絶外傳記地傳》：「女陽亭者，句踐入官於吴，夫人從，道産女此亭。」亦作「入官」，是此書本作「入官」之證，所記與它書異。

〔四〕步嘉謹按：《越絶外傳記地傳》：「吴王夫差伐越，有其邦，句踐服爲臣。三年，吴王復還封句踐於越。」事與此篇合。又《國語》卷二一《越語下》：「（句踐）與范蠡入宦於吴。三年，而吴人遣之。」韋昭註：「句踐以魯哀元年棲會稽，吴與之平而去之。句踐改修國政，然後卑事夫差，在吴三年，而吴人遣之，此則魯哀五年也。」《吴越春秋》卷七《句踐入臣外傳》：「越王句踐五年五月，與大夫種、范蠡入臣於吴。」又同書卷八《句踐歸國外傳》：「越王句踐臣吴，至歸越，句踐七年也。」徐天祜註：「《國語》：『句踐與范蠡入臣於吴，三年，而吴人遣之。』當魯哀公五年，是爲句踐七年，正與此合。此書於句踐五年書入吴事，至是歸國，首尾三年也。」步嘉按：諸書記句踐入吴還越時間皆同。

〔五〕步嘉謹按：「昔者吴夫差不顧義而媿吾王」句，檢各本皆如此，然疑「吴夫差」原當作「吴王夫差」。按本篇首句作「與吴王夫差戰」，又云「吴王歸之」，下又有云「吴王又喜安佚而不聽諫」，則不當於此獨作「吴夫差」，似「王」字誤脱。

〔六〕步嘉謹按：《吕氏春秋》卷一四《長攻》：「范蠡曰：『……夫吴國甚富而財有餘，其王年少，智寡材輕。』」又《説苑》卷一三《權謀》：「越饑，句踐懼。四水進諫曰：『……夫吴國甚富而財有餘，其君好名而不思後患。』」一作此語爲范蠡云，一作此語爲四水云，與本篇記爲大夫種云有異。

〔七〕步嘉謹按：「其刑繁法逆」，《吴越春秋》卷五《夫差内傳》載子貢云：「且吴王剛猛而毅，能行其令。」按剛猛則令嚴，令嚴則刑繁。《國語》卷一九《吴語》：「大夫苦成進對曰：『審罰則可以戰乎？』王曰：『猛。』」韋昭註：「能罰則嚴猛也。」

〔八〕步嘉謹按：「民習於戰守」，《越絶内傳陳成恒》作：「百姓習於戰守。」此語又見《吴越春秋》卷五《夫差内傳》。「其大臣好相傷」，按：此言太宰嚭之類也。

〔九〕步嘉謹按：「其德衰而民好負善」，《史記》卷一二九《貨殖列傳》：「彭城以東，東海、吴、廣陵，此東楚也。其俗類徐、僮。」又云：「衡山、九江、江南、豫章、長沙，是南楚也。……故南楚好辭，巧説少信。」按「好辭，巧説少信」當即「好負善」。《史記》所云東楚俗類徐、僮，徐、僮其俗「則清刻，矜己諾」。似與此篇言吴民之俗不合，而南楚地近吴，故其俗有與此篇言吴民俗相類者。

〔一〇〕張宗祥曰：「細，煩碎意，見《左傳》襄二十九年註。言夫差好聽煩碎之誣也。」

〔一一〕步嘉謹按：《越絶德序外傳記》記范蠡云「且吴王賢不離，不肖不去」，與此「信讒諛而遠士，數傷人而亟亡之」義同。按「離」，麗也，作附著解。

〔一二〕步嘉謹按：以下一段文字，此篇與《吕氏春秋·長攻》、《國語·越語》、《吴越春秋·句踐陰謀外傳》略同。「希須臾之名而不顧後患」，《吕氏春秋》卷一四《長攻》作：「好須臾之名，不思後患。」（嘉按：《吕覽》此語作范蠡所云，以下皆同，不另説明。）《説苑》卷一三《權謀》作「其君好名而不思後患」。（嘉按：《説苑》此語作四水所云，以下皆同，不另説明。）

〔一三〕步嘉謹按：《史記》卷四一《越王句踐世家》記此事作：「越大夫種曰：『臣觀吴王政驕矣，請試嘗之貸粟，以卜其事。』」《吴越春秋》卷九記此事作「（大夫）種曰：『君王自陳越國微鄙，年穀不登，願王請糴以入其意，天若棄吴，必許王矣。』」

〔一四〕步嘉謹按：《吕氏春秋》卷一四《長攻》作：「王若重幣卑辭以請糴於吴，則食可得也。」《説苑》卷一三《權謀》作：「若我卑辭重幣，以請糴於吴，吴必與我。」皆無「以素忠爲信」一句。

〔一五〕張宗祥曰：「素，樸也。見《吕覽·勿躬篇》註。」

〔一六〕步嘉謹按：「以請糴於吴」句，《吕氏春秋》卷十四《長攻》、《説苑》卷一三《權謀》所記同，詳參本篇（校釋一四）。

〔一七〕步嘉謹按：「天若棄之，吴必許諾」句，《吴越春秋》卷九《句踐陰謀外傳》作：「天若棄吴，必許王矣。」又《越絶德序外傳記》作范蠡曰：「若卑辭以地讓之，天若棄彼，彼必許。」

〔一八〕步嘉謹按：「於是乃卑身重禮，以素忠爲信，以請於吴。」以上文「君王卑身重禮，以素忠爲信，以請羅於吴」例之，則此句「以請於吴」，「請」字後當脱一「羅」字。

〔一九〕步嘉謹按：「不可。」《説苑》卷一三《權謀》引子胥諫曰與此同。《吕氏春秋》卷一四《長攻》作：「不可與也。」又「夫王與越也」句，《吕氏春秋》卷一四《長攻》作「夫吴之與越」，《説苑》卷一三《權謀》作「夫吴越」。

〔二〇〕步嘉謹按：「接地鄰境」句，《説苑》卷一三《權謀》與此同。《吕氏春秋》卷一四《長攻》作「接土鄰境」，「地」作「土」。又《吕氏春秋》卷二三《知化》此句與《長攻》篇同。

〔二一〕步嘉謹按：「道徑通達」句，《吕氏春秋》卷一四《長攻》作「道易人通」，《説苑》卷一三《權謀》作「道易通」。又《吕氏春秋》卷二三《知化》作「壤交通屬」，辭互異耳。

〔二二〕步嘉謹按：「仇讎敵戰之邦」，《吕氏春秋》卷一四《長攻》、《説苑》卷一三《權謀》皆作：「仇讎敵戰之國也。」按：此篇所記文字不爲漢諱甚明。

〔二三〕步嘉謹按：「三江環之，其民無所移」，《國語》卷二〇《越語上》作「三江環之，民無所移」，無「其」字。

〔二四〕步嘉謹按：「非吴有越，越必有吴」句，《吕氏春秋》卷一四《長攻》、《説苑》卷一三《權謀》皆作：「非吴喪越，越必喪吴。」《國語》卷二〇《越語上》作：「有吴則無越，有越則無吴。」《吴越春秋》卷九與此篇同。

〔二五〕錢培名曰：「『財去而凶來』，《吴越春秋》作『吉往則凶來』。」

〔二六〕步嘉謹按：「凶來而民怨其上」句，未見他書，俟考。唯《吕氏春秋》卷一四《長攻》作「財匱而民恐」，《説苑》卷一三《權謀》作「則利去而凶至，財匱而民怨」，義與此略同。

〔二七〕步嘉謹按：「是養寇而貧邦家也」，《吴越春秋》卷九《句踐陰謀外傳》作：「是養生寇而破國家者也。」《吕氏春秋》卷一四《長攻》作：「是長吾讎而養吾仇也。」

〔二八〕步嘉謹按：「且越王有智臣曰范蠡」，《吴越春秋》卷九《句踐陰謀外傳》作「且越有聖臣范蠡」。「智臣」作「聖臣」。

〔二九〕步嘉謹按：「勇而善謀」，《吴越春秋》卷九《句踐陰謀外傳》作：「勇以善謀。」「而」作「以」。

〔三〇〕步嘉謹按：「將修士卒，飾戰具，以伺吾間也。」《吴越春秋》卷九《句踐陰謀外傳》作：「將有修飾攻戰，以伺吾間。」錢培名曰：「原脱『具』字，依漢魏叢書、逸史本補。」

〔三一〕步嘉謹按：「請糴也，將以此試我，以此卜要君王，以求益親，安君王之志。」《吴越春秋》卷九《句踐陰謀外傳》作：「觀越王之使使來請糴者，非國貧民困而請糴也。以入吾國，伺吾王間也。」其義略同。

〔三二〕步嘉謹按：《吕氏春秋》卷一四《長攻》：「越國大饑，王恐，召范蠡而謀。范蠡曰：『王何患焉？今之饑，此越之福而吴之禍也。』」《説苑》卷一三《權謀》：「越饑，句踐懼。四水進諫曰：『夫饑，越之福也，而吴之禍也。』」

〔三三〕步嘉謹按：「我卑服越，有其社稷。」《吴越春秋》卷九《句踐陰謀外傳》作：「寡人卑服越王，而有其衆，懷其社稷，以愧句踐。」

〔三四〕步嘉謹按：「句踐既服爲臣，爲我駕舍，却行馬前」，《吴越春秋》卷九《句踐陰謀外傳》作「句踐氣服，爲駕車，卻行馬前」。

〔三五〕步嘉謹按：「諸侯莫不聞知」句，《吴越春秋》卷九《句踐陰謀外傳》所記與此全同。

〔三六〕錢培名曰：「『我知句踐必不敢』，句似有脱字，《吴越春秋》作：『豈敢有反我之心乎？』」步嘉謹按：檢《越絶書》上下文原作：「今以越之饑，吾與之食，我知句踐必不敢。」《吴越春秋》上下文原作：「今吾使之歸國，奉其宗廟，復其社稷，豈敢有反吾之心乎？」二事似不類。檢《吴越春秋》下文云：「吴王曰：『句踐國憂，而寡人給之以粟。恩往義來，其德昭昭，亦何憂乎？』」彼即當《越絶書》此文。

〔三七〕錢培名曰：「『狐體卑而雉懼之』，句意未了。《吴越春秋》『懼』作『信』，句下有『故狐得其志而雉必死』九字，義較備。」步嘉謹按：《淮南子》卷一八《人間訓》曰：「昔越王句踐卑下吴王夫差，請身爲臣，妻爲妾，奉四時之祭祀，而入春秋之貢職，委社稷，效民力，隱居爲蔽，而戰爲鋒行，禮甚卑，辭甚服，其離叛之心遠矣，然而甲卒三千人以擒夫差於姑胥。……夫狐之捕雉也，必先卑體彌耳，以待其來也。雉見而信之，故可得而擒也。使狐瞋目植睹，見必殺之勢，雉亦知驚憚遠飛，以避其怒矣。夫人僞之相欺也，非直禽獸之詐計也，物類相似若然，而不可從外論者，衆而難識矣，是故不可不察也。」又《吕氏春秋》卷八《決勝》：「諸搏攫柢噬之獸，其用齒角爪牙也，必託於卑微隱蔽，此所以成勝。」高誘註：「若狐之搏雉，府伏弭毛以喜説之，雉見而信之，不驚憚遠飛，故得禽之。」此乃《越絶書》之所本。

〔三八〕步嘉謹按：《吴越春秋》卷九《句踐陰謀外傳》作：「吴王曰『句踐國憂，而寡人給之以粟。恩往義來，其德昭昭，亦何憂乎？』」

〔三九〕「浦伏約辭」，張宗祥於「約」字下註：「原註一作『納』。」步嘉謹按：《國語》卷一九《吴語》記大夫種獻謀於越王曰：「王不如設戎，約辭行成。」韋昭註「約辭」曰：「約，卑也。……卑約其辭以求平於吴。」

〔四〇〕步嘉謹按：「臣聞狼子野心，仇讎之人，不可親也」句，《吴越春秋》卷九《句踐陰謀外傳》作：「子胥曰：『臣聞狼子有野心，仇讎之人不可親。』」「狼子」後多一「有」字，「不可親」後少一「也」字。

〔四一〕步嘉謹按：「夫鼠忘壁，壁不忘鼠」句，其典俟考。其義蓋謂鼠穿壁而行，使壁有所毁損，鼠自不覺，而壁懷其仇。檢《詩・行露》：「誰謂鼠無牙，何以穿我墉。」下毛傳云：「墉，牆也。」則先秦即有鼠壞牆之説，疑此典出自甚早。

〔四二〕張宗祥曰：「（拂）原註音弼。」步嘉謹按：拂即輔佐之人。《管子・四稱》：「近君爲拂，遠君爲輔。」此乃析言之，渾言之拂亦即輔。《廣雅・釋詁》：「拂，輔也。」「拂勝，則社稷固，諛勝，則社稷危。」蓋時子胥與太宰嚭爭於吴王前，子胥言忠臣輔佐若勝訟，則國家堅固，諂諛之人若勝訟，則國家危殆。步嘉又按：「胥，先王之老臣。」子胥先爲闔廬之臣，故於夫差稱先王之老臣。《國語》卷一九《吴語》：「申胥釋劍而對曰：昔吾先王世有輔弼之臣，以能遂疑計惡，以不陷於大難。今王播棄黎老，而孩童焉比謀」，蓋即此意。步嘉又按：「君王胡不覽觀夫武王之伐紂也？今不出數年，鹿豕遊於姑胥之臺矣。」《吴越春秋》卷九《句踐陰謀外傳》作「臣必見越之破吴，豸（徐天祜註：「蟲無足曰豸，疑當作『豕』。」嘉按：徐説是。）鹿游於姑胥之臺，荆榛蔓於宫闕，願王覽武王伐紂之事也。」

〔四三〕步嘉謹按：「太宰嚭從旁對曰」，《吴越春秋》卷九《句踐陰謀外傳》與此全同。

〔四四〕步嘉謹按：「武王非紂臣耶？」《吴越春秋》卷九《句踐陰謀外傳》作：「武王非紂王臣也？」「紂臣」作「紂王臣」，多一「王」字。又「耶」作「也」字。

〔四五〕步嘉謹按：「率諸侯以殺其君」，《吴越春秋》卷九《句踐陰謀外傳》作「率諸侯以伐其君」，「殺」作「伐」字。

〔四六〕步嘉謹按：「雖勝，可謂義乎？」《吴越春秋》卷九《句踐陰謀外傳》作：「雖勝，殷謂義乎？」「可」字作「殷」。

〔四七〕步嘉謹按：「武王則已成名矣」句，《吴越春秋》卷九《句踐陰謀外傳》作「武王即成其名矣」。「則已」作「即」，又「成名」作「成其名」。

〔四八〕步嘉謹按：「太宰嚭曰：親僇主成名，弗忍行。」《吴越春秋》卷九《句踐陰謀外傳》作「太宰嚭曰：

親戮主以爲名，吾不忍也。」按「僇」與「戮」同。《漢書》卷二七《五行志》「功臣僇，天雨血」句下顔師古註：「僇，古戮字。」《荀子》卷三《非相篇》「然而身死國亡，爲天下大僇」句下楊倞註：「僇與戮同。」

〔四九〕步嘉謹按：「嚭何惑吾君王也」，《吴越春秋》卷九《句踐陰謀外傳》記子胥斥太宰嚭有云：「外交敵國，内惑於君。」即當此句。

〔五〇〕「辨其君何必翽翽乎」，張宗祥曰：「翽翽，多也，羽聲也。見《詩·小雅》傳及箋，此指胥言之多。」朱起鳳曰：「《越絶書·請糴内傳》：太宰嚭曰：『申胥爲人臣也，其（嘉按：「其」上當脱一「辨」字，下文有「以忠辨吾君王」句，可證。）君何必翽翽乎？』按翽字當作譞。《周書·秦誓》：『截截善譞言』，譞譞者，言之巧也。義與便便通。《論語》：『其在宗廟朝廷，便便言，唯謹爾。』朱註：『便便，辯也。』《説文·言部》：『譞，巧言也。』《論語》曰『友譞佞』，今本作『便佞』，是譞、便古通之證。翽爲翾字形訛。」説見《辭通》卷七「翽翽」條。步嘉謹按：張釋翽翽爲多，蓋誤。朱云翽爲翾字之訛，亦似不確。按：疑「翽」即「噦」之借字，《詩·卷阿》「翽翽其羽」，《説苑·奉使》作「噦噦其羽」。《素問·寳命全形論》：「病深者其聲噦。」王冰註：「噦，謂聲濁惡也。」蓋子胥與太宰嚭在吴王前爭之甚久，子胥以忠，忿憤不平，聲音宏大，故太宰嚭詆之於君前不得聲濁惡，太宰嚭以諛，狀似可憐，故下文子胥譏之如嬰兒啼。此則銜接文義，於理較順。

〔五一〕張宗祥曰：「《吴越春秋》作『太宰嚭固欲以求其親，前縱石室之日，（嘉按：「日」當作「因」字，張文誤引。)受其寶女之遺,外交敵國,内惑於君,大王察之,無爲群小所侮。今大王譬若浴嬰兒,雖啼無聽。」步嘉謹按:張宗祥引文斷句有誤。檢《吴越春秋》卷九《句踐陰謀外傳》「雖啼無聽」下作「宰嚭之言吴王曰宰嚭是」,則「宰嚭之言」四字當從上讀,句當作「雖啼,無聽宰嚭之言」。

〔五二〕步嘉謹按:「遜遯」,卻退也。下文「申胥遜遯之舍」亦此義。

〔五三〕步嘉謹按:「申胥進諫,外貌類親,中情甚疎,類有外心。……胥則無父子之親、君臣之施矣。」《史記》卷四一《越王句踐世家》:「太宰嚭聞之,乃數與子胥爭越議,因讒子胥曰:『伍員貌忠而實忍人,其父兄不顧,安能顧王?』」與此義略同。

〔五四〕步嘉謹按:「健士」,健勇之士。宋賀鑄《留侯廟詩》:「千金募健士,椎斷屬車塵。」此言刺秦事,喻張良也。子胥爲父報仇,亦鞭平王墓,故稱天下之健士。

〔五五〕步嘉謹按:「差」,差失,「子毋以事相差」,義謂你不要用事情來指責他的過失。

〔五六〕張宗祥曰:「各本『户』作『尹』,今從陳本。張尹若爲人名,既無可考,且與下文語氣不合。當作『張户』。張,開也。見《廣雅・釋詁三》,蓋言父子各立門户而居。」步嘉謹按:張説是。《後漢書》卷七六《循吏傳》:「許荆字少張,會稽陽羡人也。祖父武,太守第五倫舉爲孝廉。武以二弟晏、普未顯,欲令成名,乃請之曰:『禮有分異之義,家有别居之道。』於是共割財産以爲三分,武自取肥田廣宅奴婢强者,二弟所得並悉劣少。鄉人皆稱弟克讓而鄙武貪婪,晏等以此並得選舉。」又《抱朴子外篇・審舉》:「靈、獻之世,閹官用事,群奸秉權,危害忠良,臺閣失選用於上,州郡輕貢舉於下……故時人語曰：『舉秀才，不知書。察孝廉，父别居。寒素清白濁如泥，高第良將怯如雞。』」此皆「别居」之事也。

〔五七〕步嘉謹按：《吴越春秋》卷九《句踐陰謀外傳》云：「吴王乃與越粟萬石，而令之曰：『寡人逆群臣之議而輸於越，年豐而歸寡人。』」《吕氏春秋》卷一四《長攻》作：「遂與之食。不出三年而吴亦饑，使人請食於越，越王弗與，乃攻之，夫差爲禽。」

〔五八〕步嘉謹按：「弗對，以斥傷大臣，而王用之。」句不可解，疑句中有脱文或錯簡。

〔五九〕步嘉謹按：「是命短矣」，《國語》卷一九《吴語》記子胥臨死時語有「是吴命之短也」句。又「以爲不信」句，疑原當在「弗對」二字下，錯移於此。

〔六〇〕張宗祥曰：「《史記》作『抉吾眼懸東門上。』《吴越春秋》作『掛吾目於門』。《説文》云：『廓，空也。』言空吾之目也。《史記索隱》曰：『東門，鱛門，謂鰐門也，今名葑門。』」步嘉謹按：張宗祥引《史記索隱》乃《史記正義》之誤，見《史記》卷六六《伍子胥列傳》。步嘉又按：《史記》卷四一《越王句踐世家》作：「必取吾眼置吴東門，以觀越兵入也。」《國語》卷一九《吴語》作：「以懸吾目於東門，以見越之入，吴之亡也。」

〔六一〕張宗祥曰：「《史記索隱》：逢，姓。同，名。故楚有逢伯。《考證》：逢，《越絶》作馮，《吴越春秋》作扶。又云：梁玉繩曰：逢乃越臣，何以在吴與伯嚭爲友而譖伍胥耶？《越絶》亦云：句踐殺太宰嚭、逢同與其妻子。徐孚遠疑范蠡既歸而遣逢事吴，或當然也。宗祥按：句踐臣吴復歸，爲句踐七年，當魯哀公五年，其九年，召五大夫相謀，中有扶同。二十年伐吴，復有大夫扶同，與謀其事。以上均見《吴越春秋》。惟據《左傳》則越伐吴在魯哀公十七年，當句踐十九年，此其異耳。據此，則一人之身，豈能分事二國？扶同、逢同，實非一人。」

〔六二〕步嘉謹按：「君王忘邦」，「忘」，疑是「亡」之譌。接下云「亡日不久也」，正作「亡」字。若作「忘」字解，似文義不順。

〔六三〕步嘉謹按：「胥誹謗其君不用胥」，《史記》卷六六《伍子胥列傳》記太宰嚭譖伍子胥曰：「且嚭使人微伺之，其使於齊也，乃屬其子於齊之鮑氏。夫爲人臣，内不得意，外倚諸侯，自以爲先王之謀臣，今不見用，常鞅鞅怨望。願王早圖之。」此乃宰嚭使人微伺子胥後，而譖於夫差子胥之怨言也。

〔六四〕步嘉謹按：「遇」，見也。「而君王覺而遇矣」，謂君王睡覺後將要見我。此乃逢同所卜之事，預先報太宰嚭。下文逢同出見吴王，毁子胥，蓋先期已卜矣。

〔六五〕錢培名曰：「『謂太宰嚭曰子勉事後矣』，『謂』字疑衍。『事』原註一作『多』，恐非。」

〔六六〕錢培名曰：「此『太宰嚭曰』四字疑衍。」步嘉謹按：「太宰嚭曰」當作「逢同曰」，於文理較順。檢此節乃太宰嚭與逢同商量於吴王前詆毁子胥事。蓋逢同先報嚭所卜事爲如何，接下太宰嚭令逢同行卜後之事，即於吴王前毁子胥（錢校云「謂」當爲衍文甚是），然又覺無十分把握，故問逢同：「吴王之情在子乎？」於卜事不甚放心。逢同即答宰嚭，義謂卜事而外，亦由人爲而已。

〔六七〕步嘉謹按：「智之所生，不在貴賤長少」，《越絶計倪内經》：「先生者未必能知，後生者未必不能明。」其義與此略同。

〔六八〕欒祖謀曰：「『逢同垂泣不對』，按，此句上當有脱文。」

〔六九〕步嘉謹按：「遊目長」，當爲官名，然其名不見經傳。據上下文，「遊目長」當爲監察之官，其職或爲巡視吏民，見不軌而告發焉。三國吴國有察戰之官，其職負責監視吏民，「遊目長」頗類似察戰。

〔七〇〕步嘉謹按：「内其身而心野狼」，「内」爲「訥」之本字。《楚辭・九章・懷沙》：「文質疏内兮，衆不知吾之異采。」洪興祖註：「内，舊音訥。訥，木訥也。」木訥今言遲鈍。此句義謂表面上作出遲鈍的樣子，而實際上有野心。

〔七一〕步嘉謹按：逢同非恐子胥之怨王也，而懼己身之不保。上文有云「若君王弗行，臣言而死矣」可證。

〔七二〕步嘉謹按：「殺之爲乎」，「爲」字疑衍。按上文云「親之乎」、「逐之乎」，此當言「殺之乎」。「爲」在句末常作疑問語氣詞，既有「乎」字，不必有「爲」。

〔七三〕步嘉謹按：《史記》卷六六《伍子胥列傳》作：「乃興師北伐齊。伍子胥諫曰：『句踐食不重味，弔死問疾，且欲有所用之也。此人不死，必爲吴患。今吴之有越，猶人之有腹心疾也。而王不先越而乃務齊，不亦謬乎！』吴王不聽，伐齊，大敗齊師於艾陵，遂威鄒魯之君以歸。益疏子胥之謀。」

〔七四〕步嘉謹按：《吴越春秋》卷五《夫差内傳》：「吴王乃使太宰嚭爲右校司馬，王孫駱爲左校，及從句踐之師伐齊。伍子胥聞之，諫曰：『……臣今年老，耳目不聰，以狂惑之心，無能益國。』」史記卷六六伍《子胥列傳》記太宰嚭言：「今王自行，悉國中武力以伐齊，而子胥諫不用，因輟謝，佯病不行。」此皆伍子胥不欲伐齊而推託之事，可與此篇互爲參觀。

〔七五〕錢培名校本作「不能與謀」。錢培名曰：「『能』，漢魏叢書、逸史本作『可』。」張宗祥校本亦作「能」。樂祖謀校本作「可」。樂祖謀曰：「『不可與謀』，正德本『可』作『能』，張本同。」步嘉謹按：檢上文有「臣老矣，耳無聞，目無見，不可與謀」。彼處「不可與謀」，各本皆同，則本處當作「可」字。今從樂校。

〔七六〕步嘉謹按：《吴越春秋》卷八《句踐歸國外傳》：「吴王聞越王盡心自守，食不重味，衣不重采，雖有五臺之遊，未嘗登玩。」《説苑》卷九《正諫》：「吴王聞齊景公死而大臣爭寵，新君弱，乃興師北伐齊。子胥諫曰：『不可。句踐食不重味，弔死問疾，且能用人，此人不死，必爲吴患。』」按此乃吴第一次伐齊事，吴王返國並未誅子胥，與本篇有異。《史記》卷四一《越王句踐世家》作「吴既赦越，越王句踐反國，乃苦身焦思，置膽於坐，坐卧即仰膽，飲食亦嘗膽也。曰：『女忘會稽恥邪？』身自耕作，夫人自織，食不加肉，衣不重采，折節下賢人，厚遇賓客，振貧弔死，與百姓同其勞。」

〔七七〕錢培名曰：「『省妻妾』，句似有脱字。」

〔七八〕步嘉謹按：「妻操斗，身操概，自量而食，適饑而不費。」斗，量穀之物，概，平斗斛之器。《禮記·月令》「正權概」，鄭註：「概，平斗斛者。」此言句踐節食於國，將有報吴之事。《國語》卷二〇《越語上》：「（句踐）非其身之所種則不食，非其夫人之所織則不衣，十年不收於國，民俱有三年之食。」

〔七九〕張宗祥曰：「袀，黑服，見《左傳》僖五年註。」

〔八〇〕步嘉謹按：「寢不安席，食不求飽」事，參見本篇〔校釋七六〕。

〔八一〕步嘉謹按：《吕氏春秋》卷二三《知化》：「吴王夫差將伐齊，子胥曰：『不可。……夫吴、越之勢不兩立。越之於吴也，譬若心腹之疾也，雖無作，其傷深而在内也。夫齊之於吴也，疥癬之病也，不若其已也，且其無傷也。今釋越而伐齊，譬之猶懼虎而刺猏，雖勝之，其後患未央。』」

〔八二〕步嘉謹按：「賜劍殺申胥，髡被離。」《吴越春秋》卷五《夫差内傳》：「吴王聞子胥之怨恨也，乃使人賜屬鏤之劍。」同書同卷又云：「於是吴王謂被離曰：『汝嘗與子胥論寡人之短。』乃髡被離而刑之。」

〔八三〕步嘉謹按：《吴越春秋》卷五《夫差内傳》作：「子胥把劍，仰天嘆曰：『自我死後，後世必以我爲忠。上配夏殷之世，亦得與龍逢、比干爲友。』遂伏劍而死。」

〔八四〕張宗祥曰：「《史記·越世家》作公孫雄，《集解》引虞翻曰：公孫雄，吴大夫。一本作雒，非。《吕氏春秋・當染篇》：夫差染於王孫雄、太宰嚭。《吴越春秋》作王孫雒。」步嘉謹按：元大德本《吴越春秋》作「王孫駱」，與《越絶書》同，與張説有異。步嘉又按：以下一段文字，本篇與《吴越春秋》卷五《夫差内傳》略同。「王孫駱聞之，旦即不朝。」《吴越春秋》卷五《夫差内傳》作：「王孫駱聞之，不朝。」

〔八五〕步嘉謹按：自「王召駱而問之」，至「臣是以恐之矣」一節，《吴越春秋》卷五《夫差内傳》作：「王召而問曰：『子何非寡人而不朝乎？』駱曰：『臣恐耳！』曰：『子以我殺子胥爲重乎？』駱曰：『大王氣高，子胥位下，王誅之。臣命何異於子胥？臣以是恐也。』」二書所記文字小異。

〔八六〕錢培名曰：「『我非聽子殺胥』，『殺胥』上，漢魏叢書、逸史本有『而』字。《吴越春秋》作『非聽宰嚭以殺子胥』，義較優。」樂祖謀曰：「『聽子而殺胥』，正德本、陳本、吴本同。孔本、張本等無『而』字。」步嘉謹按：《吴越春秋》卷五《夫差内傳》作「以殺子胥」，與「而殺子胥」句略同，則當有「而」字，今從樂本。

〔八七〕步嘉謹按：「胥乃圖謀寡人」句，《吴越春秋》卷五《夫差内傳》作：「胥圖寡人也。」

〔八八〕步嘉謹按：《吴越春秋》卷五《夫差内傳》作：「臣聞人君者，必有敢諫之臣。在上位者，必有敢言之交。」與此篇文字略有小異。

〔八九〕步嘉謹按：「駟馬」，貴人之車，「駟馬方馳」，言速度極快。《吴越春秋》卷四《闔閭内傳》：「王曰：『慶忌之勇，世所聞也，筋骨果勁，萬人莫當，走追奔獸，手接飛鳥，骨騰肉飛，拊膝數百里。

吾嘗追之於江，駟馬馳不及。』」此亦有言駟馬馳之事。

〔九〇〕步嘉謹按：「驚前者斬」，《漢書》卷五〇《張釋之傳》：「上行出中渭橋，有一人從橋下走，乘輿馬驚。於是使騎捕之，屬廷尉。」按《後漢書·輿服志》：「天子玉路，以玉爲飾。」李賢註：「《古文尚書》曰：『大路在賓階面，綴路在阼階面。』服虔曰：『大路，總名也，如今駕駟高車矣。尊卑俱乘之，其采飾有差。』」則天子之乘輿，亦爲駟馬。《漢書》所記，亦「四馬方馳，驚前者斬」之一事，雖終所未斬，然事相近也。

〔九一〕步嘉謹按：「五湖」，《國語》卷二一《越語下》「戰於五湖」，韋昭註：「五湖，今太湖。」

〔九二〕步嘉謹按：「太宰嚭率徒謂之曰」與下文義不屬，中當有脱文。

〔九三〕「謝戰者五父」，張宗祥曰：「《國語·越語》作『吴人聞之，出挑戰，一日五反，王弗忍，欲許之。』『父』疑『反』字之訛。」

〔九四〕步嘉謹按：《史記》卷四一《越王句踐世家》記作：「范蠡曰：『會稽之事，天以越賜吴，吴不取。今天以吴賜越，越其可逆天乎？且夫君王蚤朝晏罷，非爲吴邪？謀之二十二年』。」「謀之二十二年」與本篇「謀之七年」大異。

〔九五〕步嘉謹按：「須臾棄之」，《史記》卷四一《越王句踐世家》作「一旦棄之」。

〔九六〕步嘉謹按：「王勿許，吴易兼也」，《國語》卷二一《越語下》作：「王姑勿許，其事將易冀已。」韋昭註：「冀，望也。易望已，謂不勤難也。」步嘉又按：「居軍三月，吴自罷」，《國語》卷二一《越語下》作：「居軍三年，吴師自潰。」《史記》卷四一《越王句踐世家》：「越復伐吴。……因而留圍之三年。」皆作三年，此作三月，與諸書不同。步嘉又按：「吴王率其有禄與賢良遯而去」，「有禄」，《國語》作「重禄」，《越語下》：「吴王帥其賢良與其重禄，以上姑蘇。」韋昭引唐固云：「重禄，寶璧也。」復引賈逵云：「重禄，大臣也。」按賈説重禄爲大臣是，唐解大謬。韋昭註「賢良」云：「賢良，親近之士，猶越言君子，齊言士。」疑「有禄」即「重禄」，蓋言受俸禄較重之大臣也。

〔九七〕步嘉謹按：「餘杭山」，《越絶外傳記吴王占夢》：「相將至秦餘杭之山」，《越絶外傳記吴地傳》：「秦餘杭山者，越王棲吴夫差山也。」皆作「秦餘杭山」，疑此脱有「秦」字。

〔九八〕步嘉謹按：「禽夫差，殺太宰嚭」，《史記》卷四一《越王句踐世家》作：「越王乃葬吴王而誅太宰嚭。」

〔九九〕步嘉謹按：「昔者上蒼以越賜吴，吴不受也。」《國語》卷二一《越語下》：「昔者上天降禍於越，委制於吴，而吴不受。」然其語爲范蠡所言，與此篇記爲句踐言不同。「夫申胥無罪，殺之。」《吕氏春秋》卷二三《知化》：「危困之道，身死國亡，在於不先知化也。吴王夫差是也。子胥非不先知化也，諫而不聽，故吴爲丘墟，禍及闔廬。」「進讒諛容身之徒」，按：此謂太宰嚭之屬。《吕氏春秋》卷二二《察傳》：「吴王聞越王句踐於太宰嚭，智伯聞趙襄子於張武，不審也，故國亡身死也。」

〔一〇〇〕步嘉謹按：《越絶外傳記吴王占夢》作：「遂伏劍而死。」

〔一〇一〕步嘉謹按：《越絶外傳記吴地傳》：「夫差冢，在猶亭西卑猶位。」

越絶卷第六

越絶外傳紀策考第七

昔者，吴王闔廬始得子胥之時，甘心以賢之，以爲上客〔一〕，曰：「聖人前知乎千歲，後覩萬世。深問其國〔二〕，世何昧昧，得無衰極？子其精焉，寡人垂意，聽子之言〔三〕。」子胥唯唯，不對〔四〕。王曰：「子其明之。」子胥曰：「對而不明，恐獲其咎。」王曰：「願一言之，以試直士〔五〕。夫仁者樂，知者好。誠。秉禮者探幽索隱〔六〕。明告寡人。」子胥曰：「難乎言哉！邦其不長，王其圖之。存無忘傾，安無忘亡〔七〕。臣始入邦，伏見衰亡之證，當霸吴厄會之際〔八〕，後王復空〔九〕。」王曰：「何以言之？」子胥曰：「後必將失道。王食禽肉，坐而待死〔一〇〕。佞諂之臣，將至不久。安危之兆，各有明紀。虹蜺牽牛，其異女〔一一〕，黄氣在上〔一二〕，青黑於下〔一三〕。太歲八會，壬子數九〔一四〕。王相之氣，自十一倍。死由無氣，如法而止〔一五〕。太子無氣，其異三世〔一六〕。日月光明，歷南斗〔一七〕。吴越爲鄰，同俗并土〔一八〕，西州大江，東絶大海〔一九〕，兩邦同城，相亞門户〔二〇〕，憂在於斯，必將爲咎。越有神山〔二一〕，難與爲鄰。

願王定之，毋洩臣言。」

吴使子胥救蔡〔二二〕，誅彊楚，笞平王墓〔二三〕，久而不去，意欲報楚。楚乃購之千金，衆人莫能止之〔二四〕。有野人謂子胥曰：「止！吾是于斧掩壺漿之子〔二五〕，發簞飯於船中者〔二六〕。」子胥乃知是漁者也，引兵而還。故無往不復，何德不報。漁者一言，千金歸焉，因是還去〔二七〕。

范蠡興師戰於就李，闔廬見中於飛矢〔二八〕，子胥還師，中媿於吴，被秦號年〔二九〕。至夫差復霸諸侯〔三〇〕，興師伐越，任用子胥〔三一〕。雖夫差驕奢，釋越之圍〔三二〕。子胥諫而誅。宰嚭諛心，卒以亡吴〔三三〕。夫差窮困，請爲匹夫〔三四〕。范蠡不許，滅於五湖〔三五〕。子胥策於吴，可謂明乎！

昔者，吴王夫差興師伐越，敗兵就李〔三六〕。大風發狂，日夜不止。車敗馬失，騎士墮死。大船陵居，小船没水〔三七〕。吴王曰：「寡人晝臥，夢見井嬴溢大〔三八〕，與越爭彗，越將掃我，軍其凶乎？孰與師還？」此時越軍大號〔三九〕，夫差恐越軍入，驚駭。子胥曰：「王其勉之哉，越師敗矣！臣聞井者，人所飲，溢者，食有餘〔四〇〕。越在南，火，吴在北，水〔四一〕。水制火，王何疑乎？風北來，助吴也〔四二〕。昔者武王伐紂時，彗星出而興周〔四三〕。武王問，太公曰：『臣聞以彗鬭，倒之則勝〔四四〕。』胥聞災異或吉或凶，物有相勝，此乃其證。願大王急行，是越將凶，吴將昌也。」

子胥至直〔四五〕，不同邪曲。捐軀切諫，虧命爲邦。愛君如軀，憂邦如家。是非不諱，直言不休。庶幾正君，反以見疎。讒人間之，身且以誅〔四六〕。范蠡聞之，以爲不通：「知數不用，知懼不去，豈謂智與？」胥聞，歎曰：「吾背楚荆〔四七〕，挾弓以去〔四八〕，義不止窮。吾前獲功，後遇戮，非吾智衰，先遇闔廬，後遭夫差也〔四九〕。胥聞事君猶事父也，愛同也，嚴等也。太古以來，未嘗見人君虧恩，爲臣報仇也〔五〇〕。臣獲大譽，功名顯著，胥知分數，終於不去〔五一〕。先君之功，且猶難忘〔五二〕，吾願腐髮弊齒，何去之有？蠡見其外，不知吾内。今雖屈冤，猶止死焉！」子貢曰：「胥執忠信，死貴於生，蠡審凶吉，去而有名〔五三〕，種留封侯，不知令終〔五四〕。二賢比德，種獨不榮〔五五〕。」范蠡智能同均〔五六〕，於是之謂也。

伍子胥父子奢，爲楚王大臣〔五七〕。爲世子聘秦女〔五八〕，夫有色〔五九〕，王私悦之，欲自御焉〔六〇〕。奢盡忠入諫，守朝不休，欲匡正之〔六一〕。而王拒之諫，策而問之，以奢乃害於君，絶世之臣。聽讒邪之辭，係而囚之，待二子而死。尚孝而入，子胥勇而難欺〔六二〕。累世忠信，不遇其時，奢諫於楚，胥死於吴。《詩》云：「讒人罔極，交亂四國〔六三〕。」是之謂也〔六四〕。

太宰者，官號，嚭者，名也，伯州之孫〔六五〕。伯州爲楚臣，以過誅，嚭以困奔於吴。是時吴王闔廬伐楚，悉召楚仇而近之。嚭爲人覽聞辯見〔六六〕，目達耳通，諸事無所不知。因其時自納於吴，言伐楚之利。闔廬用之伐楚，令子胥、孫武與嚭將師入郢〔六七〕，有大功。還，吴王以嚭爲太宰，位高權盛，專邦之枋〔六八〕。未久，闔廬卒〔六九〕，嚭見夫差内無柱石之堅，外無斷割之勢，諛心自納，操獨斷之利，夫差終以從焉。而忠臣籥口，不得一言〔七〇〕。嚭知往而不知來，夫差至死，悔不早誅。傳曰：「見清知濁，見曲知直，人君選士，各象其德〔七一〕。」夫差淺短，以是與嚭專權，伍胥爲之惑，是之謂也〔七二〕。

范蠡其始居楚也，生於宛橐，或伍户之虚〔七三〕。其爲結僮之時，一癡一醒，時人盡以爲狂。然獨有聖賢之明，人莫可與語，以内視若盲，反聽若聾〔七四〕。大夫種入其縣，知有賢者，未覩所在，求邑中，不得其邑人〔七五〕，以爲狂夫多賢士，衆賤有君子，汎求之焉。得蠡而悦，乃從官屬，問治之術。蠡修衣冠，有頃而出。進退揖讓，君子之容。終日而語，疾陳霸王之道〔七六〕。志合意同，胡越相從〔七七〕。俱見霸兆出於東南，捐其官位，相要而往臣〔七八〕。小有所虧，大有所成。捐止於吴。或任子胥，二人以爲胥在，無所關其辭〔七九〕。種曰：「今將安之？」蠡曰：「彼爲我〔八〇〕，何邦不可乎〔八一〕？」去吴之越，句踐賢之。種躬正内，蠡治出外，内濁不煩，外無不得。臣主同心〔八二〕，遂霸越邦。種善圖始，蠡能慮終。越承二賢，邦以安寧。始有災變，蠡專其明，可謂賢焉，能屈能申〔八三〕。

校釋

〔一〕步嘉謹按：《文選》卷五九《齊故安陸昭王碑文》「公以密戚上賢」句下，李善註引《越絶書》曰：「吴王闔廬始得子胥，以爲上賢，無異乎聖人也。」「子胥」後無「之時」二字，又無「甘心以賢之」句，「以爲上客」作「以爲上賢」，多「無異乎聖人也」句。按疑原本當有「無異乎聖人也」句，檢下文作「聖人前知乎千歲」，如此則文理銜接，今本當脱之。

〔二〕步嘉謹按：「深問其國」，《爾雅・釋言》：「深，測也。」《國語・晉語》「抑欲測吾心也」，韋昭註：「測猶度也。」則「深問其國」當是測問其國之義。

〔三〕步嘉謹按：「子其精焉」，《淮南子・修務訓》「官御不厲，心意不精」，高誘註：「精，專也。」專謂專一，引申之則爲精通。

〔四〕步嘉謹按：「子胥唯唯」，「唯唯」，應答之聲也。

〔五〕步嘉謹按：「以試直士」，「直士」，直言之士也。下文有云：「子胥至直」，「是非不諱，直言不休」可證。

〔六〕步嘉謹按：「仁者樂，知者好」，語未見經傳。疑此段文字有脱文錯簡。《論語》卷六《雍也》：「子曰：知者樂水，仁者樂山，知者動，仁者靜，知者樂，仁者壽。」又同書卷九《子罕》：「知者不惑，仁者不憂。」疑原文作「仁者樂山，知者好水」，語本《論語》而來，「樂」與「好」字後脱「山」、「水」二字。「誠」字，張宗祥、樂祖謀均從下讀，作「誠秉禮者探幽索隱」，如此語義似扞格難通。

「秉禮者」與「仁者」、「知者」相對成文，則當另作一句，「誠」字前後疑有脱文。「探幽索隱」即「探賾索隱」，《後漢書·順帝紀》李賢註：「賾，幽深也。」《周易》卷七《繫辭上》：「探賾索隱，鉤深致遠，以定天下之吉凶，成天下之亹亹者，莫大乎蓍龜。」蓋闔廬欲子胥定吴國之吉凶也。

〔七〕步嘉謹按：「存無忘傾，安無忘亡」，語本《周易》。《周易》卷八《繫辭下》：「子曰：危者安其位者也，亡者保其存者也，亂者有其治者也。是故，君子安而不忘危，存而不忘亡，治而不忘亂。是以身安而國家可保也。」

〔八〕錢培名曰：「『當霸吴厄會之際』，『厄』，原誤『危』，依漢魏叢書、逸史本改。」步嘉謹按：「當霸吴厄會之際」，「厄會」，厄運，猶言災難也。厄訓會，會亦厄義。按《漢書》卷八四《翟方進傳》「危亂漢朝，以成三厄」，師古引服虔曰：「厄，會也。謂三七二百一十歲。」則以七十歲爲一厄。《後漢書》卷七二《董卓列傳·讚》曰：「百六有會，《過》、《剥》成災。董卓滔天，干逆三才。」李賢註：「《前書音義》曰：『四千五百歲爲一元，一元之中有九厄，陽厄五，陰厄四。陽爲旱，陰爲水。』初入元百六歲有陽厄，故曰『百六之會。』」雖初厄爲「入元百六歲」之時，然平均五百歲爲一厄。《越絶計倪内經》：「天下六歲一穰，六歲一康，凡十二歲一饑。」似越有大厄小厄之别。單言之言「厄」言「會」，連言之則言「厄會」，其義一也。

〔九〕步嘉謹按：「後王復空」，《爾雅·釋言》：「復，返也。」《易·泰》：「無往不復。」上文言當「厄會之際」，此言天命有返。《毛詩·小雅·節南山》：「不弔昊天，不宜空我師。」毛傳：「空，窮也。」又

《新書》卷九《大政下》：「信道而不爲，國家必空。」此空亦爲窮乏之義。「後王」既子胥對闔廬而言，當指夫差。後王返於窮乏，故下文云：「王食禽肉，坐而待死。」

〔一〇〕步嘉謹按：「王食禽肉，坐而待死」，《越絶外傳記吴王占夢》：「相將至秦餘杭之山。饑餓，足行乏糧，視瞻不明。據地飲水，持籠稻而飡之。顧謂左右曰：『此何名？』群臣對曰：『是籠稻也。』吴王曰：『悲哉！此公孫聖所言，王且不得火食。』」此記吴王兵敗而困，饑食籠稻事，雖未言「食禽肉」，然事相類也。《吴越春秋》卷五《夫差内傳》又言夫差餓食生瓜事，可與此參觀。

〔一一〕步嘉謹按：「虹蜺牽牛，其異女」，「虹蜺」，彩色之雲氣，《漢書·天文志》「抱珥虹蜺」，師古引如淳曰：「表云：雄爲虹，雌爲蜺。」《淮南子·原道》：「虹蜺不出，賊星不行，含德之所致也。」則虹蜺出當有災事。「牽牛」，星名，《漢書》言越之分野，《越絶書》言吴之分野。《漢書·地理志》：「粤地，牽牛、婺女之分野也。」《越絶外傳記軍氣》：「吴故治西江，都牛、須女也。」「都牛」當即牽牛。此云「虹蜺牽牛」，義謂虹蜺出於牽牛星旁，災必近吴，下文云「日月光明，歷南斗」。南斗此書越之分野，《越絶外傳記軍氣》：「越故治，今大越山陰，南斗也。」則義謂於越有利，此子胥以天文災變對闔廬也。步嘉又按：「其異女」，疑爲「其須女」之訛。須女，星名。《史記·天官書》：「牽牛爲犧牲。其北河鼓。河鼓大星，上將；左右，左右將。婺女，其北織女。織女，天女孫也。」《索隱》：「廣雅云：『須女謂之務女』是也。」《正義》：「須女四星，亦婺女，天少府也。南斗、牽牛、須女皆爲星紀。於辰在丑，越之分野，而斗、牛爲吴之分野也。」

〔一二〕步嘉謹按：「黄氣在上」，言黄氣在須女星之上也。凡言星氣，似黄者皆吉，青、黑者凶。《史記・天官書》言天矢星：「矢黄則吉，青、白、黑，凶。」《漢書・天文志》言五星色：「凡五星色，皆圓，白爲喪爲旱，赤中不平爲兵，青爲憂爲水，黑爲疾爲多死，黄吉。」

〔一三〕步嘉謹按：「青黑於下」，言青、黑之氣在須女星下。青、黑之氣爲凶氣，參上條〔校釋〕。按：黄氣於上，青黑於下，似言吉雖在上，而凶漸迫於下矣。

〔一四〕步嘉謹按：「太歲八會」，此語不見經傳，費解。按：「太歲」，古星名，詳王引之《經義述聞・太歲考》。「八會」，《周禮》卷二五《春官・占夢》「以日月星辰占六夢之吉凶」，鄭玄註：「日月星辰，謂日月之行及合辰所在。《春秋》昭三十一年十二月辛亥朔，日有食之。是夜也，晉趙簡子夢童子倮而轉以歌，旦而日食，占諸史墨，對曰：六年及此月也，吴其入郢乎，終亦弗克。入郢必以庚辰，日月在辰尾。庚午之日，日始有謫。火勝金，故弗克。此以日月星辰占夢者，其術則今八會，其遺像也。用占夢則亡。」步嘉按：鄭玄云「其術則今八會」，則「八會」當爲後漢占卜之書。又《漢武帝内傳》：「上元夫人語帝曰：阿母今以瓊笈妙韞，發紫臺之文，賜汝八會之書、五岳真形，可謂至珍且貴，上帝之玄觀矣。」八會上與太歲連文，似「太歲八會」，即以太歲星之行止以觀吉凶之事。「壬子數九」之事不詳。

〔一五〕步嘉謹按：此子胥釋闔廬之吉凶也。

〔一六〕步嘉謹按：此子胥釋夫差之吉凶也。

〔一七〕步嘉謹按：「歷南斗」，疑此有脱文。此前皆子胥所占之文，四字一句，唯「其異女」與此句爲三字成句，與它處不合。「其異女」當爲「其須女」之訛，則彼處亦有脱文矣。

〔一八〕步嘉謹按：「吴越爲鄰，同俗并土」，《越絶請糴内傳》記申胥曰：「夫王與越也，接地鄰境，道徑通達，仇讎敵戰之邦，三江環之，其民無所移，非吴有越，越必有吴。」

〔一九〕步嘉謹按「西州大江，東絶大海」，《廣雅·釋言》：「州，浮也。」又曰：「浮，漂也。」《吕氏春秋》卷一五《權勳》：「子反之爲人也嗜酒，甘而不能絶於口，以醉。」高誘註：「絶，止也。」則此句義謂西浮大江，東止大海。《越絶計倪内經》：「西則迫江，東則薄海。」義與此略同。

〔二〇〕步嘉謹按：「相亞門户」，亞，次也。《廣雅·釋詁三》「次，近也。」則是相近門户之義。

〔二一〕步嘉謹按：「越有神山」，神山，會稽山也。《史記》卷二八《封禪書》「於是自崤以東，名山五，大川祠二。曰太室。太室，嵩高也。恒山，泰山，會稽，湘山。水曰濟，曰淮。」按名山則祠，因山有神靈也。又同書同卷云：「二世元年，東巡碣石，並海南，歷泰山，至會稽，皆禮祠之。」

〔二二〕步嘉謹按：《越絶荆平王内傳》：「其後荆將伐蔡，子胥言之闔廬，即使子胥救蔡而伐荆。」《越絶吴内傳》：「闔廬於是使子胥興師，救蔡而伐楚。」即爲此事。

〔二三〕步嘉謹按：《越絶荆平王内傳》作「操鞭捶笞平王之墓」，《越絶吴内傳》作「操鞭笞平王之墳」。

〔二四〕步嘉謹按：「楚乃購之千金，衆人莫能止之。」義謂楚欲退吴，懸千金之賞，而衆人無能爲也。

〔二五〕步嘉謹按：「吾是于斧掩壺漿之子」，事見《越絶荆平王内傳》、《吴越春秋》卷三《王僚使公子光傳》。

〔二六〕錢培名曰：「『發簞飯於船中者』，『飯』，原誤飲，依漢魏叢書、逸史本改。」

〔二七〕步嘉謹按：此段文字記子胥破楚，留止不去，漁者説子胥，子胥爲報其恩而引兵還，漁者因得千金。《吴越春秋》所記與此不同，其書卷四《闔閭内傳》云：「伍胥、孫武、白喜亦妻子常、司馬成之妻，以辱楚之君臣也。遂引軍擊鄭。鄭定公前殺太子建而困迫子胥。自此鄭定公大懼，乃令國中曰：『有能還吴軍者，吾與分國而治。』漁者之子應募曰：『臣能還之，不用尺兵斗糧，得一橈而行歌道中，即還矣。』公乃與漁者之子橈。子胥軍將至，當道扣橈而歌曰：『蘆中人！』如是再。子胥聞之，愕然大驚，曰：『何等？』謂與語：『公爲何誰矣？』曰：『漁父者子。吾國君懼怖，令於國，有能還吴軍者，與之分國而治。臣念前人與君相逢於途，今從君乞鄭之國。』子胥歎曰：『悲哉！吾蒙子前人之恩，自致於此，上天蒼蒼，豈敢忘也。』於是乃釋鄭國……」同書同卷又曰：「子胥等過溧陽瀨水之上，乃長太息曰：『吾嘗饑於此，乞食於一女子，女子飼我，遂投水而亡。』將欲報以百金而不知其家，乃投金水中而去。有頃，一老嫗行哭而來，人問曰：『何哭之悲？』嫗曰：『吾有女子，守居三十不嫁，往年擊綿於此，遇一窮途君子而輒飯之，而恐事泄，自投於瀨水。今聞伍君來，不得其償，自傷虚死，是故悲耳。』人曰：『子胥欲報百金，不知其家，投金水中而去矣。』嫗遂取金而歸。」此皆傳聞異辭也。

〔二八〕「就李」下張宗祥曰：「《史記》、《吴越春秋》作『檇李』。杜預曰：『吴郡嘉興縣南有醉李城。』」步嘉謹按：張宗祥引文有誤。張引杜預註，首見於《左氏》定公十四年《經》，然杜預註作「檇李，吴郡嘉興縣南醉李城」。「縣南」二字後較張宗祥引少一「有」字。次見《史記》卷三一《吴太伯世家》中《集解》引，作「吴郡嘉興縣南有檇李城也」。再次見《史記》卷四一《越王句踐世家》中《正義》引，作「吴郡嘉興縣南有檇李城」。皆作「檇李」，不作「醉李」，張註失據。步嘉又按：「闔廬見中於飛矢」，《史記》卷三一《吴太伯世家》：「十九年夏……越因伐吴，敗之姑蘇，傷吴王闔廬指，軍卻七里。吴王病傷而死。」

〔二九〕「被秦號年」，張宗祥曰：「此四字疑錯簡，上文僅言吴憂在越，不應叙及越爲楚敗，楚爲秦滅後事。」

〔三〇〕步嘉謹按：「至夫差復霸諸侯」，《史記》卷三一《吴太伯世家》：「十四年春，吴王北會諸侯於黄池，欲霸中國以全周室。」此蓋夫差鼎盛時事也。此前亦威陵諸侯。同書同卷又云：「七年……遂北伐齊，敗齊師於艾陵。至繒，召魯哀公而征百牢。季康子使子貢以周禮説太宰嚭，乃得止。因留略地於齊魯之南。九年，爲騶伐魯，至，與魯盟乃去。十年，因伐齊而歸。十一年，復北伐齊。」

〔三一〕步嘉謹按：「興師伐越，任用子胥。」《史記》卷三一《吴太伯世家》：「王夫差元年，以大夫伯嚭爲太宰。習戰射，常以報越爲志。二年，吴王悉精兵以伐越，敗之夫椒，報姑蘇也。」未言伐越任用子胥。唯《吴越春秋》卷四《闔閭内傳》云：「當此之時，吴以子胥、白喜、孫武之謀，西破强楚。

北威齊、晉，南伐於越。」

〔三二〕步嘉謹按：「雖夫差驕奢，釋越之圍」，「雖」字疑爲「後」字之訛。

〔三三〕步嘉謹按：「子胥諫而誅。宰嚭諛心，卒以亡吴。」《越絶外傳計倪》云：「子胥知時變，爲詐兵，爲兩翼，夜火相應。句踐大恐，振旅服降。進兵圍越會稽填山。子胥微策可謂神，守戰數年，句踐行成。子胥爭諫，以是不容。宰嚭許之，引兵而還。夫差聽嚭，不殺仇人。」即爲此事之史實。

〔三四〕步嘉謹按：「夫差窮困，請爲匹夫。」《史記》卷四一《越王句踐世家》：「而越大破吴，因而留圍之三年，吴師敗，越遂復棲吴王於姑蘇之山。吴王使公孫雄肉袒膝行而前，請成越王曰：『孤臣夫差敢布腹心，異日嘗得罪於會稽，夫差不敢逆命，得與君王成以歸。今君王舉玉趾而誅孤臣，孤臣惟命是聽，意者亦欲如會稽之赦孤臣之罪乎？』」此蓋夫差欲句踐赦之，請爲匹夫之事。

〔三五〕步嘉謹按：「范蠡不許，滅於五湖。」《史記》卷四一《越王句踐世家》：「范蠡曰：『會稽之事，天以越賜吴，吴不取，今天以吴賜越，越其可逆天乎？』……范蠡乃鼓進兵，曰：『王已屬政於執事，使者去，不者且得罪。』……吴王謝曰：『吾老矣，不能事君王！』遂自殺。」此乃范蠡不許之事，其事又見《國語》卷二一《越語下》。《越絶外傳記吴地傳》：「夫差冢，在猶亭西卑猶位。越王候干戈人一累土以葬之。近太湖，去縣十七里。」知夫差冢地近太湖。《國語》卷二一《越語下》「戰於五湖」，韋昭註：「五湖，今太湖。」則「滅於五湖」者，以夫差冢地近五湖，故云。

〔三六〕步嘉謹按：「吴王夫差興師伐越，敗兵就李。」《北堂書鈔》卷一一四《武功部・講武門》引《越絶》作「吴夫差伐越」，無「王」字、「興師」二字，及「敗兵就李」句。

〔三七〕步嘉謹按：「大風發狂，日夜不止。車敗馬失，騎士墮死。大船陵居，小船没水。」《北堂書鈔》卷一一四《武功部・講武門》引《越絶》與此全同。

〔三八〕步嘉謹按：「夢見井嬴溢大」，嬴字訓滿，亦訓餘。《太玄・太玄數》「推三爲嬴贊」，范望《集解》：「嬴，滿也。」《荀子》卷三《非相篇》「緩急嬴絀」，楊倞註：「嬴，餘也。」

〔三九〕步嘉謹按：「此時越軍大號」，《越絶外傳記地傳》「王殺買，謝其師，號聲聞吴。吴王恐懼」，似即此文所記之事。

〔四〇〕步嘉謹按：「臣聞井者，人所飲，溢者，食有餘。」皆解夢之説。《潛夫論・夢列》：「凡夢：有直，有象，有精，有想，有人，有感，有時，有反，有病，有性。」又曰：「凡察夢之大體：清潔鮮好，貌豎健，竹木茂美，宫室器械新成，方正開通，光明温和，昇上向興之象皆爲吉喜，謀從事成。諸臭汙腐爛，枯槁絶霧，傾倚徵邪，鼻刖不安，閉塞幽昧，解落墜下向衰之象皆爲（原本脱二字），計謀不從，舉事不成。」

〔四一〕步嘉謹按：以五行之説，南方爲火，北方爲水。以地理位置言，吴在越北，越在吴南，故子胥有是言也。

〔四二〕步嘉謹按：「風北來，助吴也。」風北來，則向南吹，古代二軍相對，順風者利，逆風者不利。吴在北，處於順風，故子胥云「助吳也」。

〔四三〕步嘉謹按：「昔者武王伐紂時，彗星出而興周。」《太平御覽》卷七《天部·星門》引劉向《洪範·傳》曰：「彗者，去穢布新者也。此天所以去無道而建有德也。」又《史記》卷二七《天官書》中《集解》引張晏曰：「彗，所以除舊布新。」武王伐紂，正所謂去無道而建有德，故彗星爲之出。

〔四四〕步嘉謹按：「武王問，太公曰：『臣聞以彗鬭，倒之則勝。』」《尉繚子》卷上《天官》：「天官時日，不若人事也。按天官曰：背水陣爲絶地，向阪陣爲廢軍。武王伐紂，背濟水向山阪而陣，以二萬二千五百人，擊紂之億萬而滅商，豈紂不得天官之陣哉？楚將公子心與齊人戰，時有彗星出，柄在齊，柄所在勝，不可擊。公子心曰：彗星何知，以彗鬭者，固倒而勝焉。明日與齊戰，大破之。」知「以彗鬭，倒之則勝」，乃違天官書之説也。

〔四五〕錢培名曰：「『子胥至直』，原本連上，今按例當另起。『至』疑當作『正』。」

〔四六〕步嘉謹按：「讒人間之，身且以誅。」「讒人」謂太宰嚭等人。受誅之事見本篇、《史記》、《吳越春秋》諸書。

〔四七〕步嘉謹按：「吾背楚荆」，疑「荆」字本爲註語，混入正文，原似作「吾背楚」，後人於「楚」下註一「荆」字。按本篇皆言「楚」不言「荆」，又《越絶書》或言「楚」，或言「荆」，未有「楚荆」連言者。又古書此二字若連言，皆作「荆楚」，如《荆楚歲時記》者是，不見云「楚荆」者。楚字訓荆，註家常言，《儀禮》卷三七《士喪禮》「楚焞置於燋」，鄭玄註：「楚，荆也。」

〔四八〕步嘉謹按：「挾弓以去」，《春秋公羊傳》定公四年作：「伍子胥父誅乎楚，挾弓而去楚，以干闔廬。」《春秋穀梁傳》定公四年作：「子胥父誅於楚也，挾弓持矢而干闔廬。」《新序》卷九作：「楚平王殺伍子胥之父，子胥出亡，挾弓而干闔閭。」

〔四九〕步嘉謹按：「先遇闔廬，後遭夫差也。」《説苑》卷一七《雜言》：「伍子胥前多功，後戮死，非其智益衰也，前遇闔廬，後遇夫差也。」與此文有小異。

〔五〇〕步嘉謹按：「太古以來，未嘗見人君虧恩，爲臣報仇也。」《越絶荆平王内傳》：「子胥居吴三年，大得吴衆。闔廬將爲之報仇，子胥曰：『不可，臣聞諸侯不爲匹夫興師。』於是止。其後荆將伐蔡，子胥言之闔廬，即使子胥救蔡而伐荆。」又《越絶吴内傳》：「子胥挾弓，身干闔廬，闔廬……將爲之報仇，子胥曰：『不可。諸侯不爲匹夫報仇。臣聞事君猶事父也，虧君之行，報父之仇，不可。』於是止。……闔廬於是使子胥興師，救蔡而伐楚。」蓋即此事。

〔五一〕步嘉謹按：「胥知分數，終於不去。」《越絶篇叙外傳》：「去止，事君之義也。義無死，胥死者，受恩深也。」

〔五二〕步嘉謹按：「先君之功，且猶難忘。」《越絶篇叙外傳記》：「夫差下愚不移，終不可奈何。言不用，策不從，昭然知吴將亡也。受闔廬厚恩，不忍去而自存，欲著其諫之功也。故先吴敗而自殺也。死人且不負，而況面在乎？」

〔五三〕步嘉謹按：「胥執忠信，死貴於生，蠡審吉凶，去而有名」，《越絶篇叙外傳記》：「『微子去，比干死，孔子並稱仁，行雖有異，其義同。』『死與生，敗與成，其同奈何？』『《論語》曰：有殺身以成仁。子胥重其信，范蠡貴其義。信從中出，義從外出。微子去者，痛殷道也，比干死者，忠於紂也，箕子亡者，正其紀也，皆忠信之至，相爲表裏耳。』」又《越絶德序外傳記》：「管仲達於霸紀，范蠡審乎吉凶終始。」

〔五四〕步嘉謹按：「種留封侯，不知令終。」令，善也。《史記》卷四一《越王句踐世家》：「范蠡遂去，自齊遺大夫種書曰：『蜚鳥盡，良弓藏，狡兔死，走狗烹。越王爲人長頸鳥喙，可與共患難，不可與共樂。子何不去？』種見書，稱病不朝。人或讒種且作亂，越王乃賜種劍曰：『子教寡人伐吴七術，寡人用其三而敗吴，其四存子，子爲我從先王試之。』種遂自殺。」又見《論衡・骨相篇》。

〔五五〕步嘉謹按：「種獨不榮」，《越絶德序外傳記》：「種立休功，其後厥過自伐。」

〔五六〕錢培名曰：「『范蠡智能同均，於是之謂也』，『是』上疑脱『胥』字。」

〔五七〕步嘉謹按：「伍子胥父子奢，爲楚王大臣」，《越絶荆平王内傳》：「昔者，荆平王有臣伍子奢。」《吴越春秋》卷三《王僚使公子光傳》：「平王以伍奢爲太子太傅。」又《史記》卷六六《伍子胥列傳》：「楚平王有太子名曰建，使伍奢爲太傅。」

〔五八〕步嘉謹按：「爲世子聘秦女」，此云伍子奢爲世子聘秦女，與《吴越春秋・王僚使公子光傳》、《史記・伍子胥列傳》記費無忌爲世子聘秦女事不同。疑「爲世子聘秦女」句前有脱文。

〔五九〕「夫有色」，錢培名校本作「大有色」，錢培名曰：「『大有色』，『大』，原誤『夫』，註云：『一作大。』按作『大』是也。今依改。」步嘉謹按：作「夫有色」、「大有色」，於文皆似不順。疑當作「女有色」，《史記·伍子胥列傳》此處作「秦女好」，《吴越春秋·王僚使公子光傳》此處作「秦女美容」，「女好」、「女美容」與「女有色」義同。「夫」、「女」二字形近易混。

〔六〇〕步嘉謹按：「王私悦之，欲自御焉。」《史記·伍子胥列傳》作「平王遂自取秦女而絶愛幸之」。《吴越春秋·王僚使公子光傳》作「王遂納秦女爲夫人，而幸愛之」。

〔六一〕步嘉謹按：「奢盡忠入諫，守朝不休，欲匡正之。」《史記》卷六六《伍子胥列傳》：「頃之，無忌又日夜言太子短於王曰：『太子以秦女之故，不能無怨望，願王少自備也。自太子居城父，將兵，外交諸侯，且欲入爲亂矣。』平王乃召其太傅伍奢考問之。伍奢知無忌讒太子於平王，因曰：『王獨柰何以讒賊小臣疏骨肉之親乎？』」《吴越春秋》卷三《王僚使公子光傳》所記與此略同。

〔六二〕步嘉謹按：「尚孝而入，子胥勇而難欺。」事見《越絶荆平王内傳》、《史記》卷六六《伍子胥列傳》、《吴越春秋》卷三《王僚使公子光傳》。

〔六三〕步嘉謹按：「讒人罔極，交亂四國。」見《毛詩·小雅·青蠅》，其曰：「青蠅，大夫刺幽王也。營營青蠅，止於樊，豈弟君子，無信讒言。營營青蠅，止於棘，讒人罔極，交亂四國。營營青蠅，止於榛，讒人罔極，構我二人。」

〔六四〕樂祖謀曰：「『是之謂也』，『是』陳本作『此』。」

〔六五〕步嘉謹按：「伯州之孫」，「伯州」後疑脱「犁」字，原當作「伯州犁之孫」。下文「伯州爲楚臣」句亦疑脱「犂」字。按《史記》卷三一《吴太伯世家》：「王闔廬元年，舉伍子胥爲行人而與謀國事。楚誅伯州犂，其孫伯嚭亡奔吴，吴以爲大夫。」《集解》引徐廣曰：「伯嚭，州犂孫也。」《史記》與《吴越春秋》同。」《史記》及《史記集解》皆作「州犂」可證。

〔六六〕步嘉謹按：「嚭爲人覽聞辯見」，覽，觀也。聞，聽也。辨，明也。見，睹也。「覽聞辯見」皆人耳目之事，故下云「目達耳通」。

〔六七〕步嘉謹按：「令子胥、孫武與嚭將師入郢。」《史記》卷三一《吴太伯世家》：「九年，吴王闔廬請伍子胥、孫武曰：『始子之言郢未可入，今果如何？』二子對曰：『楚將子常貪，而唐、蔡皆怨之。王必欲大伐，必得唐、蔡乃可。』闔廬從之，悉興師……比至郢，五戰，楚五敗。楚昭王亡出郢，奔鄖。鄖公弟欲弑昭王，昭王與鄖公奔隨。而吴兵遂入郢。子胥、伯嚭鞭平王之尸，以報父讎。」則參與伐楚，有子胥、孫武、伯嚭三人。

〔六八〕步嘉謹按：「還，吴王以嚭爲太宰」，《史記》卷三一《吴太伯世家》：「王夫差元年，以大夫伯嚭爲太宰。」《左傳》定公四年：「伯州犂之孫嚭爲太宰以謀吴。」本篇以伐楚入郢還，闔廬官嚭爲太宰，《左傳》記則以嘗未伐楚時嚭已爲太宰，《史記》乃以夫差初年嚭方爲太宰，三書所記各異。步嘉又按：「專邦之枋」，枋與柄通，即柄權也。《説文通訓定聲・壯部》朱駿聲曰：「枋，假借爲柄。」《儀禮・特牲饋食禮》「贊者錯俎加匕」，鄭玄註：「縮加匕東枋。」《經典釋文》：「本亦作柄。」又《周禮・春官・内史》：「内史掌王之八枋之法，以詔王治。」《經典釋文》作「八柄」，云：

「本又作枋。」專邦之枋者，專邦之權也。

〔六九〕步嘉謹按：「闔廬卒」，《越絶吴内傳》：「吴闔廬卒，敗而去也。卒者，闔廬死也。天子稱崩，諸侯稱薨，大夫稱卒，士稱不禄。闔廬，諸侯也，不稱薨而稱卒者，何也？……於是孔子作《春秋》，方據魯以王。故諸侯死皆稱卒，不稱薨，避魯之謚也。」

〔七〇〕步嘉謹按：「忠臣籥口」，《辭源》「籥口」條云：「籥口，即鑰口，比喻閉口不言。《越絶書》六《外傳記策考》：『忠臣籥口，不得一言。』又十五《叙外傳記》：『籥口鍵精，深自誡也。』」

〔七一〕步嘉謹按：「見清知濁，見曲知直，人君選士，各象其德。」此數語僅見於此，未見他書，俟考。

〔七二〕張宗祥曰：「《吴越春秋》載子胥薦伯嚭事，故云爲惑。」

〔七三〕錢培名曰：「『生於宛橐或伍户之墟』，按高誘《吕氏春秋註》云：范蠡，楚三户人也。《越世家・正義》引《吴越春秋》云：蠡字少伯，乃楚宛三户人也。又云：文種爲宛令之三户之里，范蠡從犬竇蹲而吠之。此『伍』字疑『三』之誤。」張宗祥曰：「《史記集解》：『《太史公素王妙論》曰：蠡本南陽人。《列仙傳》云：蠡徐人。』《正義》：『《吴越春秋》云：蠡字少伯，乃楚宛三户人也。《越絶》云：在越爲范蠡，在齊爲鴟夷子皮，在陶爲朱公。又云：居楚曰范伯。』宗祥按：《正義》所引，今本《吴越春秋》、《越絶》無此語。」步嘉謹按：錢培名謂「伍户」疑爲「三户」之誤，非。《太白陰經》卷一《賢有遇時篇第六》作「范蠡生於五户之墟」，與《越絶書》此篇合，知「五户之墟」，自成一説，與他書異。

〔七四〕步嘉謹按：《太白陰經》卷一《賢有遇時篇第六》：「范蠡生於五户之墟，爲童時内視若盲，反聽若聾，時人得之至狂。大夫種來觀而知其賢，叩門而請謁，相與歸於地户。」與此節文字大同小異。

〔七五〕錢培名曰：「『不得其邑人』，『邑』字疑衍。」

〔七六〕張宗祥曰：「《史記正義》：《會稽典録》云：『范蠡字少伯，越之上將軍也。本是楚宛三户人，佯狂倜儻負俗。文種爲宛令，遣吏謁奉。吏還曰：范蠡本國狂人，生有此病。種笑曰：吾聞士有賢俊之姿，必有佯狂之譏，内懷獨見之明，外有不知之毁，此固非二三子之所知也。駕車而往，蠡避之。後知種之必來謁，謂兄嫂曰：今日有客，願假衣冠。有頃種至，抵掌而談，旁人觀者聳聽之矣。』叙此事更詳。」

〔七七〕錢培名曰：「『胡越相從』，『胡』疑當作『吴』。」

〔七八〕步嘉謹按：「俱見霸兆出於東南，捐其官位，相要而往臣。」《越絶外傳記范伯》：「昔者，范蠡其始居楚，曰范伯。自謂衰賤，未嘗世禄，故自菲薄。飲食則甘天下之無味，居則安天下之賤位。復被髮佯狂，不與於世。謂大夫種曰：『三王則三皇之苗裔也，五伯乃五帝之末世也。天運歷紀，千歲一至。黄帝之元，執辰破巳。霸王之氣，見於地户。子胥以是挾弓干吴王。』於是要大夫種入吴。」即詳記此事。

〔七九〕樂祖謀曰：「『無所關其辭』，原本及陳本、吴本『關』作『聞』，正德本、張本作『關』，按，此處兩字皆可，然『關』字見於下篇《范伯第八》，並見《史記越世家·正義》，因據正德本等改。」

〔八〇〕錢培名曰：「『彼爲我』，句有脱誤。《越世家·正義》引，有『彼爲彼，我爲我』二句，疑即此文。」

〔八一〕張宗祥曰：「按《史記正義》：『《越絶》云：居楚曰范伯，謂大夫種曰：三王則三皇之苗裔也，五伯乃五帝之末世也。天運歷紀，千歲一至，黄帝之元，執辰破巳。霸王之氣，見於地户。伍子胥以是挾弓矢干吴王。於是要大夫種入吴。此時馮同相與共戒之，伍子胥在，自餘不能關其詞。蠡曰：吴越之邦，同風共俗，地户之位，非吴則越。彼爲彼，我爲我。乃入越。越王允常與言，盡日方去。』『彼爲彼，我爲我』云云，今本未見，而今本此句費解，恐有闕文。」

〔八二〕步嘉謹按：「臣主同心」，《周易》卷七《繫辭上》：「二人同心，其利斷金。」義與此略同。

〔八三〕步嘉謹按：「能屈能申」，《説苑》卷一六《談叢》：「問善御者莫如馬，問善治者莫如民。以卑爲尊，以屈爲伸。聖人所因，上法於天。」又《説苑》卷一七《雜言》：「夫所謂至聖之士，必見進退之利，屈伸之用者也。」

越絶卷第七

越絶外傳記范伯第八

昔者，范蠡其始居楚〔一〕，曰范伯〔二〕。自謂衰賤，未嘗世禄〔三〕，故自菲薄。飲食則甘天下之無味，居則安天下之賤位。復被髮佯狂，不與於世〔四〕。謂大夫種曰：「三王則三皇之苗裔也，五伯乃五帝之末世也〔五〕。天運歷紀，千歲一至。黄帝之元，執辰破巳〔六〕。霸王之氣，見於地户。子胥以是挾弓干吴王〔七〕。」於是要大夫種入吴。

此時馮同相與共戒之，伍子胥在，自與不能關其辭〔八〕。蠡曰：「吴越二邦，同氣共俗〔九〕，地户之位，非吴則越〔一〇〕。」乃入越。越王常與言盡日〔一一〕。大夫石買，居國有權〔一二〕，辯口，進曰：「衒女不貞，衒士不信〔一三〕。客歷諸侯，渡河津，無因自致，殆非真賢〔一四〕。夫和氏之璧，求者不爭賈〔一五〕，騏驥之才，不難阻險之路〔一六〕。□□□□之邦，歷諸侯無所售，道聽之徒〔一七〕，唯大王察之。」於是范蠡退而不言，遊於楚越之間。大夫種進曰：「昔者市偷自衒於晉，晉用之而勝楚〔一八〕，伊尹負鼎入殷，遂佐湯取天下〔一九〕。有智之士，不在遠近取也，謂之帝王求備者亡。《易》曰：『有高世之材〔二〇〕，必有負俗之累，有至智之明者，必破庶衆之議〔二一〕。』成大功者不拘於俗，論大道者不合於衆。唯大王察之。」

於是石買益疏。其後使將兵於外，遂爲軍士所殺〔二二〕。是時句踐失衆，棲於會稽之山〔二三〕，更用種、蠡之策，得以存〔二四〕。故虞舜曰：「以學乃時而行，此猶良藥也〔二五〕。」王曰：「石買知往而不知來〔二六〕，其使寡人棄賢。」後遂師二人，竟以禽吴〔二七〕。

子貢曰：「薦一言，得及身，任一賢，得顯名〔二八〕。」傷賢喪邦，蔽能有殃〔二九〕。負德忘恩，其反形傷。壞人之善毋後世，敗人之成天誅行〔三〇〕。故冤子胥僇死，由重譖子胥於吴〔三一〕，吴虚重之，無罪而誅。傳曰：「寧失千金，毋失一人之心。」是之謂也。

校釋

〔一〕步嘉謹按：「昔者，范蠡其始居楚」，《史記》卷四一《越王句踐世家》中《正義》引《越絶》作「居楚曰范伯」，無「昔者范蠡其始」六字。步嘉又按：本篇此下一段文字，至「越王常與言盡日」句止，《史記正義》引《越絶》略同，小有異文。

〔二〕步嘉謹按：「曰范伯」，《史記》卷四一《越王句踐世家》中《正義》引《越絶》同。檢《正義》引《越絶》上有云：「在越爲范蠡，在齊爲鴟夷子皮，在陶爲朱公。」《正義》接下又引《越絶》云「居楚曰范伯」，今本《越絶書》號本篇爲《記范伯》，則記載以范蠡居楚之時始也。

〔三〕步嘉謹按：「未嘗世禄」，世禄謂世有禄位，《尚書》卷一九《畢命》：「世禄之家，鮮克由禮。」孔安國傳：「世有禄位，而無禮教。」又《國語》卷一四《晉語八》：「此之謂世禄，非不朽也。」韋昭註：「世禄，世食官邑。」

〔四〕步嘉謹按：此段文字，自「自謂衰賤，未嘗世禄」始，至「不與於世」止，《史記》卷四一《越王句踐世家》中《正義》引《越絶》無其文。

〔五〕步嘉謹按：「三王則三皇之苗裔也」，三王，夏禹、殷湯、周文武。三皇，伏羲、神農、黄帝。略見《越絶吴内傳》、《越絶計倪内經》。「五伯乃五帝之末世也」，五伯，即五霸，謂齊桓、晉文、秦穆、宋襄、楚莊。五帝，伏羲、神農、黄帝、堯、舜。

〔六〕魯實先曰：「或謂《越絶書外傳記范伯第八》云：『天運歷紀，千歲一至，黄帝之元，執辰破巳。』是《黄帝曆》於建除之次，以辰爲執日，破爲巳日也。依執辰破巳推之，則寅爲平，巳爲破，申收亥建，卯直宗鏡》謂『建破平收，俗之所忌』者是也。平收建破爲四正，古有魁罡之説。《選擇定，定爲時陰，又名死氣。《神樞經》曰：『死氣者，無氣之神也。』《總要曆》曰：『時陰，月中陰神也。』曹震圭曰：『時陰者，陰氣之神。』夫日陽爲德，月陰爲刑，是則定日雖爲黄道，亦非大吉。秦正建亥，蔀首己巳，上元乙卯，秦地居申，而於《黄帝術》建除之次，皆非吉日。辰爲執，子爲除，執爲支德。所謂支德者，《神樞經》曰：『地支帶德也。』除者，《協紀辨方書》曰：『除舊布新月之相氣也。」故《黄帝術》以庚辰爲元，以子月起算；尋其立意，亦主相克。愚按：建除之建，乃以月建而言也。以執辰破巳推之，則亥爲建，子爲除。《越絶》云「黄帝之元」，所謂元者，非謂上元，即爲元年元月，不至指建亥之十月也。夫以亥直建，則《黄帝曆》以建亥爲歲首也。按《漢書·武帝紀》，元鼎五年用《黄帝曆》，而序十月爲歲首，似《黄帝曆》亦因秦正而建亥，則《秦曆》之亥月，亦必爲執辰破巳，與《越絶書》所記同，故不可言相克矣。《淮南·天文訓》「寅爲建，卯爲除」。《論衡·偶會篇》「正月建寅，斗魁破申」。《淮南》及《論衡》所言，皆歲首建寅之曆。則《越絶》序《黄帝術》，亦當始歲首之子月，而以子日直建；則執破直巳午，不直辰巳。而謂執破直辰巳者，是以亥日爲建，而以亥月居歲首。然《黄帝術》歲首建子不建亥，故錢唐謂《越絶書》從歲數，《淮南》及《漢書》從月數，後人惟用月。錢氏蓋見《越絶》言「黄帝之元」，又見建不直子而直亥，故謂爲從歲數也。建破平收有四正之説者，以十二次方位，子午、卯酉正相衝對，謂之四正；以建直子，則卯平、午破、酉收，適合四正。是持四正之説者，乃以建子起算，非建亥起算。蓋古《天正曆》之遺義也。或説引此以釋《黄帝曆》，足見其未審乎四正之旨矣！《越絶》言「黄帝之元，執辰破巳，霸王之氣，見於地户，子胥以是挾弓干吴王。」按《左氏傳》、《吴越春秋》卷三、《史記·十二諸侯表》，子胥奔吴在魯昭公二十年，《黄帝曆》、《元和曆》歲在己卯，次年爲庚辰、爲辛巳。《黄帝曆》大紀紀首在西元前一八四一年，下距是歲一三二〇算。所謂「天運歷紀，千歲一至」者，謂《黄帝曆》自天紀庚辰歲命算，歷千餘歲得庚辰；子胥即以庚辰之亂。其在宋也，有華氏之亂。其適鄭，則有太子建與晉謀鄭之事。子胥奔吴先歷宋、鄭；檢《子胥傳》、《吴越春秋》，子胥奔吴在定公十年。《十二諸侯表》序建奔鄭亦在魯昭二十年，《鄭世家》序太子建被誅，子胥及其子勝奔吴在定公十年。《左氏》序於魯昭二十年，《春秋》記華向奔陳，適當魯昭公二十年冬十月。按鄭定公十年，當魯昭公二十二年辛巳歲，可知子胥在宋、鄭，乃更寒暑，方克至吴。若如《傳》所記子胥奔吴爲魯昭二十年春三月者，以是歲楚誅奢，尚終言之也。范伯言「千歲一至」，舉成數也。即以《元和曆》推之，其甲子蔀首在西元前一六八一年，歲次庚申，爲人紀而非天紀，不合「天運歷紀，執辰破巳」之言。審是，則范蠡所言，當爲《黄帝庚辰元曆》，錢唐謂《越絶》從歲數者是也。或曰之言不免傅合，其言歲次配以執破者，是猶古之以十二宫紀歲，以攝提格紀歲，以卦位卦爻紀歲，以納音四維紀歲。」

〔七〕錢培名曰：「『子胥以是挾弓干吴王』，『子胥』上《越世家正義》有『伍』字，『弓』下有『矢』字。」

說見《史記會註考證駁議》。

〔八〕錢培名曰：「『自與不能關其辭』，『與』《正義》作『餘』，『關』作『聞』。按上《紀策考》云：『二人以爲胥在，無所關其辭。』亦作『關』，『聞』字不通。」

〔九〕步嘉謹按：「『吴越二邦』，《史記》卷四一《越王句踐世家》中《正義》引《越絶》作『吴越之邦』，『二』作『之』。」錢培名曰：「『同氣共俗』，『氣』，《正義》作『風』。」

〔一〇〕錢培名曰：「『非吳則越』，句下，《正義》引有『彼爲彼，我爲我』六字。」步嘉謹按：錢校曰《正義》引，見《史記》卷四一《越王句踐世家》中《史記正義》引《越絶》。

〔一一〕「越王常與言盡日」，錢培名曰：「『盡日』，句下《正義》有『方去』二字。」步嘉謹按：錢校所云《正義》者，見《史記》卷四一《越王句踐世家》中《史記正義》引《越絶》。

〔一二〕步嘉謹按：「大夫石買」，他書似未見，唯下文云：「於是石買益疏，其後使將兵於外，遂爲軍士所殺。」又《越絶外傳記地傳》有其事蹟。據本書石買也當爲越國重臣之一。然《國語》卷一九《吳語》記越國五大夫，爲舌庸、苦成、大夫種、范蠡、皋如。無石買之名。

〔一三〕步嘉謹按：「衒女不貞，衒士不信。」《文選》卷三七《求自試表》「夫自衒自媒者，士女之丑行也」句下，李善註引《越絶書》與此同。衒女，賣弄風姿的女人，衒士，自我誇耀的人。說見《辭源》「衒士・衒女」條。

〔一四〕步嘉謹按：「客歷諸侯，渡河津，無因自致，殆非真賢。」《文選》卷三七《求自試表》李善註引《越絶書》作：「客歷諸侯，渡河津，無因自致，殆不真賢也。」「殆非真賢」，「非」作「不」，又「賢」下多一「也」字。步嘉又按：「客歷諸侯」，據《史記・越王句踐世家》中《正義》引《越絶》：「在越爲范蠡，在齊爲鴟夷子皮，在陶爲朱公。居楚曰范伯。」則范蠡所游諸侯甚多，此語當有所本。

〔一五〕步嘉謹按：「夫和氏之璧，求者不爭賈」，謂真寶自然珍貴，無須自求於君。《史記》卷八一《廉頗藺相如列傳》：「趙惠文王時，得楚和氏璧。秦昭王聞之，使人遺趙王書，願以十五城請易璧。」

〔一六〕步嘉謹按：「騏驥之才，不難阻險之路」，「騏」、「驥」，皆駿馬名。《楚辭·離騷》：「乘騏驥以馳騁兮。」王逸註：「騏驥，駿馬也。」

〔一七〕步嘉謹按：此處疑有脱文錯簡。前文作「夫和氏之璧，求者不爭賈，騏驥之才，不難阻險之路」，則依其句式，「道聽之徒」，似當在「歷諸侯無所售」句前，錯簡於下。又「□□□□之邦」前，疑有脱文。

〔一八〕步嘉謹按：「昔者市偷自衒於晉，晉用之而勝楚。」疑此處有誤，似原當作「昔者市偷自衒於楚，楚用之而勝齊」。《淮南子》卷一《道應訓》：「楚將子發好求技道之士，楚有善爲偷者往見曰：『聞君求技道之士。臣，偷也（王念孫云：「『臣，偷也』，本作『臣，楚市偷也』」。下文「市偷進請曰」即承此句言之。今本脱「楚市」二字。《太平御覽·人事部》一百十六、一百四十引此，並作「臣，楚市偷也」。説見《讀書雜誌·淮南内篇第十二》「偷也」條），願以技賫一卒。』子發聞之，衣不給帶，冠不暇正，出見而禮之。左右諫曰：『偷者，天下之盜也。何爲之禮！』君曰：『此非左右之所得與。』後無幾何，齊興兵伐楚。子發將師以當之，兵三卻。楚賢良大夫皆盡其計而悉其誠，齊師愈彊。於是市偷進請曰：『臣有薄技，願爲君行之。』子發曰：『諾。』不問其辭而遣之。偷則夜解齊將軍之幬帳而獻之。子發因使人歸之，曰：『卒有出薪者，得將軍之帷，使歸之於執事。』明又復往取其枕，子發又使人歸之。明日又復往取其簪，子發又使歸之。齊師聞之，大駭，將軍與軍吏謀曰：『今日不去，楚君恐取吾頭。』乃還師而去。」《越絶書》所云，與此當爲一事。

〔一九〕步嘉謹按：「伊尹負鼎入殷，遂佐湯取天下。」《漢書》卷六五《東方朔傳》：「故伊尹蒙恥辱負鼎俎和五味以干湯，太公釣於渭之陽以見文王。」

〔二〇〕錢培名曰：「『有高世之材』，依下句例，句末當有『者』字。」步嘉謹按：錢説是，《文選》卷三五《七命》李善註引《越絶書》正作「有高世之材者」。又「必有負俗之累」，《文選》李註引「累」下有「也」字。又樂祖謀校本「高世之材」，「材」作「才」，檢四部叢刊本、庫本、漢魏叢書本、錢培名校本、張宗祥校本及《文選·七命》李善註引《越絶書》皆作「高世之材」，則樂本失據，今從衆本作「材」。又馬總《意林》卷五引《唐子》語有「夫士有高士之名，必有負俗之累」，「高世」作「高士」，「材」作「名」。

〔二一〕錢培名曰：「『必破衆庶之議』，『破』疑當作『被』。」步嘉謹按：錢説是。馬總《意林》卷五引《唐子》作：「有絶群之節，必嬰謗嗤之患。」文雖異，其義同。《唐子》作「必嬰」，本篇當作「必被」爲是。《後漢書·南匈奴傳》：「墝埆之人，屢嬰塗炭。」《史記·屈原列傳》「信而見疑，忠而被謗」，「嬰」、「被」二字，其義一也。

〔二二〕步嘉謹按：「於是石買益疏。其後使將兵於外，遂爲軍士所殺。」《越絶外傳記地傳》：「句踐與吴戰於浙江之上，石買爲將。耆老、壯長進諫曰：『夫石買，人與爲怨，家與爲仇，貪而好利，細人也，無長策。王而用之，國必不遂。』王不聽，遂遣之。石買發，行至浙江上，斬殺無罪，欲專威服軍中，動摇將率，獨專其權。士衆恐懼，人不自聊。兵法曰：『視民如嬰兒，故可與赴深溪。』士衆魚爛而買不知，尚猶峻法隆刑。子胥獨見可奪之證，變爲奇謀，或北或南，夜舉火擊鼓，晝陳詐兵。越師潰墜，政令不行，背叛乖離。還報其王，王殺買，謝其師，號聲聞吴。」所記石買之死，與此不同。

〔二三〕步嘉謹按：「是時句踐失衆，棲於會稽之山」，《越絶外傳記地傳》：「越師請降，子胥不聽。越棲於會稽之山，吴退而圍之。」與此篇所記一事。又《越絶内傳陳成恒》：「嘗與越戰，棲於會稽山上。」又《國語》卷二〇《越語上》「越王句踐棲於會稽之上」，皆即此事。

〔二四〕步嘉謹按：「更用種、蠡之策，得以存。」《越絶外傳記地傳》作：「句踐喟然，用種、蠡計（步嘉按：「喟然」後當有脱文），轉死爲霸。」《越絶德序外傳記》：「昔者，越王句踐困於會稽，歎曰：『我其不伯乎！』欲殺妻子，角戰以死。蠡對曰：『殆哉！王失計也，愛其所惡。且吴王賢不離，不肖不去，若卑辭以地讓之，天若棄彼，彼必許。』句踐曉焉，曰：『豈然哉！』遂聽能以勝。」句踐所用大夫種、范蠡之策，詳見本書《内經九術》、《國語·越語》、《史記·越王句踐世家》、《吴越春秋·句踐陰謀外傳》。

〔二五〕步嘉謹按：「以學乃時而行，此猶良藥也。」此語未見經傳，俟考。

〔二六〕步嘉謹按：「石買知往而不知來」，「知往而不知來」，《越絶書》中習見之語。《越絶外傳紀策考》：「嚭知往而不知來。」

〔二七〕步嘉謹按：「後遂師二人，竟以禽吴。」《國語》卷二一《越語下》記句踐入吴前事云：「王曰：『蠡爲我守於國。』對曰：『四封之内，百姓之事，蠡不如種也。四封之外，敵國之制，立斷之事，種亦不如蠡也。』王曰：『諾。』令大夫種守於國，與范蠡入宦於吴。」則「師二人」，種治於内而蠡斷於外也。

〔二八〕步嘉謹按：「薦一言，得及身，任一賢，得顯名。」子貢此語不見經傳，俟考。

〔二九〕步嘉謹按：「傷賢喪邦，蔽能有殃。」此二句，若按上文而來，則傷賢者謂句踐，蔽能者謂石買，然下云「故冤子胥僇死」云云，似本篇此節議論吴國，非論越也，如此，則傷賢者當爲夫差，蔽能者爲太宰嚭矣。

〔三〇〕步嘉謹按：「敗人之成天誅行」，行，施行也。「蔽能有殃」，「其反形傷」，「天誅行」，此段文字爲韻語。

〔三一〕步嘉謹按：「由重譖子胥於吴」，疑此處有錯簡、脱文。

越絶内傳陳成恒第九

昔者，陳成恒相齊簡公，欲爲亂〔一〕，憚齊邦鮑、晏〔二〕，故徙其兵而伐魯〔三〕。魯君憂也。孔子患之〔四〕，乃召門人弟子而謂之曰〔五〕：「諸侯有相伐者，尚恥之。今魯，父母之邦也，丘墓存焉〔六〕，今齊將伐之，可無一出乎〔七〕？」顔淵辭出，孔子止之，子路辭出，孔子止之，子貢辭出，孔子遣之〔八〕。

子貢行之齊〔九〕，見陳成恒曰〔一〇〕：「夫魯，難伐之邦，而伐之，過矣〔一一〕。」陳成恒曰：「魯之難伐，何也？」子貢曰：「其城薄以卑，池狹而淺〔一二〕，其君愚而不仁〔一三〕，其大臣僞而無用〔一四〕，其士民有惡聞甲兵之心〔一五〕，此不可與戰〔一六〕。君不如伐吳〔一七〕。吳城高以厚，池廣以深〔一八〕，甲堅以新，士選以飽〔一九〕，重器精弩在其中〔二〇〕，又使明大夫守〔二一〕，此邦易也〔二二〕。君不如伐吳。」成恒忿然作色曰〔二三〕：「子之所難，人之所易也〔二四〕；子之所易，人之所難也〔二五〕。而以教恒，何也〔二六〕？」子貢對曰〔二七〕：「臣聞憂在内者攻彊，憂在外者攻弱。今君憂内〔二八〕。臣聞君三封而三不成者〔二九〕，大臣有不聽者也〔三〇〕。今君破魯以廣齊〔三一〕，墮魯以尊臣〔三二〕，而君之功不與焉〔三三〕。是君上驕主心〔三四〕，下恣群臣，而求成大事，難矣〔三五〕。且夫上驕則犯〔三六〕，臣驕則爭，是君上於主有卻〔三七〕，下與大臣交爭也〔三八〕。如此，則君立於齊，危於重卵矣〔三九〕。臣故曰不如伐吳〔四〇〕。且夫吳明猛以毅而行其令〔四一〕，百姓習於戰守，將明於法〔四二〕，齊之愚，爲禽必矣〔四三〕。今君悉擇四疆之中，出大臣以環之〔四四〕，黔首外死，大臣内空〔四五〕，是君上無彊臣之敵，下無黔首之士〔四六〕，孤立制齊者〔四七〕，君也。」陳恒曰：「善。雖然，吾兵已在魯之城下〔四八〕，若去而之吳〔四九〕，大臣將有疑我之心，爲之奈何？」子貢曰：「君按兵無伐，臣請見吳王〔五〇〕，使之救魯而伐齊〔五一〕，君因以兵迎之〔五二〕。」陳成恒許諾〔五三〕，乃行。

子貢南見吴王[五四]，謂吴王曰：「臣聞之，王者不絶世，而霸者不彊敵[五五]，千鈞之重，加銖而移[五六]。今萬乘之齊，私千乘之魯[五七]，而與吴爭彊[五八]，臣切爲君恐[五九]，且夫救魯，顯名也，而伐齊，大利也[六〇]。義在存亡魯[六一]，勇在害彊齊而威申晉邦者[六二]，則王者不疑也[六三]。」吴王曰：「雖然[六四]，我常與越戰，棲之會稽[六五]。夫越君，賢主也。苦身勞力[六六]，以夜接日，内飾其政，外事諸侯，必將有報我之心[六七]。子待吾伐越而還[六八]。」子貢曰：「不可。夫越之彊不下魯[六九]，而吴之彊不過齊[七〇]，君以伐越而還，即齊也亦私魯矣[七一]。且夫伐小越而畏彊齊者不勇，見小利而忘大害者不智[七二]，兩者臣無爲君取焉。且臣聞之，仁人不困厄[七三]，以廣其德[七四]，智者不棄時，以舉其功，王者不絶世，以立其義[七五]。今君存越勿毁，親四鄰以仁，救暴困齊，威申晉邦以武，救魯，毋絶周室，明諸侯以義。如此，則臣之所見，溢乎負海，必率九夷而朝，即王業成矣[七六]。且大吴畏小越如此，臣請東見越王[七七]，使之出鋭師以從下吏，是君實空越[七八]，而名從諸侯以伐也[七九]。」吴王大悦，乃行子貢。

子貢東見越王，越王聞之，除道郊迎至縣[八〇]，身御子貢至舍而問曰[八一]：「此乃僻陋之邦，蠻夷之民也[八二]。大夫何索，居然而辱，乃至於此[八三]？」子貢曰：「弔君，故來[八四]。」越王句踐稽首再拜，曰：「孤聞之，禍與福爲鄰，今大夫弔孤，孤之福也，敢遂聞其説[八五]。」子貢曰：「臣今見吴王〔八六〕，告以救魯而伐齊。其心申，其志畏越〔八七〕，曰：『嘗與越戰，棲於會稽山上。夫越君，賢主也。苦身勞力，以夜接日，内飾其政，外事諸侯，必將有報我之心。子待我伐越而聽子〔八八〕。』且夫無報人之心而使人疑之者，拙也〔八九〕，有報人之心而使人知之者，殆也〔九〇〕，事未發而聞者〔九一〕，危也。三者，舉事之大忌〔九二〕。」越王句踐稽首再拜，曰：「昔者，孤不幸少失先人，内不自量，與吴人戰，軍敗身辱，遺先人恥〔九三〕。遯逃出走，上棲會稽山〔九四〕，下守溟海〔九五〕，唯魚鼈是見〔九六〕。今大夫不辱而身見之，又出玉聲以教孤〔九七〕，孤賴先人之賜，敢不奉教乎〔九八〕？」子貢曰：「臣聞之，明主任人不失其能〔九九〕，直士舉賢不容於世。故臨財分利則使仁，涉危拒難則使勇〔一〇〇〕，用衆治民則使賢〔一〇一〕，正天下、定諸侯則使聖人〔一〇二〕。臣竊練下吏之心，兵彊而不并弱，勢在其上位而行惡令其下者，其君幾乎〔一〇三〕？臣竊自練可以成功至王者〔一〇四〕，其唯臣幾乎〔一〇五〕？今夫吴王有伐齊之志〔一〇六〕，君無惜重器，以喜其心〔一〇七〕，毋惡卑辭，以尊其禮〔一〇八〕，則伐齊必矣。彼戰而不勝，則君之福也〔一〇九〕。彼戰而勝，必以其餘兵臨晉〔一一〇〕。臣請北見晉君，令共攻之〔一一一〕，弱吴必矣。其騎士、鋭兵弊乎齊〔一一二〕，重器、羽旄盡乎晉〔一一三〕，則君制其敝〔一一四〕，此滅吴必矣〔一一五〕。」越王句踐稽首再拜曰：「昔者吴王分其人民之衆，以殘伐吾邦〔一一六〕，殺敗吾民，屠吾百姓〔一一七〕，夷吾宗廟，邦爲空棘〔一一八〕，身爲魚鼈餌〔一一九〕。今孤之怨吴王〔一二〇〕，深於骨髓。而孤之事吴王〔一二一〕，如子之畏父，弟之敬兄〔一二二〕，此孤之外言也〔一二三〕。大夫有賜，故孤敢以疑？」請遂言之〔一二四〕：「孤身不安床席，口不甘厚味，目不視好色〔一二五〕，耳不聽鐘鼓者，已三年矣〔一二六〕。焦脣乾嗌〔一二七〕，苦心勞力〔一二八〕，上事群臣，下養百姓〔一二九〕。願一與吳交天下之兵於中原之野〔一三〇〕，與吳王整襟交臂而奮〔一三一〕，吳越之士，繼蹟連死〔一三二〕，士民流離，肝腦塗地〔一三三〕，此孤之大願也。如此不可得也〔一三四〕。今內自量吾國不足以傷吳〔一三五〕，外事諸侯不能也〔一三六〕。孤欲空邦家〔一三七〕，措策力〔一三八〕，變容貌，易名姓〔一三九〕，執箕箒〔一四〇〕，養牛馬，以臣事之。孤雖要領不屬〔一四一〕，手足異處〔一四二〕，四支布陳〔一四三〕，爲鄉邑笑，孤之意出焉〔一四四〕。大夫有賜〔一四五〕，是存亡邦而興死人也〔一四六〕，孤賴先人之賜〔一四七〕，敢不待命乎〔一四八〕？」子貢曰：「夫吳王之爲人也〔一四九〕，貪功名而不知利害。」越王慥然避位曰：「在子。」子貢曰：「賜爲君觀夫吳王之爲人，賢彊以恣下〔一五〇〕，下不能逆〔一五一〕，數戰伐〔一五二〕，士卒不能忍〔一五三〕。太宰嚭爲人，智而愚，彊而弱，巧言利辭以內其身，善爲僞詐以事其君〔一五四〕，知前而不知後〔一五五〕，順君之過以安其私，是殘國之吏，滅君之臣也〔一五六〕。」越王大悅。

子貢去而行〔一五七〕，越王送之金百鎰、寶劍一〔一五八〕、良馬二〔一五九〕，子貢不受，遂行〔一六〇〕。至吳，報吳王曰〔一六一〕：「敬以下吏之言告越王〔一六二〕，越王大恐，乃懼曰〔一六三〕：『昔孤不幸，少失先人。內不自量，抵罪於縣〔一六四〕。軍敗身辱，遯逃出走，棲於會稽，邦爲空棘〔一六五〕，身爲魚鼈餌〔一六六〕。賴大王之賜，使得奉俎豆而修祭祀〔一六七〕。大王之賜，死且不忘〔一六八〕，何謀敢慮〔一六九〕？』其志甚恐，似將使使者來〔一七〇〕。」

子貢至五日〔一七一〕，越使果至〔一七二〕，曰：「東海役臣孤句踐使使臣種〔一七三〕，敢修下吏問於左右：昔孤不幸，少失先人，内不自量，抵罪於縣〔一七四〕。軍敗身辱，遯逃出走，棲於會稽。邦爲空棘，身爲魚鼈餌。賴大王之賜，使得奉俎豆而修祭祀。大王之賜，死且不忘。今竊聞大王將興大義〔一七五〕，誅彊救弱，困暴齊而撫周室〔一七六〕，故使越賤臣種以先人之藏器〔一七七〕，甲二十領、屈盧之矛〔一七八〕、步光之劍，以賀軍吏。大王將遂大義〔一七九〕，則弊邑雖小，悉擇四疆之中，出卒三千〔一八〇〕，以從下吏〔一八一〕，孤請自被堅執鋭，以受矢石〔一八二〕。」吴王大悦，乃召子貢而告之曰〔一八三〕：「越使果來，請出卒三千，其君又從之〔一八四〕，與寡人伐齊，可乎〔一八五〕？」子貢曰：「不可。夫空人之邦〔一八六〕，悉人之衆，又從其君，不仁也〔一八七〕。君受其幣〔一八八〕，許其師，而辭其君〔一八九〕。」吴王許諾〔一九〇〕。

子貢去之晉〔一九一〕，謂晉君曰〔一九二〕：「臣聞之，慮不先定不可以應卒〔一九三〕，兵不先辨不可以勝敵〔一九四〕。今齊吴將戰〔一九五〕，勝則必以其兵臨晉〔一九六〕。」晉君大恐〔一九七〕，曰：「爲之奈何？」子貢曰：「修兵休卒以待吴〔一九八〕，彼戰而不勝，越亂之必矣〔一九九〕。」晉君許諾。子貢去而之魯。

吴王果興九郡之兵，而與齊大戰於艾陵〔二〇〇〕，大敗齊師〔二〇一〕，獲七將，陳兵不歸〔二〇二〕。果與晉人相遇黄池之上〔二〇三〕。吴晉爭彊，晉人擊之，大敗吴師〔二〇四〕。越王聞之，涉江襲吴，去邦七里而軍陣〔二〇五〕。吴王聞之，去晉從越〔二〇六〕。越王迎之，戰於五湖〔二〇七〕。三戰不勝，城門不守，遂圍王宫〔二〇八〕，殺夫差而僇其相〔二〇九〕。伐吴三年，東鄉而霸〔二一〇〕。故曰子貢一出，存魯，亂齊，破吴，彊晉，霸越，是也〔二一一〕。

校　釋

〔一〕步嘉謹按：此篇文字與《史記》卷六七《仲尼弟子列傳》、《吴越春秋》卷五《夫差内傳》合。錢培名、張宗祥多所脱校，今詳取異同以資考證焉。「昔者，陳成恒相齊簡公，欲爲亂」，《史記·仲尼弟子列傳》作「田常欲作亂於齊」，《吴越春秋·夫差内傳》作「十三年，齊大夫陳成恒欲弑簡公」，《孔子家語》卷八作「孔子在衛，聞齊國田常將欲爲亂」。

〔二〕步嘉謹按：「憚齊邦鮑、晏」，《史記》卷六七《仲尼弟子列傳》作「憚高、國、鮑、晏」，《吴越春秋》卷五《夫差内傳》作「陰憚高、國、鮑、晏」，《孔子家語》卷八作「而憚鮑、晏」。

〔三〕步嘉謹按：「故徙其兵而伐魯」，《史記》卷六七《仲尼弟子列傳》作「故移其兵欲以伐魯」，「徙」作「移」，「而」作「欲以」。《吴越春秋》卷五《夫差内傳》作「故前興兵伐魯」。《孔子家語》卷八作「因欲移其兵以伐魯」。

〔四〕步嘉謹按：「魯君憂也。孔子患之」，《吴越春秋》卷五《夫差内傳》作「魯君憂之，孔子患之」，《史記》卷六七《仲尼弟子列傳》作「孔子聞之」。

〔五〕步嘉謹按：「乃召門人弟子而謂之曰」，《史記》卷六七《仲尼弟子列傳》作「謂門弟子曰」，《吴越春秋》卷五《夫差内傳》作「召門人而謂之曰」，《孔子家語》卷八作「孔子會諸弟子而告之曰」。

〔六〕步嘉謹按：「今魯，父母之邦也，丘墓存焉」，《史記》卷六七《仲尼弟子列傳》作「夫魯，墳墓之處，父母之國」，《吴越春秋》卷五《夫差内傳》作：「夫魯，父母之國也，丘墓在焉。」

〔七〕步嘉謹按：「今齊將伐之，可無一出乎」，《吴越春秋》卷五《夫差内傳》作「今齊將伐之，子無意一出耶」，《史記》卷六七《仲尼弟子列傳》作：「二三子何爲莫出？」

〔八〕步嘉謹按：「顔淵辭出，孔子止之，子路辭出，孔子止之，子貢辭出，孔子遣之。」《吴越春秋》卷五《夫差内傳》作「子路辭出，孔子止之。子張、子石請行，孔子弗許。子貢辭出，孔子遣之。」《史記》卷六七《仲尼弟子列傳》作：「子路請出，孔子止之。子張、子石請行，孔子弗許。子貢請行，孔子許之。」《孔子家語》卷八作：「於是子路曰：請往齊。孔子弗許。子張請往，又弗許。子石請往，又弗許。三子退，謂子貢曰：今夫子欲屈節以救父母之國，吾三人請使而不獲往，此則吾子用辨之時也，吾子盍請行焉。子貢請使，夫子許之。」

〔九〕張宗祥曰：「《史記考證》：蘇轍曰：齊之伐魯，本於悼公之怒季姬而非陳恒，吴之伐齊，本怒悼公之反復，而非子貢。吴齊之戰，陳乞猶在，而恒未任事，所記皆非。蓋戰國説客，設爲子貢之辭，以自託於孔氏，而太史公信之耳。宗祥按：陳成恒，《史記》作田常。憚齊邦鮑晏，《史記》、《吴越春秋》作憚高國鮑晏。魯君憂也，也，《吴越春秋》作之。顔淵辭出，至孔子遣之，《史記》、《吴越春秋》作子路請出，孔子止之。子張子石請行，孔子弗許，子貢請行，孔子許之。無顔淵，是。又按吴復伐齊，《吴越春秋》在夫差十二年，即《左傳》哀公十一年，黄池之會在哀公十三年，越滅吴在哀公二十年。簡公四年，田常弑之，實爲哀公十四年，在吴晉黄池後一年。今不顧史實，以十餘年之事，錯綜成文，假名子貢。《韓非子·五蠹篇》有齊將攻魯，魯使子貢説之之言，《戰國策》蘇代説燕王噲，亦有且夫無報人之心而令人疑之，拙也，有報人之心使人知之，殆也，之言。此可證是説起於戰國策士，史遷信而傳之，《吴越春秋》及此書又從而述之，實未可據。」

〔一〇〕步嘉謹按：「子貢行之齊，見陳成恒曰」，《吴越春秋》卷五《夫差内傳》作「子貢北之齊，見成恒，因謂曰」，《史記》卷六七《仲尼弟子列傳》作「遂行，至齊，説田常曰」。

〔一一〕步嘉謹按：「夫魯，難伐之邦，而伐之，過矣。」《吴越春秋》卷五《夫差内傳》作「夫魯者，難伐之國，而君伐，過矣」，《史記》卷六七《仲尼弟子列傳》作「君之伐魯過矣。夫魯，難伐之國」。

〔一二〕錢培名曰：「『池狹而淺』，《史記·仲尼弟子列傳》作『其地狹以泄』，《索隱》曰：《越絶書》其『泄』字作『淺』。按《吴越春秋》亦作『淺』，疑《史》文『地』字、『泄』字俱誤。」

〔一三〕步嘉謹按：「其君愚而不仁」句，《史記》卷六七《仲尼弟子列傳》、《吴越春秋》卷五《夫差内傳》所記全同。

〔一四〕步嘉謹按：「其大臣僞而無用」，《史記》卷六七《仲尼弟子列傳》作「大臣僞而無用」，無「其」字。《吴越春秋》卷五《夫差内傳》作「大臣無用」。

〔一五〕步嘉謹按：「其士民有惡聞甲兵之心」，《史記》卷六七《仲尼弟子列傳》作「其士民又惡甲兵之事」，「有」作「又」，無「聞」字。《吴越春秋》卷五《夫差内傳》作「士惡甲兵」。

〔一六〕步嘉謹按：「此不可與戰」，《史記》卷六七《仲尼弟子列傳》所記與此全同。《吴越春秋》卷五《夫差内傳》作「不可與戰」，無「此」字。

〔一七〕步嘉謹按：「君不如伐吴」，《史記》卷六七《仲尼弟子列傳》所記與此全同。《吴越春秋》卷五《夫差内傳》作「君不若伐吴」，「如」作「若」。

〔一八〕張宗祥曰：「《史記》作『地廣以深』，『地』字亦訛。」步嘉謹按：張云《史記》「地」字乃「池」字之訛，良是。地可廣然不能深也，《吴越春秋》卷五《夫差内傳》正作「池廣以深」，可證。步嘉又按：「吴城高以厚」，《史記·仲尼弟子列傳》作「夫吴，城高以厚」，有「夫」字，按「城」與「池」相對成文，疑本篇「夫」字脱。《吴越春秋·夫差内傳》作「夫吴」，與《史記》所載合。

〔一九〕步嘉謹按：「甲堅以新，士選以飽」，《史記》卷六七《仲尼弟子列傳》所記與此全同。《吴越春秋》卷五《夫差内傳》作「甲堅士選」，文有省略也。

〔二〇〕步嘉謹按：「重器精弩在其中」，《史記》卷六七《仲尼弟子列傳》作「重器精兵盡在其中」，「弩」作

「兵」，又多一「盡」字。《吴越春秋》卷五《夫差内傳》作「器飽弩勁」，「飽」當爲「精」字之訛，然亦作「弩」，不作「兵」，與本篇文近。

〔二一〕步嘉謹按：「又使明大夫守」，《史記》卷六七《仲尼弟子列傳》作「又使明大夫守之」，《吴越春秋》卷五《夫差内傳》與《史記》文同，皆較本篇多一「之」字，當是，疑本篇脱。

〔二二〕錢培名曰：「『易也』，《史記》、《吴越春秋》並作『此易伐也』，此但作『易也』，不文，疑有脱字。或云當屬上『此邦』二字爲句，『易』言易與也，姑備一説。」張宗祥曰：「《史記》作『此易伐也』，《吴越春秋》作『此易邦也』。」步嘉謹按：錢云《史記》、《吴越春秋》並作「此易伐也」，張云《史記》作「此易伐也」，《吴越春秋》作「此易邦也」，檢二書，張説是，錢恐誤記。步嘉又按：「此邦易也」，易訓不難，見《玉篇·日部》，義謂此邦伐之不難，下文「子之所易，人之所難也」句可證。《吴越春秋》「易邦」二字疑倒。

〔二三〕步嘉謹按：「成恒忿然作色曰」，《吴越春秋》卷五《夫差内傳》所記與此全同。《史記》卷六七《仲尼弟子列傳》作「田常忿然作色曰」，此篇陳成恒《史記》皆作田常。

〔二四〕步嘉謹按：「子之所難，人之所易也」，《史記》卷六七《仲尼弟子列傳》、《吴越春秋》卷五《夫差内傳》並作「子之所難，人之所易」，「易」後均無「也」字。

〔二五〕步嘉謹按：「子之所易，人之所難也」，《史記》卷六七《仲尼弟子列傳》、《吴越春秋》卷五《夫差内傳》並作「子之所易，人之所難」，「難」後均無「也」字。

〔二六〕步嘉謹按:「而以教恒,何也?」《吴越春秋》卷五《夫差内傳》所記全同。《史記》卷六七《仲尼弟子列傳》作「而以教常,何也?」「恒」作「常」,蓋史遷避漢文帝諱也。

〔二七〕步嘉謹按:「子貢對曰」,《史記》卷六七《仲尼弟子列傳》、《吴越春秋》卷五《夫差内傳》並作「子貢曰」,無「對」字。

〔二八〕步嘉謹按:「臣聞憂在内者攻彊,憂在外者攻弱。今君憂内。」《史記》卷六七《仲尼弟子列傳》作:「臣聞之,憂在内者攻彊,憂在外者攻弱,今君憂在内。」《史記》作「今君憂在内」,本篇作「今君憂内」,無「在」字,按上文云「憂在外」,「憂在内」,此處也當有「在」字,疑本篇脱。

〔二九〕步嘉謹按:「臣聞君三封而三不成者」,《吴越春秋》卷五《夫差内傳》所記與此全同。《史記》卷六七《仲尼弟子列傳》作「吾聞君三封而三不成者」,「臣」作「吾」。《孔子家語》卷八記此事作「吾聞子三封而三不成」,其文從《史記》也。

〔三〇〕步嘉謹按:「大臣有不聽者也」,《史記》卷六七《仲尼弟子列傳》所記與此全同。《吴越春秋》卷五《夫差内傳》作「大臣有所不聽者也」,多一「所」字。《孔子家語》卷八作「是則大臣不聽令」,字稍有異。

〔三一〕步嘉謹按:「今君破魯以廣齊」,《史記》卷六七《仲尼弟子列傳》所記與此全同。《吴越春秋》卷五《夫差内傳》作「今君又欲破魯以廣齊」,多「又欲」二字。

〔三二〕張宗祥曰:「《史記》作『破國以尊臣』,《集解》:王肅曰:鮑、晏等帥師,若破國則臣尊矣。」步嘉謹按：《孔子家語》卷八作「破國以尊臣」，與《史記》同。《吴越春秋》卷五《夫差内傳》作「隳魯以自尊」，「尊臣」作「自尊」。

〔三三〕步嘉謹按：「而君之功不與焉」，《史記》卷六七《仲尼弟子列傳》記與此同。《吴越春秋》卷五《夫差内傳》作「而君功不與焉」，無「之」字。《孔子家語》卷八作「而子之功不與焉」，「君」作「子」。按《史記》、《家語》及本篇皆作「君之功」，唯《吴越春秋》作「君功」，恐脱「之」字。

〔三四〕步嘉謹按：「是君上驕主心」，《史記》卷六七《仲尼弟子列傳》此句同，然上多「則交日疏於主」句，《家語》卷八亦有「則交日疏於主」句。張宗祥曰：「《吴越春秋》脱『主心』二字。」步嘉謹按：檢《吴越春秋》卷五《夫差内傳》作「是君上驕」，知張云不誤，徐天祜註：「《越絶》『驕』字下有『主心』二字，爲是。《子貢傳》同。」

〔三五〕步嘉謹按：「下恣群臣，而求成大事，難矣。」《史記》卷六七《仲尼弟子列傳》、《吴越春秋》卷五《夫差内傳》此句皆作：「下恣群臣，而求以成大事，難矣。」二書所記均作「求以成」，唯本篇作「求成」，疑本篇脱「以」字。

〔三六〕錢培名曰：「『且夫上驕則犯』，『犯』字疑誤，《史記》作『恣』。」步嘉謹按：《吴越春秋》卷五《夫差内傳》此句與本篇全同。徐天祜註：「《子貢傳》『犯』作『恣』者是。」

〔三七〕張宗祥曰：「《史記》『却』作『郤』，是。『郤』同『隙』。《吴越春秋》『郤』作『遽』。」步嘉謹按：《吴越春秋》卷五《夫差内傳》「此君上於王有遽」句下，徐天祜註：「《越絶》及《子貢傳》皆『王』作『主』，

『遽』作『郤』。」按徐天祜云《越絶》及《子貢傳》「遽」作「郤」，知元時本《越絶書》此句本不作「却」，而作「郤」。「郤」與「郄」可通，「郄」又通「隙」，則今本「却」乃誤字無疑矣。據改。

〔三八〕步嘉謹按：「下與大臣交爭也」，《史記》卷六七《仲尼弟子列傳》此句全同。《吴越春秋》卷五《夫差内傳》作「而下與大臣交爭」，句首多一「而」字，句尾少一「也」字。

〔三九〕步嘉謹按：「如此，則君立於齊，危於重卵矣。」《吴越春秋》卷五《夫差内傳》作：「如此，則君立於齊，危於累卵。」《史記》卷六七《仲尼弟子列傳》作：「如此，則君之立於齊危矣。」

〔四〇〕步嘉謹按：「臣故曰不如伐吴」，《史記》卷六七《仲尼弟子列傳》、《吴越春秋》卷五《夫差内傳》皆作「故曰不如伐吴」，無「臣」字。

〔四一〕錢培名曰：「『且夫吴明猛以毅』，句有脱誤，《吴越春秋》作『且吴王剛猛以毅』。」步嘉謹按：錢校云此處有脱誤，甚是。按此句中「吴明」二字尤不可解，當是「吴王少明」之訛。《越絶請糴内傳》「且夫吴王又喜安佚而不聽諫……少明而不信人」，可證。此句原當作：「且夫吴王少明，剛猛以毅，而行其令。」

〔四二〕步嘉謹按：「百姓習於戰守」，《越絶請糴内傳》作「民習於戰守」。「將明於法」，將，謂孫武、子胥諸人也。《越絶外傳記吴地傳》：「巫門外大冢，吴王客齊孫武冢也，去縣十里，善爲兵法。」「明於法」之「法」，即爲兵法。《吴越春秋》卷五《夫差内傳》作「百姓習於戰守，明於法禁」，無「將」字，而多一「禁」字。

〔四三〕張宗祥曰：「《吴越春秋》作：『齊遇爲擒必矣。』」

〔四四〕步嘉謹按：「今君悉擇四疆之中，出大臣以環之」，《吴越春秋》卷五《夫差内傳》作「今君悉四境之中出大臣以環之」，本篇之「四疆」，即《吴越春秋》之「四境」，然《吴越春秋》無「擇」字。

〔四五〕步嘉謹按：「黔首外死，大臣内空」，《史記》卷六七《仲尼弟子列傳》作「民人外死，大臣内空」，《吴越春秋》卷五《夫差内傳》作「人民外死，大臣内空」。

〔四六〕步嘉謹按：「是君上無彊臣之敵，下無黔首之士」，《吴越春秋》卷五《夫差内傳》所記同。《孔子家語》卷八不見引此句。《史記》卷六七《仲尼弟子列傳》作：「是君上無彊臣之敵，下無民人之過。」其文有異。

〔四七〕錢培名曰：「『孤立制齊者』，『立』，《吴越春秋》作『主』。」張宗祥曰：「『立』，《史記》、《吴越春秋》作『主』。」步嘉謹按：檢《史記》、《吴越春秋》，張校不誤。按「立」、「主」二字形近易混，當從《史記》、《吴越春秋》作「主」，「孤立制齊」，費解。

〔四八〕步嘉謹按：「陳恒曰：善。雖然，吾兵已在魯之城下」，《吴越春秋》卷五《夫差内傳》作「陳恒曰：善。雖然，吾兵已在魯之城下矣」，句末多一「矣」字。《史記》卷六七《仲尼弟子列傳》作「田常曰：善。雖然，吾兵業已加魯矣」，字有小異。《孔子家語》卷八作「田常曰：善。然兵甲已加魯矣，不可更，如何？」本從《史記》。

〔四九〕步嘉謹按：「若去而之吴」，《史記》卷六七《仲尼弟子列傳》作「去而之吴」，無「若」字。《吴越春秋》卷五《夫差内傳》作「吾去之」，恐脱「吴」字。

〔五〇〕步嘉謹按：「君按兵無伐，臣請見吴王」，《史記》卷六七《仲尼弟子列傳》作「君按兵無伐，臣請往使吴王」，「見」作「往使」。《吴越春秋》卷五《夫差内傳》作「請爲君南見吴王」。《孔子家語》卷八作「吾請於吴」。辭互有異。

〔五一〕步嘉謹按：「使之救魯而伐齊」，《史記》卷六七《仲尼弟子列傳》作「令之救魯而伐齊」，「使」作「令」。《孔子家語》卷八作「令救魯而伐齊」，《吴越春秋》卷五《夫差内傳》作「請之救魯而伐齊」。

〔五二〕步嘉謹按：「君因以兵迎之」，《史記》卷六七《仲尼弟子列傳》、《吴越春秋》卷五《夫差内傳》所記與此同。《孔子家語》卷八作「子因以兵迎之」，「君」作「子」。

〔五三〕樂祖謀曰：「『陳成恒許諾』，正德本『諾』作『誁』。」步嘉謹按：此句《吴越春秋》卷五《夫差内傳》作「陳恒許諾」，《孔子家語》卷八作「田常許諾」，《史記》卷六七《仲尼弟子列傳》作「田常許之」。則今本「許諾」二字不誤。

〔五四〕步嘉謹按：「子貢南見吴王」，《吴越春秋》卷五《夫差内傳》與此全同。《史記》卷六七《仲尼弟子列傳》作「使子貢南見吴王」，句首多一「使」字。《孔子家語》卷八作「子貢遂南説吴王曰」。

〔五五〕「王者不絶世，而霸者不彊敵」，張宗祥曰：「『不』，《史記》、《吴越春秋》作『無』。」步嘉謹按：《孔子家語》卷八作「王者不滅國，霸者無彊敵」，「霸者」下也作「無」字，則今本《越絶書》「而霸者不疆敵」之「不」字，似「無」字之訛。

〔五六〕錢培名曰：「『加銖而移』，《史記》『銖』下有『兩』字，疑後人所加，《吴越春秋》亦無。」步嘉謹按：《孔子家語》卷八也作「千鈞之重，加銖兩而移」，亦有「兩」字，與今本《史記》合，錢校云「疑後人所加」，恐非。

〔五七〕步嘉謹按：「今萬乘之齊，私千乘之魯」，《吴越春秋》卷五《夫差内傳》作「今萬乘之齊，而私千乘之魯」，多一「而」字，《史記》卷六七《仲尼弟子列傳》作「今以萬乘之齊，而私千乘之魯」，「今」下又多一「以」字。《孔子家語》卷八作「今以齊國而私千乘之魯」，蓋本《史記》。

〔五八〕步嘉謹按：「而與吴爭疆」，《吴越春秋》卷五《夫差内傳》與此全同。《史記》卷六七《仲尼弟子列傳》、《孔子家語》卷八作「與吴爭彊」，皆無「而」字。

〔五九〕步嘉謹按：「臣切爲君恐」，《吴越春秋》卷五《夫差内傳》作「臣竊爲君恐焉」，「切」作「竊」。按：當作「竊」，今本「切」當爲「竊」之訛。《史記》卷六七《仲尼弟子列傳》作「竊爲王危之」，字亦作「竊」，可證。

〔六〇〕步嘉謹按：「且夫救魯，顯名也，而伐齊，大利也。」張宗祥：「翻元本無『而』字。」嘉按：無「而」字者是，《史記》卷六七《仲尼弟子列傳》、《吴越春秋》卷五《夫差内傳》皆作「且夫救魯，顯名也，伐齊，大利也」，並無「而」字可證。

〔六一〕張宗祥曰：「《吴越春秋》作『義存亡魯，害暴齊』。」步嘉謹按：《吴越春秋》卷五《夫差内傳》「義存亡魯」下徐天祜曰：「《越絶》『義』字下有『在』字，『害』字上有『勇在』二字，爲是。」

〔六二〕步嘉謹按：「勇在害疆齊而威申晉邦者」，檢本篇下文作「救暴困齊，威申晉邦以武」，《史記》卷六七《仲尼弟子列傳》作「誅暴齊以服彊晉」，《吴越春秋》卷五作「害暴齊而威彊晉」，《孔子家語》卷八作「誅暴齊以服晉」。

〔六三〕步嘉謹按：「則王者不疑也」，《吴越春秋》卷五《夫差内傳》作「則王不疑也」，無「者」字。《史記》卷六七《仲尼弟子列傳》作「智者不疑也」，「王」作「智」，又無「則」字。《孔子家語》卷八作「知者不疑」，亦本《史記》。

〔六四〕「吴王曰：雖然」，張宗祥曰：「『曰』下《史記》、《吴越春秋》有『善』字。」步嘉謹按：上文記子貢説陳恒，陳恒曰：「善。雖然」云云，與《史記》、《吴越春秋》文合，則此處亦當有「善」字，本處「善」脱。又《孔子家語》卷八作：「吴王曰：善。」也有「善」字，可證。

〔六五〕步嘉謹按：「我常與越戰，棲之會稽」，《史記》卷六七《仲尼弟子列傳》、《吴越春秋》卷五《夫差内傳》此處「常」皆作「嘗」。按「常」與「嘗」通。

〔六六〕步嘉謹按：「夫越君，賢主也。苦身勞力」，《吴越春秋》卷五《夫差内傳》作「夫越君，賢主，苦身勞力」，「賢主」後無「也」字。

〔六七〕步嘉謹按：「以夜接日，内飾其政，外事諸侯，必將有報我之心」，《吴越春秋》卷五《夫差内傳》作「夜以接日，内飾兵政，外事諸侯，必將有報我之心」，「以夜」作「夜以」，「其政」作「兵政」。

〔六八〕張宗祥曰：「《史記》、《吴越春秋》作『子待我伐越而聽子』。」步嘉謹按：《孔子家語》卷八作：「子待我先越，然後乃可。」

〔六九〕步嘉謹按：「不可。夫越之疆不下魯」，《吴越春秋》卷五《夫差内傳》作「不可。夫越之彊不過於魯」，「下」作「過」，又多「於」字。《史記》卷六七《仲尼弟子列傳》作「越之勁不過魯」，無「不可」二字，文亦小異。《孔子家語》卷八與《史記》文同。

〔七〇〕步嘉謹按：「而吴之疆不過齊」，《史記》卷六七《仲尼弟子列傳》作「吴之彊不過齊」，無「而」字。《吴越春秋》卷五《夫差内傳》作「吴之彊不過於齊」，無「而」字，多一「於」字。《孔子家語》卷八與《史記》文同。

〔七一〕步嘉謹按：「君以伐越而還，即齊也亦私魯矣」，《吴越春秋》卷五《夫差内傳》作：「主以伐越而不聽臣，齊亦已私魯矣。」《史記》卷六七《仲尼弟子列傳》作：「王置齊而伐越，則齊已平魯矣。」《孔子家語》卷八作：「而王置齊而伐越，則齊必私魯矣。」

〔七二〕步嘉謹按：「且夫伐小越而畏疆齊者不勇，見小利而忘大害者不智」，《吴越春秋》卷五《夫差内傳》作：「且畏小越而惡彊齊，不勇也，見小利而忘大害，不智也。」《史記》卷六七《仲尼弟子列傳》作「夫伐小越而畏彊齊」。《孔子家語》卷八作：「棄齊而伐小越，非勇也。」

〔七三〕步嘉謹按：「仁人不困厄」，《吴越春秋》卷五《夫差内傳》「臣聞仁人不因居」句下徐天祜註：「《越絶》『因居』作『困厄』。」按徐註引《越絶書》舊文與今本同。

〔七四〕張宗祥曰：「《史記》作『仁者不窮約』，《吴越春秋》作『仁人不因居，以廣其德』。」步嘉謹按：《孔子家語》卷八與《史記·仲尼弟子列傳》文同。

〔七五〕步嘉謹按：「智者不棄時，以舉其功，王者不絶世，以立其義。」《吴越春秋》卷五《夫差内傳》與此同。《史記》卷六七《仲尼弟子列傳》作：「智者不失時，王者不絶世，以立其義。」《孔子家語》卷八作：「智者不失時，義者不絶世。」

〔七六〕步嘉謹按：「必率九夷而朝，即王業成矣。」《史記》卷六七《仲尼弟子列傳》作：「諸侯必相率而朝吴，霸業成矣。」《孔子家語》卷八作：「諸侯必相率而朝，霸業盛矣。」

〔七七〕「且大吴畏小越如此，臣請東見越王」，「東」字下張宗祥曰：「陳本誤『來』。」步嘉謹按：《史記》卷六七《仲尼弟子列傳》作：「且王必惡越，臣請東見越王。」《孔子家語》卷八作「且王必惡越，臣請見越君。」《吴越春秋》卷五《夫差内傳》作：「且夫畏越如此，臣誠東見越王。」按：《吴越春秋》「誠」當爲「請」之訛也。

〔七八〕步嘉謹按：「使之出鋭師以從下吏，是君實空越」，《史記》卷六七《仲尼弟子列傳》作「令出兵以從，此實空越」，《吴越春秋》卷五《夫差内傳》作「使出師以從下吏」。

〔七九〕步嘉謹按：「而名從諸侯以伐也」，《孔子家語》卷八作「而名從諸侯以伐齊」，句末「也」作「齊」。《史記》卷六七《仲尼弟子列傳》作「名從諸侯以伐也」，句首無「而」字。

〔八〇〕步嘉謹按：「子貢東見越王，越王聞之，除道郊迎至縣」，《吴越春秋》卷五《夫差内傳》作「子貢東見越王，王聞之，除道郊迎」，「越王聞之」句無「越」字，又無「至縣」二字。《史記》卷六七《仲尼弟子列傳》作「越王除道郊迎」，亦無「至縣」二字。

〔八一〕步嘉謹按：「身御子貢至舍而問曰」，《史記》卷六七《仲尼弟子列傳》作「身御至舍而問曰」，無「子貢」二字。《吴越春秋》卷五《夫差内傳》作「身御至舍，問曰」。《孔子家語》卷八作「而自爲子貢御，曰」，文皆小異。

〔八二〕步嘉謹按：「此乃僻陋之邦，蠻夷之民也。」《吴越春秋》卷五《夫差内傳》作「此僻狹之國，蠻夷之民」，《史記》卷六七《仲尼弟子列傳》作「此蠻夷之國」，《孔子家語》卷八文同《史記》。

〔八三〕錢培名曰：「『大夫何索居然而辱乃至於此』，『何索』猶何求。《吴越春秋》作『大夫何索然若不辱，乃至於此』，以『索然』二字連文，意稍别。」步嘉謹按：《史記》卷六七《仲尼弟子列傳》作：「大夫何以儼然辱而臨之？」《孔子家》語卷八略同《史記》文。

〔八四〕張宗祥曰：「《吴越春秋》作『君處故來』。」步嘉謹按：檢《吴越春秋》卷五《夫差内傳》「君處故來」句下，徐天祜註：「『處』字不通。《越絶》作『弔君故來』，與下文『弔』字相應。」嘉按：徐説是，《吴越春秋》字當訛。

〔八五〕步嘉謹按：「今大夫弔孤，孤之福也，敢遂聞其説」，《吴越春秋》卷五《夫差内傳》作：「今大夫之弔，孤之福矣。孤敢不問其説？」按：本篇「敢遂聞其説」疑原當作「敢不遂聞其説」，今本或脱一「不」字。《吴越春秋》「問其説」當是「聞其説」之訛。

〔八六〕步嘉謹按：「子貢曰：臣今見吴王」，《吴越春秋》卷五《夫差内傳》作「子貢曰：臣今者見吴王」，多一「者」字。

〔八七〕錢培名曰：「『其心申其志畏越』，『其心申』，文不成義。《吴越春秋》作『其心畏越』，意亦未備，《史記》作：『其志欲之而畏越。』」步嘉謹按：《孔子家語》卷八作：「其志欲之，而心畏越。」

〔八八〕步嘉謹按：「子待我伐越而聽子」，前文作「子待我伐越而還」，《史記》卷六七《仲尼弟子列傳》作「待我伐越乃可」。

〔八九〕步嘉謹按：「且夫無報人之心而使人疑之者，拙也」，《吴越春秋》卷五《夫差内傳》作：「且夫無報人之志，而使人疑之，拙也。」《史記》卷六七《仲尼弟子列傳》作：「且夫無報人之志而令人疑之，拙也。」《孔子家語》卷八作：「且無報人之志而令人疑之，拙矣。」

〔九〇〕步嘉謹按：「有報人之心而使人知之者，殆也」，《吴越春秋》卷五《夫差内傳》作「有報人之意，而使人知之，殆也」。《史記》卷六七《仲尼弟子列傳》作：「有報人之志，使人知之，殆也。」《孔子家語》卷八作：「有報人之意而使人知之，殆矣。」

〔九一〕錢培名曰：「『事未發而聞者』，《史記》作『事未發而先聞』，此似脱『先』字。」步嘉謹按：《吴越春秋》卷五《夫差内傳》作「事未發而聞之」，徐天祜註：「《子貢傳》『聞之』作『先聞』者是。」又《孔子家語》卷八作「事未發而先聞者」，與《史記》作「先聞」者同。

〔九二〕步嘉謹按：「三者，舉事之大忌」，《吴越春秋》卷五《夫差内傳》作「三者，舉事之大忌也」，《史記》

卷六七《仲尼弟子列傳》作「三者，舉事之大患」，「大忌」作「大患」。《孔子家語》卷八文同《史記》。

〔九三〕步嘉謹按：「昔者，孤不幸少失先人，内不自量，與吴人戰，軍敗身辱，遺先人恥」，《吴越春秋》卷五《夫差内傳》作：「孤少失前人，内不自量，與吴人戰，軍敗身辱。」無「遺先人恥」句。

〔九四〕步嘉謹按：「遯逃出走，上棲會稽山」，《吴越春秋》卷五《夫差内傳》作「遁逃上棲會稽」，恐有脱文。

〔九五〕步嘉謹按：「下守溟海」，《吴越春秋》卷五《夫差内傳》作「下守海濱」。

〔九六〕步嘉謹按：「唯魚鼈是見」，《吴越春秋》卷五《夫差内傳》作「唯魚鼈見矣」。又《韓詩外傳》卷八記廉稽曰：「夫越，亦周室之列封也，不得處於大國，而處江海之陂，與魭鱣魚鼈爲伍。」與此義略同。

〔九七〕步嘉謹按：「今大夫不辱而身見之，又出玉聲以教孤」，《吴越春秋》卷五《夫差内傳》作「今大夫辱吊而身見之，又發玉聲以教孤」。

〔九八〕步嘉謹按：「孤賴先人之賜，敢不奉教乎？」《吴越春秋》卷五《夫差内傳》作：「孤賴天之賜也，敢不承教？」

〔九九〕步嘉謹按：「臣聞之，明主任人不失其能」，《吴越春秋》卷五《夫差内傳》作「臣聞明主任人不失其能」，少一「之」字。錢培名曰：「『明王任人』，漢魏叢書本作『主』，與《吴越春秋》合。」樂祖謀曰：「『明主任人不失其能』，原本及正德本、孔本、陳本、吴本『主』字作『王』，漢魏本、張本作『主』，今據漢魏本等改。」嘉按：樂祖謀校本與《吴越春秋》文合，今從之。

〔一〇〇〕步嘉謹按：「直士舉賢不容於世。故臨財分利則使仁，涉危拒難則使勇」，《吴越春秋》卷五《夫差内傳》作「直士舉賢不容於世。故臨財分利則使仁，涉患犯難則使勇」，「涉危拒難」作「涉患犯難」。

〔一〇一〕步嘉謹按：「用衆治民則使賢」，《吴越春秋》卷五《夫差内傳》作「用智圖國則使賢」。

〔一〇二〕步嘉謹按：「正天下、定諸侯則使聖人」，《吴越春秋》卷五《夫差内傳》作「正天下、定諸侯則使聖」。無「人」字。

〔一〇三〕錢培名曰：「『兵强而不并弱勢在其上位而行惡令其下者其君幾乎』，句不可解，《吴越春秋》作『兵彊而不能行其威勢，在上位而不能施其政令於下者，其君幾乎？』」

〔一〇四〕步嘉謹按：「臣竊自練可以成功至王者」，《吴越春秋》卷五《夫差内傳》作「臣竊自擇可與成功而至王者」，「練」作「擇」，按：練通揀，訓擇。《文選》卷一三謝莊《月賦》「於是弦桐練響」，李善註：「《埤蒼》曰：『練，擇也。』練與揀音義同。」

〔一〇五〕張宗祥曰：「《吴越春秋》無『人臣竊練下吏之心』八字，下作『兵彊而不能行其威勢，在上位而不能施其政令於下者，其君幾乎？難矣！臣竊自擇可與成功而至王者，惟幾乎？』」步嘉謹按：《吴越春秋》卷五《夫差内傳》「惟幾乎」句下，徐天祜註：「『惟幾乎』，《越絶》作『其惟臣幾乎』。」

徐天祐引《越絶》舊文，「唯」作「惟」。

〔一〇六〕步嘉謹按：「今夫吴王有伐齊之志」，《吴越春秋》卷五《夫差内傳》作「今吴王有伐齊、晉之志」。「齊」下多「晉」，未知孰是，俟考。

〔一〇七〕步嘉謹按：「君無惜重器，以喜其心」，《吴越春秋》卷五《夫差内傳》作「君無愛重器，以喜其心」，「惜」作「愛」。

〔一〇八〕步嘉謹按：「毋惡卑辭以尊其禮」，《吴越春秋》卷五《夫差内傳》作「無惡卑辭以盡其禮」。「毋」作「無」，「尊」作「盡」。《史記》卷六七《仲尼弟子列傳》作「卑辭以尊其禮」。無「毋惡」二字。

〔一〇九〕步嘉謹按：「則伐齊必矣。彼戰而不勝，則君之福也」，《吴越春秋》卷五《夫差内傳》作：「而伐齊，齊必戰。不勝，君之福也。」《史記》卷六七《仲尼弟子列傳》作：「其伐齊必也。彼戰不勝，王之福矣。」《孔子家語》卷八作：「則其伐齊必矣。……彼戰不勝，王之福。」

〔一一〇〕步嘉謹按：「彼戰而勝，必以其餘兵臨晉」，《吴越春秋》卷五《夫差内傳》作：「彼戰而勝，必以其兵臨晉。」《史記》卷六七《仲尼弟子列傳》作「戰勝，必以兵臨晉」，《孔子家語》卷八作：「若勝，則必以兵臨晉。」

〔一一一〕步嘉謹按：「臣請北見晉君，令共攻之」，《史記》卷六七《仲尼弟子列傳》所記文同。《孔子家語》卷八作「臣還，北請見晉君共攻之」。

〔一一二〕步嘉謹按：「弱吴必矣。其騎士、鋭兵弊乎齊」，《史記》卷六七《仲尼弟子列傳》作「弱吴必矣。

其鋭兵盡於齊」，《吴越春秋》卷五《夫差内傳》作「騎士鋭兵弊乎齊」，無「弱吴必矣」句。

〔二三〕步嘉謹按：「重器、羽旄盡乎晉」，《吴越春秋》卷五《夫差内傳》作「重寶車騎羽毛盡乎晉」，《史記》卷六七《仲尼弟子列傳》作「重甲困於晉」。《孔子家語》卷八文同《史記》。

〔二四〕步嘉謹按：「則君制其敝」，《吴越春秋》卷五《夫差内傳》作「則君制其餘矣」。《史記》卷六七《仲尼弟子列傳》作「則王制其敝」。《孔子家語》卷八作「而王制其弊焉」。

〔二五〕步嘉謹按：「此滅吴必矣」，《史記》卷六七《仲尼弟子列傳》與此全同。《吴越春秋》無此語。《孔子家語》卷八作「其弱吴必矣」。「滅」作「弱」。

〔二六〕錢培名曰：「『以殘伐吾邦』，『吾』原作『吴』，意不可通。《吴越春秋》作『以殘吾國』，今據改。」步嘉謹按：檢四部叢刊本、庫本、漢魏叢書本皆作「吾邦」不誤。

〔二七〕張宗祥曰：「翻元本、四庫本、吴本『圖』，《吴越春秋》作『鄙吾百姓』。」樂祖謀曰：「『屠吾百姓』，原本及正德本、吴本、孔本、陳本、漢魏本『屠』作『圖』，張本作『屠』，據改。」

〔二八〕張宗祥曰：「《吴越春秋》作『國爲墟棘』。」步嘉謹按：《史記》卷六七《仲尼弟子列傳》作「國爲虚莽」。

〔二九〕張宗祥曰：「《吴越春秋》無『餌』字。」

〔三〇〕步嘉謹按：「今孤之怨吴王」，《吴越春秋》卷五《夫差内傳》作「孤之怨吴」，「吴」下無「王」字。

〔三一〕步嘉謹按：「而孤之事吴王」，《吴越春秋》卷五《夫差内傳》作「而孤之事吴」，「吴」下亦無「王」

字，與上句同。

〔二二〕步嘉謹按：「如子之畏父，弟之敬兄」，《吴越春秋》卷五《夫差内傳》與此全同。

〔二三〕張宗祥曰：「《吴越春秋》作『死言』。」步嘉謹按：據下文，本篇作：「大夫有賜，故孤敢以疑？」《吴越春秋》作「今大夫有賜，故孤敢以報情」，則句踐實有外言、内言之分，本篇作「外言」是，《吴越春秋》作「死言」不通，「死」、「外」形近易混，《吴越春秋》「死」當爲「外」之訛。

〔二四〕錢培名曰：「『故孤敢以疑請遂言之』，句不可解，《吴越春秋》作『故孤敢以報情』，『報情』尤不辭。蓋即此文『疑請』二字之誤。或云此文『故』字衍，敢以疑，言不敢疑也，『請』字屬下讀。」

〔二五〕步嘉謹按：「孤身不安床席，口不甘厚味，目不視好色」，《吕氏春秋》卷九《順民》作「身不安枕席，口不甘厚味，目不視靡曼」，《吴越春秋》卷五《夫差内傳》作「孤身不安重席，口不嘗厚味，目不視美色」。又《文選》卷五一《非有先生論》作「體不安席，食不甘味，目不視靡曼之色」。文各有異。

〔二六〕步嘉謹按：「耳不聽鐘鼓者，已三年矣。」《吴越春秋》卷五《夫差内傳》作「耳不聽雅音，既已三年矣。」《吕氏春秋》卷九《順民》作「耳不聽鐘鼓。三年苦身勞力」，「三年」二字屬下讀。

〔二七〕步嘉謹按：「焦唇乾嗌」，《吴越春秋》卷五《夫差内傳》作「焦唇乾舌」，《吕氏春秋》卷九《順民》作「焦唇乾肺」。

〔二八〕張宗祥曰：「《吴越春秋》作『苦身勞力』。」步嘉謹按：《吕氏春秋》卷九《順民》亦作「苦身勞力」。

〔二九〕步嘉謹按：「上事群臣，下養百姓」，《吴越春秋》卷五《夫差内傳》與此全同。《吕氏春秋》卷九《順民》作「内親群臣，下養百姓」，「上事」作「内親」。

〔三〇〕步嘉謹按：「願一與吴交天下之兵於中原之野」，《吴越春秋》卷五《夫差内傳》作「願一與吴交戰於天下平原之野」。

〔三一〕步嘉謹按：「與吴王整襟交臂而奮」，《吴越春秋》卷五《夫差内傳》作「正身臂而奮吴」，徐天祜註：「《越絶》作『整襟交臂』。」嘉按：徐註引《越絶書》舊文與今本合。又《吕氏春秋》卷九《順民》作「孤與吴王接頸交臂而僨」。

〔三二〕錢培名曰：「『繼蹟連死』，『蹟』，《吴越春秋》作『踵』，《史記》作『徒欲與吴王接踵而死』。」

〔三三〕步嘉謹按：「士民流離，肝腦塗地」，《吴越春秋》卷五《夫差内傳》作「肝腦塗地者」，無「士民流離」句。

〔三四〕錢培名曰：「『如此不可得也』，句未達。《吴越春秋》作：『思之三年不可得也。』」步嘉謹按：錢校云「如此不可得也」句未達，非。按上句作「此孤之大願也」，檢《吕氏春秋》卷九《順民》：「孤與吴王接頸交臂而僨，此孤之大願也。若此而不可得也。」則本處與《吕氏春秋》文合，蓋此節《吴越春秋》另有所本。

〔三五〕步嘉謹按：「今内自量吾國不足以傷吴」，《吴越春秋》卷五《夫差内傳》作「今内量吾國不足以傷吴」，無「自」字。《吕氏春秋》卷九《順民》作「内量吾國不足以傷吴」，無「今」、「自」二字。

〔三六〕步嘉謹按：「外事諸侯不能也」，《吴越春秋》卷五《夫差内傳》作「外事諸侯而不能也」，多一「而」字。《吕氏春秋》卷九《順民》作「外事之諸侯不能害之」。

〔三七〕步嘉謹按：「孤欲空邦家」，《吕氏春秋》卷九《順民》作「則孤將棄國家」，《吴越春秋》卷五《夫差内傳》作「願空國」。

〔三八〕步嘉謹按：「措策力」，《吴越春秋》卷五《夫差内傳》作「棄群臣」，《吕氏春秋》卷九《順民》作「釋群臣」。

〔三九〕樂祖謀曰：「『易名姓』，張本作『姓名』。」步嘉謹按：《吴越春秋》卷五《夫差内傳》作「變容貌，易姓名」，《吕氏春秋》卷九《順民》作「變容貌，易名姓」，與本節文同。

〔四〇〕錢培名曰：「『執箕帚』，『帚』，原誤『掃』，依漢魏叢書本改，與《吴越春秋》合。」步嘉謹按：錢説是。《吕氏春秋》卷九《順民》正作「執箕帚而臣事之」，今從錢校。而依底本作「箒」。

〔四一〕步嘉謹按：「孤雖要領不屬」，《吴越春秋》卷五《夫差内傳》、《吕氏春秋》卷九《順民》，皆作「孤雖知要領不屬」，「雖」下均有「知」字，疑本篇脱。

〔四二〕步嘉謹按：「手足異處」，《吴越春秋》卷五《夫差内傳》與本篇文同。《吕氏春秋》卷九《順民》作「首足異處」，「手」作「首」。

〔四三〕步嘉謹按：「四支布陳」，《吴越春秋》卷五《夫差内傳》與本篇文合。《吕氏春秋》卷九《順民》作「四枝布裂」，「支」作「枝」，「陳」作「裂」。

〔一四四〕步嘉謹按：「爲鄉邑笑，孤之意出焉」，《吴越春秋》卷五《夫差内傳》與本篇文同。《吕氏春秋》卷九《順民》作：「爲天下戮，孤之志必將出焉。」高誘註：「將出必死以伐吴也。」

〔一四五〕步嘉謹按：「大夫有賜」，《吴越春秋》卷五作「今大夫有賜」，句首多一「今」字。

〔一四六〕張宗祥曰：「《吴越春秋》『興』作『舉』。」

〔一四七〕步嘉謹按：「孤賴先人之賜」，《吴越春秋》卷五《夫差内傳》作「孤賴天賜」。

〔一四八〕步嘉謹按：「敢不待命乎」，《吴越春秋》卷五《夫差内傳》作「敢不待令乎」，「命」作「令」。

〔一四九〕步嘉謹按：「夫吴王之爲人也」，《吴越春秋》卷五《夫差内傳》作「夫吴王爲人」，無「之」字、「也」字。

〔一五〇〕步嘉謹按：「賢疆以恣下」，句不可解，俟考。

〔一五一〕步嘉謹按：「下不能逆」，《史記》卷六七《仲尼弟子列傳》作「群臣不堪」。

〔一五二〕步嘉謹按：「數戰伐」，《史記》卷六七《仲尼弟子列傳》作「國家敝以數戰」，《吴越春秋》卷五《夫差内傳》作「臣觀吴王爲數戰伐」。

〔一五三〕步嘉謹按：「士卒不能忍」，《史記》卷六七《仲尼弟子列傳》作「士卒弗忍」。《吴越春秋》卷五《夫差内傳》作「士卒不恩」。

〔一五四〕步嘉謹按：「太宰嚭爲人，智而愚，彊而弱，巧言利辭以内其身，善爲僞詐以事其君」，《吴越春秋》卷五《夫差内傳》作：「太宰嚭爲人，智而愚，强而弱，巧言利辭以内其身，善爲詭詐以事其君。」《史記》卷六七《仲尼弟子列傳》作：「太宰嚭用事，順君之過以安其私，是殘國之治也。」

〔一五五〕步嘉謹按：「知前而不知後」，《吴越春秋》卷五《夫差内傳》作「知其前而不知其後」，多二「其」字。

〔一五六〕步嘉謹按：「順君之過以安其私，是殘國之吏、滅君之臣也」，《吴越春秋》卷五《夫差内傳》作：「順君之過以安其私，是殘國傷君之佞臣也。」文稍有異。

〔一五七〕步嘉謹按：「子貢去而行」，《吴越春秋》卷五《夫差内傳》作「子貢去」，無「而行」二字。

〔一五八〕步嘉謹按：「越王送之金百鎰、寶劍一」，《吴越春秋》卷五《夫差内傳》與此文同。《史記》卷六七《仲尼弟子列傳》作「送子貢金百鎰，劍一」。

〔一五九〕錢培名曰：「『良馬二』，『馬』，《史記》作『矛』，聲近而誤。」步嘉謹按：《吴越春秋》卷五《夫差内傳》作「良馬二」，與本篇文同。徐天祜註：「《子貢傳》『馬』作『矛』。」則徐註似以二書傳聞異辭，與錢説有異。

〔一六〇〕步嘉謹按：「子貢不受，遂行」，《吴越春秋》卷五《夫差内傳》作「子貢不受」，無「遂行」二字。《史記》卷六七《仲尼弟子列傳》與本篇文同。

〔一六一〕步嘉謹按：「至吴，報吴王曰」，《吴越春秋》卷五《夫差内傳》作「至吴，謂吴王曰」，「報」作「謂」。《史記》卷六七《仲尼弟子列傳》作「報吴王曰」，然無「至吴」二字。

〔一六二〕步嘉謹按：「敬以下吏之言告越王」，《吴越春秋》卷五《夫差内傳》作「臣以下吏之言告於越王」，

「敬」作「臣」，又「告」字下多一「於」字。《史記》卷六七《仲尼弟子列傳》作「臣敬以大王之言告越王」，「敬」前多一「臣」字，又「下吏」作「大王」，文稍有異。

〔一六三〕錢培名曰：「『乃懼』，上云『大恐』，此不得更云『乃懼』，二字當衍。《史記》、《吴越春秋》並無。」

〔一六四〕步嘉謹按：「昔孤不幸」，「昔」下當脱「者」字。上文記越王謂子貢曰：「昔者，孤不幸少失先人。」正與此句合，知當有「者」字。又《吴越春秋》卷五《夫差内傳》作「昔者孤身不幸」，雖多一「身」字，然亦作「昔者」。步嘉又按：「抵罪於縣」，《史記》卷六七《仲尼弟子列傳》、《吴越春秋》卷五《夫差内傳》皆作「抵罪於吴」。

〔一六五〕步嘉謹按：「軍敗身辱，遯逃出走，棲於會稽，邦爲空棘」，《吴越春秋》卷五《夫差内傳》作「軍敗身辱，逋逃出走，棲於會稽，國爲墟莽」。《史記》卷六七《仲尼弟子列傳》作「軍敗身辱，棲於會稽，國爲虚莽」，無「遯逃出走」句。

〔一六六〕步嘉謹按：「身爲魚鼈餌」，《吴越春秋》卷五《夫差内傳》作「身爲魚鼈」，徐天祜註：「《越絶》『鼈』下有『餌』字。」嘉按：徐引《越絶書》舊文與今本合。

〔一六七〕步嘉謹按：「賴大王之賜，使得奉俎豆而修祭祀」，《史記》卷六七《仲尼弟子列傳》與此文同。《吴越春秋》卷五《夫差内傳》作「賴大王之賜，使得奉俎豆，修祭祀」，「修」字上無「而」字。

〔一六八〕步嘉謹按：「大王之賜」四字疑衍。《史記》、《吴越春秋》皆無之。步嘉又按：「死且不忘」，《史記》卷六七《仲尼弟子列傳》作「死不敢忘」。《吴越春秋》卷五《夫差内傳》作「死且不敢忘」，多一「敢」字。

〔一六九〕步嘉謹按：「何謀敢慮」，《吴越春秋》卷五《夫差内傳》作「何謀之敢」，《史記》卷六七《仲尼弟子列傳》作「何謀之敢慮」。按本篇「謀」下疑脱「之」字，《吴越春秋》「敢」後當脱「慮」字。

〔一七〇〕步嘉謹按：「其志甚恐，似將使使者來」，《吴越春秋》卷五《夫差内傳》作：「其志甚恐，將使使者來謝於王。」

〔一七一〕步嘉謹按：「子貢至五日」，《吴越春秋》卷五《夫差内傳》作「子貢館五日」，「至」作「館」。《史記》卷六七《仲尼弟子列傳》作「後五日」。

〔一七二〕步嘉謹按：「越使果至」句，《吴越春秋》卷五《夫差内傳》作「越使果來」。

〔一七三〕步嘉謹按：「東海役臣孤句踐使使臣種」，《史記》卷六七《仲尼弟子列傳》作「東海役臣孤句踐使臣種」，「句踐」下少一「使」字。《吴越春秋》卷五《夫差内傳》作「東海役臣句踐之使者臣種」。

〔一七四〕步嘉謹按：「敢修下吏問於左右」，《史記》卷六七《仲尼弟子列傳》與本篇文同。《吴越春秋》卷五《夫差内傳》作「敢修下吏，少聞於左右」。步嘉又按：「昔孤不幸」，《吴越春秋》卷五《夫差内傳》文同。按：「昔」當爲「昔者」之訛，脱去「者」字，説參本篇〔校釋一六四〕。步嘉又按：「抵罪於縣」，《吴越春秋》卷五《夫差内傳》作「抵罪上國」。

〔一七五〕步嘉謹按：「今竊聞大王將興大義」，《史記》卷六七《仲尼弟子列傳》與此文同。《吴越春秋》卷五《夫差内傳》作「今竊聞大王興大義」，「興」上少一「將」字。

〔一七六〕錢培名曰：「『困暴齊』，『困』，原誤『因』，依漢魏叢書、逸史本改。」步嘉謹按：錢校是。《史記》卷六七《仲尼弟子列傳》、《吴越春秋》卷五《夫差内傳》皆作「困暴齊而撫周室」，作「因」字者誤。

〔一七七〕步嘉謹按：「故使越賤臣種以先人之藏器」，《史記》卷六七《仲尼弟子列傳》作「因越賤臣種奉先人藏器」，《吴越春秋》卷五《夫差内傳》作「故使賤臣以奉前王所藏」。

〔一七八〕張宗祥曰：「《典略》云：周有屈盧之矛。《説文》云：矛，酋矛也。建於兵車，長二丈。」

〔一七九〕步嘉謹按：「大王將遂大義」，《吴越春秋》卷五《夫差内傳》作「若將遂大義」，無「大王」二字。

〔一八〇〕步嘉謹按：「則弊邑雖小，悉擇四疆之中，出卒三千」，《吴越春秋》卷五《夫差内傳》作：「弊邑雖小，請悉四方之内士卒三千人以從。」

〔一八一〕步嘉謹按：「以從下吏」，《吴越春秋》卷五《夫差内傳》「下吏」二字從下讀，《吴越春秋》上句作「請悉四方之内士卒三千人以從」，下句作「下吏請躬被堅執鋭」。按本篇下文作「孤請自被堅執鋭」，則《吴越春秋》「下吏」二字下當脱「孤」字。如此，《吴越春秋》「以從下吏」四字亦應單獨成句，與本篇文合。

〔一八二〕步嘉謹按：「以受矢石」，《吴越春秋》卷五《夫差内傳》作「以前受矢石」，本篇似脱「前」字。

〔一八三〕步嘉謹按：「吴王大悦，乃召子貢而告之曰」，《吴越春秋》卷五《夫差内傳》作「吴王大悦，乃召子貢曰」，無「而告之」三字。

〔一八四〕步嘉謹按：「越使果來，請出卒三千，其君又從之」，《吴越春秋》卷五《夫差内傳》作：「越使果來，請出卒三千，其君從之。」「其君」下無「又」字。

〔一八五〕步嘉謹按：「與寡人伐齊，可乎？」《吴越春秋》卷五《夫差内傳》與本篇文同。《史記》卷六七《仲尼弟子列傳》作：「越王欲身從寡人伐齊，可乎？」

〔一八六〕步嘉謹按：「子貢曰：不可。夫空人之邦」，《史記》卷六七《仲尼弟子列傳》、《吴越春秋卷》五《夫差内傳》皆作「子貢曰：不可。夫空人之國」。「邦」作「國」。

〔一八七〕步嘉謹按：「悉人之衆，又從其君，不仁也。」《吴越春秋》卷五《夫差内傳》與此文同。《史記》卷六七《仲尼弟子列傳》作：「悉人之衆，又從其君，不義。」「不仁」作「不義」。

〔一八八〕錢培名曰：「『君受其幣』，『幣』，原誤『弊』，依漢魏叢書、逸史本改。」步嘉謹按：錢校是。《史記》卷六七《仲尼弟子列傳》正作「君受其幣」。又《吴越春秋》卷五《夫差内傳》作「受幣」，雖無「君」、「其」二字，然「幣」字終確不可易。樂祖謀校本「幣」也作「弊」，誤。今依錢校改。

〔一八九〕步嘉謹按：「許其師，而辭其君」，《史記》卷六七《仲尼弟子列傳》與本篇文同。《吴越春秋》卷五《夫差内傳》作「許其師，辭其君」，「辭」字上無「而」字。

〔一九〇〕步嘉謹按：「吴王許諾」，《史記》卷六七《仲尼弟子列傳》、《吴越春秋》卷五《夫差内傳》與本篇文同。

〔一九一〕步嘉謹按：「子貢去之晉」，《吴越春秋》卷五《夫差内傳》作「子貢去晉」，無「之」字。《史記》卷六七《仲尼弟子列傳》作「子貢因去之晉」，「子貢」下多一「因」字。

〔一九二〕張宗祥曰：「《吴越春秋》作『子貢去晉，見定公曰』。」步嘉謹按：「謂晉君曰」，《史記》卷六七《仲尼弟子列傳》與本篇文同。

〔一九三〕步嘉謹按：「臣聞之，慮不先定不可以應卒」，《吴越春秋》卷五《夫差内傳》作：「臣聞慮不預定，不可以應卒。」《史記》卷六七《仲尼弟子列傳》與本篇文同。《史記索隱》曰：「卒謂急卒也。言計慮不先定，不可以應卒有非常之事。」

〔一九四〕步嘉謹按：「兵不先辨不可以勝敵」，《史記》卷六七《仲尼弟子列傳》與本篇文同。《吴越春秋》卷五《夫差内傳》作：「兵不預辨，不可以勝敵。」「先辨」，作「預辨」。

〔一九五〕步嘉謹按：「今齊吴將戰」，《吴越春秋》卷五《夫差内傳》作「今吴齊將戰」，「齊吴」二字倒。《史記》卷六七《仲尼弟子列傳》作「今夫齊與吴將戰」，多「夫」、「與」二字。

〔一九六〕步嘉謹按：「勝則必以其兵臨晉」，《史記》卷六七《仲尼弟子列傳》作「與齊戰而勝，必以其兵臨晉」。《吴越春秋》卷五《夫差内傳》作「與戰而勝，必以其兵臨晉」。

〔一九七〕步嘉謹按：「晉君大恐」，檢各本皆作「晉大恐」，按下文作「晉君許諾」，則此處亦必當有「君」字。考《史記》卷六七《仲尼弟子列傳》正作「晉君大恐」，今補。

〔一九八〕步嘉謹按：「修兵休卒以待吴」，《史記》卷六七《仲尼弟子列傳》作「修兵休卒以待之」。《吴越春秋》卷五《夫差内傳》作「修兵伏卒以待之」。徐天祜註：「《子貢傳》『伏』作『休』。」

〔一九九〕步嘉謹按：「彼戰而不勝，越亂之必矣。」此處疑錯簡。按《史記》卷六七《仲尼弟子列傳》此語在

「今夫齊與吴將戰」句下,《吴越春秋》卷五《夫差内傳》此語亦在「今吴、齊將戰」句下,則本篇此語亦當在上文「今齊吴將戰」句下,今辨。

〔二〇〇〕步嘉謹按:「吴王果興九郡之兵,而與齊大戰於艾陵」,《吴越春秋》卷五《夫差内傳》作「吴王果興九郡之兵,將與齊戰」,以下接記吴王占夢事。《史記》卷六七《仲尼弟子列傳》作「吴王果與齊人戰於艾陵」。又按:《仲尼弟子列傳》上文有「於是吴王乃遂發九郡兵伐齊」語。

〔二〇一〕步嘉謹按:「大敗齊師」,《史記》卷六七《仲尼弟子列傳》與此文同。

〔二〇二〕步嘉謹按:「獲七將,陳兵不歸」,《史記》卷六七《仲尼弟子列傳》作:「獲七將軍之兵而不歸。」

〔二〇三〕步嘉謹按:「果與晉人相遇黄池之上」,《史記》卷六七《仲尼弟子列傳》作「與晉人相遇黄池之上」,句首無「果」字。《史記索隱》曰:「《左傳》黄池之會在哀十三年。」

〔二〇四〕步嘉謹按:「吴晉爭疆,晉人擊之,大敗吴師」,《史記》卷六七《仲尼弟子列傳》與此文同。

〔二〇五〕步嘉謹按:「越王聞之,涉江襲吴,去邦七里而軍陳。」《史記》卷六七《仲尼弟子列傳》作:「越王聞之,涉江襲吴,去城七里而軍。」

〔二〇六〕步嘉謹按:「吴王聞之,去晉從越」,《史記》卷六七《仲尼弟子列傳》作:「吴王聞之,去晉而歸。」

〔二〇七〕步嘉謹按:「越王迎之,戰於五湖」,《史記》卷六七《仲尼弟子列傳》作「與越戰於五湖」。

〔二〇八〕錢培名曰:「『三戰不勝』,『三』,原誤『二』,依《史記》、《吴越春秋》改。」步嘉謹按:「城門不守,遂圍王宫」,《史記》卷六七《仲尼弟子列傳》作「城門不守,越遂圍王宫」。「遂」上多一「越」字。

〔二九〕步嘉謹按：「殺夫差而僇其相」，《史記》卷六七《仲尼弟子列傳》作「殺夫差而戮其相」。《史記索隱》曰：「按：《左傳》越滅吴在哀二十二年，則事並懸隔數年。蓋此文欲終説其事，故其辭相連。」

〔三〇〕步嘉謹按：「伐吴三年，東鄉而霸」，《史記》卷六七《仲尼弟子列傳》作：「破吴三年，東向而霸。」「伐吴」作「破吴」。

〔三一〕步嘉謹按：《史記》卷六七《仲尼弟子列傳》作：「故子貢一出，存魯，亂齊，破吴，彊晉而霸越。」《越絶篇叙外傳記》作：「賜之説也，魯安，吴敗，晉彊，越霸。」《越絶外傳本事》作：「子貢一出，亂齊，破吴，興晉，彊越。」《太平御覽》卷四四七《人事部・品藻門》引蔣子《萬機論》作：「子貢一出，破齊，彊晉，亡吴，霸越，存魯也。」

越絶卷第八

越絶外傳記地傳第十

昔者，越之先君無餘〔一〕，乃禹之世，别封於越，以守禹冢。問天地之道，萬物之紀，莫失其本。神農嘗百草、水土甘苦〔二〕，黄帝造衣裳〔三〕，后稷産穡，制器械〔四〕，人事備矣。疇糞桑麻，播種五穀，必以手足。大越海濱之民，獨以鳥田〔五〕，小大有差，進退有行，莫將自使，其故何也？曰：禹始也，憂民救水，到大越〔六〕，上茅山〔七〕，大會計，爵有德，封有功，更名茅山曰會稽〔八〕。及其王也，巡狩大越〔九〕，見耆老，納詩書，審銓衡，平斗斛〔一〇〕。因病亡死，葬會稽〔一一〕。葦槨桐棺，穿壙七尺，上無漏泄，下無即水〔一二〕。壇高三尺，土階三等，延袤一畝〔一三〕。尚以爲居之者樂，爲之者苦，無以報民功，教民鳥田〔一四〕，一盛一衰。當禹之時，舜死蒼梧，象爲民田也〔一五〕。禹至此者，亦有因矣，亦覆釜也〔一六〕。覆釜者，州土也，填德也。禹美而告至焉〔一七〕。禹知時晏歲暮，年加申酉，求書其下〔一八〕，祠白馬。禹井，井者法也〔一九〕。以爲禹葬以法度，不煩人衆〔二〇〕。

無餘初封大越〔二一〕，都秦餘望南〔二二〕，千有餘歲而至句踐〔二三〕。句踐徙治山北〔二四〕，引屬東海，内、外越别封削焉。句踐伐吴，霸關東，徙瑯琊〔二五〕，起觀臺〔二六〕，臺周七里〔二七〕，以望東海。死士八千人，戈船三百艘〔二八〕。居無幾，躬求賢聖。孔子從弟子七十人〔二九〕，奉先王雅琴，治禮往奏〔三〇〕。句踐乃身被賜夷之甲〔三一〕，帶步光之劍〔三二〕，杖物盧之矛〔三三〕，出死士三百人，爲陣關下。孔子有頃姚稽到越〔三四〕。越王曰：「唯唯。夫子何以教之？」孔子對曰：「丘能述五帝三王之道，故奉雅琴至大王所〔三五〕。」句踐喟然嘆曰：「夫越性脆而愚〔三六〕，水行而山處，以船爲車，以楫爲馬〔三七〕，往若飄風，去則難從，鋭兵任死〔三八〕，越之常性也〔三九〕。夫子異則不可。」於是孔子辭，弟子莫能從乎。

越王夫鐔以上至無餘〔四〇〕，久遠，世不可紀也〔四一〕。夫鐔子允常〔四二〕。允常子句踐，大霸稱王〔四三〕，徙瑯琊，都也〔四四〕。句踐子與夷，時霸。與夷子子翁，時霸。子翁子不揚，時霸。不揚子無彊，時霸，伐楚，威王滅無彊。無彊子之侯，竊自立爲君長。之侯子尊，時君長。尊子親，失衆，楚伐之，走南山。親以上至句踐，凡八君，都瑯琊二百二十四歲〔四五〕。無彊以上，霸，稱王。之侯以下微弱，稱君長。

句踐小城，山陰城也〔四六〕。周二里二百二十三步，陸門四，水門一〔四七〕。今倉庫是其宫臺處也〔四八〕。周六百二十步，柱長三丈五尺三寸〔四九〕，霤高丈六尺〔五〇〕。宫有百户〔五一〕，高丈二尺五寸〔五二〕。大城周二十里七十二步，不築北面。而滅吴，徙治姑胥臺〔五三〕。

山陰大城者，范蠡所築治也〔五四〕，今傳謂之蠡城。陸門三〔五五〕，水門三，決西北，亦有事〔五六〕。到始建國時，蠡城盡。

稷山者，句踐齋戒臺也〔五七〕。

龜山者，句踐起怪游臺也〔五八〕。東南司馬門，因以炤龜〔五九〕。又仰望天氣，觀天怪也〔六〇〕。高四十六丈五尺二寸〔六一〕，周五百三十二步〔六二〕，今東武里。一曰怪山。怪山者，往古一夜自來，民怪之，故謂怪山。

駕臺，周六百步，今安城里〔六三〕。

離臺，周五百六十步，今淮陽里丘〔六四〕。

美人宫〔六五〕，周五百九十步，陸門二，水門一〔六六〕，今北壇利里丘土城，句踐所習教美女西施、鄭旦宫臺也〔六七〕。女出於苧蘿山，欲獻於吴，自謂東垂僻陋，恐女樸鄙，故近大道居。去縣五里〔六八〕。

樂野者，越之弋獵處〔六九〕，大樂，故謂樂野〔七〇〕。其山上石室〔七一〕，句踐所休謀也〔七二〕。去縣七里。

中宿臺馬丘〔七三〕，周六百步，今高平里丘〔七四〕。

東郭外南小城者，句踐冰室，去縣三里〔七五〕。

句踐之出入也，齊於稷山，往從田里，去從北郭門。炤龜龜山，更駕臺，馳於離丘〔七六〕，遊於美人宮，興樂中宿，過歷馬丘。射於樂野之衢，走犬若耶〔七七〕，休謀石室，食於冰廚。領功銓土，已作昌土臺。藏其形，隱其情。一曰：冰室者，所以備膳羞也。

浦陽者，句踐軍敗失衆，懣於此〔七八〕。去縣五十里〔七九〕。

夫山者，句踐絶糧，困也。其山上大冢，句踐庶子冢也。去縣十五里〔八〇〕。

句踐與吳戰於浙江之上，石買爲將。耆老、壯長進諫曰：「夫石買，人與爲怨，家與爲仇，貪而好利，細人也，無長策。王而用之，國必不遂。」王不聽，遂遣之。石買發，行至浙江上，斬殺無罪，欲專威服軍中〔八一〕，動摇將率，獨專其權。士衆恐懼，人不自聊。兵法曰：「視民如嬰兒，故可與赴深溪。」士衆魚爛而買不知，尚猶峻法隆刑。子胥獨見可奪之證，變爲奇謀，或北或南，夜舉火擊鼓〔八二〕，晝陳詐兵〔八三〕，越師潰墜，政令不行，背叛乖離。還報其王，王殺買，謝其師〔八四〕，號聲聞吳。吳王恐懼，子胥私喜：「越軍敗矣。胥聞之，狐之將殺〔八五〕，噆脣吸齒。今越句踐其已敗矣，君王安意，越易兼也。」使人入問之，越師請降，子胥不聽。越棲於會稽之山，吳退而圍之〔八六〕。句踐喟然用種、蠡計，轉死爲霸。一人之身，吉凶更至。盛衰存亡，在於用臣。治道萬端，要在得賢。越棲於會稽日〔八七〕，行成於吳〔八八〕，吴引兵而去〔八九〕。句踐將降〔九〇〕，西至浙江，待詔入吴，故有雞鳴墟。其入辭曰：「亡臣孤句踐，故將士衆，入爲臣虜。民可得使，地可得有。」吴王許之。子胥大怒〔九一〕，目若夜光，聲若哮虎〔九二〕：「此越未戰而服〔九三〕，天以賜吴，其逆天乎〔九四〕？臣唯君王急剬之〔九五〕。」吴王不聽，遂許之浙江是也〔九六〕。

陽城里者〔九七〕，范蠡城也〔九八〕。西至水路，水門一，陸門二〔九九〕。

北陽里城〔一〇〇〕，大夫種城也，取土西山以濟之〔一〇一〕。徑百九十四步〔一〇二〕。或爲南安〔一〇三〕。

富陽里者，外越賜義也。處里門，美以練塘田。

安城里高庫者，句踐伐吴，禽夫差，以爲勝兵，築庫高閣之。周二百三十步，今安城里〔一〇四〕。

故禹宗廟，在小城南門外大城内〔一〇五〕。禹稷在廟西，今南里。

獨山大冢者〔一〇六〕，句踐自治以爲冢〔一〇七〕。徙瑯琊，冢不成。去縣九里。

麻林山，一名多山〔一〇八〕。句踐欲伐吴，種麻以爲弓弦〔一〇九〕，使齊人守之〔一一〇〕，越謂齊人「多」〔一一一〕，故曰麻林多〔一一二〕，以防吴。以山下田封功臣〔一一三〕。去縣一十二里。

會稽山上城者，句踐與吴戰，大敗，棲其中〔一一四〕。因以下爲目魚池〔一一五〕，其利不租。

會稽山北城者，子胥浮兵以守城是也〔一一六〕。

若耶大冢者，句踐所徙葬先君夫鐔冢也，去縣二十五里〔一一七〕。

葛山者，句踐罷吴，種葛〔一一八〕，使越女織治葛布〔一一九〕，獻於吴王夫差〔一二〇〕。去縣七里〔一二一〕。

姑中山者，越銅官之山也〔一二二〕，越人謂之銅姑瀆〔一二三〕。長二百五十步，去縣二十五里〔一二四〕。

富中大塘者〔一二五〕，句踐治以爲義田，爲肥饒，謂之富中〔一二六〕。去縣二十里二十二步。

犬山者，句踐罷吴，畜犬獵南山白鹿，欲得獻吴〔一二七〕，神不可得，故曰犬山。其高爲犬亭〔一二八〕。去縣二十五里〔一二九〕。

白鹿山，在犬山之南〔一三〇〕，去縣二十九里。

雞山、豕山者〔一三一〕，句踐以畜雞豕，將伐吴，以食士也〔一三二〕。雞山在錫山南〔一三三〕，去縣五十里。豕山在民山西，去縣六十三里。洹江以來屬越〔一三四〕。疑豕山在餘暨界中〔一三五〕。

練塘者，句踐時采錫山爲炭，稱「炭聚」，載從炭瀆至練塘〔一三六〕，各因事名之〔一三七〕。去縣五十里〔一三八〕。

木客大冢者，句踐父允常冢也〔一三九〕。初徙瑯琊〔一四〇〕，使樓船卒二千八百人伐松柏以爲桴〔一四一〕，故曰木客〔一四二〕。去縣十五里。一曰句踐伐善材，文刻獻於吴〔一四三〕，故曰木客〔一四四〕。

官瀆者，句踐工官也〔一四五〕。去縣十四里〔一四六〕。

苦竹城者，句踐伐吴還，封范蠡子也。其僻居，徑六十步。因爲民治田，塘長千五百三十三步。其冢名土山。范蠡苦勤功篤，故封其子於是〔一四七〕，去縣十八里〔一四八〕。

北郭外路南溪北城者，句踐築鼓鍾宫也，去縣七里。其邑爲龔錢。

舟室者，句踐船宫也，去縣五十里。

民西大冢者，句踐客秦伊善炤龜者冢也〔一四九〕，因名冢爲秦伊山〔一五〇〕。

射浦者〔一五一〕，句踐教習兵處也〔一五二〕。今射浦去縣五里〔一五三〕。射卒陳音死〔一五四〕，葬民西，故曰陳音山〔一五五〕。

種山者〔一五六〕，句踐所葬大夫種也〔一五七〕。樓船卒二千人〔一五八〕，鈞足羨〔一五九〕，葬之三蓬下。種將死，自策：「後有賢者，百年而至，置我三蓬，自章後世。」句踐葬之，食傳三賢〔一六〇〕。

巫里，句踐所徙巫爲一里〔一六一〕，去縣二十五里。其亭祠今爲和公群社稷墟〔一六二〕。

巫山者，越魌，神巫之官也〔一六三〕，死葬其上，去縣十三里許〔一六四〕。

六山者，句踐鑄銅〔一六五〕，鑄銅不爍〔一六六〕，埋之東坂，其上馬箠〔一六七〕。句踐遣使者取於南社，徙種六山〔一六八〕，飾治爲馬箠，獻之吴〔一六九〕。去縣三十五里。

江東中巫葬者，越神巫無杜子孫也。死，句踐於中江而葬之。巫神，欲使覆禍吴人船。去縣三十里。

石塘者，越所害軍船也〔一七〇〕。塘廣六十五步，長三百五十三步〔一七一〕。去縣四十里〔一七二〕。

防塢者〔一七三〕，越所以遏吴軍也〔一七四〕。去縣四十里。

杭塢者，句踐杭也。二百石長買卒七士人〔一七五〕，度之會夷。去縣四十里。

塗山者，禹所取妻之山也〔一七六〕，去縣五十里〔一七七〕。

朱餘者，越鹽官也。越人謂鹽曰「餘」。去縣三十五里。

句踐已滅吴，使吴人築吴塘，東西千步，名辟首〔一七八〕。後因以爲名曰塘。

獨婦山者，句踐將伐吴，徙寡婦致獨山上，以爲死士示〔一七九〕，得專一也。去縣四十里。

後説之者，蓋句踐所以遊軍士也〔一八〇〕。

馬嘷者，吴伐越，道逢大風〔一八一〕，車敗馬失〔一八二〕，騎士墮死，疋馬啼嘷〔一八三〕，事見吴史〔一八四〕。

浙江南路西城者，范蠡敦兵城也〔一八五〕。其陵固可守，故謂之固陵〔一八六〕。所以然者，以其大船軍所置也〔一八七〕。

山陰古故陸道，出東郭，隨直瀆陽春亭。山陰故水道，出東郭，從郡陽春亭。去縣五十里。

語兒鄉，故越界，名曰就李。吳疆越地以爲戰地〔一八八〕，至於柴辟亭〔一八九〕。

女陽亭者，句踐入官於吳〔一九〇〕，夫人從，道産女此亭〔一九一〕，養於李鄉〔一九二〕，句踐勝吳，更名女陽，更就李爲語兒鄉〔一九三〕。

吳王夫差伐越，有其邦，句踐服爲臣。三年，吳王復還封句踐於越，東西百里，北鄉臣事吳，東爲右，西爲左。大越故界，浙江至就李，南姑末、寫干〔一九四〕。

覲鄉北有武原〔一九五〕。武原，今海鹽〔一九六〕。姑末，今大末。寫干，今屬豫章。

自無餘初封於越以來，傳聞越王子孫，在丹陽皋鄉，更姓梅，梅里是也。

自秦以來，至秦元王不絶年〔一九七〕。元王立二十年，平王立二十三年，惠文王立二十七年〔一九八〕，武王立四年，昭襄王亦立五十六年〔一九九〕，而滅周赧王，周絶於此。孝文王立一年，莊襄王更號太上皇帝，立三年，秦始皇帝立三十七年，號曰趙政，政，趙外孫，胡亥立二年，子嬰立六月。秦元王至子嬰，凡十王，百七十歲〔二〇〇〕。漢高帝滅之〔二〇一〕，治咸陽，壹天下。

政使將魏舍、内史教攻韓〔二〇二〕，得韓王安。政使將王賁攻魏，得魏王歇〔二〇三〕。政使將王涉攻趙，得趙王尚〔二〇四〕。政使將王賁攻楚，得楚王成〔二〇五〕。政使將史敖攻燕〔二〇六〕，得燕王喜。政使將王涉攻齊〔二〇七〕，得齊王建。政更號爲秦始皇帝，以其三十七年，東遊之會稽〔二〇八〕，道度牛渚〔二〇九〕，奏東安，東安，今富春。丹陽，溧陽，鄣故，餘杭軻亭南〔二一〇〕。東奏槿頭，道度諸暨、大越〔二一一〕。以正月甲戌到大越〔二一二〕，留舍都亭〔二一三〕。取錢塘浙江「岑石」〔二一四〕。石長丈四尺〔二一五〕，南北面廣六尺〔二一六〕，東面廣四尺〔二一七〕，西面廣尺六寸，刻文立於越棟山上〔二一八〕，其道九曲，去縣二十一里〔二一九〕。是時，徙大越民置餘杭伊攻□故鄣〔二二〇〕。因徙天下有罪適吏民〔二二一〕，置海南故大越處，以備東海外越。乃更名大越曰山陰〔二二二〕。已去，奏諸暨、錢塘，因奏吳。上姑蘇臺，則治射防於宅亭、賈亭北。年至靈，不射，去，奏曲阿、句容，度牛渚，西到咸陽，崩〔二二三〕。

校　釋

〔一〕錢培名曰：「『昔者，越之先君無餘』，『餘』，《吴越春秋》作『余』。」

〔二〕步嘉謹按：「神農嘗百草、水土甘苦」，《藝文類聚》卷一一《帝王部・神農氏門》載賈誼《書》曰：「神農以爲走禽難以久養民，乃求可食之物，嘗百草，察實鹹苦之味，教民食穀。」

〔三〕步嘉謹按：「黄帝造衣裳」，《史記》卷一《五帝本紀》中《史記正義》曰：「黄帝之前，未有衣裳屋宇，及黄帝造屋宇，製衣服，營殯葬，萬民故免存亡之難。」蓋「黄帝造衣服」，也爲唐前古書一說。

〔四〕步嘉謹按：「后稷産穡，制器械」，《史記》卷四《周本紀》：「周后稷，名棄。……棄爲兒時，屹如巨人之志。其游戲，好種樹麻、菽，麻、菽美。及爲成人，遂好耕農，相地之宜，宜穀者稼穡焉，民皆法則之。」

〔五〕張宗祥曰：「《吴越春秋》云：『百鳥佃於澤。』又云：『使百鳥還爲民田。』宗祥按：此即象耕鳥耘也。」陳橋驛曰：「《越絶書》僅書『鳥田』二字，雖然失之簡單，但卻是記載了一種生物界的自然現象，並無牽强附會之處。而張註引《吴越春秋》『使百鳥還爲民田』，這是以傳訛註事實，引人誤入歧途。何況又憑空加上『象耕』二字。懂得者自不待言，不懂者將更因此註而困惑不解。王充在《論衡·書虚篇》中説：『傳書言，舜葬於蒼梧，象爲之耕，禹葬會稽，鳥爲之田。蓋以聖德所致，天地鳥獸報祐之也……鳥田象耕，報祐舜禹，非其實也。實者，蒼梧多象之地，會稽衆鳥所居。《禹貢》曰：彭蠡既瀦，陽鳥攸居。天地之情，鳥獸之行也。象自蹈土，鳥自食苹，土蹶草盡，若耕田狀，壤靡泥易，人隨種之。』《偶會篇》也説『《傳》曰：舜葬蒼梧，象爲之耕，禹葬會稽，鳥爲之田。失事之實，虚妄之言也。』《論衡》解釋的『象耕』、『鳥田』，是符合事實的。可惜張氏誤引了《吴越春秋》『使百鳥還爲民田』的説法，這實際上是一千九百多年前王充所批判過的話。」説見《點校本越絶書序》。步嘉謹按：張宗祥以古書舊説爲據，以註「鳥田」之事，陳橋驛以王充之説駁之。然《越絶書》舊文實言「象耕鳥耘」之事。《文選》卷五《吴都賦》劉淵林註曰：

「《越絶書》曰：『舜葬蒼梧，象爲之耕，禹葬會稽，鳥爲之耘。』」嘉按：《越絶書》此文不見今本，且未爲近人所引，今謹録以備參考。

〔六〕錢培名曰：「『到大越』，『到』，《路史·夏后紀》註作『至』。」步嘉謹按：《史記》卷二《夏本紀》中《史記集解》引《越傳》、《文選》卷二六顔延年《和謝監靈運詩》、卷五九《齊故安陸昭王碑文》註引《越絶書》、《太平御覽》卷八二《皇王部·夏帝門》、卷五五八《禮儀部·冢墓門》引《越絶書》及《越傳》、《會稽續志》卷一、《會稽三賦》卷上等引《越絶書》，皆作「到大越」，可證今本不誤。

〔七〕錢培名曰：「『上茅山』，『上』，《御覽》八三作『於』。」步嘉謹按：錢校引書卷數有誤。檢《御覽》卷八三未引《越絶書》此文，實見《御覽》卷八二《皇王部·夏帝門》。步嘉又按：《文選》卷二六顔延年《和謝監靈運詩》、卷五九《齊故安陸昭王碑文》註引《越絶書》、《會稽續志》卷一、《會稽三賦》卷上及《路史》卷二二《後紀》註引《越絶書》作「上茅山」，與今本同。《太平御覽》卷五五八《禮儀部·冢墓門》、《史記》卷二《夏本紀》中《史記集解》引《越傳》作「上苗山」，「茅」作「苗」。王應麟《周書王會補註》引《越絶傳》亦作「上苗山」。張宗祥曰：「《吴越春秋》作：『周行天下，歸還大越。登茅山。』宗祥按：越之名始此。賀循《會稽記》云：少康其少子號曰於越。越國之稱始此。其説未當。大越者，《漢書·地理志》臣瓚曰：自交趾至會稽，七八千里，有粵雜處，各有種姓是也。茅山今名會稽山。《嘉泰會稽志》：在縣東南十三里。《周禮》：揚州之鎮山曰會稽。《山海經》云：會稽之山四方，其上多金玉，其下多砆石，勺水出焉。《輿地志》云：一名衡山，其山有石，狀如覆甂，亦謂之覆甂山。」

〔八〕錢培名曰：「『曰會稽』，《御覽》作『謂之會稽也』。」步嘉謹按：檢《太平御覽》卷八二《皇王部・夏帝門》引《越絶書》作「更名茅山謂之會稽」，句末無「也」字，錢校或誤記。步嘉又按：《史記》卷二《夏本紀》中《史記集解》引《越傳》作「因而更名苗山曰會稽」，多「因而」二字，又「茅」作「苗」。

〔九〕錢培名曰：「『巡狩大越』，『巡』，《路史》註作『乃』。」步嘉謹按：錢校引見《路史》卷一二《後紀》註。《太平御覽》卷八二《皇王部・夏帝門》、《會稽三賦》卷上註引《越絶書》皆作「巡狩大越」，與今本同。步嘉又按：「及其王也」，《路史》卷一二《後紀》註引《越絶書》作「及其王」，無「也」字。《太平御覽》卷八二《皇王部・夏帝門》引《越絶書》作「及其王矣」，「也」作「矣」字。《會稽三賦》卷上註引《越絶書》與今本同。

〔一〇〕步嘉謹按：「見耆老，納詩書，審銓衡，平斗斛」句，《藝文類聚》卷三九《禮部中・巡守門》、《太平御覽》卷五三七《禮儀部・巡狩門》引《越絶書》與今本同。《初學記》卷一三《禮部上・巡狩門》引《越絶書》「平斗斛」作「平升斛」，「斗」作「升」。《北堂書鈔》卷一六《帝王部・巡行門》「審銓衡」作「審儉衡」，按「儉衡」不詞，《北堂書鈔》文誤。

〔一一〕步嘉謹按：「因病亡死」，《史記》卷二《夏本紀》中《史記集解》引《越傳》作「因病死」，《太平御覽》卷五五八《禮儀部・冢墓門》引《越傳》作「因死葬焉」，皆無「亡」字。

〔二〕步嘉謹按：「葦槨桐棺」，《北堂書鈔》卷九四《禮儀部·冢墓門》引《越記》與此同文，《史記》卷二《夏本紀》中《史記集解》引《越傳》作「葦棺」，無「槨」、「桐」二字。錢培名曰：「『穿壙七尺』，《書鈔》九四『壙』下有『深』字。」步嘉謹按：《北堂書鈔》卷九四《禮儀部·冢墓門》二引《越記》，一作「穿壙深七尺」，一作「壙深七尺」，皆有「深」字，錢校引不誤。又《太平御覽》卷五五八《禮儀部·冢墓門》、《史記》卷二《夏本紀》中《史記集解》引《越傳》皆作「穿壙深七尺」，則原當有「深」字，今本或脱之。錢培名又曰：「『上無漏泄，下無積水』，《書鈔》作：『上無瀉池，下無流水。』」步嘉謹按：錢校引文有誤。檢《北堂書鈔》卷九四《禮儀部·冢墓門》引《越記》作「上無瀉泄，下無流水」。又《太平御覽》卷五五八《禮儀部·冢墓門》引《越傳》與上引《書鈔》文同。《史記》卷二《夏本紀》中《史記集解》引《越傳》作「上無瀉泄，下無邸水」。

〔三〕錢培名曰：「『延袤一畝』，《書鈔》作『周方一里』。按《史記·夏本紀》《集解》引《越傳》曰：『禹到大越，上苗山，大會稽，爵有德，封有功。因而更名苗山曰會稽。因病死，葬葦棺，穿壙深七尺，上無瀉泄，下無邸水。壇高三尺，土階三等，周方一畝。』並與此文大同小異，所云《越傳》，疑即《越絶》之誤。故附識於此。」步嘉謹按：錢校云「延袤一畝」《書鈔》作「周方一里」。檢《書鈔》卷九四《禮儀部·冢墓門》二引《越記》，一作「周方一里」，一作「周方一畝」。按作「畝」字者是，《太平御覽》卷五五八《禮儀部·冢墓門》、《史記》卷二《夏本紀》中《史記集解》引《越傳》皆作「周方一畝」可證。

〔一四〕步嘉謹按：「教民鳥田」，《北堂書鈔》卷一〇《帝王部・教化門》引《越絶》與此文全同。

〔一五〕錢培名曰：「『舜死蒼梧』，『梧』，原誤『桐』，依漢魏叢書、逸史本改。」步嘉謹按：《文選》卷五《吴都賦》劉淵林註引《越絶書》作「舜葬蒼梧，象爲之耕」，與此文有異。

〔一六〕張宗祥曰：「『覆釜』見上。『釜』、『釜』通。《吴越春秋》云：『吾獲覆釜之書，得以除天下之災。』蓋言得治水書於此山也。」

〔一七〕步嘉謹按：「禹美而告至焉」，「告至」連文，不辭，疑「告」爲「造」之訛，「至」乃後人釋「造」之註語，混入正文。《周禮・大司寇》「以兩造禁民訟」、《儀禮・士喪禮》「造於西階下」，鄭玄註皆云「造，至也。」

〔一八〕步嘉謹按：《吴越春秋》卷六《越王無余外傳》云：「禹傷父功不成，循江泝河……乃案《黄帝中經曆》，蓋聖人所記，曰：『在於九山東南，天柱號曰宛委。赤帝在闕，其巖之巔承以文玉，覆以磐石，其書金簡，青玉爲字，編以白銀，皆瑑其文。』……三月庚子，登宛委山，發金簡之書，案金簡玉字，得通水之理。」與本篇所記禹求書之事有異。

〔一九〕步嘉謹按：張宗祥、樂祖謀校本皆以「禹井」二字從上讀，作「祠白馬、禹井」。按《太平御覽》卷五五六《禮儀部・葬送門》引，《越絶書》舊文作「禹井井者法也」，無「祠白馬」句，蓋《御覽》節引，以「禹井」二字從下讀，今從《御覽》。張宗祥曰：「《吴越春秋》作『造井示民，以爲法度』。」

〔二〇〕步嘉謹按：「以爲禹葬以法度，不煩人衆」，《太平御覽》卷五五六《禮儀部・葬送門》引《越絶書》

作：「以爲禹葬以度，不煩人衆。」「度」上少「法」字。按今本是，上條〔校釋〕張宗祥引《吴越春秋》文可證，《御覽》脱之。又《吕氏春秋》卷一〇《安死》作：「禹葬於會稽，不變人徒。」《淮南子》卷一一《齊俗訓》作：「禹葬會稽山，農不易其畝。」高誘註：「禹會群臣於會稽，葬山陰之陽，不煩農人之田畝。」《晉書》卷三《武帝紀》載太始三年詔作：「禹葬成紀，市不改肆。」諸書所記與此篇文略同。

〔二一〕步嘉謹按：「無餘初封大越」，《浙江通志》卷七引《越絶書》作「夏無餘初封大越」，「無餘」前有「夏」字。

〔二二〕張宗祥曰：「即今秦望山。《水經註》在州城正南，爲衆峰之傑。秦始皇登之以望南海，山南有嶕峴，峴裏有大城。越王無餘之舊都也。」

〔二三〕張宗祥曰：「《史記》、《吴越春秋》及此書叙述不同。《史記》尤疏，説見卷一。」

〔二四〕步嘉謹按：「句踐徙至山北」，《浙江通志》卷七作「至句踐徙治山北」。多一「治」字。

〔二五〕錢培名曰：「『徙瑯琊』，『徙』，原誤『從』，依《後漢書・郡國志》註改。」步嘉謹按：錢説是。《會稽志》卷一八引《越絶》亦作「徙琅邪」，可證，據改。

〔二六〕張宗祥曰：「《史記》：句踐已平吴，乃以兵北渡淮，與齊、晉諸侯會於徐州。《吴越春秋》：越王既已誅忠臣，霸於關東，從瑯邪起觀臺。宗祥按：瑯邪，今山東兖州府滕縣。《水經・濰水註》云：瑯邪，山名也，越王句踐之故國也。句踐并吴，欲霸中國，徙都瑯邪。則知越霸時疆域，北至山東。」

〔二七〕步嘉謹按：「臺周七里」，《會稽志》卷一八引《越絶》作「周七里」，無「臺」字。《後漢書·郡國志三》「琅邪」條下劉昭註引《越絶》與今本同。

〔二八〕步嘉謹按：「戈船三百艘」，《文選》卷五《吴都賦》「戈船掩乎江湖」句下，劉淵林引《越絶書》「伍子胥船有戈」。嘉按：劉淵林引《越絶書》此文，不見今本，然本篇此處提及戈船，今將舊文置此，待君子詳考焉。

〔二九〕步嘉謹按：「孔子從弟子七十人」，《文選》卷三四《七啟》「步光之劍」句下，李善註引《越絶書》作「孔子從弟子七十人往奏」，多「往奏」二字，按下文云「奉先王雅琴，治禮往奏」，則李善註引或爲删節文也。

〔三〇〕步嘉謹按：「奉先王雅琴，治禮往奏」，《北堂書鈔》卷一二一《武功部·鎧門》「句踐破啄禹」句下註引《越地傳》作「孔子奉先王雅琴，語治禮」，與此文小異。

〔三一〕錢培名曰：「『句踐乃身披賜夷之甲』，『賜』，原註一作『陽』，又音『唐』。按《記寶劍篇》作『腸』，《文選·吴都賦》『賜夷勃盧之旅』，註引此文作『賜』，《吴越春秋》作『唐』，皆因形聲相近，傳寫互異。《書鈔》一二一、又一二三，並作『賜』，已與今本同。」樂祖謀本作「賜」，樂祖謀曰：「『賜夷』，原本『賜』作『賜』，據正德本等改。又各本『賜』下均有註：『一作陽，又音唐。』」步嘉謹按：檢各書錢校引書不誤。又檢《北堂書鈔》卷一二一《武功部·鎧門》引《越地傳》作「句踐乃身被啄禹之甲」，《文選》卷三四《七啟》李善註引《越絶書》作「句踐乃身被賜夷之甲」，《玉海》卷一五一《兵制部・吴犀渠門》引《越絶書》作「越王被賜夷之甲」，又《玉海》卷一五一《兵制部・越步光劍門》引《越絶書》作「越王被棠夷之甲」。要之，各書所記有異，今從錢校。

〔三二〕步嘉謹按：「帶步光之劍」，《北堂書鈔》卷一二一《武功部・鎧門》引《越地傳》、《文選》卷三四《七啟》李善註引《越絶書》、《玉海》卷一五一《兵制部・越步光劍門》引《越絶書》與今本同。《北堂書鈔》卷一二三《武功部・矛門》引《越絶》、《文選》卷五《吴都賦》劉淵林註引《越絶書》、《玉海》卷一五一《兵制部・吴犀渠門》引《越絶書》皆無此句。

〔三三〕錢培名曰：「『杖物盧之矛』，『物』，《吴王占夢篇》作『屈』，《吴越春秋》同。《御覽》三五三引《吴越春秋》『屈盧之矛』句，註：《越絶書》：教盧之矛。《書鈔》一二三引《越記》亦作『勃』。《吴都賦》『暘夷勃盧之旅』註引《越絶書》作『教』，『教』即『勃』字，『勃』、『物』音近致誤。『屈』則其異文也。」

〔三四〕錢培名曰：「『姚稽到越』，『姚稽』，原註一作『爲陣』，不可解。《吴越春秋》無。」

〔三五〕錢培名曰：「『故奉雅琴至大王所』，『奉』，《吴越春秋》作『奏』。」

〔三六〕樂祖謀曰：「『性脆而愚』，『脆』字原本及陳本、吴本爲空格，正德本、孔木爲墨釘，據漢魏本補。」

〔三七〕步嘉謹按：「以船爲車，以楫爲馬」，《荆楚歲時記》「五月五日」條：按五月五日競渡，俗爲屈原投汨羅日，傷其死所，故並命舟楫以拯之。舸舟取其輕利，謂之飛鳧，一自以爲水車，一自以爲水馬。州將及士人悉臨水而觀之。蓋越人以舟爲車,以楫爲馬也。邯鄲淳《曹娥碑》云:五月五日,時迎伍君,逆濤而上,爲水所淹。斯又東吴之俗事,在子胥,不關屈平也。《越地傳》云起於越王句踐,不可詳矣。」又《吴越春秋》卷一〇《句踐伐吴外傳》:「越王喟然嘆曰:『越性脆而愚,水行山處,以船爲車,以楫爲馬。』」與本篇文略同。

〔三八〕步嘉謹按:「往若飄風,去則難從,鋭兵任死」,《吴越春秋》卷一〇《句踐伐吴外傳》作「往若飄風,去則難從,悦兵敢死」,「鋭」作「悦」,「任」作「敢」。

〔三九〕步嘉謹按:「越之常性也」,《吴越春秋》卷一〇《句踐伐吴外傳》作「越之常也」,無「性」字。

〔四〇〕錢培名曰:「『越王夫鐔』,原註:一作『鐸』。《吴越春秋》作『譚』,皆形近致誤。」步嘉謹按:《漢唐地理書鈔》録顧野王《輿地志》:「越侯傳國三十餘葉,歷殷至周敬王時,有越侯夫譚,子曰允常,拓土始大,稱王。」則又作「譚」。

〔四一〕步嘉謹按:《史記》卷四一《越王句踐世家》:「越王句踐,其先禹之苗裔,而夏后帝少康之庶子也。封於會稽,以奉守禹之祀。文身斷髮,披草萊而邑焉。後二十餘世,至於允常。」又《水經註》卷四〇:「夏后少康封少子杼以奉禹祠爲越。世歷殷、周,至於允常。」

〔四二〕錢培名曰:「『夫鐔子允常』,『允』,《吴越春秋》作『元』,《路史》從之。」

〔四三〕步嘉謹按:《水經註》卷四〇云:「允常卒,句踐稱王。」

〔四四〕錢培名曰:「『徙瑯琊都也』,『都』字原空,依漢魏叢書本補。」張宗祥於「都」字下註:「張本、四庫本有此字，他本空格。」樂祖謀曰：「『徙瑯琊都也』，『都』字，正德本、孔本爲墨釘，陳本爲空格。」

〔四五〕錢培名曰：「『句踐子與夷時霸與夷子子翁時霸子翁子不揚時霸不揚子無疆時霸伐楚威王滅無疆無疆子之侯竊自立爲君長之侯子尊時君長尊子親失衆楚伐之走南山親以上至句踐凡八君都瑯琊二百二十四歲』，《吴越春秋》與夷作興夷，之侯作玉，餘並同。《史記·越世家》：句踐子王鼫與，鼫與子王不壽，不壽子王翁，翁子王翳，翳子王之侯，之侯子王無疆。自句踐至無疆，已歷七君，翁子不揚，史名翳，字義相近，疑即一人。而此以爲句踐曾孫，史以爲元孫，又之侯、無疆世次相反，未知孰是。按句踐後諸君年代，惟《竹書紀年》記之最詳，而今本《紀年》羼亂不足據。今參合《越世家》《索隱》、《路史·夏后紀註》所引考之。句踐以晉出公十年卒，當周定王四年，次鹿郢立，是爲鼯與，六年卒。不壽立，是爲盲姑，十年見殺。次朱句立，是爲王翁，三十七年卒。王翳立，三十六年，太子諸咎弑之。諸枝立，是爲孚錯枝，一年。大夫寺區定亂，立初無余，是爲莽安，十二年。寺區之弟忠弑之，立無顓，是爲菼蠋卯，八年薨。當周顯王十四年。鼯與即史之鼫與，傳寫互異。無不揚、之侯等名。自鼯與至無顓，更七君，首尾百有十年。無顓之後，世次不著。《越世家》云：無疆北伐齊，齊使人説越伐楚，楚威王興兵伐之，大敗越。殺無疆，盡取故吴地，至浙江。北破齊於徐州。《索隱》云：無疆蓋無顓之弟。又云：按《紀年》，無顓薨後十年，楚伐徐州。遂無楚敗越殺無疆之語，是無疆爲無顓之後。《紀年》不得録也。《楚世家》云：威王七年，齊田嬰欺楚，楚威王伐齊，敗之於徐州。徐廣曰：時楚已滅越而伐齊也。齊説越伐楚，故云欺楚。《六國表》：楚威王七年，圍齊於徐州。當周顯王三十六年。按《楚世家》以欺楚圍齊皆係此年，或類舉之，以見一事之終始。然相去當不甚遠。徐廣於《楚世家》，既云時楚已滅越而伐齊，而其註《越世家》楚威王伐齊下，乃云周顯王四十六年，相隔十年，蓋四乃三字之誤。此年上距無顓薨之歲，凡二十二年。《史記》、《越絶》皆云楚威王滅越、殺無疆，當得其真。若如《紀年》所稱，無顓薨後十年而楚伐徐州，則爲周顯王二十四年，當楚宣王二十五年，非威王時矣。前記《吴地傳》云：越王句踐徙瑯琊，凡二百四十年。楚考烈王并越於瑯琊，後四十餘年，秦并楚。而此文與《吴越春秋》，皆云越都瑯琊二百二十四年，二文不同。今自周顯王三十六年，上溯周元王四年滅吴之歲，相距百四十年。又卻後七十四年，爲周赧王五十三年，當楚考烈王元年，上距滅吴，二百十四年，又四十年，爲秦王政二十四年。是年秦滅楚。然則二百四十年，四十二字當倒。後四十餘年，餘字乃衍文。此云二百二十四年，二十當作一十。其云考烈王并越於瑯琊者，《越世家》云：楚威王殺無疆，越以此散。諸族子爭立，或爲王，或爲君，濱於江南海上。《吴越春秋》云：親衆皆失，而去瑯琊，徙於吴。至考烈初年，乃驅并其瑯琊，及在吴之衆，皆歸之於越故地，其後乃以吴封春申君也。并越於瑯琊，或當作并瑯琊於越。前文亦有烈王歸於越之語，未知即此事否？古書殘闕，妄爲稽貫，知不免郢書燕説之譏，姑識之以俟邃於古者。」

〔四六〕錢培名曰：「『句踐小城山陰城也』，《後漢書・郡國志》註、《寰宇記》九六並作『山陰是也』。」步嘉謹按：《路史·國名紀》註引《越絶書》作「句踐小城，山陰是」，句末無「也」字。《會稽志》卷一、《浙江通志》卷四四引《越絶書》皆作「山陰城也」，與今本同。

〔四七〕步嘉謹按：「周二里二百二十三步，陸門四，水門一」，《會稽志》卷一引《越絶》作周二百二十三步」，脱「二里」二字，餘與今本同。

〔四八〕步嘉謹按：「今倉庫是其宫臺處也」，《會稽志》卷一引《越絶》作「今倉庫是宫臺處也」，「是」字下無「其」字。

〔四九〕步嘉謹按：「周六百二十步，柱長三丈五尺三寸」，《會稽志》卷一引《越絶》與此文同。

〔五〇〕步嘉謹按：「霤高丈六尺」，《會稽志》卷一引《越絶》作「霤高丈六」，句末無「尺」字。

〔五一〕步嘉謹按：「宫有百户」，《太平御覽》卷一八四《居處部·户門》引《越地傳》作「句踐宫有百户」，多「句踐」二字。《會稽志》卷一引《越絶》與今本同。

〔五二〕步嘉謹按：「高丈二尺五寸」，《會稽志》卷一引《越絶》與今本同。

〔五三〕步嘉謹按：「而滅吴，徙治姑胥臺」，《會稽志》卷一引《越絶》作「滅吴以後，徙治姑胥臺」，「而滅吴」，作「滅吴以後」。步嘉又按：「大城周二十里七十二步」，《會稽志》卷一引《越絶》作「大城門二十里七十二步」，有「周」字者是，《會稽志》引文當誤。

〔五四〕步嘉謹按：「山陰大城者，范蠡所築治也」，《會稽志》卷一引《越絶》作「山陰大城者，范蠡所治也」，無「築」字。又《景定建康志》卷二〇《考證》引《越絶書》作：「其城越范蠡所築。」

〔五五〕步嘉謹按：「今傳謂之蠡城。陸門三」，《會稽志》卷一引《越絶外傳》作「蠡築陸門三」，與今本有異。

〔五六〕錢培名曰：「『決西北亦有事』，此文有脱誤，《吴越春秋》云：外郭築城而缺西北，示服事吴也。決、缺古通。」步嘉謹按：《會稽志》卷一引《越絶外傳》作「水門三，缺西北」，字亦作「缺」。

〔五七〕錢培名曰：「『稷山者』，《郡國志》註引同。今本《吴越春秋》『稷』作『襟』，誤。」步嘉謹按：《後漢書・郡國志》劉昭註引《越絶》作「稷山者，句踐齋戒臺」，句末無「也」字。《會稽志》卷九引《越絶》作：「稷山，句踐齋戒臺也。」「稷山」後無「者」字。《浙江通志》卷一五引《越絶》作「句踐齋戒壇也」，「臺」作「壇」。《太平御覽》卷四七《地部・稷山門》引《越絶書》、《吴越春秋》卷八徐天祜註引《越絶》與今本同。

〔五八〕錢培名曰：「『龜山者句踐起怪游臺也』，句有誤，徐天祜引作『句踐所起游臺也』。」步嘉謹按：錢説是。《會稽志》卷九引《越絶》亦作「句踐所起游臺也。」然《吴越春秋》卷八徐天祜引《越絶》、《會稽志》卷九引《越絶》「龜山者」皆作「龜山」，無「者」字。張宗祥曰：「《吴越春秋》作『怪山』，宗祥按：在府東南二里，一名飛來，一名寶林。」

〔五九〕步嘉謹按：「東南司馬門，因以炤龜」，《會稽志》卷九引《越絶》作「東南司馬門，因以灼龜」。「炤」作「灼」。《吴越春秋》卷八《句踐歸國外傳》作：「東南爲司馬門，立增樓冠其山巔，以爲靈臺。」

〔六〇〕步嘉謹按：「又仰望天氣，觀天怪也」，《會稽志》卷九引《越絶》作「又仰望天氣，睹天怪也」，「觀」作「睹」。

〔六一〕步嘉謹按：「高四十六丈五尺二寸」，《會稽志》卷九引《越絶》作「臺高四十六丈」，句首有「臺」字，今本疑脱。又無「五尺二寸」四字。

〔六二〕步嘉謹按：「周五百三十二步」，《會稽志》卷九引《越絶》作「周五百三十步」，「三十」下無「二」字。

〔六三〕張宗祥曰：「《吴越春秋》作『駕臺在於成丘』。」

〔六四〕錢培名曰：「『今淮陽里丘』，『今』，徐天祜引作『在』。」張宗祥曰：「《吴越春秋》作：起離宫於淮陽。《越舊經》：淮陽宫在會稽縣東南二里。」步嘉謹按：《會稽志》卷一八引《越絶》作「離臺，周五百六十步，今淮陽里丘」，與今本同。

〔六五〕錢培名曰：「『美人宫』，『人』，《御覽》一七三作『女』。」步嘉謹按：《姑蘇志》卷三三「美女宫」條引《越絶書》亦作「美女宫」，然《藝文類聚》卷六二《居處部二·宫門》引《越絶書》與今本同，作「美人宫」。

〔六六〕步嘉謹按：「周五百九十步，陸門二，水門一」，《太平御覽》卷一七三《居處部·宫門》、《藝文類聚》卷六二《居處部·宫門》、《姑蘇志》卷三三引《越絶書》「周五百九十步」與今本同，然皆無「陸門二，水門一」六字。

〔六七〕錢培名曰：「『句踐所習教美女西施鄭旦宫臺』，『旦』，原誤『足』，依《類聚》六二、《御覽》改，與《九術篇合》。『臺』字，二書並作『室』。」步嘉謹按：「今北壇利里丘土城」，《藝文類聚》卷六二《居處部・宫門》、《太平御覽》卷一七三《居處部・宫門》引《越絶書》皆作「土城者」，無「今北壇利里丘」六字。

〔六八〕張宗祥曰：「《吴越春秋》作：『越王使相者國中，得苧蘿山鬻薪之女，曰西施、鄭旦，習於土城，臨於都巷，三年學服而獻於吴。』《名勝志》：『今五雲門外有土城村，西施里是其遺跡。』」

〔六九〕錢培名曰：「『越之弋獵處』，徐天祜引作『越王』，此『之』字疑誤。」步嘉謹按：《初學記》卷二二《武部・獵門》引《越絶書》作「樂野者，越之弋獵處也」，「越」下作「之」字，不作「王」，與今本同。又「弋獵處」後多一「也」字。

〔七〇〕步嘉謹按：「大樂，故謂樂野」，《吴越春秋》卷八《句踐歸國外傳》徐天祜註引《越絶》與今本同。《初學記》卷二二《武部・獵門》引《越絶書》作：「大樂，故謂之樂野。」「故謂」下多一「之」字。

〔七一〕步嘉謹按：「其山上石室」，《吴越春秋》卷八《句踐歸國外傳》徐天祜註引《越絶》與今本同。《初學記》卷二二《武部・獵門》引《越絶書》作「其上山石室者」，「山上」二字誤倒，「石室」後多一「者」字。

〔七二〕錢培名曰：「『句踐所休謀也』，『句踐』，徐天祐（嘉按：當是徐天祜）引作『越王』。」步嘉謹按：《初學記》卷二二《武部・獵門》引《越絶書》作「句踐所休謀」，句末無「也」字。

〔七三〕錢培名曰：「『中宿臺』，『宿』，原誤『指』，按下文云『興樂中宿』，今改與《吳越春秋》合。」步嘉謹按：錢校是。《會稽志》卷一八「中宿臺在山陰縣」句下，引《越絶書》作「句踐興樂中宿」，又云「中宿臺馬丘周六百里」，按：作「宿」字者是。據改。張宗祥曰：「《越舊經》：在會稽縣東七里。」

〔七四〕錢培名曰：「『今高平里丘』，徐天祜引『今』作『在』，無『丘』字。」步嘉謹按：「周六百步」，《會稽志》卷一八引《越絶書》作「周六百里」。按：既爲臺名，則不得有周六百里之大，今本作「步」，當是。又《會稽志》卷一八引《越絶書》作「今高平里丘」，與今本合。

〔七五〕步嘉謹按：「東郭外南小城者，句踐冰室，去縣三里」，《浙江通志》卷四四引《越絶書》與此文同。《會稽志》卷一「東郭外南小城」句下引《越絶》作：「句踐冰室，去縣三里。」步嘉又按：《浙江通志》卷四四引《越絶書》，「去縣三里」句下爲：「曰冰室者，所以備膳羞也。」《會稽志》卷一引《越絶》「去縣三里」句下作：「一曰冰室者，所以備終也。」檢本篇下文有：「一曰冰室者，所以備膳羞也。」而跳脱至「藏其形，隱其情」句下，疑是錯簡。

〔七六〕步嘉謹按：「更駕臺，馳於離丘」，《吳越春秋》卷八《句踐歸國外傳》「駕臺在於成丘」句下，徐天祜註引《越絶》作「駕臺馳於離丘」，以「駕臺」二字從下讀，似誤。

〔七七〕張宗祥曰：「《雲門志略》：若耶山在府城南四十四里，下有採蓮田。」

〔七八〕步嘉謹按：「浦陽者，句踐軍敗失衆，遯於此」，《會稽志》卷一〇註引《越絶》作：「浦陽者，越王句踐兵敗，衆澌於此，故曰浦陽。」「兵敗」後無「失」字，故「衆」字從下讀。又多「越王」、「故曰浦陽」六字。張宗祥曰：「即今蕭山浦陽江。吴越之爭，首在嘉興，次則蕭山。蕭山城山，即以越人立城以守得名可證。自浦陽再退，棲於會稽矣。」

〔七九〕步嘉謹按：「去縣五十里」，《會稽志》卷一〇註引《越絶》作：「去山陰五十里。」「縣」作「山陰」。

〔八〇〕步嘉謹按：「其山上大冢，句踐庶子冢也。」「去縣十五里」，《會稽志》卷六「句踐庶子冢在夫山」句下，註引《越絶記》「地距山陰縣三十里」，與今本大異。張宗祥曰：「以去縣十五里證之，此當指會稽山而言，《嘉泰會稽志》：會稽山在縣東南十三里。《史記》：敗之夫椒，越王乃以餘兵五千人，保棲於會稽，吴王追而圍之，正此山也。故云絶糧困也。惟會稽山有茅山、衡山、覆釜山、苗山、塗山、防山、鎮山、棟山諸異名，無夫山之名，疑有脱誤。」

〔八一〕錢培名曰：「『欲專威服軍中』，『軍中』，漢魏叢書本倒。」

〔八二〕「夜舉火擊鼓」，張宗祥於「擊」字下曰：「翻元本、陳本、吴本空一格。」樂祖謀曰：「『舉火擊鼓』，『擊』字正德本、孔本爲墨釘，陳本、吴本爲空格。」

〔八三〕錢培名曰：「『晝陳詐兵』，『晝』，原誤『畫』，依漢魏叢書、逸史本改。」

〔八四〕步嘉謹按：「王殺買，謝其師」，《越絶外傳記范伯》作：「於是石買益疏。其後使將兵於外，遂爲軍士所殺。」與此記石買之死有異。

〔八五〕錢培名曰：「『狐之將殺』，『狐』，原誤『孤』，依漢魏叢書、逸史本改。」張宗祥於「狐」字下曰：「翻元本、陳本『孤』。」樂祖謀曰：「『狐之將殺』，原本及正德本、陳本『狐』誤作『孤』，據孔本改。」

〔八六〕「吴退而圍之」，張宗祥曰：「『退』，疑『追』字之訛。」

〔八七〕步嘉謹按：「越棲於會稽日」，《太平御覽》卷三八八《人事部・聲門》引《越絶書》作「越棲會稽」，無「於」字、「日」字。

〔八八〕步嘉謹按：「行成於吴」，《太平御覽》卷三八八《人事部・聲門》引《越絶書》與今本同。

〔八九〕步嘉謹按：「吴引兵而去」，《太平御覽》卷三八八《人事部・聲門》引《越絶書》作「引兵而去」，句首無「吴」字。

〔九〇〕步嘉謹按：「句踐將降」，《太平御覽》卷三八八《人事部・聲門》引《越絶書》作「句踐將降吴」，句末多一「吴」字。

〔九一〕步嘉謹按：「吴王許之，子胥大怒」，《太平御覽》卷三八八《人事部・聲門》、同書卷四三七《人事部・勇門》引《越絶書》皆與今本同。

〔九二〕步嘉謹按：「目若夜光，聲若哮虎」，《太平御覽》卷四三七《人事部・勇門》引《越絶書》與今本同。《太平御覽》卷三八八《人事部・聲門》引《越絶書》作「聲若哮虎」，無「目若夜光」句。

〔九三〕錢培名曰：「『此越未戰而服』，句首，《御覽》四三七有『曰』字，此脱去。」步嘉謹按：錢説是。《太平御覽》卷三八八《人事部・聲門》引《越絶書》句首亦有「曰」字。

〔九四〕步嘉謹按：「其逆天乎」，《太平御覽》卷三八八《人事部・聲門》引《越絶書》作「其可逆天乎」，「其」下多一「可」字。《太平御覽》卷四三七《人事部・勇門》引《越絶書》與今本同。

〔九五〕步嘉謹按：「臣唯君王急剬之」，《太平御覽》卷三八八《人事部・聲門》、《太平御覽》卷四三七《人事部・勇門》引《越絶書》並作「臣唯君王急制之」，按「剬」即「制」之古字。《史記・五帝本紀》：「依鬼神以剬義。」張守節《正義》：「剬，古制字。」

〔九六〕步嘉謹按：樂本作「吴不聽，遂許之浙江是也」，《太平御覽》卷三八八《人事部・聲門》引《越絶書》作「吴王不聽」，無下句。《太平御覽》卷四三七《人事部・勇門》引《越絶書》作：「吴王不聽，遂許之。」無「浙江是也」四字。嘉按：「吴不聽」，《御覽》引皆作「吴王不聽」，是。據補。

〔九七〕步嘉謹按：「陽城里者」，《浙江通志》卷四四引《越絶書》與此文同，然在「陽里城」條下，與「陽城里者」四字不符。又《會稽志》卷一引《越絶》前亦題作「陽里城」，未知孰是。

〔九八〕步嘉謹按：「范蠡城也」，《會稽志》卷一引《越絶》、《浙江通志》卷四四引《越絶書》與此文同。

〔九九〕步嘉謹按：「西至水路，水門一，陸門二」，《會稽志》卷一引《越絶》、《浙江通志》卷四四引《越絶書》皆與今本文同。

〔一〇〇〕錢培名曰：「『北陽里城』，『里城』似倒。」步嘉謹按：《會稽志》卷一、《浙江通志》卷四四皆作「北陽里城」，可證今本「里城」二字未倒，錢説誤。

〔一〇一〕步嘉謹按：「取土西山以濟之」，《浙江通志》卷四四引《越絶書》與今本文同。《會稽志》卷一引

《越絶》作「取土西山以築之」，「濟」作「築」。

〔一〇二〕步嘉謹按：「徑百九十四步」，樂祖謀校本作「經百九十四步」，樂祖謀曰：「『經百九十四步』，『經』字正德本作『徑』。」張宗祥校本「經」作「徑」。步嘉按：《會稽志》卷一引《越絶》、《浙江通志》卷四四引《越絶書》皆作「徑百九十四步」，則作「徑」者是。今不從樂本，據改。

〔一〇三〕步嘉謹按：「或爲南安」，《浙江通志》卷四四引《越絶書》與此文同。《會稽志》卷一引《越絶》作「名爲南安」，「或」字作「名」。

〔一〇四〕張宗祥於「今安城里」之「城」字下曰：「吴本、四庫本『成』。」樂祖謀曰：「『安城里』，原本及吴本、孔本『城』作『成』，據正德本改。」

〔一〇五〕步嘉謹按：「故禹宗廟，在小城南門外大城内」，《會稽志》卷六云：「禹廟在縣東南一十二里。《越絶書》云：少康立祠於禹陵所。梁時修廟唯欠一梁，俄風雨大至，湖中得一木，取以爲梁，即梅梁也。夜或大雷雨，梁輒失去，比復歸，水草被其上，人以爲神。縻以大鐵繩，然猶一時失之。」此蓋言禹宗廟事，今將文附此，以廣異聞耳。

〔一〇六〕步嘉謹按：「獨山大冢者」，《會稽志》卷一八引《越絶》作「獨山大冢」，句末無「者」字。

〔一〇七〕步嘉謹按：「句踐自治以爲冢」，《會稽志》卷一八引《越絶》作：「句踐自治以爲冢也。」句末多一「也」字。

〔一〇八〕步嘉謹按：「一名多山」，《會稽志》卷一八引《越絶》與此文同。

〔一〇九〕步嘉謹按：「句踐欲伐吴，種麻以爲弓弦」，《會稽志》卷一八引《越絶》作「句踐伐吴，種麻以爲弓絃」，「伐吴」前少一「欲」字。《太平御覽》卷四七《地部・麻山門》引《越絶書》與今本同。《太平御覽》卷三四七《兵部・弓門》引《越絶書》作「句踐欲伐吴，種麻爲弓弦」，「爲」字上少一「以」字。《太平御覽》卷九九五《百卉部・麻門》引《越絶書》作「句踐欲伐吴，種麻以爲弓絃也」，句末多一「也」字。《太平御覽》卷五七《地部・林門》引《越絶書》作「越王種麻於此，以爲弩絃」，文稍異。《初學記》卷二二《武部・弓門》引《越絶書》作「句踐欲伐吴，種麻爲弓弦」，「爲」上亦少一「以」字。又《格致鏡原》卷四一《武備部・弓門》引《越絶書》與《初學記》引同。

〔一一〇〕步嘉謹按：「使齊人守之」，《太平御覽》卷三四七《兵部・弓門》、《會稽志》卷一八引《越絶書》與今本同。《初學記》卷二二《武部・弓門》引《越絶書》作「使齊守之」，無「人」字，按《初學記》引當有脱文，今本是。

〔一一一〕步嘉謹按：「越謂齊人多」，《浙江通志》卷一五引《越絶書》與此文同。《會稽志》卷一八引《越絶》作「越謂齊人曰多」，「齊人」二字下多一「曰」字。

〔一一二〕步嘉謹按：「故曰麻林多」，《浙江通志》卷一五引《越絶書》與此文同。《會稽志》卷一八引《越絶》作「故曰麻林多山」，「多」下多一「山」字。

〔一一三〕步嘉謹按：「以防吴，以山下田封功臣」，《浙江通志》卷一五引《越絶書》有「以防吴」三字，而無下句，《會稽志》卷一八引《越絶》作「以山下田封功臣」，而無上句。

〔二四〕步嘉謹按：「會稽山上城者，句踐與吴戰，大敗，棲其中」，《浙江通志》卷四四引《越絶書》與今本同。《會稽志》卷一引《越絶》作「句踐與吴戰，大敗，棲其中」，無「會稽山上城者」六字。

〔二五〕錢培名曰：「『因以下爲目魚池』，『目』，逸史本作『木』。」步嘉謹按：「目魚池」，《會稽志》卷一引《越絶》作「牧魚池」。按：「目」、「木」、「牧」《廣韻》皆爲入聲屋韻字，則字可通假。《廣韻》曰：「牧，養也。」牧魚池當即養魚池，疑「目」、「木」乃「牧」之假字也。

〔二六〕步嘉謹按：「會稽山北城者，子胥浮兵以守城是也」，《浙江通志》卷四四引《越絶書》與此文同。《會稽志》卷一引《越絶》作「子胥浮兵以守城是也」，無「會稽山北城者」句。張宗祥曰：「《嘉泰會稽志》：吴王城在會稽縣東十里。夫差圍句踐於會稽山，伍員築此城以屯兵。」

〔二七〕張宗祥曰：「今若耶山，據《雲門志略》，在府南四十四里；若耶溪，據《明一統志》在府南二十里，此當指溪。」

〔二八〕步嘉謹按：「葛山者，句踐罷吴，種葛」，《太平御覽》卷八二〇《布帛部·布門》引《越絶書》作「葛山者，句踐種葛」，無「罷吴」二字。《會稽志》卷九引《越絶》與今本同。《吴越春秋》卷八《句踐歸國外傳》徐天祐註引《越絶》作「句踐種葛」。

〔二九〕步嘉謹按：「使越女織治葛布」，《太平御覽》卷八二〇《布帛部·布門》引《越絶書》與此文同。《會稽志》卷九引《越絶》、《吴越春秋》卷八《句踐歸國外傳》徐天祐註引《越絶》皆作「使越女治葛布」，無「織」字。

〔二〇〕步嘉謹按：「獻於吴王夫差」，《太平御覽》卷八二〇《布帛部·布門》引《越絶書》作「獻於吴」。《會稽志》卷九引《越絶》作「獻吴王夫差也」。《吴越春秋》卷八《句踐歸國外傳》徐天祐註引《越絶》作「獻吴王」。文皆小異。

〔二一〕張宗祥曰：「《明一統志》，在府東十里。罷謂困極罷弊，見《周禮·秋官·大司寇》《疏》。此言爲吴敗而罷弊也。」

〔二二〕步嘉謹按：「姑中山者，越銅官之山也」，《會稽志》卷一八引《越絶》作「越銅官之山也」，與本篇同。

〔二三〕步嘉謹按：「越人謂之銅姑瀆」，《會稽志》卷一八引《越絶》作：「越人謂之銅孤瀆，孤，一曰姑。」則今本與一曰説同。又《太平御覽》卷七五《地部·瀆門》引《越絶書》作「銅沽瀆」，「姑」作「沽」。

〔二四〕錢培名曰：「『長二百五十步去縣二十五里』，《御覽》七五作『長一百五十步，去縣二十里。』」張宗祥曰：「乃今銅牛山，《水經註》：山有銅穴三十許丈，山上有治官，山北湖下有練塘里。《吴越春秋》云：句踐煉冶銅錫之處。《嘉泰會稽志》云：在縣東南五十八里。」

〔二五〕步嘉謹按：「富中大塘者」，《太平御覽》卷四七二《人事部·富門》、同書卷八二一《資産部·田門》引《越絶書》與此文同。《太平寰宇記》卷九六《江南東道八·越州會稽縣》引《越絶書》作「富中大塘」，句末無「者」字。《文選》卷五《吴都賦》註引《越絶書》作：「富中，大唐中也。」與各本大異，疑字有脱誤也。

〔二六〕錢培名曰：「『句踐治以爲義田爲肥饒謂之富中』，《寰宇記》九六作：『句踐修爲義田，田肥美，故曰富中。』《御覽》四七二、又八二一與今本同。《文選·吴都賦》註『謂』上有『故』字。」

〔二七〕步嘉謹按：「句踐罷吴，畜犬獵南山白鹿，欲得獻吴」，《會稽志》卷九引《越絶》作「句踐畜犬獵南山白鹿，欲得獻吴」，「句踐」下無「罷吴」二字。

〔二八〕步嘉謹按：「其高爲犬亭」，當是「其亭爲犬亭」之訛。「其高爲犬亭」，文義費解，按《越絶外傳記吴地傳》記夫差冢云：「在猶高西卑猶位」，「猶高」即爲「猶亭」之訛，詳彼〔校釋〕引錢培名校語。又《會稽志》卷九、《浙江通志》卷一五皆題曰犬亭山，既曰犬亭山，則其亭必名之曰犬亭無疑。

〔二九〕張宗祥曰：「《嘉泰會稽志》作：『犬亭山，在縣東南三十里。』《會稽縣志》云：『俗謂宋攢陵所在。』」

〔三〇〕步嘉謹按：「白鹿山，在犬山之南」，《會稽志》卷一八引《越絶》與此文同。

〔三一〕步嘉謹按：「雞山、豕山者」，《藝文類聚》卷八《山部下·會稽諸山門》、《太平御覽》卷九〇三《獸部·豕門》引《越絶書》與此文同。《會稽志》卷一八引《越絶》作「雞山、豕山」，句末無「者」字。《太平御覽》卷四七《地部·雞豕山門》引《越絶書》作「雞豕山者」，「雞」下少一「山」字。

〔三二〕錢培名曰：「『句踐以畜雞豕將伐吴以食士也』，『食』下，《類聚》八、《御覽》九〇三、《事類賦》註並有『死』字。《御覽》四七作『越將伐吴，養雞豕於此，以食死士』，蓋檃栝此文，亦有『死』字，今本並脱。」步嘉謹按：錢校引《御覽》卷四七《越絶書》有脱文，檢是書引作「養雞豕於此山」，錢引脱「山」字。又《會稽志》卷一八引《越絶》作「句踐以蓄雞豕，將伐吴，以食戰士也」，「士」上作「戰」字，與諸書引作「死」字不同。又《藝文類聚》卷九一《鳥部中·雞門》引《越絶書》作：「句踐以畜雞，將伐吴，以食死士。」《太平御覽》卷九一八《羽族部·雞門》引《越絶書》作：「句踐以畜雞，將伐吴，以食死士也。」《會稽志》卷九引《越絶》作：「將伐吴，以食士也。」與今本同。

〔三三〕步嘉謹按：「雞山在錫山南」，《會稽志》卷九引《越絶》作「雞山在錫山之南」，「錫山」下多一「之」字。

〔三四〕步嘉謹按：「豕山在民山西，去縣六十三里。洹江以來屬越」，觀「洹江以來屬越」語，文義不順，《會稽志》卷一八「豕山」條引《越絶》作：「在民山西，洹江以東，屬越。」則「洹江以來」之「來」字，乃「東」字之訛。

〔三五〕張宗祥曰：「《名勝志》云：『與苧蘿山相對。《越絶書》：雞山、豕山，句踐以畜雞豕者。俗訛雞山爲金雞。』宗祥按：今在諸暨縣北界。洹江，洹洹，流也。見《廣雅·釋訓》。此江當即今錢清江。」步嘉謹按：「疑豕山在餘暨界中」一句，不見於書傳中所引《越絶書》舊文，疑非本篇原文，或爲後人所增。

〔三六〕步嘉謹按：「句踐時采錫山爲炭，稱『炭聚』，載從炭瀆至練塘」，《吴越春秋》卷八《句踐歸國外傳》徐天祜註引《越絶》作「句踐稱炭聚，載從炭瀆至錬塘」，文與今本略同。《會稽志》卷一〇引

《越絶》作「句踐稱炭聚，載從炭瀆出，至錬塘」，「炭瀆」下多一「出」字，按有「出」字者文義較勝，疑今本脱。

〔三七〕步嘉謹按：「各因事名之」，《會稽志》卷一〇兩引《越絶》此節，一作「各因事而名」，一作「各因事而名之」，「事」下均有「而」字，疑今本脱。

〔三八〕張宗祥曰：「《嘉泰會稽志》：錫山在縣東五十里。《舊經》云：越王採錫於此。《水經註》：《吴越春秋》云，練塘句踐錬冶銅錫之處，採炭於南山，故其間有炭瀆。句踐臣吴王，封句踐於越，百里之地，東至炭瀆是也。」

〔三九〕錢培名曰：「『句踐父允常冢也』，《御覽》七七一作『句踐兄弟冢也』，誤文不足據。」

〔四〇〕錢培名曰：「『初徙瑯琊』，『初徙』下，《書鈔》一三八、《御覽》並有『之』字。」步嘉謹按：檢書錢校引文不誤。又《會稽志》卷一八引《越絶》作「初徙琅邪」，無「之」字，與今本同。

〔四一〕步嘉謹按：「使樓船卒二千八百人伐松柏以爲桴」，《北堂書鈔》卷一三八《舟部・筏門》引《越絶書》作「使樓船卒二千八百人伐松柏以爲之桴」，「以爲」下多一「之」字。《會稽志》卷一八引《越絶》作「使樓船卒二千八百人伐松柏以爲桴也」，句末多一「也」字。又《太平御覽》卷七七一《舟部・筏門》引《越絶書》作「使樓船卒二千八百人松柏以爲桴」，「松柏」前脱一「伐」字，餘文與今本同。

〔四二〕錢培名曰：「『故曰木客』，句下《御覽》有『也』字。」步嘉謹按：《北堂書鈔》卷一三八《舟部・筏門》引《越絶書》作「故謂之木客也」，「曰」作「謂之」，句末亦有「也」字。

〔一四三〕錢培名曰：「『句踐伐善材文刻獻於吴』，『材』原誤『村』，『文』原誤『交』，並依漢魏叢書改，『文』字，逸史亦誤。」步嘉謹按：錢校是。《會稽志》卷一八「木客」條引《越絶》，正作「一曰句踐伐善材，文刻獻於吴」，可證。步嘉又按：「去縣十五里」句，《會稽志》卷一八引《越絶》無，疑爲後人所增。

〔一四四〕張宗祥曰：「《吴越春秋》云：『吴王好起宫室，用工不輟，王選名山神材奉而獻之，越王乃使木工三千餘人，入山伐木。一年師無所幸，作士思歸，皆有怨望之心，而歌木客之吟。』宗祥按：此書以叙伐木作桴爲主，而獻木於吴次之，與《吴越春秋》略有不同。《山陰縣志》：『木客山，去縣西南二十七里。』」

〔一四五〕步嘉謹按：「官瀆者，句踐工官也」，《會稽志》卷一〇引《越絶》，「官瀆」條下作「句踐工官也」，與今本文同。

〔一四六〕步嘉謹按：「去縣十四里」，《會稽志》卷一〇施宿云：「在縣西北一十里」。

〔一四七〕步嘉謹按：自「苦竹城者」，至「故封其子於是」，《會稽志》卷一「苦竹城」條引《越絶》與今本全同。《浙江通志》卷四四引《越絶書》無「其家名土山」句，餘文並同。「故封其子於是」句，《會稽志》卷一八引《越絶》又作「故封其子於此」，「是」作「此」。又《會稽續志》卷七引《越絶書》此段亦節録，文並同今本。

〔一四八〕步嘉謹按：「去縣十八里」，《會稽志》卷一引《越絶》與今本同。張宗祥曰：「《水經註》：山陰縣有苦竹里，里有舊城，句踐封范蠡子之邑。《嘉泰會稽志》：在山陰縣之西南二十九里。」

〔一四九〕步嘉謹按：「句踐客秦伊善炤龜者冢也」，《會稽志》卷一八引《越絶》作「句踐客秦伊，喜炤龜者」，又《會稽志》卷六引《越絶》作「句踐客秦伊，善灼龜者」，文皆與本篇有異。

〔一五〇〕步嘉謹按：「因名冢爲秦伊山」，《會稽志》卷一八引《越絶書》作「因名其冢爲秦伊山」，「名」下多一「其」字。又《會稽志》卷六引《越絶》作「而其冢曰秦伊山者」，文雖有異，然終亦有「其」字，疑今本脱去。

〔一五一〕步嘉謹按：「射浦者」，《會稽志》卷一〇引《越絶》作「射浦」，句末無「者」字。

〔一五二〕步嘉謹按：「句踐教習兵處也」，《會稽志》卷一〇引《越絶》作「句踐所教習兵處也」，「教習」前多一「所」字。

〔一五三〕步嘉謹按：「今射浦去縣五里」，檢《越絶書》舊文無此句。《會稽志》卷一〇施宿曰「射瀆在縣南五里」，下又引《越絶》云「射率陳音死，葬浦西五里」，疑乃後人據文義所加。

〔一五四〕步嘉謹按：「射卒陳音死」，《會稽志》卷一〇引《越絶》作「射率陳音死」，「卒」作「率」，按「率」即「帥」字，陳音善射箭，又「教習士卒」，疑「率」字是，今本作「卒」字者乃訛文也。

〔一五五〕張宗祥曰：「《吴越春秋》：『於是范蠡復進善射者陳音，音，楚人也。』《嘉泰會稽志》：『在縣西南四里。』《太平御覽》：『昔有善射者陳音，越王使簡士習射於郊外，因死爲冢。今開冢，壁悉畫作騎射之象，因以名山。』」

〔一五六〕錢培名曰：「『種山者』，《郡國志》註作『有重山』。」

〔一五七〕步嘉謹按：「句踐所葬大夫種也」，《後漢書·郡國志》四劉昭註引《越絶》作「句踐葬大夫種」，「句踐」下無「所」字，又句末無「也」字。

〔一五八〕樂祖謀曰：「『樓船』，陳本『樓』上有一『曰』字。」

〔一五九〕錢培曰：「『鈞足羨』，《吴越春秋》作『鼎足羨』。」

〔一六〇〕張宗祥曰：「《嘉泰會稽志》：卧龍山，舊名種山。越大夫種所葬處。一名重山，種訛成重也。《紹興府志》：今府署據其東麓，山陰縣治在南麓。宗祥按：清改名興龍山。又按：三蓬者，《漢書·賈山傳》：曾不得蓬顆蔽冢而託葬焉。註引晉灼曰：東北人名土塊爲蓬顆。此言葬之苟簡也。《吴越春秋》作：越王葬種於國之西山，樓船之卒三千餘人，造鼎足之羨，或入三峰之下。是以三蓬爲三峰，其葬至厚，恐不然。」

〔一六一〕步嘉謹按：「巫里，句踐所徙巫爲一里」，《會稽志》卷一八引《越絶》作「句踐徙群巫，出於一里」，與本篇文有異。

〔一六二〕錢培名曰：「『今爲和公郡』，『郡』，原誤『群』，依漢魏叢書本改。」

〔一六三〕步嘉謹按：「巫山者，越鰛，神巫之官也」，錢培名曰：「『官』疑當作『宫』。」按《會稽志》卷九引《越絶書》作「巫山者，越鰛神之官」，其文雖與今本略異，然亦作「官」，似今本不誤。

〔一六四〕張宗祥曰：「《嘉泰會稽志》：在縣北十八里。《嘉靖浙江通志》：一名梅山，漢梅福居此。」

〔一六五〕步嘉謹按：「句踐鑄銅」，《會稽志》卷九引《越絶書》作「句踐鑄劍」，「銅」作「劍」，按句踐之劍後世甚有名，當作「劍」字爲是，今本似訛。

〔一六六〕步嘉謹按：「鑄銅不爍」，《會稽志》卷九引《越絶書》作「銅不鑠」，句首無「鑄」字。

〔一六七〕步嘉謹按：「埋之東坂，其上馬箠」，《會稽志》卷九引《越絶書》作「埋之東阪，其上生馬箠」，觀前後文義，當有「生」字，今本脱去。

〔一六八〕步嘉謹按：「句踐遣使者取於南社，徙種六山」，《會稽志》卷九引《越絶書》作「句踐遣使者種六山」，較本篇文爲省，或爲節録。

〔一六九〕步嘉謹按：「獻之吴」，《會稽志》卷九引《越絶書》作「獻吴王」。張宗祥曰：「《紹興府志》有六峰山，在府城西南三十里，當即是山。」

〔一七〇〕步嘉謹按：「石塘者，越所害軍船也」，《會稽志》卷一〇「石塘在縣西北四十里」句下引《越絶》，與此文同。

〔一七一〕步嘉謹按：「塘廣六十五步，長三百五十三步」，《會稽志》卷一〇引《越絶》作「塘廣六十五步，長一百五十二步」，「三百五十三」作「一百五十二」。

〔一七二〕張宗祥曰：「疑即承上文所謂欲使覆禍吴人船，傷害敵船之處。」

〔一七三〕步嘉謹按：「防塢者」，《會稽志》卷一八引《越絶》，《浙江通志》卷四五引《越絶書》皆作「防塢」，無「者」字。

〔一七四〕步嘉謹按：「越所以遏吳軍也」，《會稽志》卷一八引《越絶》、《浙江通志》卷四五引《越絶書》與此文同。

〔一七五〕錢培名曰：「『七士人』，『士』疑當作『十』。」

〔一七六〕步嘉謹按：「塗山者，禹所取妻之山也」，《藝文類聚》卷八《山部下·會稽諸山門》引孔皐《會稽記》：「永興縣東北九十里，有余山。傳曰是塗山。按《越書》：禹娶於塗山。塗山去山陰五十里，檢其里數，似其處也。」又《會稽志》卷九：「自《越絶》等書皆云禹娶於會稽塗山。」

〔一七七〕張宗祥曰：「蘇鶚《演義》云：塗山有四：一會稽。二渝州巴南，舊江州。三濠州。四當塗。《越絶》及《吳越春秋》皆指會稽。」

〔一七八〕張宗祥於「辟首」之「辟」下註：「陳本『僻』。」

〔一七九〕錢培名曰：「『徙寡婦致獨山上以爲死士』，《寰宇記》九六作『置婦女山上，以邀軍士』。」步嘉謹按：錢校引文見《江南東道八·山陰縣》「獨婦山」條。又《浙江通志》卷一五註引《越絶書》與今本同。

〔一八〇〕張宗祥曰：「《嘉泰會稽志》：蜀阜山在縣北三十五里。《舊經》云：山自蜀飛來，帶兒婦二十餘人，善織美錦，自言家在西蜀。《十道志》云：句踐以寡婦居此，令軍人游焉。一名獨婦山。宗祥按：『蜀阜』當是獨婦之訛。而《舊經》又造爲飛來之説以實之。」

〔一八一〕步嘉謹按：「吴伐越，道逢大風」，《會稽志》卷一八引《越絶》作「吴伐越，逢大風」，「逢」上無「道」字。《浙江通志》卷四一引《越絶書》與今本同。

〔一八二〕步嘉謹按：「車敗馬失」，《會稽志》卷一八引《越絶》作「車敗失」，無「馬」字，恐脱。《浙江通志》卷四一引《越絶書》與今本同。

〔一八三〕錢培名曰：「『疋馬啼嘷』，『嘷』，原作『臯』，依上文改。」步嘉謹按：錢校是。《會稽志》卷一八引《越絶》正作「疋馬啼嘷」。

〔一八四〕錢培名曰：「『事見吴史』，『史』，原誤『矣』。依漢魏叢書、逸史本改。」步嘉謹按：樂祖謀校本作「事見吴矣」，雖出校記，然終未改字。考《浙江通志》卷四一引《越絶書》亦作「事見吴史」，今依錢校改。張宗祥曰：「《名勝志》：馬嘷城在海鹽縣治東南三百步。」

〔一八五〕步嘉謹按：「浙江南路西城者，范蠡敦兵城也」，《會稽續志》卷三引《越絶書》作「浙江南路西城者，范蠡屯兵城也」，「敦」作「屯」，敦乃屯之假字，詳下張宗祥説。《浙江通志》卷四四「西陵城」條引《越絶書》與今本同。

〔一八六〕步嘉謹按：「其陵固可守，故謂之固陵」，《會稽續志》卷三引《越絶書》與今本同。

〔一八七〕張宗祥曰：「《水經註》：范蠡築城於浙江之濱，言可以固守，謂之固陵。今之西陵也。《寶慶會稽續志》：西城在蕭山縣西十二里，吴越武肅王以陵非吉語，改曰西興。宗祥按：敦當讀屯，《後漢・馬融傳》註：敦音屯，亦積聚也。」

〔一八八〕錢培名曰：『吴疆越地』，『疆』，原誤『彊』，依漢魏叢書、逸史本改。」步嘉謹按：錢校是。《浙江通志卷》四一引《越絶書》正作「吴疆越地」。張宗祥曰：「語兒鄉即就李，《公羊》作醉李，《史記》作檇李。杜預曰：今吴郡嘉興縣南有檇李城，即其地也。《弘治嘉興府志》：在桐鄉濮院之西，濮院即古檇李墟也，其地有范蠡塢。」

〔一八九〕張宗祥曰：「吴越相爭，吴築石門以拒越，在今崇德縣北二十里。此柴辟亭，當在崇德縣界。」

〔一九〇〕步嘉謹按：「女陽亭者，句踐入官於吴」，《太平御覽》卷一九四《居處部・亭門》引《越絶書》作「女陽亭者，句踐入宦於吴」，「官」作「宦」。嘉按：《請糴内傳第六》曰：「越王去會稽，入官於吴。」字亦作「官」，「官」、「宦」形近易混，「宦」當爲「官」字之訛。

〔一九一〕步嘉謹按：「夫人從，道産女此亭」，《太平御覽》卷一九四《居處部・亭門》引《越絶書》作「夫人從，道産女於亭」，「此」字作「於」。

〔一九二〕步嘉謹按：「養於李鄉」，《太平御覽》卷一九四《居處部・亭門》引《越絶書》作「養於檇李，謂之語兒鄉」，與此文有異。

〔一九三〕張宗祥曰：「《秀水縣志》：學繡堰在縣西九里，河塘上有塔，塔東有女陽亭，後改爲種玉亭。」

〔一九四〕張宗祥曰：「此爲句踐臣吴返國始封之地。《吴越春秋》所謂吴封地百里於越，東至炭瀆，西止宗周，南造於山，北薄於海者是也。其後又增封，《吴越春秋》所謂增之以封，東至於甬東，西至於檇李，南至於姑末，北至於平原，縱横八百里者是也。姑末即《左傳》姑蔑，秦屬會稽，爲太末縣，今衢州。寫干今江西境。《國語》作句踐之地，南至於句無，北至於禦兒，東至於鄞，西至於姑蔑。亦指增封時疆域而言。又《水經註》：句踐百里之封，西至朱室。《嘉泰會稽志》：今爲朱室塢，在浙江西。與《吴越春秋》所云西止宗周，二地今不詳。」

〔一九五〕錢培名曰：「『覲鄉』，原本以覲鄉以下斷入下節，非是。今按文義當上屬。」

〔一九六〕步嘉謹按：「武原，今海鹽」，《吴越春秋》卷八《句踐歸國外傳》徐天祜註引《越絶》作「武原，今海鹽縣」，句末多一「縣」字。

〔一九七〕錢培名曰：「『至秦元王不絶年』，『絶』疑當作『紀』。」

〔一九八〕錢培名曰：「『元王立二十年平王立二十二年惠文王立』，按《史記·秦本紀》，惠文以前，獻公二十三年，孝公二十四年，無所謂元王、平王，亦並未聞秦有追尊獻、孝二公爲王之事，不足據。」

〔一九九〕錢培名曰：「『昭襄王立』，『立』上原本誤衍『亦』字，今删。」步嘉謹按：按文例此處不當有「亦」字，然錢校終無證據，今從原本不改。

〔二〇〇〕錢培名曰：「『百七十歲』，按秦自獻公迄子嬰，共百七十八年，即依此所稱元王二十年，平王二十三年，核計之，亦得七十三年。此云百七十歲，不合。」

〔二〇一〕錢培名曰：「『漢高帝滅之』，『高』，漢魏叢書、逸史本作『皇』。」

〔二〇二〕錢培名曰：「『政使將魏舍内史教攻韓』，『教』，《秦始皇本紀》作『騰』。」

〔二〇三〕錢培名曰：「『得魏王歇』，『歇』，《魏世家》作『假』。」

〔二〇四〕錢培名曰：「『政使將王涉攻趙得趙王尚』，按《秦始皇本紀》，時趙已亡，趙公子自立於代，使王賁攻之，得代王嘉。」

〔二〇五〕錢培名曰：「『政使將王賁攻楚得楚王成』，按《秦始皇本紀》，攻楚乃王翦，楚王名負芻。」

〔二〇六〕錢培名曰：「『政使將史敖攻燕』，按《秦始皇本紀》，攻燕乃王賁。」

〔二〇七〕錢培名曰：「『政使將王涉攻齊』，按《秦始皇本紀》，攻齊亦王賁。」

〔二〇八〕步嘉謹按：「以其三十七年，東遊之會稽」，《會稽續志》卷七引《越絶書》作「秦始皇三十七年，東游會稽」，「東游」下無「之」字，然《北堂書鈔》卷一六〇《地部・石篇》、《會稽續志》卷一一引《越絶》皆作「秦始皇東游之會稽」，有「之」字，與今本同。張宗祥曰：「《史記・秦始皇本紀》：『三十七年過丹陽，至錢唐，臨浙江』。」

〔二〇九〕步嘉謹按：「道度牛渚」，《北堂書鈔》卷一六〇《地部・石篇》引《越絶》與此文同。

〔二一〇〕錢培名曰：「『鄣故餘杭』，按文義，此段當連上，不應另起，恐有脱文，姑仍其舊。」

〔二一一〕張宗祥曰：「《史記・貨殖傳》註：秦置鄣郡。《正義》：在湖州長城縣西南八十里，鄣郡故城是也。宗祥按：今屬安吉，鄣郡故地。《文獻通考》云：今宣城、新安、新定、丹陽郡之西境，及吴興郡之西境皆是。薛應旂《通志》云：會稽郡領縣二十四，而在今之浙者，錢塘、富春、餘杭、山陰、諸暨、餘暨、剡、餘姚、上虞、大末、句章、鄮、鄞、烏程、由拳、海鹽、烏傷，凡十七縣，又鄣郡之故鄣一縣。今按尚有回浦一縣，在浙實十八縣。丹陽郡在浙者，於潛、故鄣二縣。」

〔二二〕步嘉謹按：「以正月甲戌到大越」，《北堂書鈔》卷一六〇《地部·石篇》、《會稽志》卷一一引《越絶》與今本同。

〔二三〕步嘉謹按：「留舍都亭」，《北堂書鈔》卷一六〇《地部·石篇》引《越絶》、《會稽續志》卷七引《越絶書》與今本同。《會稽志》卷一六、《會稽續志》卷一一引《越絶》作「舍都亭」，無「留」字。

〔二四〕步嘉謹按：「取錢塘浙江岑石」，《北堂書鈔》卷一六〇《地部·石篇》引《越絶》與今本同，又《會稽續志》卷七「秦刻岑石」條引《越絶書》亦與今本同。《會稽志》卷一一引《越絶》作「取浙江岑石」，《會稽志》卷一六引《越絶》作「取錢塘岑石」。

〔二五〕錢培名曰：「『石長丈四尺』，《書鈔》六〇無『丈』字，蓋傳寫脱去。」步嘉謹按：今檢《北堂書鈔》卷一六〇《地部·石篇》所引《越絶》與本篇文同，有「丈」字，或錢據誤本。又《會稽志》卷一六引《越絶》、《會稽續志》卷七引《越絶書》皆與今本同。唯《會稽志》卷一一引《越絶》作「長丈四尺」，句首脱「石」字。

〔二六〕錢培名曰：「『南北面廣六尺』，《書鈔》作『六尺三寸』。」步嘉謹按：《會稽志》卷一一、卷一六引《越絶》並作「南北面廣六尺三寸」，文與《北堂書鈔》引《越絶》合。唯《會稽續志》卷七引《越絶書》作「南北廣六尺」，文與《書鈔》略同。又樂本作「南北面廣尺六」，誤，據改。

〔二七〕步嘉謹按：「東面廣四尺」一句，現存今本皆無。錢培名於「南北面廣六尺」句下曰：「《書鈔》作『六尺三寸』，下有『東面廣四尺』一句。」檢《書鈔》引《越絶》，知錢説不誤。又考《會稽志》卷一

一、卷一六引《越絶》，皆有「東面廣四尺」句。又以前文例之，既言「南北面」者，又言「西面」者，唯無東面，知此句必爲今本所脱，故補之。

〔二八〕錢培名曰：「『刻文立於越棟山上』，原本『文』、『立』二字作『丈六』，『棟』作『東』，並誤。《書鈔》作『刻立於大越棟山上』，疑《書鈔》脱『文』字，此脱『大』字，或此『文』字即『大』字之訛。又錯簡在『立』字上耳。《水經・漸江水註》：會稽山又曰棟山，《越絶》云：棟，猶鎮也。今本《越絶》無此句，疑當在此。棟字與《書鈔》合，作『東』非也。今並據改。」步嘉謹按：樂祖謀校本作「刻丈六於越東山上」，錢校可信，故不從樂本。考《會稽續志》卷七引《越絶書》作「刻文立於越東山上」，「東」當作「棟」，錢校已説，今依錢校改。

〔二九〕步嘉謹按：「其道九曲，去縣二十一里」，《會稽志》卷一一、卷一六引《越絶》、《會稽續志》卷七引《越絶書》並作：「其道九曲，去越二十一里。」「縣」作「越」，疑今本「縣」爲「越」字之訛。

〔三〇〕步嘉謹按：「徙大越民置餘杭伊攻□故鄣」，檢各本「故鄣」上皆作「□」，以示缺字，然考《會稽續志》卷七引《越絶書》作「徙大越民，置餘杭尹，攻故鄣」。按《史記》卷六《秦始皇本紀》：「分天下以爲三十六郡，郡置守、尉、監。」又縣置縣令或縣長，未聞有置尹者。王夫之《讀通鑒論・秦始皇》：「於是分國而爲郡縣，擇人以尹之」，則此「尹」字當作「主」字解，謂置餘杭行政長官也。本篇作「伊」字疑誤。

〔三一〕張宗祥曰：「餘杭縣秦置，故鄣縣漢置，故鄣秦爲鄣郡，今之長興。今叙秦徙越民，不應欄入漢代縣名，疑當時所徙越民，不止居餘杭一處，兼入鄣郡。蓋今於潛、長興、安吉，均秦時鄣郡故地，與餘杭相距不遠也。伊攻□故鄣五字，當有脱誤。罪適，適字讀曰謫，《漢書》中屢見之。又按《漢書·地理志》臣瓚曰：自交阯至會稽七八千里，百粤雜處，各有種姓。顧棟高曰：允常始與吴相戰伐，見於經傳，然封域極隘。《國語》與《越絶書》所載不同，其北向所至曰禦兒，曰平原，皆在今嘉興一府之地。其西南至於姑蔑，則在今衢州府龍游縣。然昔人稱餘汗爲越地。淮南王安謂越人欲爲變，必先由餘汗界中。《通典》亦謂爲越之餘，則自江西廣信至饒州，皆越之西界。《國語》所云姑蔑，蓋未盡矣。其地全有浙之紹興、寧波、金華、衢、温、台、處七府之地，其杭、嘉、湖三府則與吴分界，由衢歷江西廣信府，至饒之餘干縣，與楚分界。就以上二説以言，則知越之西南境，其盛時所届之域，如此其廣，而秦滅楚得越之後，徙越民於餘杭、鄣郡，又徙天下罪適吏民於海南故大越處，以備東海外越。所謂外越者，即今南粤可知也。」

〔三二〕步嘉謹按：「乃更名大越曰山陰」，《會稽續志》卷七引《越絶書》與此文全同。

〔三三〕步嘉謹按：《論衡·書虚篇》：「（秦始皇）二十五年，遂伐燕而虜燕王嘉，後不審何年，高漸麗以筑擊始皇，不中，誅漸麗。當二十七年，游天下，至會稽，至琅琊，北至勞、盛山，並海，西至平原津而病，至沙丘平臺，始皇崩。夫讖書言始皇還，到沙丘而亡，傳書又言病筑瘡三月而死於秦。一始皇之身，世或言死於沙丘，或言死於秦，其死言恒病瘡。傳書之言，多失其實，世俗之人，不能定也。」嘉按：本篇言死於咸陽，與傳書言死於秦同。

越絶卷第九

越絶外傳計倪第十一

昔者，越王句踐近侵於疆吴〔一〕，遠媿於諸侯，兵革散空，國且滅亡，乃脅諸臣而與之盟〔二〕：「吾欲伐吴，奈何有功〔三〕？」群臣默然而無對〔四〕。王曰：「夫主憂臣辱，主辱臣死〔五〕，何大夫易見而難使也〔六〕？」計倪官卑年少〔七〕，其居在後〔八〕，舉首而起〔九〕，曰：「殆哉〔一〇〕！非大夫易見難使〔一一〕，是大王不能使臣也〔一二〕。」王曰：「何謂也〔一三〕？」計倪對曰：「夫官位財幣，王之所輕〔一四〕，死者，是士之所重也〔一五〕。王愛所輕，責士所重〔一六〕，豈不艱哉？」王自揖，進計倪而問焉〔一七〕。

計倪對曰：「夫仁義者，治之門〔一八〕，士民者，君之根本也〔一九〕。闓門固根〔二〇〕，莫如正身。正身之道，謹選左右〔二一〕。左右選，則孔主日益上〔二二〕，不選，則孔主日益下〔二三〕。二者貴質浸之漸也。願君王公選於衆，精煉左右〔二四〕，非君子至誠之士，無與居家〔二五〕。使邪僻之氣無漸以生，仁義之行有階，人知其能，官知其治。爵賞刑罰，一由君出，則臣下不敢毁譽以言，無功者不敢干治〔二六〕。故明主用人，不由所從，不問其先，説取一焉。是故周文、齊桓，躬於任賢〔二七〕，太公、管仲，明於知人。今則不然，臣故曰殆哉。」越王勃然曰：「孤聞齊威淫泆〔二八〕，九合諸侯，一匡天下，蓋管仲之力也。寡人雖愚，唯在大夫。」計倪對曰：「齊威除管仲罪〔二九〕，大責任之，至易。此故南陽蒼句〔三〇〕。太公九十而不伐，磻溪之餓人也〔三一〕。聖主不計其辱，以爲賢者。一乎仲，二乎仲，斯可致王，但霸何足道〔三二〕。桓稱仲父，文稱太公，計此二人，曾無跬步之勞、大呼之功，乃忘弓矢之怨〔三三〕，授以上卿。傳曰：直能三公。今置臣而不尊，使賢而不用，譬如門户像設〔三四〕，倚而相欺，蓋智士所恥，賢者所羞〔三五〕。君王察之。」越王曰：「誠者不能匿其辭，大夫既在，何須言哉！」計倪對曰：「臣聞智者不妄言，以成其勞，賢者始於難動，終於有成。傳曰：『易之謙遜對過問，抑威權勢，利器不可示人〔三六〕。』言賞罰由君，此之謂也〔三七〕。故賢君用臣，略責於絶〔三八〕，施之職而成其功〔三九〕，遠使，以效其誠〔四〇〕。内告以匿，以知其信〔四一〕。與之講事，以觀其智〔四二〕。飲之以酒，以觀其態〔四三〕。選士以備，不肖者無所置。」

越王大媿，乃壞池填塹，開倉穀，貸貧乏，乃使群臣身問疾病，躬視死喪，不厄窮僻，尊有德；與民同苦樂〔四四〕，激河泉井，示不獨食。行之六年，士民一心，不謀同辭，不呼自來，皆欲伐吴〔四五〕。遂有大功而霸諸侯。孔子曰：「寬則得衆。」此之謂也〔四六〕。

夫有勇見於外〔四七〕，必有仁於内。子胥戰於就李，闔廬傷焉，軍敗而還〔四八〕。是時死傷者不可稱數，所以然者，罷頓不得已。子胥内憂：「爲人臣，上不能令主〔四九〕，下令百姓被兵刃之咎。」自責内傷，莫能知者。故身操死持傷及被兵者，莫不悉於子胥之手，垂涕啼哭，欲伐而死。三年自咎，不親妻子，饑不飽食，寒不重綵，結心於越，欲復其仇。師事越公〔五〇〕，録其述。印天之兆，牽牛南斗。赫赫斯怒，與天俱起〔五一〕。發令告民，歸如父母。當胥之言，唯恐爲後。師衆同心，得天之中。

越乃興師，與戰西江。二國爭疆，未知存亡。子胥知時變，爲詐兵，爲兩翼，夜火相應〔五二〕。句踐大恐，振旅服降〔五三〕。進兵圍越會稽填山。子胥微策可謂神〔五四〕，守戰數年，句踐行成。子胥爭諫，以是不容。宰嚭許之，引兵而還。夫差聽嚭，不殺仇人。興師十萬，與不敵同〔五五〕。聖人譏之，是以《春秋》不差其文。故《傳》曰：「子胥賢者，尚有就李之恥。」此之謂也。

哀哉！夫差不信伍子胥，而任太宰嚭〔五六〕，乃此禍晉之驪姬、亡周之褒姒〔五七〕，盡妖妍於圖畫，極凶悖於人理。傾城傾國，思昭示於後王〔五八〕，麗質冶容，宜求監於前史〔五九〕。古人云：「苦藥利病，苦言利行〔六〇〕。」伏念居安思危，日謹一日。《易》曰：「知進而不知退，知存而不知亡，知得而不知喪。」又曰：「進退存亡不失其正者，唯聖人乎〔六一〕！」由此而言，進有退之義，存有亡之幾，得有喪之理。愛之如父母，仰之如日月，敬之如神明，畏之如雷霆〔六二〕，此其可以卜祚遐長，而禍亂不作也。

校　釋

〔一〕步嘉謹按：此篇前半段與《吴越春秋·句踐陰謀外傳》文略同，後半段不言「計倪」，專記句踐復仇，子胥盡忠、宰嚭弄權事，不與篇名相符，故錢培名有疑爲他篇錯簡語。今一依舊傳之文，詳加考校。步嘉又按：「昔者，越王句踐近侵於疆吴」，《吴越春秋》卷九《句踐陰謀外傳》作「越王句踐十年二月，越王深念遠思，侵辱於吴」。

〔二〕錢培名曰：「『乃脅諸臣而與之盟』，『脅』，《吴越春秋》作『召』，義較順。」

〔三〕步嘉謹按：「奈何有功？」《吴越春秋》卷九《句踐陰謀外傳》作「奈何而有功乎」？多「而」字、「乎」字。

〔四〕步嘉謹按：「群臣默然而無對」，《吴越春秋》卷九《句踐陰謀外傳》作「群臣默然莫對者」，「而無對」作「莫對者」。

〔五〕步嘉謹按：「夫主憂臣辱，主辱臣死」，《吴越春秋》卷九《句踐陰謀外傳》作「孤聞主憂臣辱，主辱臣死」，「夫」作「孤聞」。

〔六〕步嘉謹按：「何大夫易見而難使也」，《吴越春秋》卷九《句踐陰謀外傳》作「重負諸臣大夫，何易見而難使也」，「大夫」二字見於上句末。

〔七〕步嘉謹按：「計倪官卑年少」，《吴越春秋》卷九《句踐陰謀外傳》作「計硯年少官卑」，「官卑」與「年少」互倒，亦可成文。

〔八〕步嘉謹按：「其居在後」，《吴越春秋》卷九《句踐陰謀外傳》作「列坐於後」，其義略同。

〔九〕錢培名曰：「『舉首而起』，《吴越春秋》作『舉手而趨』。」步嘉謹按：錢校引文不誤，《吴越春秋》卷九《句踐陰謀外傳》作「乃舉手而趨，蹈席而前進曰」。

〔一〇〕步嘉謹按：「殆哉」，《吴越春秋》卷九《句踐陰謀外傳》作「謬哉」，與此文略有異。

〔一一〕步嘉謹按：「非大夫易見難使」，《吴越春秋》卷九《句踐陰謀外傳》作「非大夫易見而難使」，「易見」下有「而」字。檢本篇上文作「何大夫易見而難使也」，「易見」下亦有「而」字，則此句原當有「而」字無疑，後輾轉傳寫脱去。

〔一二〕步嘉謹按：「是大王不能使臣也」，《吴越春秋》卷九《句踐陰謀外傳》作「君王之不能使也」，「大王」作「君王」，「使」下無「臣」字，句首無「是」字，又「不能」上多一「之」字。

〔一三〕步嘉謹按：「王曰何謂也」，《吴越春秋》卷九《句踐陰謀外傳》作「越王曰何謂」，「王」作「越王」，又「何謂」下少一「也」字。

〔一四〕步嘉謹按：「夫官位財幣，王之所輕」，《吴越春秋》卷九《句踐陰謀外傳》作「夫官位財幣金賞者，君之所輕也」，「財幣」下多「金賞」二字，「王」作「君」，又句末多「也」字。

〔一五〕步嘉謹按：「死者，是士之所重也」，《吴越春秋》卷九《句踐陰謀外傳》作「操鋒履刃，艾命投死者，士之所重也」，文稍有異。

〔一六〕步嘉謹按：「王愛所輕，責士所重」，《吴越春秋》卷九《句踐陰謀外傳》作「今王易（徐天祜註：「易」字不通。疑「肴」字之誤。「肴」、「吝」同。）財之所輕，而責士之所重」。

〔一七〕步嘉謹按：「王自揖，進計倪而問焉」，《吴越春秋》卷九《句踐陰謀外傳》作「即辭群臣，進計硯而問曰」，文稍有異。

〔一八〕步嘉謹按：「夫仁義者，治之門」，《吴越春秋》卷九《句踐陰謀外傳》作：「夫君人尊其仁義者，治之門也。」

〔一九〕步嘉謹按：「士民者，君之根本也」，《吴越春秋》卷九《句踐陰謀外傳》作「士民者，君之根也」，「根」下無「本」字，

〔二〇〕張宗祥曰：「《吴越春秋》作『開門固根』，『闓』即『開』，《論衡》中時見之。」

〔二一〕步嘉謹按：「正身之道，謹選左右」，《吴越春秋》卷九《句踐陰謀外傳》作「正身之道，謹左右」，「謹」下無「選」字。

〔二二〕張宗祥曰：「孔，甚也。見《書·臯陶謨》註。此蓋言甚其主之日益賢，或日益不肖也。『日』，翻元本、陳本、吴本『曰』。」樂祖謀曰：「『孔主日益上』，原本及正德本、孔本、陳本、吴本『日』誤作『曰』，據漢魏本等改。」

〔二三〕錢培名曰：「『左右選則孔主日益上不選則孔主日益下』，二『日』字原誤『曰』，依漢魏叢書本改。」樂祖謀曰：「『孔主日益下』，原本及正德本、孔本、陳本、吴本『日』誤作『曰』，據漢魏叢書等改。」

〔二四〕步嘉謹按：「願君王公選於衆，精煉左右」，《吴越春秋》卷九《句踐陰謀外傳》作「願王明選左右」。

〔二五〕錢培名曰：「『無與居家』，『居』，漢魏叢書本作『諸』。」

〔二六〕樂祖謀曰：「『干治』，孔本『干』作『于』。」

〔二七〕步嘉謹按：「是故周文、齊桓，躬於任賢」，周文以太公爲賢，齊桓以管仲爲賢，事俱見《史記》。故下文云：「太公、管仲，明於知人。」

〔二八〕樂祖謀曰：「『齊威淫泆』，『威』，據史當作『桓』，各本皆作『威』，當仍宋本避宋欽宗諱改之故。」步嘉謹按：樂説是。周廣業《經史避名彙考》卷二〇「欽宗恭文順德仁孝皇帝」條載「紹興二年九月十六日敕中書門下省吏部尚書兼權翰林學士沈與求札子」，奏：「臣伏見自漢以來御名皆有它字代之，用爲定制。淵聖皇帝御名涉前代姓謚最多，而臣下遷就回避有可概見：如魯公則謂爲允公，齊公則謂爲小白，皆以名易其謚也。周王則謂爲壯王，漢帝則謂爲剛帝，或謂齊、魯二公爲威公，它皆仿此。」又曰：「九月十六日三省同奉聖旨，令禮部太常等同共議定申尚書省：伏觀淵聖皇帝御名見於經傳，義訓不一。或以威武爲義，或以回旋爲義，又爲植立之象，又爲亭郵表名，又爲圭名，又爲姓氏，又爲木名，又爲水名。當各以其義類求之。今謹按：《詩》曰：「桓武志也。孔穎達曰：有威武之義。又按《詩》曰：桓桓武王。鄭康成曰：有威武之王。……又按《爾雅》：桓桓、烈烈，威也。凡此皆以威武爲義也。若此之類，今欲定讀曰威。」則宋人以「威」易「桓」，有其明證。

〔二九〕樂祖謀曰：「『齊威』，吴本、漢魏本『威』作『桓』。」張宗祥曰：「張本、吴本、四庫本『桓』。」

〔三〇〕樂祖謀曰：「『此故南陽蒼句』，張宗祥按：『此句未詳』。按：南陽蒼句當爲人稱謂，下必有脱文，以對『太公九十』句。」

〔三一〕錢培名曰：「『太公九十而不伐磻溪之餓人也』，『十』字，逸史本空。此本作『聲』，細審之，乃剜補者。蓋原本亦空，而淺人據《吴越春秋》補之。漢魏叢書本作『十』。《楚辭·九辨》：大公九十乃顯榮兮。『十』字非誤，今依改。又按上文以周文、齊桓、太公、管仲並提，此於太公只二句，未竟其説，似有脱誤。《吴越春秋》云：『昔太公九聲而足，磻溪之餓人也，西伯任之而王。管仲魯之仁囚，有貪分之毁，齊桓得之而霸。』義較完備。」

〔三二〕步嘉謹按：「一乎仲，二乎仲，斯可致王，但霸何足道」，此處當有錯簡。《吕氏春秋》卷十七《任數》：「有司請事於齊桓公。桓公曰：『以告仲父。』有司又請。公曰：『告仲父。』若是三。習者曰：『一則仲父，二則仲父，易哉爲君。』桓公曰：『吾未得仲父則難，已得仲父之後，曷爲其不易也？』桓公得管子，事猶大易，又况於得道術乎？」又《新序》卷三亦載此事：「有司請吏於齊桓公，桓公曰：『以告仲父。』有司又請，桓公曰：『以告仲父。』若是者三。在側者曰：『一則告仲父，二則告仲父，易哉爲君。』桓公曰：『吾未得仲父則難，已得仲父曷爲其不易也！』故王者勞於求人，佚於得賢。……桓公用仲父則小也，故至於霸而不能以王。」本篇「一乎仲，二乎仲」，當是「一乎仲父，二乎仲父」之誤，又前後亦當有脱文。「斯可致王，但霸何足道」，即《新序》「故至於霸而不能以王」之意。此段文字中「一乎仲，二乎仲」原當在前文「大責任之」句下，原文順序似當如下：「齊威除管仲罪，大責任之。一乎仲（父），二乎仲（父），至易。（中疑有脱文）此故南陽蒼句，（樂校云此處亦當有脱文）太公九十而不伐，磻溪之餓人也。聖主不計其辱，以爲聖者。斯可致王，但霸何足道。」如此，則文義稍備。

〔三三〕步嘉謹按：「乃忘弓矢之怨」，此言齊桓公與公子糾爭立，管仲爲公子糾射桓公，中其帶鉤。後桓公不怨管仲，賢而用之之事，詳見《史記》卷三二《齊太公世家》。

〔三四〕錢培名曰：「『譬如門户像設』，『如』，漢魏叢書本作『於』。」

〔三五〕樂祖謀曰：「『賢者所羞』，原本及孔本、吴本『羞』作『差』。」

〔三六〕步嘉謹按：「利器不可示人」，此語見《老子》，原文作：「將欲歙之，必固張之。將欲弱之，必固强之。將欲廢之，必固興之。將欲奪之，必固與之。是謂微明。柔弱勝剛强，魚不可脱於淵，國之利器不可以示人。」

〔三七〕張宗祥曰：「《吴越春秋》作：『故傳曰：失士者亡，得士者昌。願王審於左右，何患群臣之不使也？』此處有誤。」

〔三八〕樂祖謀曰：「『略責於絶』，正德本『責』作『貴』。」

〔三九〕「施之職而成其功」，張宗祥於「成」字下註：「翻元本墨釘。」

〔四〇〕錢培名曰：「『遠使以效其誠』，《吴越春秋》作『遠使以難，以效其誠』，此脱二字。」

〔四一〕步嘉謹按：「内告以匿，以知其信」，《吴越春秋》卷九《句踐陰謀外傳》與此文全同。

〔四二〕步嘉謹按：「與之講事，以觀其智」，《吴越春秋》卷九《句踐陰謀外傳》作「與之論事，以觀其智」，「講」作「論」字。

〔四三〕錢培名曰：「『飲之以酒以觀其態』，《吴越春秋》作：『飲之以酒，以視其亂。指之以使，以察其能。示之以色，以别其態。』此似有脱文。」

〔四四〕步嘉謹按：以上一節言句踐折節自勵，欲復吴仇事，《史記》卷四一《越王句踐世家》作：「身自耕作，夫人自織，食不加肉，衣不重采，折節下賢人，厚遇賓客，振貧弔死，與百姓同其勞。」其事又見《國語》二〇《越語上》，文字不同而已。

〔四五〕步嘉謹按：「不呼自來，皆欲伐吴」，《吕氏春秋》卷一九《用民》記句踐伐吴之前，試其民能用與否云：「句踐試其民於寝宫，民争入水火，死者千餘矣，遽擊金而卻之。」

〔四六〕步嘉謹按：「孔子曰：寛則得衆」，此暗引《論語》文也，見卷一七《陽貨》：「子張問仁於孔子。孔子曰：能行五者於天下，爲仁矣。請問之，曰：恭、寛、信、敏、惠。恭則不侮，寛則得衆，信則人任焉，敏則有功，惠則足以使人。」

〔四七〕錢培名曰：「『夫有勇見於外』，原本連上，今按例當另起。又此傳以《計倪》名篇，而此節專言子胥，與上文略無關涉，當是他篇錯簡，誤置於此。」

〔四八〕步嘉謹按：「子胥戰於就李，闔廬傷焉，軍敗而還」，《越絶外傳紀策考》曰：「范蠡與師戰於就李，闔廬見中於飛矢，子胥還師，中媿於吴」，蓋即此事。

〔四九〕錢培名曰：「『上不能令主』，句下疑有脱文。」

〔五〇〕步嘉謹按：「師事越公」，「越公」，錢培名謂即「越公弟子公孫聖」之「越公」，説見《外傳記吴王占夢》〔校釋三一〕引錢培名曰。

〔五一〕步嘉謹按：「赫赫斯怒」，赫赫，顯盛貌。《詩·商頌·殷武》「赫赫厥聲」，孔疏：「赫赫乎，顯盛者。」斯怒，其怒也。王引之《經傳釋詞》卷八：「斯，猶其也。」「赫赫斯怒」即顯盛其怒。《宋書》卷二二《樂志四》載韋昭《通荆門》鼓吹曲有云：「大皇赫斯怒，虎臣勇氣震。」「赫斯怒」即「赫赫斯怒」之省文也。

〔五二〕錢培名曰：「『爲兩翼，夜火相應』，《文選·七命》註作：『分爲兩翼，夜火相望。』」步嘉謹按：作「夜火相望」者是。上文自「與戰西江」起，至下文「振旅服降」，皆同韻，若作「應」字，則不合韻矣。

〔五三〕步嘉謹按：上文「與戰西江」，至此皆同韻，以下變韻。

〔五四〕錢培名曰：「『可謂神』，句下疑脱『乎』字，《紀策考篇》『可謂明乎』，句法正同。」

〔五五〕步嘉謹按：「夫差聽嚭，不殺仇人。興師十萬，與不敵同。」《戰國策》卷二八《韓策三》載或人謂鄭王曰：「昔先王之攻，有爲名者，有爲實者。爲名者攻其心，爲實者攻其形。昔者，吴與越戰，越人大敗，保於會稽之上。吴人入越而户撫之。越王使大夫種行成於吴，請男爲臣，女爲妾，身執禽而隨諸御。吴人果聽其辭，與成而不盟，此攻其心者也。其後越與吴戰，吴人大敗，亦請男爲臣，女爲妾，反以越事吴之禮事越。越人不聽也，遂殘吴國而禽夫差，此攻其形者也。」其與本篇議論，可互爲參觀。

〔五六〕步嘉謹按：「夫差不信伍子胥，而任太宰嚭」，《論衡·逢遇篇》作「伍員（即子胥）、帛喜（即太宰嚭），俱事夫差，帛喜尊重，伍員誅死。此異操而同主也。」又《群書治要》卷四八載杜恕《體論》：「吴王夫差拒子胥之謀，納宰嚭之説，國滅身亡者，不可謂無深謀之臣也。楚懷王拒屈原之計，納靳尚之策，没秦而不反者，不可謂無計畫之士也。」

〔五七〕步嘉謹按：「乃此禍晉之驪姬」，驪姬禍晉事，詳見《國語》卷七《晉語》「史蘇論驪姬必亂晉」。「亡周之褒姒」，褒姒亡周事，詳見《史記》卷四《周本紀第四》「幽王三年」條。

〔五八〕步嘉謹按：「傾城傾國」，語出《漢書》卷九七《外戚傳》，其曰：「孝武李夫人，本以倡進。夫人兄延年性知音，善歌舞，武帝愛之。每爲新聲變曲，聞者莫不感動。延年侍上起舞，歌曰：『北方有佳人，絶世而獨立，一顧傾人城，再顧傾人國。寧不知傾城與傾國，佳人難再得！』」

〔五九〕步嘉謹按：「宜求監於前史」，《韓詩外傳》卷五：「得賢則昌，不肖則亡。自古及今，未有不然者也。」本篇此義，殆即《韓詩外傳》所謂乎？

〔六〇〕錢培名曰：「『苦言利行』，『苦』原註一作『忠』。」步嘉謹按：「苦」，當作「忠」。《韓非子》卷一一《外儲説・左上》云：「夫良藥苦於口，而智者勸而飲之，知其入而已己疾也。忠言拂於耳，而明主聽之，知其可以致功也。」

〔六一〕步嘉謹按：「《易》曰：知進而不知退，知存而不知亡，知得而不知喪。又曰：進退存亡不失其正者，唯聖人乎。」見今本《周易・乾》，其曰：「亢之爲言也，知進而不知退，知存而不知亡，知得而不知喪，唯聖人乎。知進退存亡而不失其正者，其唯聖人乎。」按：本篇「知得而不知喪」後，或脱「唯聖人乎」一句。又「進退存亡不失其正者」，句首當脱「知」字，「存亡」下當脱「而」字。又「唯聖人乎」句，句首當脱「其」字。

〔六二〕步嘉謹按：「愛之如父母，仰之如日月，敬之如神明，畏之如雷霆」，此節語出《春秋・左傳》，該書《襄公十四年》云：「師曠侍於晉侯。晉侯曰：『衛人出其君，不亦甚乎？』對曰：『或者其君實甚。良君將賞善而刑淫。養民如子，蓋之如天，容之如地。民奉其君，愛之如父母，仰之如日月，敬之如神明，畏之如雷霆，其可出乎？』」

越絶卷第十

越絶外傳記吴王占夢第十二

昔者，吴王夫差之時，其民殷衆，禾稼登熟，兵革堅利，其民習於鬥戰，闔廬□剬子胥之教，行有日，發有時。道於姑胥之門〔一〕，晝卧姑胥之臺〔二〕。覺寤而起，其心惆悵，如有所悔〔三〕。即召太宰而占之〔四〕，曰：「向者晝卧，夢入章明之宫〔五〕。入門〔六〕，見兩鑩炊而不蒸〔七〕；見兩黑犬嘷以北，嘷以南〔八〕；見兩鏵倚吾宫堂〔九〕；見流水湯湯〔一〇〕，越吾宫牆〔一一〕；見前園横索生樹桐〔一二〕；見後房鍛者扶挾鼓小震〔一三〕。子爲寡人精占之〔一四〕，吉則言吉，凶則言凶，無諛寡人之心所從。」太宰嚭對曰：「善哉〔一五〕！大王興師伐齊〔一六〕。夫章明者，伐齊克，天下顯明也〔一七〕。見兩鑩炊而不蒸者〔一八〕，大王聖氣有餘也〔一九〕。見兩黑犬嘷以北，嘷以南〔二〇〕，四夷已服，朝諸侯也〔二一〕。兩鏵倚吾宫堂，夾田夫也〔二二〕。見流水湯湯，越吾宫牆〔二三〕，獻物已至，財有餘也〔二四〕。見前園横索生樹桐〔二五〕，樂府吹巧也〔二六〕。見後房鍛者扶挾鼓小震者〔二七〕，宫女鼓樂也〔二八〕。」吴王大悦，而賜太宰嚭雜繒四十疋。

王心不已〔二九〕，召王孫駱而告之。對曰：「臣智淺能薄，無方術之事，不能占大王夢〔三〇〕。臣知有東掖門亭長越公弟子公孫聖〔三一〕，爲人幼而好學，長而憙遊〔三二〕，博聞彊識〔三三〕，通於方來之事〔三四〕，可占大王所夢。臣請召之。」吴王曰：「諾。」王孫駱移記，曰：「今日壬午，左校司馬王孫駱，受教告東掖門亭長公孫聖：吴王晝卧〔三五〕，覺寤而心中惆悵也，如有悔。記到，車馳詣姑胥之臺。」

聖得記，發而讀之，伏地而泣，有頃不起〔三六〕。其妻大君從旁接而起之〔三七〕，曰：「何若子性之大也〔三八〕！希見人主〔三九〕，卒得急記〔四〇〕，流涕不止〔四一〕。」公孫聖仰天嘆曰：「嗚呼，悲哉〔四二〕！此固非子之所能知也〔四三〕。今日壬午，時加南方，命屬蒼天，不可逃亡〔四四〕。伏地而泣者，不能自惜，但吴王〔四五〕。諛心而言，師道不明；正言直諫，身死無功。」大君曰〔四六〕：「汝彊食自愛，慎勿相忘。」伏地而書，既成篇〔四七〕，即與妻把臂而決〔四八〕，涕泣如雨。上車不顧，遂至姑胥之臺〔四九〕，謁見吴王。

吴王勞曰：「越公弟子公孫聖也〔五〇〕，寡人晝卧姑胥之臺〔五一〕，夢入章明之宫。入門，見兩䥶炊而不蒸；見兩黑犬嘷以北〔五二〕，嘷以南；見兩鏵倚吾宫堂；見流水湯湯，越吾宫牆；見前園横索生樹桐；見後房鍛者扶挾鼓小震。子爲寡人精占之〔五三〕，吉則言吉，凶則言凶〔五四〕，無諛寡人心所從〔五五〕。」公孫聖伏地，有頃而起，仰天嘆曰〔五六〕：「悲哉！夫好船者溺〔五七〕，好騎者墮〔五八〕，君子各以所好爲禍。諛讒申者，師道不明。正言切諫，身死無功。伏地而泣者〔五九〕，非自惜，因悲大王。夫章者〔六〇〕，戰不勝，走偉偉；明者，去昭昭，就冥冥〔六一〕。見兩鏖炊而不蒸者，王且不得火食〔六二〕。見兩黑犬嘷以北，嘷以南者，大王身死，魂魄惑也。見兩鏵倚吾宮堂者，越人入吴邦〔六三〕，伐宗廟，掘社稷也。見流水湯湯，越吾宮牆者〔六四〕，大王宮堂虚也〔六五〕。前園横索生樹桐者，桐不爲器用，但爲甬〔六六〕，當與人俱葬〔六七〕。後房鍛者鼓小震者，大息也。王毋自行，使臣下可矣。」太宰嚭、王孫駱惶怖，解冠幘，肉袒而謝。吴王忿聖言不祥，乃使其身自受其殃。王乃使力士石番〔六八〕，以鐵杖擊聖〔六九〕，中斷之爲兩頭〔七〇〕。聖仰天嘆曰〔七一〕：「蒼天知冤乎〔七二〕！直言正諫，身死無功。令吾家無葬我，提我山中〔七三〕，後世爲聲響。」吴王使人提於秦餘杭之山〔七四〕：「虎狼食其肉，野火燒其骨〔七五〕，東風至，飛揚汝灰〔七六〕，汝更能爲聲哉〔七七〕！」太宰嚭前再拜，曰：「逆言已滅，讒諛已亡，因酌行觴〔七八〕，時可以行矣〔七九〕。」吴王曰：「諾。」

王孫駱爲左校司馬，太宰嚭爲右校司馬〔八〇〕，王從騎三千，旌旗羽蓋，自處中軍。伐齊大剋。師兵三月不去，過伐晉。晉知其兵革之罷倦，糧食盡索，興師擊之，大敗吴師。涉江，流血浮尸者，不可勝數〔八一〕。吴王不忍〔八二〕，率其餘兵，相將至秦餘杭之山。饑餓，足行乏糧，視瞻不明。據地飲水，持籠稻而飡之。顧謂左右曰：「此何名？」群臣對曰：「是籠稻也〔八三〕。」吴王曰：「悲哉！此公孫聖所言〔八四〕，王且不得火食。」太宰嚭曰：「秦餘杭山西坂閒燕，可以休息，大王亟飡而去〔八五〕，尚有十數里耳。」吴王曰：「吾嘗戮公孫聖於斯山，子試爲寡人前呼之，即尚在耶，當有聲響〔八六〕。」太宰嚭即上山三呼，聖三應〔八七〕。吴王大怖，足行屬腐，面如死灰色，曰：「公孫聖令寡人得邦，誠世世相事〔八八〕。」言未畢，越王追至〔八九〕。兵三圍吴〔九〇〕，大夫種處中〔九一〕。范蠡數吴王曰：「王有過者五，寧知之乎？殺忠臣伍子胥、公孫聖。胥爲人先知、忠信，中斷之入江；聖正言直諫，身死無功。此非大過者二乎〔九二〕？夫齊無罪，空復伐之，使鬼神不血食，社稷廢蕪，父子離散，兄弟異居。此非大過者三乎〔九三〕？夫越王句踐，雖東僻，亦得繫於天皇之位，無罪，而王恒使其芻莖秩馬〔九四〕，比於奴虜。此非大過者四乎？太宰嚭讒諛佞諂，斷絶王世，聽而用之。此非大過者五乎？」吴王曰：「今日聞命矣〔九五〕。」

越王撫步光之劍，杖屈盧之矛〔九六〕，瞋目謂范蠡曰：「子何不早圖之乎？」范蠡曰：「臣不敢殺主。臣存主若亡，今日遜敬，天報微功。」越王謂吴王曰：「世無千歲之人，死一耳。」范蠡左手持鼓，右手操枹而鼓之〔九七〕，曰：「上天蒼蒼，若存若亡。何須軍士〔九八〕，斷子之頸，挫子之骸，不亦繆乎？」吴王曰：「聞命矣。以三寸之帛，幎吾兩目〔九九〕，使死者有知，吾慙見伍子胥、公孫聖，以爲無知，吾恥生。」越王則解綬以幎其目，遂伏劍而死〔一〇〇〕。越王殺太宰嚭，戮其妻子，以其不忠信。斷絶吴之世〔一〇一〕。

校　釋

〔一〕步嘉謹按：此篇與《吴越春秋》卷五《夫差内傳》文字略同，錢培名、張宗祥皆據以校之，脱漏時有，今詳補之。步嘉又按：「道於姑胥之門」，《吴越春秋》卷五《夫差内傳》作「道出胥門」，其文略異。

〔二〕步嘉謹按：「晝臥姑胥之臺」，《吴越春秋》卷五《夫差内傳》作「因過姑胥之臺」。

〔三〕步嘉謹按：「覺寤而起，其心惆悵，如有所悔」，《吴越春秋》卷五《夫差内傳》作：「及寤而起，其心恬然悵焉。」

〔四〕步嘉謹按：「即召太宰而占之」，「太宰」下疑脱「嚭」字。此書各篇多稱「太宰嚭」，下文亦作「太宰嚭對曰」，當有「嚭」字。《吴越春秋》卷五《夫差内傳》作：「乃命太宰嚭，告曰：『寡人晝臥有夢，覺而恬然悵焉。請占之。』」

〔五〕步嘉謹按：「夢入章明之宫」，《吴越春秋》卷五《夫差内傳》作「夢入章明宫」，「章明」下無「之」字。

〔六〕步嘉謹按：「入門」，《吴越春秋》卷五《夫差内傳》相應之處無此二字，當脱。《夫差内傳》下文記公孫聖爲吴王解夢，有「入門見鬲蒸而不炊者」，可證。

〔七〕錢培名曰：「『炊而不蒸』，《吴越春秋》作『蒸而不炊』，下並同。按據下太宰解爲氣有餘，公孫聖解爲不得火食，則『蒸而不炊』義較近。」

〔八〕錢培名曰：「『見兩黑犬』，《太平廣記》二七六作『三黑狗』，然《廣記》引此文甚略，以意顛倒改竄，殊不足據。」步嘉謹按：《太平廣記》卷二七六「吴夫差」條：「吴王夫差夜夢三黑狗，號以南，以北。炊甑無氣。及覺，召群臣言夢，群臣不能解，乃召公孫聖。聖被召，與妻訣曰：『以惡夢召我，我豈欺心者，必爲王所殺。』於是聖至，以所夢告之。聖曰：『王無國矣。犬號者，宗廟無主，炊甑無氣，不食矣。』王果怒，殺之。及越兵至，王謂左右曰：『吾無道，殺公孫，汝可呼之。』於是三呼三應。吴卒爲越所滅。」今録於此，以供參觀。

〔九〕錢培名曰：「『見兩鏵』，『鏵』，《吴越春秋》作『鋘』。」步嘉謹按：依錢校檢《吴越春秋》作「兩鋘殖吾宫牆」。

〔一〇〕步嘉謹按：「見流水湯湯」，《吴越春秋》卷五《夫差内傳》作「流水湯湯」，無「見」字。步嘉又按：「湯湯」與「蕩蕩」通。

〔一一〕步嘉謹按：「越吾宫牆」，《吴越春秋》卷五《夫差内傳》作「越吾宫堂」，「牆」作「堂」。

〔一二〕錢培名曰：「『見前園横索生樹桐』，《吴越春秋》作『横生梧桐』，下並同。」

〔一三〕錢培名曰：「『見後房鍛者扶挾鼓小震』，按：『鍛者扶挾鼓小震』，疑即鍛工鼓鞴。故公孫聖解爲太息。《吴越春秋》作『後房鼓震篋篋有鍛工』。」

〔一四〕步嘉謹按：「子爲寡人精占之」，《吴越春秋》卷五《夫差内傳》作「子爲寡人占之」，無「精」字。

〔一五〕步嘉謹按：「善哉」，《吴越春秋》卷五《夫差内傳》作「美哉」。按：「善」、「美」二字形近，此古傳各有所本也。

〔一六〕步嘉謹按：「大王興師伐齊」，《吴越春秋》卷五《夫差内傳》作「王之興師伐齊也」。文有小異。

〔一七〕步嘉謹按：「夫章明者，伐齊克，天下顯明也」，《吴越春秋》卷五《夫差内傳》作：「臣聞章者，德鏘鏘也。明者，破敵聲聞功朗朗也。」文有異，義略同。

〔一八〕步嘉謹按：「見兩鏖炊而不蒸者」，《吴越春秋》卷五《夫差内傳》作「兩鏖蒸而不炊者」，句首無「見」字。又「炊」、「蒸」二字互倒，前引錢校已説。

〔一九〕步嘉謹按：「大王聖氣有餘也」，《吴越春秋》卷五《夫差内傳》作「大王聖德氣有餘也」，「聖」下多一「德」字，疑本篇脱。

〔二〇〕步嘉謹按：「見兩黑犬嗥以北，嗥以南」，《吴越春秋》卷五《夫差内傳》作「兩黑犬嗥以南，嗥以北者」，句首無「見」字，句尾多「者」字。又「南」、「北」二字互倒。

〔二一〕步嘉謹按：「四夷已服，朝諸侯也」，《吴越春秋》卷五《夫差内傳》與此文全同。

〔二二〕錢培名曰：「『夾田夫也』，似有脱誤。《吴越春秋》作『農夫就成田夫耕也』，亦有誤。」

〔二三〕步嘉謹按：「見流水湯湯，越吾宫牆」，《吴越春秋》卷五《夫差内傳》作「湯湯越宫堂者」，疑《吴越春秋》有脱誤。本篇文義較長。

〔二四〕步嘉謹按：「財有餘也」，樂校本原作「則有餘也」，「財」作「則」，檢庫本、漢魏叢書本、及四部叢刊原本皆作「則」。錢培名曰：「『財有餘也』，『財』原誤『則』，依《吴越春秋》改。」按錢説是。「財」、「則」二字形近易混，若作「則」字，文義不暢，當作「財」字。今依錢校改。

〔二五〕步嘉謹按：「見前園横索生樹桐」，《吴越春秋》卷五《夫差内傳》作「前園横生梧桐者」。

〔二六〕錢培名曰：「『樂府吹巧也』，句不可解。《吴越春秋》作『宫女悦樂，琴瑟和也』，意絶遠。」步嘉謹按：錢説誤。考《吴越春秋》卷五《夫差内傳》原作：「後房篋篋鼓震有鍛工者，宫女悦樂，琴瑟和也。前園横生梧桐者，樂府鼓聲也。」錢氏檢書當有跳脱，以「宫女悦樂，琴瑟和也」句，當本篇「樂府吹巧也」句。其實《吴越春秋》此處作「樂府鼓聲也」，與本篇文略近。步嘉又按：錢説以「樂府吹巧也」句不可解，其實不然。此句本承上句「見前園横索生樹桐」而來，「樹桐」，《吴越春秋》作「梧桐」，按梧桐樹古代往往用來造樂器，故太宰嚭解爲「樂府吹巧也」，意在王庭昌盛，亦諛夫差之言也。

〔二七〕錢培名曰：「『見後房鍛者扶挾鼓小震者』，《吴越春秋》作『後房篋篋鼓小震有鍛工者』。」

〔二八〕錢培名曰：「『宫女鼓樂也』，『宫』，原誤『官』，依漢魏叢書、逸史本改。《吴越春秋》作『樂府鼓聲也』。」張宗祥曰：「翻元本『官』，誤。」步嘉謹按：錢校云「《吴越春秋》作『樂府鼓聲也』」，誤。檢《吴越春秋》卷五《夫差内傳》作「後房篋篋鼓震有鍛工者，宫女悦樂，琴瑟和也」，則「宫女悦樂，琴瑟和也」，當本篇「宫女鼓樂也」句。《吴越春秋》「樂府鼓聲也」句，乃在「前園横生梧桐者」句下，錢校移至此以校本篇「宫女鼓樂也」句，誤甚。

〔二九〕步嘉謹按：「王心不已」，《吴越春秋》卷五《夫差内傳》作「而其心不已」，與此文略同。

〔三〇〕步嘉謹按：「臣智淺能薄，無方術之事，不能占大王夢」，《吴越春秋》卷五《夫差内傳》作：「臣鄙淺於道，不能博大，今王所夢，臣不能占。」

〔三一〕錢培名曰：「『越公弟子公孫聖』，『越公弟子』，《吴越春秋》作『長城公弟子』。按：此即上篇子胥師事之越公也。『越』、『城』二字形相涉，往往互訛，當以此爲是。公孫聖，原作王孫聖，蓋涉上王孫駱而誤。今依漢魏叢書本改。」

〔三二〕步嘉謹按：「爲人幼而好學，長而憙遊」，《吴越春秋》卷五《夫差内傳》作「聖爲人少而好游，長而好學」，其文有異。

〔三三〕步嘉謹按：「博聞彊識」，《吴越春秋》卷五《夫差内傳》作「多見博觀」。

〔三四〕步嘉謹按：「通於方來之事」，《吴越春秋》卷五《夫差内傳》作「知鬼神之情狀」，其文大異。

〔三五〕步嘉謹按：「吴王晝卧」，《吴越春秋》卷五《夫差内傳》作「吴王晝卧姑胥之臺」，多「姑胥之臺」四字。

〔三六〕步嘉謹按：「伏地而泣，有頃不起」，《吴越春秋》卷五《夫差内傳》作「伏地而泣，有頃而起」，「不起」作「而起」。按《吴越春秋》下文接記「其妻從旁謂聖曰」，本篇下文作「其妻大君從旁接而起之」，則本篇此處當作「不起」，不可易爲「而起」。《吴越春秋》既無「接而起之」句，作「而起」亦通，此或舊本傳聞各有異也。

〔三七〕步嘉謹按：「其妻大君從旁接而起之」，《吴越春秋》卷五《夫差内傳》作「其妻從旁謂聖曰」。

〔三八〕錢培名曰：「『何若子性之大也』，『大』字疑誤。《吴越春秋》作『子何性鄙』。」

〔三九〕步嘉謹按：「希見人主」，《吴越春秋》卷五《夫差内傳》作「希睹人主」。

〔四〇〕步嘉謹按：「卒得急記」，《吴越春秋》卷五《夫差内傳》作「卒得急召」，「記」作「召」。

〔四一〕步嘉謹按：「流涕不止」，《吴越春秋》卷五《夫差内傳》作「涕泣如雨」，其義略同。

〔四二〕步嘉謹按：「公孫聖仰天嘆曰：嗚呼，悲哉！」《吴越春秋》卷五《夫差内傳》作：「公孫聖仰天嘆曰：悲哉！」無「嗚呼」二字。

〔四三〕錢培名曰：「『此固非子所能知也』，『子』下原衍『胥』字，與『所』字音近而誤，今删。《吴越春秋》作『非子所知也』。」步嘉謹按：檢樂校本、張校本皆作「此固非子之所能知也」，張宗祥於「之」下曰：「翻元本、四庫本『胥』，誤。」則以「胥」爲「之」字之訛，錢校本無「之」字。樂祖謀曰：「『此固非子之所能知也』，原本及正德本、孔本、吴本、漢魏本『之』均誤作『胥』，據陳本改。」今依樂校本存「之」字，不從錢本。

〔四四〕步嘉謹按：「今日壬午，時加南方，命屬蒼天，不可逃亡」，《吴越春秋》卷五《夫差内傳》作：「今日壬午，時加南方，命屬上天，不得逃亡。」「蒼天」作「上天」，「不可」作「不得」，餘同。

〔四五〕錢培名曰：「『但吴王』，『但』下當有『悲』字，作四字句爲韻。下文亦云『因悲吴王』。」步嘉謹按：

錢説是。《吴越春秋》卷五《夫差内傳》作「誠傷吴王」,「傷」、「悲」義近。

〔四六〕錢培名曰:「『大君曰』,『大君上似脱『謂』字。」張宗祥曰:「《吴越春秋》作『妻曰』。」步嘉謹按:依張校檢《吴越春秋》「妻曰」以下一節,與本篇文字不合。錢校謂「大君」上似脱「謂」字,甚是。「汝疆食自愛,慎勿相忘」,乃公孫聖謂妻之語,否則,與下文「伏地而書,既成篇」句,文義不屬。

〔四七〕樂祖謀曰:「『既成篇』,『既』字,原本及正德本、孔本爲墨釘,陳本、吴本爲空格,據漢魏本補。」

〔四八〕步嘉謹按:張宗祥校本作「即相與把臂而決」,張宗祥曰:「翻元本、陳本『相與』二字空二格,吴本作『即與妻把臂而決』。四庫本同。」錢校本原文同張校本,錢培名曰:「『相與』二字,《吴越春秋》作『與妻』。」樂祖謀校本作「與妻把臂而決」,樂校曰:「『與妻』,原本及正德本、孔本爲墨釘,陳本爲空格,據吴本等補。又張本作『相與』。」步嘉按:今從樂校本。

〔四九〕步嘉謹按:「上車不顧,遂至姑胥之臺」,《吴越春秋》卷五《夫差内傳》作「遂去,詣姑胥臺」。

〔五〇〕錢培名曰:「『公弟子公孫聖也』,句首『公』字,漢魏叢書本作『越』,疑皆有脱字。當作『子越公弟子公孫聖耶』,『耶』、『也』古通用。」張宗祥校本作「越弟子公孫聖也」,張宗祥曰:「翻元本、陳本『公』,宗祥按:當作『越公』。」樂祖謀曰:「『越弟子』,『越』字原本及正德本、陳本、孔本作『公』,張本、王謨刊漢魏本作『越』,據改。」又張宗祥云:「『當作越公。』」步嘉謹按:「越弟子」、「公弟子」皆爲脱文,張宗祥云「當作越公」,甚是,本篇上文作「越公弟子公孫聖」,可證。錢校云當作「子越公弟子」,其義雖通,然終無所據,今從張校改。

〔五一〕步嘉謹按：「寡人晝卧姑胥之臺」，《吴越春秋》卷五《夫差内傳》作「寡人將北伐齊魯，道出胥門，過姑胥之臺」。

〔五二〕樂祖謀曰：「『兩黑犬嗥以北』，『犬嗥』，正德本作『大皇』。」

〔五三〕步嘉謹按：「子爲寡人精占之」，《吴越春秋》卷五《夫差内傳》作「子爲占之」，無「寡人精」三字。

〔五四〕步嘉謹按：「吉則言吉，凶則言凶」，《吴越春秋》卷五《夫差内傳》作「其言吉凶」，其義略同。

〔五五〕步嘉謹按：「無諛寡人心所從」，「寡人」下當脱一「之」字。上文記夫差命太宰嚭解夢，正作「無諛寡人之心所從」。

〔五六〕步嘉謹按：「仰天嘆曰」，《吴越春秋》卷五《夫差内傳》作「乃仰天嘆曰」，句首多一「乃」字。

〔五七〕步嘉謹按：「夫好船者溺」，《吴越春秋》卷五《夫差内傳》作「臣聞好船者必溺」。

〔五八〕步嘉謹按：「好騎者墮」，《吴越春秋》卷五《夫差内傳》作「好戰者必亡」，其文與本篇異。

〔五九〕錢培名曰：「『伏地而泣者』，『者』字疑當作『臣』，屬下句。」

〔六〇〕步嘉謹按：「夫章者」，《吴越春秋》卷五《夫差内傳》作「臣聞章者」，「夫」作「臣聞」。

〔六一〕步嘉謹按：「明者，去昭昭，就冥冥」，《吴越春秋》卷五《夫差内傳》作「明者，去昭昭，就冥冥也」，句末多一「也」字。錢培名曰：「『走偉偉』，《吴越春秋》作『走偉偟』。」

〔六二〕步嘉謹按：「王且不得火食」，《吴越春秋》卷五《夫差内傳》作「大王不得火食也」。

〔六三〕步嘉謹按：「越人入吴邦」，《吴越春秋》卷五《夫差内傳》作「越軍入吴國」，「越」下作「軍」字，又

「邦」作「國」。

〔六四〕步嘉謹按：「見流水湯湯，越吾宫牆者」，《吴越春秋》卷五《夫差内傳》作「流水湯湯，越宫堂者」，句首少「見」字，「越」下少「吾」字。又「宫牆」作「宫堂」。

〔六五〕錢培名曰：「『大王宫堂虚也』，『堂』疑當作『室』。《吴越春秋》作『宫空虚也』。」

〔六六〕步嘉謹按：「但爲甬」，《吴越春秋》卷五《夫差内傳》「但爲盲僮」下，徐天祜引《越絶》與今本同。

〔六七〕張宗祥曰：「《吴越春秋》作『但爲盲僮，與死人俱葬也』。」

〔六八〕步嘉謹按：「王乃使力士石番」，《吴越春秋》卷五《夫差内傳》作「顧力士石番」。

〔六九〕步嘉謹按：「以鐵杖擊聖」，《吴越春秋》卷五《夫差内傳》作「以鐵鎚擊殺之」，「鐵杖」作「鐵鎚」，「擊」下多「殺」字，又「聖」作「之」。

〔七〇〕錢培名曰：「『中斷之爲兩頭』，或説：『頭』字當在『中』下，『中』，去聲。」

〔七一〕步嘉謹按：「聖仰天嘆曰」，《吴越春秋》卷五《夫差内傳》作「聖乃仰頭向天而言曰」。

〔七二〕步嘉謹按：「蒼天知冤乎」，《吴越春秋》卷五《夫差内傳》作「天知吾之冤乎」。

〔七三〕步嘉謹按：「提我山中」，《吴越春秋》卷五《夫差内傳》作「提我至深山」。

〔七四〕錢培名曰：「『吴王使人提於秦餘杭之山』，《吴越春秋》作『於是吴王乃使門人提之蒸丘』。」張宗祥曰：「《吴越春秋》作『提之蒸丘』。註云：『一名蒸山，又名陽山，在吴縣西北三十里。』」

〔七五〕步嘉謹按：「虎狼食其肉，野火燒其骨」，《吴越春秋》卷五《夫差内傳》作「豺狼食汝肉，野火燒汝骨」。

〔七六〕步嘉謹按：「東風至，飛揚汝灰」，《吴越春秋》卷五《夫差内傳》作「東風數至，飛揚汝骸」。

〔七七〕步嘉謹按：「汝更能爲聲哉」，《吴越春秋》卷五《夫差内傳》作「何能爲聲響哉」。

〔七八〕步嘉謹按：「因酌行觴」，《吴越春秋》卷五《夫差内傳》作「因舉行觴」，「酌」作「舉」。

〔七九〕步嘉謹按：「時可以行矣」，《吴越春秋》卷五《夫差内傳》作「兵可以行」。「時」作「兵」，又句末無「矣」字。

〔八〇〕步嘉謹按：「王孫駱爲左校司馬，太宰嚭爲右校司馬」，《吴越春秋》卷五《夫差内傳》作「吴王乃使太宰嚭爲右校司馬，王孫駱爲左校。」

〔八一〕張宗祥曰：「《左傳》哀公十一年，即夫差十二年，有艾陵之役，夫差十四年而有黄池之會，其間未聞有晉敗吴師事。」

〔八二〕錢培名曰：「『吴王不忍』，此上當有脱文。」

〔八三〕步嘉謹按：「據地飲水，持籠稻而飡之。顧謂左右曰：『此何名？』群臣對曰：『是籠稻也。』」此節乃接於晉敗吴師之下，《吴越春秋》卷五《夫差内傳》作：「二十三年，越王復伐吴。……吴王率群臣遁去，晝馳夜走，三日三夕，達於秦餘杭山。胸中愁憂，目視茫茫，行步猖狂，腹餒口饑，顧得生稻而食之，伏地飲水。顧左右曰：『此何名也？』對曰：『是生稻也。』」則記作越伐吴事，蓋傳聞各有所本。

〔八四〕樂祖謀曰：「『公孫聖』，張本無『聖』字。」

〔八五〕步嘉謹按：「太宰嚭曰：秦餘杭山西坂閒燕，可以休息，大王亟飡而去」，《吴越春秋》卷五《夫差内傳》作「王孫駱曰：飽食而去，前有胥山，西坂中可以匿止」，此二事相似，然一作「太宰嚭曰」，一作「王孫駱曰」，蓋傳聞不同也。

〔八六〕步嘉謹按：「子試爲寡人前呼之，即尚在耶，當有聲響」，《吴越春秋》卷五《夫差内傳》作「子試前呼之，聖在，當即有應」，與此文略同。

〔八七〕步嘉謹按：「太宰嚭即上山三呼，聖三應」，《吴越春秋》卷五《夫差内傳》作「呼曰『公孫聖』，三反呼，聖從山中應曰『公孫聖』，三呼三應。」

〔八八〕步嘉謹按：「公孫聖令寡人得邦，誠世世相事」，《吴越春秋》卷五《夫差内傳》「寡人世世得聖也」句下，徐天祜引《越絶》作「今寡人得邦，誠世世相事」，「令」作「今」。按：徐引《越絶》舊文作「今」，今本作「令」，其文皆可通。若作「令」字者，「公孫聖」三字下當斷，應爲：「公孫聖！令寡人得邦，誠世世相事。」

〔八九〕步嘉謹按：「言未畢，越王追至」，《吴越春秋》卷五《夫差内傳》作「須臾，越兵至」。

〔九〇〕步嘉謹按：「兵三圍吴」，《吴越春秋》卷五《夫差内傳》作「三圍吴」，無「兵」字。

〔九一〕步嘉謹按：「大夫種處中」，《吴越春秋》卷五《夫差内傳》作「范蠡在中行」，與本篇有異。

〔九二〕步嘉謹按：「胥爲人先知、忠信，中斷之入江；聖正言直諫，身死無功。此非大過者二乎。」《吴越春秋》卷五《夫差内傳》作「有忠臣伍子胥忠諫而身死，大過二也。公孫聖直説而無功，大過二也」。

〔九三〕步嘉謹按：「夫齊無罪，空復伐之，使鬼神不血食，社稷廢蕪，父子離散，兄弟異居。此非大過者三乎」，《吴越春秋》卷五《夫差内傳》作「夫齊、晉無返逆行，無僭侈之過，而吴伐二國，辱君臣，毁社稷，大過四也」。本篇作「大過者三」，《吴越春秋》作「大過四也」，次序有所不同。

〔九四〕張宗祥曰：「上文作『莝』，此疑誤。」步嘉謹按：張宗祥所云「上文」者，乃《越絶外傳本事篇》，其曰「越王句踐屬芻莝養馬」，張云即此。

〔九五〕步嘉謹按：《戰國策》卷一二《齊策五》：「昔吴王夫差以彊大爲天下先，彊襲郢而棲越，身從諸侯之君，而卒身死國亡，爲天下戮者，何也？此夫差平居而謀王，彊大而喜先天下之禍也。」

〔九六〕錢培名曰：「『杖屈盧之矛』，『矛』，原誤『弓』。『弓』不可『杖』。《吴越春秋》作『矛』，《記越地傳篇》亦云『杖物盧之矛』，今改。」步嘉謹按：樂祖謀校本作「杖屈盧之弓」，按錢説是，今依錢校改。

〔九七〕步嘉謹按：「范蠡左手持鼓，右手操枹而鼓之」，《國語》卷二一《越語下》記范蠡諫越王滅吴，不答吴使者云：「范蠡乃左提鼓，右援枹，以應使者。」

〔九八〕樂祖謀曰：「『何須軍士』，原本『士』誤作『七』，據正德本等改。」

〔九九〕錢培名曰：「『幎吾兩目』，『幎』，原誤『冥』，下同。並依《越世家·正義》改。《吕氏春秋·知化篇》亦云：『乃爲幎以冒而死。』」步嘉謹按：樂祖謀校本亦作「冥」，依錢校檢《史記》卷四一《越王句踐世家》中《史記正義》引《越絶》云：「吴王曰：『聞命矣！以三寸帛幎吾兩目。使死者有知，吾慚見伍子胥、公孫聖；以爲無知，吾恥生者。』」知錢説是。今依錢校改二「冥」字爲「幎」。

〔一〇〇〕樂祖謀曰：「『伏劍而死』，原本及孔本『伏』作『杖』，據正德本等改。」步嘉謹按：《春秋繁露》卷四《王道》：「伍子胥諫吴王，以爲越不可不取，吴王不聽，至死子胥。還九年，越果大滅吴國。」

〔一〇一〕步嘉謹按：《國語》卷二〇《越語上》：「越君其次也，遂滅吴。」韋昭註：「次，舍也。」

越絶卷第十一

越絶外傳記寶劍第十三

昔者，越王句踐有寶劍五〔一〕，聞於天下。客有能相劍者〔二〕，名薛燭〔三〕。王召而問之〔四〕，曰：「吾有寶劍五，請以示之〔五〕。」薛燭對曰：「愚理不足以言，大王請，不得已。」乃召掌者，王使取毫曹〔六〕。薛燭對曰：「毫曹，非寶劍也〔七〕。夫寶劍，五色並見，莫能相勝〔八〕。毫曹已擅名矣〔九〕，非寶劍也。」王曰：「取巨闕〔一〇〕。」薛燭曰：「非寶劍也〔一一〕。寶劍者〔一二〕，金錫和銅而不離〔一三〕。今巨闕已離矣〔一四〕，非寶劍也。」王曰：「然巨闕初成之時〔一五〕，吾坐於露壇之上〔一六〕，宮人有四駕白鹿而過者〔一七〕，車奔鹿驚〔一八〕，吾引劍而指之〔一九〕，四駕上飛揚，不知其絶也〔二〇〕。穿銅釜，絶鐵鑩，胥中決如粢米，故曰巨闕。」王取純鈞〔二一〕，薛燭聞之，忽如敗。有頃，懼如悟〔二二〕。下階而深惟，簡衣而坐望之。手振拂揚〔二三〕，其華捽如芙蓉始出〔二四〕。觀其鈲〔二五〕，爛如列星之行〔二六〕；觀其光，渾渾如水之溢於塘〔二七〕；觀其斷，巖巖如瑣石〔二八〕；觀其才〔二九〕，焕焕如冰釋〔三〇〕。「此所謂純鈞耶〔三一〕？」，王曰：「是也〔三二〕。」客有直之者，有市之鄉二〔三三〕，駿馬千疋，千户之都二，可乎〔三四〕？」薛燭對曰〔三五〕：「不可。當造此劍之時〔三六〕，赤堇之山〔三七〕，破而出錫〔三八〕；若耶之溪〔三九〕，涸而出銅〔四〇〕；雨師掃灑，雷公擊橐〔四一〕；蛟龍捧鑪，天帝裝炭；太一下觀，天精下之〔四二〕。歐冶乃因天之精神〔四三〕，悉其伎巧，造爲大刑三、小刑二〔四四〕：一曰湛盧，二曰純鈞〔四五〕，三曰勝邪〔四六〕，四曰魚腸〔四七〕，五曰巨闕〔四八〕。吴王闔廬之時，得其勝邪、魚腸、湛盧。闔廬無道，子女死，殺生以送之〔四九〕。湛盧之劍，去之如水〔五〇〕，行秦過楚〔五一〕，楚王卧而寤，得吴王湛盧之劍，將首魁漂而存焉〔五二〕。秦王聞而求之，不得〔五三〕，興師擊楚，曰：『與我湛盧之劍，還師去汝。』楚王不與〔五四〕。時闔廬又以魚腸之劍刺吴王僚，使披腸夷之甲三事。闔廬使專諸爲奏炙魚者，引劍而刺之，遂弑王僚。此其小試於敵邦，未見其大用於天下也。今赤堇之山已合〔五五〕，若耶溪深而不測〔五六〕。群神不下，歐冶子即死〔五七〕。雖復傾城量金〔五八〕，珠玉竭河〔五九〕，猶不能得此一物〔六〇〕，有市之鄉二〔六一〕、駿馬千疋、千户之都二，何足言哉〔六二〕！」

楚王召風胡子而問之曰：「寡人聞吴有干將〔六三〕，越有歐冶子，此二人甲世而生，天下未嘗有。精誠上通天〔六四〕，下爲烈士。寡人願齎邦之重寶〔六五〕，皆以奉子，因吴王請此二人作鐵劍〔六六〕，可乎？」風胡子曰：「善。」於是乃令風胡子之吴〔六七〕，見歐冶子、干將，使之作鐵劍〔六八〕。歐冶子、干將鑿茨山，洩其溪〔六九〕，取鐵英〔七〇〕，作爲鐵劍三枚〔七一〕：一曰龍淵，二曰泰阿，三曰工布〔七二〕。畢成〔七三〕，風胡子奏之楚王。楚王見此三劍之精神〔七四〕，大悦風胡子〔七五〕，問之曰：「此三劍何物所象？其名爲何〔七六〕？」風胡子對曰〔七七〕：「一曰龍淵，二曰泰阿，三曰工布。」楚王曰：「何謂龍淵、泰阿、工布〔七八〕？」風胡子對曰〔七九〕：「欲知龍淵，觀其狀，如登高山，臨深淵〔八〇〕；欲知泰阿，觀其釽〔八一〕，巍巍翼翼，如流水之波〔八二〕；欲知工布，釽從文起〔八三〕，至脊而止，如珠不可衽〔八四〕，文若流水不絶〔八五〕。」

晉鄭王聞而求之〔八六〕，不得，興師圍楚之城〔八七〕，三年不解。倉穀粟索〔八八〕，庫無兵革〔八九〕。左右群臣、賢士，莫能禁止。於是楚王聞之，引泰阿之劍〔九〇〕，登城而麾之。三軍破敗，士卒迷惑，流血千里〔九一〕，猛獸歐瞻，江水折揚，晉鄭之頭畢白〔九二〕。楚王於是大悦，曰：「此劍威耶？寡人力耶〔九三〕？」風胡子對曰：「劍之威也，因大王之神〔九四〕。」楚王曰：「夫劍，鐵耳，固能有精神若此乎〔九五〕？」風胡子對曰〔九六〕：「時各有使然。軒轅、神農、赫胥之時，以石爲兵〔九七〕，斷樹木爲宮室，死而龍臧。夫神聖主使然。至黄帝之時，以玉爲兵〔九八〕，以伐樹木爲宮室〔九九〕，鑿地。夫玉，亦神物也，又遇聖主使然，死而龍臧。禹穴之時，以銅爲兵〔一〇〇〕，以鑿伊闕，通龍門，決江導河，東注於東海。天下通平，治爲宮室，豈非聖主之力哉〔一〇一〕？當此之時，作鐵兵，威服三軍。天下聞之，莫敢不服。此亦鐵兵之神，大王有聖德〔一〇二〕。」楚王曰：「寡人聞命矣。」

校　釋

〔一〕張宗祥曰：「《吴越春秋》作『越王元常，使歐冶子造劍五枚』。」步嘉謹按：「昔者，越王句踐有寶劍五」，《三國志》卷四二《蜀書·郤正傳》裴松之註引《越絶書》作「昔越王句踐有寶劍五」，「昔」下無「者」字。又《文選》卷五《吴都賦》劉淵林註引《越絶書》與裴註引同。

〔二〕步嘉謹按：「客有能相劍者」，《三國志》卷四二《蜀書·郤正傳》裴註、《文選》卷五《吴都賦》劉淵林註、《文選》卷三五《七命》李善註引《越絶書》皆與今本同。《玉海》卷一五一《兵制部·越五劍門》引《越絶書》作「有善相劍者」，句首少一「客」字，又「能」作「善」。

〔三〕步嘉謹按：「名薛燭」，《文選》卷三五《七命》李善註引《越絶書》作「名曰薛燭」，多一「曰」字。《三國志》卷四二《蜀書·郤正傳》裴註、《文選》卷五《吴都賦》劉淵林註引《越絶書》與今本同。《玉海》卷一五一《兵制部·越五劍門》引《越絶書》作「曰薛燭」，無「名」字，而作「曰」。

〔四〕步嘉謹按：「王召而問之」，《三國志》卷四二《蜀書·郤正傳》裴註、《文選》卷五《吴都賦》劉淵林註、《文選》卷三五《七命》李善註引《越絶書》與今本同。《玉海》卷一五一《兵制部·越五劍門》引《越絶書》作「王問之」，無「召而」二字。

〔五〕步嘉謹按：「吾有寶劍五，請以示之」，《三國志》卷四二《蜀書·郤正傳》裴松之註引《越絶書》作：「吾有寶劍五，請以示子。」「之」作「子」。

〔六〕步嘉謹按：「乃召掌者，王使取毫曹」，《文選》卷三五《七命》李善註引《越絶書》作「越王取豪曹」，無「乃召掌者」句，又「毫曹」作「豪曹」。又《玉海》卷一五一《兵制部·越五劍門》引《越絶書》亦作「王取豪曹」。

〔七〕步嘉謹按：「毫曹，非寶劍也」，《文選》卷三五《七命》李善註引《越絶書》與今本同。

〔八〕步嘉謹按：「夫寶劍，五色並見，莫能相勝」，《文選》卷三五《七命》李善註引《越絶書》與今本同。

〔九〕步嘉謹按：「毫曹已擅名矣」，《文選》卷三五《七命》李善註引《越絶書》作「曹已擅名矣」，脱一「毫」字。

〔一〇〕步嘉謹按：「王曰：取巨闕」，《文選》卷三五《七命》李善註引《越絶書》作「王取巨闕」，無「曰」字。又《玉海》卷一五一《兵制部·越五劍門》引《越絶書》作「王取豪曹、巨闕」，《三國志》卷四二《蜀書·郤正傳》裴松之註引《越絶書》作「乃取豪曹、巨闕」，皆無「曰」字。

〔一一〕步嘉謹按：「薛燭曰：非寶劍也」，《文選》卷三五《七命》李善註引《越絶書》作「曰：非寶劍也」，無「薛燭」二字。《玉海》卷一五一《兵制部·越五劍門》引《越絶書》作「燭曰：非寶劍也」，「薛燭」省作「燭」。《初學記》卷二九《獸部·鹿門》引《越絶書》作：「薛燭曰：是巨闕，非寶劍也。」多「是巨闕」三字。

〔一二〕步嘉謹按：「寶劍者」，《文選》卷三五《七命》李善註引《越絶書》作「夫寶劍者」，句首多一「夫」字。

〔一三〕張宗祥曰：「寶劍爲五金合冶而成，故上言五色並見，莫能相勝。此又言金錫和銅而不離。凡火力不齊，五金不合，則劍不成。」步嘉謹按：「金錫和銅而不離」，《文選》卷三五《七命》李善註引《越絶書》與今本同。

〔一四〕步嘉謹按：「今巨闕已離矣」，《文選》卷三五《七命》李善註引《越絶書》與今本同。樂祖謀曰：「『今巨闕已離矣』，『今』原本誤作『金』，據正德本等改。」

〔一五〕步嘉謹按：「然巨闕初成之時」，《初學記》卷二九《獸部・鹿門》引《越絶書》與今本同。

〔一六〕樂祖謀曰：「『露壇』，『壇』，各本同，唯張本作『臺』。」步嘉謹按：樂校是。《初學記》卷二九《獸部・鹿門》引《越絶書》正作「吾坐於露壇之上」。

〔一七〕步嘉謹按：「宫人有四駕白鹿而過者」，《初學記》卷二九《獸部・鹿門》引《越絶書》作「宫中有四駕白鹿而過者」，「宫人」作「宫中」。

〔一八〕錢培名曰：「『車奔鹿驚』，『鹿』，原誤『馬』，依漢魏叢書、逸史本改。與上文合。《文選・七命》註引，作『車奔鹿騰』。」步嘉謹按：檢《文選》卷三五《七命》、卷二二顔延年《應詔觀北湖田收詩》李善註引《越絶書》皆作「車奔馬騰」，錢或誤記。又《初學記》卷二九《獸部・鹿門》引《越絶書》作「奔車驚」。

〔一九〕步嘉謹按：「吾引劍而指之」，《文選》卷三五《七命》李善註引《越絶書》與今本同。

〔二〇〕步嘉謹按：「四駕上飛揚，不知其絶也」，《文選》卷三五《七命》李善註引《越絶書》作「駟駕上飛揚，不知其絶也」，「四」作「駟」。

〔二一〕錢培名曰：「『王取鈍鈞』，『鈞』，漢魏叢書本作『鉤』，與《博物志》合。」步嘉謹按：依錢校檢《博物志》卷六《器名考》：「寶劍名：鈍鉤、湛盧、豪曹、魚腸、巨闕，五劍皆歐冶子所作。」知錢氏引文不誤。又《三國志》卷四二《蜀書・郤正傳》裴松之註引《越絶書》亦作「純鉤」。然《文選》卷三五《七命》李善註二引《越絶書》、同書卷五《吴都賦》劉淵林註引《越絶書》皆作「純鈞」，與今本合。

〔二二〕步嘉謹按：「薛燭聞之，忽如敗。有頃，懼如悟」，《格致鏡原》卷四二《武備類・劍門》引《越絶書》作「王取純鉤示之，薛燭矍然望之」，與今本不同。

〔二三〕步嘉謹按：「手振拂揚」，《格致鏡原》卷四二《武備類・劍門》引《越絶書》與今本同。

〔二四〕步嘉謹按：「其華捽如芙蓉始出」，《格致鏡原》卷四二《武備類・劍門》引《越絶書》與今本同。

〔二五〕錢培名曰：「『觀其釽』，『釽』，《七命》註作『釽』。」步嘉謹按：「觀其釽」，《三國志》卷四二《蜀書・郤正傳》裴松之註引《越絶書》作「觀其劍鈔」。

〔二六〕步嘉謹按：「爛如列星之行」，《文選》卷三五《七命》李善註、《格致鏡原》卷四二《武備類・劍門》引《越絶書》與今本同。《三國志》卷四二《蜀書・郤正傳》裴松之註引《越絶書》作「爛爛如列宿之行」，「爛」作「爛爛」，「列星」作「列宿」。按：作「爛爛」者是。

〔二七〕錢培名曰：「『渾渾如水之溢於塘』，『塘』原誤『溏』，依漢魏叢書本改。」步嘉謹按：錢校是。《文選》卷三五《七命》李善註、《三國志》卷四二《蜀書・郤正傳》裴註、《格致鏡原》卷四二《武備類·劍門》引《越絶書》均作「塘」。樂祖謀校本原作「溏」，今依錢校改。又《三國志》卷四二《蜀書·郤正傳》裴註引《越絶書》作「觀其光，渾渾如水之將溢於塘」，「溢於塘」上多一「將」字。

〔二八〕步嘉謹按：「觀其斷，巖巖如瑣石」，《格致鏡原》卷四二《武備類·劍門》引《越絶書》作「觀其斷，巖如瑣石」，「巖巖」作「巖」，當脱一字。

〔二九〕錢培名曰：「『觀其才』，『才』，《七命》註作『文』。」步嘉謹按：《三國志》卷四二《蜀書·郤正傳》裴註引《越絶書》也作「觀其文」。《格致鏡原》卷四二《武備類·劍門》引《越絶書》作「觀其色」，按：「文」、「色」義近。疑原作「觀其文」，「文」、「才」形近，今本涉形而訛爲「才」，《格致鏡原》以義轉成「色」耳。

〔三〇〕錢培名曰：「『涣涣如冰釋』，『冰』下，《七命》註有『之』字。」步嘉謹按：錢校未盡。檢《文選》卷三五《七命》李善註引《越絶書》作「焕焕如冰之將釋」，「冰」下多「之」字、「將」字。《三國志》卷四二《蜀書·郤正傳》裴註引《越絶書》作「涣涣如冰將釋」，無「之」字，與今本同，多「將」字，與《七命》李善註引同。

〔三一〕步嘉謹按：「此所謂純鈞耶」，《三國志》卷四二《蜀書·郤正傳》裴註引《越絶書》作「此所謂純鉤邪」，「鈞」作「鉤」。

〔三二〕步嘉謹按：「王曰：是也」，《三國志》卷四二《蜀書·郤正傳》裴註引《越絶書》與今本同。

〔三三〕步嘉謹按：「客有直之者，有市之鄉二」，《三國志》卷四二《蜀書·郤正傳》裴註引《越絶書》作

「客有直之者，有市之鄉三」，「之鄉二」作「之鄉三」。《文選》卷三五《七命》李善註引《越絶書》作「客有買之者，有市之鄉三」，「直」作「買」，「之鄉二」亦作「之鄉三」，與《三國志》裴註引同。則今本「二」爲「三」之訛。

〔三四〕步嘉謹按：「駿馬千疋，千户之都二，可乎」，《三國志》卷四二《蜀書・郤正傳》裴註、《文選》卷三五《七命》李善註引《越絶書》皆與今本同。

〔三五〕步嘉謹按：「薛燭對曰」，《三國志》卷四二《蜀書・郤正傳》裴註、《文選》卷三五《七命》李善註引《越絶書》，皆作「薛燭曰」，「曰」上無「對」字。又《格致鏡原》卷四二《武備類・劍門》引《越絶書》作「燭曰」，雖無「薛」字，然亦僅作「曰」，不作「對曰」。

〔三六〕步嘉謹按：「當造此劍之時」，《文選》卷三五《七命》李善註二引《越絶書》、《三國志》卷四二《蜀書・郤正傳》裴松之註引《越絶書》並與今本同。

〔三七〕步嘉謹按：「赤堇之山」，《太平御覽》卷八一二《珍寶部・錫門》引《越絶書》作「赤堇山」，「山」前無「之」字。《藝文類聚》卷八四《寶玉部・銅門》引《越絶書》作「鄞山」，「堇」作「鄞」，無「赤」字、「之」字。《三國志》卷四二《蜀書・郤正傳》裴註、《文選》卷三五《七命》李註、《太平御覽》卷八一三《珍寶部・銅門》、黄伯思《東觀餘論》卷上引《越絶書》，並與今本同。

〔三八〕步嘉謹按：「破而出錫」，《三國志》卷四二《蜀書・郤正傳》裴註、《文選》卷三五《七命》李註、《藝文類聚》卷八四《寶玉部・銅門》、《太平御覽》卷八一三《珍寶部・銅門》、《太平御覽》卷八一二

《珍寶部·錫門》、黄伯思《東觀餘論》卷上引《越絶書》，並與今本同。

〔三九〕步嘉謹按：「若耶之溪」，《太平御覽》卷八一三《珍寶部·銅門》、黄伯思《東觀餘論》卷上引《越絶書》作「若耶之谷」，「溪」作「谷」。《藝文類聚》卷八四《寶玉部·銅門》引《越絶書》作「若耶」，無「之溪」二字。《三國志》卷四二《蜀書·郤正傳》裴註、《文選》卷三五《七命》李註引《越絶書》，並與今本同。

〔四〇〕步嘉謹按：「涸而出銅」，《三國志》卷四二《蜀書·郤正傳》裴註、《文選》卷三五《七命》李註、《藝文類聚》卷八四《寶玉部·銅門》、《太平御覽》卷八一三《珍寶部·銅門》、《東觀餘論》卷上引《越絶書》，並與今本同。

〔四一〕錢培名曰：「『雨師掃灑』，『掃灑』，《七命》註倒。」步嘉謹按：《三國志》卷四二《蜀書·郤正傳》裴松之註、《格致鏡原》卷四二《武備類·劍門》引《越絶書》作「雨師掃灑」，與今本同。步嘉又按：「雷公擊橐」，《三國志》卷四二《蜀書·郤正傳》裴松之註引《越絶書》作「雷公擊鼓」，「橐」字作「鼓」。

〔四二〕步嘉謹按：「蛟龍捧鑪，天帝裝炭」，《白氏六帖》卷五《炭門》與此文同。「太一下觀，天精下之」，《三國志》卷四二《蜀書·郤正傳》裴註引《越絶書》與此文同。

〔四三〕錢培名曰：「『乃因天之精神』，《吳都賦》註作『因天地之精』。」步嘉謹按：《三國志》卷四二《蜀書·郤正傳》裴註引《越絶書》亦作「因天地之精」，句末無「神」字。

〔四四〕錢培名曰：「『造爲大刑三小刑二』，『刑』，疑當作『劍』。」步嘉謹按：《吴郡志》卷四七《異聞》引《越絶書》作「越王句踐，令歐冶子造劍五枚，大形，一曰純鈎，二曰湛盧，三曰鏌邪，四曰魚腸，五曰距闕」。「大形三、小刑二」作「五枚大形」。張宗祥曰：「『刑』、『形』通。言成大小形五劍也。」嘉按：張説是。則《吴郡志》引「大形」後當有脱文。

〔四五〕錢培名曰：「『一曰湛盧二曰純鈞』，《文選・吴都賦》註作『一曰純鈎，一曰湛盧』，類聚八四『鈞』作『鈎』。」

〔四六〕錢培名曰：「『三曰勝邪』，《吴都賦》註作『莫邪』，《吴郡志》作『鏌邪』。」

〔四七〕錢培名曰：「『四曰魚腸』，《吴都賦》註作『豪曹』。」

〔四八〕步嘉謹按：「五曰巨闕」，《吴郡志》卷四七《異聞》引《越絶書》作「五曰距闕」，「巨」作「距」。

〔四九〕步嘉謹按：「闔廬無道，子女死，殺生以送之」，《吴郡志》卷四七《異聞》引《越絶書》作「闔閭無道，女死，殺生以送」。《越絶外傳記吴地傳》作：「闔廬子女冢，在閶門外道北。下方池廣四十八步，水深二丈五尺。池廣六十步，水深丈五寸。遂出廟路以南，通姑胥門。并周六里。舞鶴吴市，殺生以送死。」

〔五〇〕步嘉謹按：「湛盧之劍，去之如水」，《文選》卷三五《七命》李善註引《越絶書》作「湛盧之劍，去之入水」，「如」作「入」。又《玉海》卷一五一《兵制部・吴湛盧劍門》引《越絶書》與《文選・七命》李註引同。錢培名曰：「《吴郡志》『如』作『入』。」

〔五一〕錢培名曰：「『行秦過楚』，《吴郡志》『過』作『湊』。」步嘉謹按：「行秦過楚」，《文選》卷三五《七命》李善註、《玉海》卷一五一《兵制部・吴湛盧劍門》引《越絶書》皆作「行湊楚」，疑今本「秦」乃「湊」字之訛，「過」乃衍文。又《白氏六帖》卷四《劍門》引《越絶書》作「湛盧之劍乃去吴之楚」，其文與各本不同。

〔五二〕張宗祥曰：「『楚王』，《吴越春秋》作『楚昭王』，『漂』疑『標』字之訛。『標』，表識也。」

〔五三〕錢培名曰：「『秦王聞而求不得』，『求』下《吴郡志》有『之』字。」步嘉謹按：《文選》卷三五《七命》李善註引《越絶書》作「秦王聞而求之，不得」，《白氏六帖》卷四《劍門》引《越絶書》亦作「求之」，皆有「之」字。今樂祖謀校本及各本皆無此字，按下文「晉鄭王聞而求之，不得」，句例正與此同，知應有「之」字，據補。

〔五四〕步嘉謹按：「楚王不與」，《文選》卷三五《七命》李善註、《玉海》卷一五一《兵制部・吴湛盧劍門》引《越絶書》皆與今本同。《白氏六帖》卷四《劍門》引《越絶書》作「楚不與之」，「楚」下無「王」字，句末多一「之」字。

〔五五〕步嘉謹按：「今赤堇之山已合」，《三國志》卷四二《蜀書・郤正傳》裴松之註引《越絶書》與今本同。

〔五六〕步嘉謹按：「若耶溪深而不測」，《三國志》卷四二《蜀書・郤正傳》裴松之註引《越絶書》作「若邪之溪深而不測」，「若邪」下多一「之」字。檢上句作「赤堇之山」，則此句當作「若耶之溪」，今本脱「之」字。

〔五七〕步嘉謹按：「歐冶子即死」，《三國志》卷四二《蜀書・郤正傳》裴松之註引《越絶書》作「歐冶子已死」，「即」作「已」。《格致鏡原》卷四二《武備類・劍門》引《越絶書》作「既死」，按「既」可訓「已」，今本「即」疑爲「既」之訛。

〔五八〕步嘉謹按：「雖復傾城量金」，《三國志》卷四二《蜀書・郤正傳》裴松之註引《越絶書》作「雖傾城量金」，「雖」下無「復」字。

〔五九〕錢培名曰：「『珠玉竭河』，『竭』，《吴郡志》作『滿』。」步嘉謹按：《三國志》卷四二《蜀書・郤正傳》裴松之註引《越絶書》與今本同。

〔六〇〕步嘉謹按：「猶不能得此一物」，《三國志》卷四二《蜀書・郤正傳》裴松之註引《越絶書》作「獨不得此一物」，「猶」作「獨」，「不」下無「能」字。

〔六一〕錢培名曰：「『有市之鄉二』，句首《吴郡志》有『況』字。」步嘉謹按：「有市之鄉二」，《三國志》卷四二《蜀書・郤正傳》裴松之註引《越絶書》作「有市之鄉三」，「之鄉二」作「之鄉三」。

〔六二〕步嘉謹按：「何足言哉」，《三國志》卷四二《蜀書・郤正傳》裴松之註引《越絶書》作「亦何足言與」，句首多「亦」字。又「哉」作「與」。

〔六三〕步嘉謹按：「楚王召風胡子而問之曰，寡人聞吴有干將」，《北堂書鈔》卷一二二《武功部・劍門》引《越記》作「楚王問風胡子曰，寡人聞吴有干將」。《初學記》卷二二《武部・劍門》引《越絶書》

作「楚王召風胡子問之曰，聞吴王有干將」。章如愚《群書考索》卷四六引《越絶書》作「楚王召風胡子而問之曰，聞吴有干將」。皆與今本小異。又《藝文類聚》卷六〇《軍器部·劍門》、《太平御覽》卷三四三《兵部·劍門》、《文選》卷三五《七命》、卷四七《聖主得賢臣頌》李善註引《越絶書》，並與今本同。

〔六四〕樂祖謀曰：「『精誠上通天』，張本『誠』作『神』。」

〔六五〕步嘉謹按：「寡人願齎邦之重寶」，《文選》卷三五《七命》李善註引《越絶書》與今本同。

〔六六〕錢培名曰：「『請此二人作鐵劍』，『作』下，《御覽》三四三有『爲』字。」步嘉謹按：依錢校檢《太平御覽》卷三四三《兵部·劍門》，其引《越絶書》作「請此二人爲鐵劍」，「爲」上並無「作」字，錢或誤記。步嘉又按：《文選》卷三五《七命》李善註引《越絶書》作「請此二人作爲鐵劍」，《文選》卷四七《聖主得賢臣頌》李善註引《越絶書》作「請此二人爲鐵劍」。又《藝文類聚》卷六〇《軍器部·劍門》、《初學記》卷二二《武部·劍門》引《越絶書》並與今本同。

〔六七〕步嘉謹按：「於是乃令風胡子之吴」，《藝文類聚》卷六〇《軍器部·劍門》引《越絶書》作「乃令風湖子之吴」，《北堂書鈔》卷一二二《武功部·劍門》引《越記》作「乃令之吴」，「乃令」上皆無「於是」二字。《太平御覽》卷三四三《兵部·劍門》引《越絶書》與今本同。

〔六八〕錢培名曰：「『使之作鐵劍』，『之』，原誤『人』，依《御覽》改。『作』下《御覽》亦有『爲』字。」步嘉謹按：錢説是。據改。

〔六九〕步嘉謹按：「歐冶子、干將鑿茨山，洩其溪」，《初學記》卷二二《武部・劍門》、《太平御覽》卷三四三《兵部・劍門》引《越絶書》並與今本同。

〔七〇〕錢培名曰：「『取鐵英』，『取』下，《初學記》二二有『其』字。」步嘉謹按：《太平御覽》卷三四三《兵部・劍門》引《越絶書》作「取其鐵英」，也有「其」字，與錢校引《越絶書》文合。

〔七一〕步嘉謹按：「作爲鐵劍三枚」，《太平御覽》卷三四三《兵部・劍門》引《越絶書》作「爲劍三枚」，句首無「作」字，又「鐵劍」作「劍」，無「鐵」字。

〔七二〕錢培名曰：「『三曰工布』，原註：一作『市』。按《初學記》、《書鈔》一二二、《文選・東京賦》註、《御覽》、《事類賦》註，並作『工市』，與《博物志》合。一本是也，今作『布』，誤。」

〔七三〕錢培名曰：「『畢成』，《御覽》、《事類賦》註並作『劍』。」步嘉謹按：《史記》卷八七《李斯列傳》中《史記索隱》引《越絶書》云：「楚王召歐冶子、干將作鐵劍三，一曰干將，二曰莫邪，三曰太阿也。」與各本所記劍名不合。

〔七四〕步嘉謹按：「楚王見此三劍之精神」，《太平御覽》卷三四三《兵部・劍門》引《越絶書》作「楚王見之精神」，與今本稍異。

〔七五〕錢培名曰：「『大悦風胡子』，『大悦』下《御覽》有『見』字，是。」步嘉謹按：依《御覽》引，則「大悦」二字當單獨成句，其文當爲：「楚王見此三劍之精神，大悦，見風胡子問之曰」，今本脱「見」字。

〔七六〕步嘉謹按：「此三劍何物所象，其名爲何」，《太平御覽》卷三四三《兵部・劍門》引《越絶書》作

「此三劍其名爲何」，《北堂書鈔》卷一二二《武功部·劍門》引《越記》亦作「其名爲何」，皆無「何物所象」四字。

〔七七〕步嘉謹按：「風胡子對曰」，《太平御覽》卷三四三《兵部·劍門》引《越絶書》作「風胡子曰」，無「對」字。《北堂書鈔》卷一二二《武功部·劍門》、《初學記》卷二二《武部·劍門》引《越絶書》與今本同。

〔七八〕步嘉謹按：「何謂龍淵、泰阿、工布」，《太平御覽》卷三四三《兵部·劍門》引《越絶書》作「何爲龍淵、太阿、工市」，「何謂」作「何爲」，「工布」作「工市」。「泰」、「太」字通。

〔七九〕步嘉謹按：「風胡子對曰」，《太平御覽》卷三四三《兵部·劍門》、《初學記》卷二二《武部·劍門》引《越絶書》並與今本同。

〔八〇〕步嘉謹按：「欲知龍淵，觀其狀，如登高山，臨深淵」，《初學記》卷二二《武部·劍門》引《越絶書》作「龍泉狀如登高山，臨深淵」，「龍淵」作「龍泉」。《太平御覽》卷三四三《兵部·劍門》引《越絶書》與今本同。

〔八一〕錢培名曰：「『觀其釽』，『釽』，《御覽》作『鍔』。」

〔八二〕步嘉謹按：「巍巍翼翼，如流水之波」，《初學記》卷二二《武部·劍門》引《越絶書》作「太阿巍巍翼翼，如流水之波」，句首多「太阿」二字。《太平御覽》卷三四三《兵部·劍門》引《越絶書》與今本同。

〔八三〕錢培名曰：「『鈲從文起』，《御覽》作『觀其鍔，從文間起』。《初學記》無『觀其鍔』三字，有『間』字。《書鈔》作『順文間起』。」

〔八四〕錢培名曰：「『如珠而不可衽』，『珠』下，《御覽》有『而』字。」步嘉謹按：《初學記》卷二二《武部·劍門》引《越絶書》亦有「而」字，與錢校引《御覽》文合。又《北堂書鈔》卷一二二《武功部·劍門》引《越記》作「珠流不絶」，或涉下文而誤。

〔八五〕錢培名曰：「『文若流水不絶』，『水』，《御覽》作『而』。」步嘉謹按：《初學記》卷二二《武部·劍門》引《越絶書》亦作「文若流而不絶」，文與錢校引《御覽》合。

〔八六〕錢培名曰：「『晉鄭聞而求之不得』，『聞』下，《御覽》有『此三劍』三字。」步嘉謹按：《初學記》卷二二《武部·劍門》引《越絶書》也作「晉鄭聞此三劍，求之，不得」。步嘉又按：檢《藝文類聚》卷六〇《軍器部·劍門》、《文選》卷三五《七命》李善註引《越絶書》皆作「晉鄭聞而求之」，「晉鄭」下無「王」字。

〔八七〕步嘉謹按：「興師圍楚之城」，《藝文類聚》卷六〇《軍器部·劍門》引《越絶書》作「興師圍楚」，《初學記》卷二二《武部·劍門》引《越絶書》作「興師圍楚城」，《文選》卷二一《詠史詩》李善註引《越絶書》作「圍楚之城」，皆與今本小異。《太平御覽》卷三四三《兵部·劍門》、《文選》卷三五《七命》李善註引《越絶書》與今本同。

〔八八〕錢培名曰：「『倉穀粟索』，《御覽》作『倉穀盡』三字。」

〔八九〕步嘉謹按：「庫無兵革」，《太平御覽》卷三四三《兵部·劍門》引《越絶書》與今本同。

〔九〇〕步嘉謹按：「於是楚王聞之，引泰阿之劍」，《文選》卷二一《詠史詩》註引《越絶書》作「於是楚王引太阿之劍」，《藝文類聚》卷六〇《軍器部·劍門》引《越絶書》作「於是王引泰阿之劍」，《初學記》卷二二《武部·劍門》引《越絶書》作「楚王引太阿劍」，《文選》卷三五《七命》李善註引《越絶書》作「於是楚引太阿之劍」，較今本皆少「聞之」二字。

〔九一〕步嘉謹按：「三軍破敗，士卒迷惑，流血千里」，《藝文類聚》卷六〇《軍器部·劍門》、《太平御覽》卷三四三《兵部·劍門》、《文選》卷三五《七命》李善註引《越絶書》皆與今本同。

〔九二〕錢培名曰：「『晉鄭之頭畢白』，『之』下，《御覽》、《事類賦》註有『軍』字。」步嘉謹按：檢《太平御覽》卷三四三《兵部·劍門》、《初學記》卷二二《武部·劍門》引《越絶書》皆與今本同。《文選》卷三五《七命》李善註引《越絶書》作「晉鄭之軍，頭畢白也」。錢校云《御覽》「之」下有「軍」字，當是誤記。

〔九三〕錢培名：「『寡人力耶』，『耶』，《御覽》作『也』，古通。」

〔九四〕步嘉謹按：「劍之威也，因大王之神」，《太平御覽》卷三四三《兵部·劍門》引《越絶書》與今本同。

〔九五〕步嘉謹按：「固能有精神若此乎」，《太平御覽》卷三四三《兵部·劍門》引《越絶書》作「固能有精神如此乎」，「若」作「如」。

〔九六〕步嘉謹按：「風胡子對曰」，《太平御覽》卷三四三《兵部·劍門》引《越絕書》作「風胡子曰」，「曰」上無「對」字。

〔九七〕步嘉謹按：「軒轅、神農、赫胥之時，以石爲兵」，《北堂書鈔》卷一一三《武功部·論兵門》引《越絕》作「神農、赫胥之時，以石爲兵」，《太平御覽》卷三四三《兵部·劍門》、《玉海》卷一五一《兵制部》、《路史·後紀》卷四註引《越絕書》皆作「神農以石爲兵」，無今本「軒轅」二字。

〔九八〕步嘉謹按：「至黄帝之時，以玉爲兵」，《太平御覽》卷三四三《兵部·劍門》引《越絕書》作「黄帝以玉爲兵」，《玉海》卷一五一《兵制部》引《越絕書》與上《御覽》引同。又《太白陰經》卷四《器械篇》云：「上古包犧氏之時，剡木爲兵。神農之時，以石爲兵，《尚書》：砮，石中矢鏃。黄帝之時，以玉爲兵，蚩尤之時，鑠金爲兵，割革爲甲。」

〔九九〕樂祖謀曰：「『伐樹木』，陳本『伐』作『斷』。」

〔一〇〇〕錢培名曰：「『以銅爲兵』，『銅』下，《事類賦》註有『鐵』字。」

〔一〇一〕樂祖謀曰：「『聖主之力』，孔本『主』作『王』。」

〔一〇二〕錢培名曰：「『此亦鐵兵之神大王有聖德』，《御覽》作『此亦鐵之神也，王之德也。』《事類賦》註作『此亦銅鐵之神，玉石之德』。」張宗祥曰：「此節叙用石、用玉、用銅至於用鐵。用鐵而又講求冶鑄之術。他書所無。乃知干將、莫邪、歐冶、風胡，吴越時研求鑄鐵，大有人在。」

越絶卷第十二

越絶内經九術第十四

昔者，越王句踐問大夫種曰：「吾欲伐吳，奈何能有功乎〔一〕？」大夫種對曰：「伐吳有九術〔二〕。」王曰：「何謂九術？」對曰：「一曰尊天地，事鬼神〔三〕；二曰重財幣〔四〕，以遺其君；三曰貴糴粟槀〔五〕，以空其邦；四曰遺之好美，以爲勞其志〔六〕；五曰遺之巧匠，使起宮室高臺，盡其財，疲其力〔七〕；六曰遺其諛臣〔八〕，使之易伐；七曰彊其諫臣，使之自殺；八曰邦家富而備器〔九〕；九曰堅厲甲兵〔一〇〕，以承其弊。故曰九者勿患，戒口勿傳，以取天下不難，況於吳乎？」越王曰：「善〔一一〕。」

於是作爲策楯〔一二〕，嬰以白璧〔一三〕，鏤以黄金，類龍蛇而行者〔一四〕。乃使大夫種獻之於吳〔一五〕，曰：「東海役臣孤句踐，使者臣種〔一六〕，敢修下吏，問於左右〔一七〕。賴有天下之力〔一八〕，竊爲小殿，有餘財〔一九〕，再拜獻之大王〔二〇〕。」吳王大悦。申胥諫曰〔二一〕：「不可。王勿受〔二二〕。昔桀起靈門〔二三〕，紂起鹿臺，陰陽不和，五穀不時〔二四〕，天與之災，邦國空虚〔二五〕，遂以之亡〔二六〕。大王受之，是後必有災。」吴王不聽，遂受之而起姑胥臺〔二七〕。三年聚材，五年乃成〔二八〕。高見二百里〔二九〕。行路之人，道死尸哭〔三〇〕。

越乃飾美女西施、鄭旦，使大夫種獻之於吴王〔三一〕，曰：「昔者，越王句踐竊有天之遺西施、鄭旦〔三二〕，越邦洿下貧窮，不敢當〔三三〕，使下臣種再拜獻之大王。」吴王大悦〔三四〕。申胥諫曰：「不可。王勿受。臣聞五色令人目不明〔三五〕，五音令人耳不聰〔三六〕。桀易湯而滅〔三七〕，紂易周文而亡〔三八〕。大王受之，後必有殃。胥聞越王句踐晝書不倦，晦誦竟旦，聚死臣數萬，是人不死，必得其願。胥聞越王句踐服誠行仁，聽諫，進賢士〔三九〕，是人不死，必得其名。胥聞越王句踐冬披毛裘，夏披絺綌，是人不死，必爲利害〔四〇〕。胥聞賢士，邦之寶也；美女，邦之咎也。夏亡於末喜，殷亡於妲己，周亡於褒姒。」吴王不聽，遂受其女〔四一〕，以申胥爲不忠而殺之。

越乃興師伐吴，大敗之於秦餘杭山〔四二〕，滅吴〔四三〕，禽夫差，而戮太宰嚭與其妻子。

校　釋

〔一〕步嘉謹按：「奈何能有功乎」，《吴越春秋》卷九《句踐陰謀外傳》作「何行而功乎」。

〔二〕步嘉謹按：《史記》卷四一《越王句踐世家》云：「越王乃賜種劍曰：『子教寡人伐吴七術，寡人用其三而敗吴，其四在子，子爲我從先王試之。』種遂自殺。」則《史記》以大夫種教句踐伐吴爲七術，本篇與《吴越春秋》均作九術，蓋傳聞異辭也。

〔三〕步嘉謹按：「一曰尊天地，事鬼神」，《史記》卷四一《越王句踐世家》中《史記正義》引《越絶》、《吴越春秋》卷九《句踐陰謀外傳》並作「一曰尊天事鬼」，「天」下無「地」字，又「鬼」下無「神」字。

〔四〕錢培名曰「『重財幣』，原註：『一作帛。』按《越世家》《正義》作『幣』。」

〔五〕錢培名曰：「『貴糴粟槀』，『貴糴』，《正義》作『遺敵』。」步嘉謹按：檢《史記》卷四一《越王句踐世家正義》引《越絶》，作「貴糴」二字，錢校云作「遺敵」，當據誤本。

〔六〕錢培名曰：「『遺之好美以爲勞其志』，句不可通。《正義》無『爲』字，『勞』作『榮』。按《吴越春秋》作『遺美女以惑其心而亂其謀』，疑此文『好』即『女』字，誤多『子』旁，又倒置其文，『爲』字衍。『勞』當爲『熒』，『熒』即惑也。『勞』與『熒』形近致誤，『榮』則形聲俱近。」

〔七〕錢培名曰：「『盡其財疲其力』，『盡』上『疲』上，正義並有『以』字。」步嘉謹按：《吴越春秋》卷九《句踐陰謀外傳》作「以盡其財」，亦有「以」字。

〔八〕錢培名曰：「『遺其諛臣』，『遺』，《正義》作『貴』，非。」步嘉謹按：《吴越春秋》卷九《句踐陰謀外傳》作「遺之諛臣」，「其」作「之」。

〔九〕錢培名曰：「『邦家富而備器』，『器』下，《正義》有『利』字。《吴越春秋》作『君王國富而備利器』。」

〔一〇〕錢培名曰：「『堅厲甲兵』，《正義》作『堅甲利兵』，《吴越春秋》作『利甲兵』。」

〔一一〕張宗祥曰：「『善』下，《吴越春秋》尚有『乃行其第一術』云云。」

〔一二〕錢培名曰：「『作爲策楯』，『策』，《吴都賦》註作『榮』，與《吴越春秋》合。《水經・漸江水註》亦云：句踐使工人伐榮楯，欲以獻吴。」步嘉謹按：錢説是。《文選》卷一一《景福殿賦》李善註引《越絶書》作「大夫文種於是作榮楯」，字亦作「榮」。又《北堂書鈔》卷三一《政術部・貢獻門》引《越記》作「越句踐作爲楯」，「楯」上當脱字。

〔一三〕步嘉謹按：「嬰以白璧」，《北堂書鈔》卷三一《政術部・貢獻門》、《文選》卷五《吴都賦》註、《文選》卷一一《景福殿賦》註引《越記》、《越絶書》皆與今本同。

〔一四〕步嘉謹按：「類龍蛇而行者」，《北堂書鈔》卷三一《政術部・貢獻門》引《越記》作「狀類龍蛇行者」，句首多「狀」字，「龍蛇」下無「而」字。又《文選》卷五《吴都賦》、《文選》卷一一《景福殿賦》註引皆作「狀類龍蛇」。

〔一五〕步嘉謹按：「乃使大夫種獻之於吴」，《文選》卷五《吴都賦》劉淵林註引《越絶書》作「以獻吴王夫差」，《文選》卷一一《景福殿賦》李善註引《越絶書》作「以獻吴王」。《北堂書鈔》卷三一《政術部・貢獻門》引《越記》與今本同。

〔一六〕步嘉謹按：「東海役臣孤句踐，使者臣種」，《吴越春秋》卷九《句踐陰謀外傳》作「東海役臣臣孤句踐使臣種」，「孤句踐」上多一「臣」字，「臣種」上少「者」字。

〔一七〕步嘉謹按:「敢修下吏,問於左右」,《吴越春秋》卷九《句踐陰謀外傳》作「敢因下吏,聞於左右」,「修」作「因」,「問」作「聞」。

〔一八〕錢培名曰:「『賴有天下之力』,《吴越春秋》作『賴大王之力』。」

〔一九〕步嘉謹按:「竊爲小殿,有餘財」,《吴越春秋》卷九《句踐陰謀外傳》作「竊爲小殿,有餘材」,「財」作「材」,按:作「材」者是。今本「財」當爲「材」之訛。

〔二〇〕「再拜獻之大王」,張宗祥於「再」字下曰:「張、吴本『載』。」又於「之」字下曰:「陳本『於』。」步嘉謹按:此句《吴越春秋》卷九《句踐陰謀外傳》作「謹再拜獻之」。

〔二一〕步嘉謹按:「申胥諫曰」,《吴越春秋》卷九《句踐陰謀外傳》作「子胥諫曰」,按:申胥即子胥,《文選》卷五《吴都賦》註引亦作「子胥」。

〔二二〕錢培名曰:「『王勿受』,《吴都賦》註末有『也』字。」

〔二三〕錢培名曰:「『昔桀起靈門』,『門』,《吴越春秋》作『臺』。」

〔二四〕步嘉謹按:「陰陽不和,五穀不時」,《吴越春秋》卷九《句踐陰謀外傳》作「陰陽不和,寒暑不時,五穀不熟」,「五穀不時」作「五穀不熟」,又多「寒暑不時」句。

〔二五〕步嘉謹按:「天與之災,邦國空虚」,《吴越春秋》卷九《句踐陰謀外傳》作「天與其災,民虚國變」。

〔二六〕步嘉謹按:「遂以之亡」,《吴越春秋》卷九《句踐陰謀外傳》作「遂取滅亡」,其義略同。

〔二七〕錢培名曰:「『而起姑胥臺』,『胥』,《吴世家·集解》、《御覽》一七〇並作『蘇』,《御覽》一七八作

『夫差起姑蘇之臺』，惟《吴都賦》註作『胥』。」步嘉謹按：《史記·吴太伯世家》中《集解》、《太平御覽》卷一七〇《州郡部·蘇州門》引《越絶書》作「闔廬（《御覽》作「闔閭」，同是一人）起姑蘇臺」，《文選》卷五《吴都賦》劉淵林註、卷四二《爲曹公作書與孫權》李善註、《太平御覽》卷一七八《居處部·臺門》引《越絶書》，皆以爲此臺爲夫差所起。本篇所記史實，但言「吴王」，不言爲闔廬，抑或爲夫差，然篇末云吴王「以申胥爲不忠而殺之」，知是夫差，則《史記集解》、《御覽》卷一七〇所引與今本不合。

〔二八〕步嘉謹按：「三年聚材，五年乃成」，《史記》卷三一《吴太伯世家》中《集解》、《太平御覽》卷一七八《居處部·臺門》、卷一七〇《州郡部·蘇州門》引《越絶書》與今本同。

〔二九〕錢培名曰：「『高見二百里』，『二』，《集解》、《吴都賦》註、阮元瑜《爲曹公作書與孫權篇》註、《寰宇記》九一，並作『三』，與《吴地記》合，此作『二』，誤。又《御覽》一七八亦作『三』，末有『太史公登之以望五湖』九字，文不類。」

〔三〇〕錢培名曰：「『道死尸哭』，『尸』字疑誤，《吴越春秋》作『巷』。」

〔三一〕錢培名曰：「『越乃飾美女西施鄭旦使大夫種獻之於吴王』，《御覽》三八一引《越絶書》『越王句踐得採薪二女西施、鄭旦，以獻吴王』，疑即此文。」步嘉謹按：《文選》卷三四《七發》李善註引《越絶書》作「越王飾美女西施、鄭旦，使大夫種獻之於吴王」，「越乃」作「越王」。按：今本「乃」爲「王」字之訛，或「越」下脱一「王」字。《文選》卷四〇《答臨淄侯牋》、卷四二《答東阿王書》李善註引《越絶書》，起句並作「越王乃飾」，唯《北堂書鈔》卷三一《政術部·貢獻門》引《越記》作「越乃飾」，與今本同。

〔三二〕錢培名曰：「『竊有天之遺』，句不可解，《吴越春秋》作『竊有二遺女』。」步嘉謹按：「竊有天之遺」，當爲「竊有天人之遺」之脱文，《文選》卷三四《七發》李善註引《越絶書》作「越王句踐竊有天人之遺西施、鄭旦」。

〔三三〕錢培名曰：「『不敢當』，《吴越春秋》作『不敢稽留』，此『當』字疑『留』之誤。」步嘉謹按：《文選》卷三四《七發》李善註引《越絶書》作「越不敢當」，字正作「當」，知今本不誤。

〔三四〕步嘉謹按：「吴王大悦」，《北堂書鈔》卷三一《政術部·貢獻門》引《越記》作「吴王悦之」。《文選》卷三四《七發》李善註引《越絶書》與今本同。

〔三五〕樂祖謀曰：「『五色』，原本『色』誤作『巳』，據正德本等改。」

〔三六〕步嘉謹按：「五色令人目不明，五音令人耳不聰」，此語略出《老子》。《道德經》上篇：「五色令人目盲，五音令人耳聾。」

〔三七〕樂祖謀曰：「『桀易湯而滅』，原本『而』作『義』，據正德本改。」

〔三八〕樂祖謀曰：「『紂易周文而亡』，張本無『文』字。」

〔三九〕錢培名曰：「『聽諫進賢士』，『賢』與『仁』韻。『士』字疑衍，《吴越春秋》無。」

〔四〇〕錢培名曰：「『必爲利害』，『利害』，《吴越春秋》作『對隙』，『對隙』猶讎隙也。『隙』與『紿』韻，此

『利害』字疑誤。」

〔四一〕步嘉謹按：「吴王不聽，遂受其女」，《吴越春秋》卷九《句踐陰謀外傳》與此文同。步嘉又按：《拾遺記》卷三云：「越謀滅吴，蓄天下奇寳、美人、異味進於吴。殺三牲以祈天地，殺龍蛇以祠川岳。矯以江南億萬户民，輸吴爲傭保。越又有美女二人，一名夷光，二名修明，以貢於吴。吴處以椒華之房，貫細珠爲簾幌。朝下以蔽景，夕捲以待月。二人當軒並坐，理鏡靚妝於珠幌之内。竊窺者莫不動心驚魄，謂之神人。吴王妖惑亡政，及越兵入國，乃抱二女以逃吴苑。越軍亂入，見二女在樹下，皆言神女，望而不敢侵。」此亦越獻美女之事，與本篇傳聞大異。

〔四二〕樂祖謀曰：「『大敗之於』，張本無『於』字。」

〔四三〕步嘉謹按：《春秋繁露》卷四《王道》云：「吴夫差彊於越，臣人之王，妾人之妻，卒以自亡，宗廟夷，社稷滅，其可痛也。長王投死，於戲，豈不哀哉！」

越絶外傳記軍氣第十五

夫聖人行兵〔一〕，上與天合德，下與地合明，中與人合心。義合乃動，見可乃取〔二〕。小人則不然，以彊厭弱，取利於危，不知逆順，快心於非。故聖人獨知氣變之情，以明勝負之道。凡氣有五色：青、黄、赤、白、黑。色因有五變。人氣變，軍上有氣，五色相連〔三〕，與天相抵〔四〕。此天應〔五〕，不可攻，攻之無後〔六〕。其氣盛者，攻之不勝。

軍上有赤色氣者，徑抵天，軍有應於天，攻者其誅乃身〔七〕。軍上有青氣盛明，從□，其本廣末鋭而來者〔八〕，此逆兵氣也，爲未可攻，衰去乃可攻。青氣在上〔九〕，其謀未定；青氣在右，將弱兵多；青氣在後，將勇穀少，先大後小〔一〇〕；青氣在左，將少卒多，兵少軍罷；青氣在前，將暴，其軍必來〔一一〕。赤氣在軍上，將謀未定。其氣本廣末鋭而來者，爲逆兵氣，衰去乃可攻〔一二〕。赤氣在右，將軍勇而兵少，卒彊，必以殺降；赤氣在後，將弱，卒彊，敵少，攻之殺將，其軍可降；赤氣在右〔一三〕，將勇，敵多，兵卒彊；赤氣在前，將勇兵少，穀多卒少，謀不來〔一四〕。黄氣在軍上，將謀未定。其本廣末鋭而來者〔一五〕，爲逆兵氣，衰去乃可攻。黄氣在右，將智而明，兵多卒彊，穀足而不可降；黄氣在後，將智而勇，卒彊兵少，穀少；黄氣在左，將弱卒少，兵少穀亡，攻之必傷；黄氣在前，將勇智，卒多彊，穀足而有多爲〔一六〕，不可攻也〔一七〕。白氣在軍上，將賢智而明，卒威勇而彊。其氣本廣末鋭而來者，爲逆兵氣，衰去乃可攻。白氣在右，將勇而卒彊〔一八〕，兵多穀亡；白氣在後，將仁而明，卒少兵多，穀少軍傷；白氣在左，將勇而彊，卒多穀少，可降；白氣在前，將弱卒亡，穀少，攻之可降〔一九〕。黑氣在軍上，將謀未定。其氣本廣末鋭而來者，爲逆兵，去乃可攻〔二〇〕。黑氣在右，將弱卒少，兵亡，穀盡軍傷，可不攻自降；黑氣在後，將勇卒彊，兵少穀亡，攻之殺將，軍亡；黑氣在左，將智而勇，卒少兵少，攻之殺將，其軍自降；黑氣在前，將智而明，卒少穀盡，可不攻自降。

故明將知氣變之形，氣在軍上，其謀未定；其在右而低者〔二一〕，欲爲右伏兵之謀；其氣在前而低者，欲爲前伏陣也；其氣在後而低者，欲爲走兵陣也；其氣陽者，欲爲去兵；其氣在左而低者，欲爲左陣；其氣間其軍，欲有入邑。

右子胥相氣取敵大數，其法如是。軍無氣，算於廟堂，以知疆弱。一、五、九，西向吉，東向敗亡，無東〔二二〕；二、六、十，南向吉，北向敗亡，無北；三、七、十一，東向吉，西向敗亡，無西；四、八、十二，北向吉，南向敗亡，無南。此其用兵月日數〔二三〕，吉凶所避也〔二四〕。舉兵無擊太歲上物，卯也。始出各利，以其四時制日，是之謂也。

韓故治，今京兆郡，角、亢也〔二五〕。

鄭故治，角、亢也。

燕故治，今上漁陽〔二六〕、右北平、遼東、莫郡，尾、箕也〔二七〕。

越故治，今大越山陰，南斗也〔二八〕。

吴故治西江，都牛、須女也〔二九〕。

齊故治臨菑，今濟北、平原、北海郡、菑川、遼東、城陽，虚、危也〔三〇〕。

衛故治濮陽，今廣陽、韓郡，營室、壁也〔三一〕。

魯故治太山、東温、周固水，今魏東，奎、婁也〔三二〕。

梁故治，今濟陰、山陽、濟北、東郡，畢也〔三三〕。

晉故治，今代郡、常山、中山、河間、廣平郡，觜也〔三四〕。

秦故治雍，今内史也，巴郡、漢中、隴西、定襄、太原〔三五〕、安邑，東井也〔三六〕。

周故治雒〔三七〕，今河南郡，柳、七星、張也〔三八〕。

楚故治郢，今南郡、南陽、汝南、淮陽、六安、九江、廬江、豫章、長沙，翼、軫也〔三九〕。

趙故治邯鄲，今遼東、隴西、北地、上郡、雁門、北郡、清河，參也〔四〇〕。

校　釋

〔一〕步嘉謹按：此篇題曰《記軍氣》，約分爲二部分。前半爲軍氣占，後半記地理並附二十八宿，其體例與《史記·天官書》同。《隋書》卷三四《經籍志·子部》「兵書類」題有《兵法風氣等占》、《兵法日月風雲背向雜占》等多種，本篇云「《記軍氣》」者，疑屬古之雲氣占也。考諸典籍，唐以前專記軍氣之書似皆亡佚。《史記·天官書》、《隋書·天文志》夾記軍氣之占數節，與本篇所叙不甚合，蓋正史，皇家之書也，本篇，私人之撰述，大小有異，然也可互爲參觀。步嘉又按：「夫聖人行兵」，《北堂書鈔》卷一一三《武功部·論兵門》引《越記》與本篇此句同。

〔二〕步嘉謹按：「義合乃動，見可乃取」，《北堂書鈔》卷一一三《武功部·論兵門》引《越記》與此文同。

〔三〕步嘉謹按：「軍上有氣，五色相連」，《北堂書鈔》卷一一三《武功部·論兵門》引《越記》與此文同。

〔四〕步嘉謹按：「與天相抵」，《北堂書鈔》卷一一三《武功部·論兵門》引《越記》作「於天相和」，「與」作「於」，「抵」作「和」。

〔五〕錢培名曰：「『此天應』，《書鈔》一一三作『此有應兵』。」步嘉謹按：錢校引《書鈔》文乃陳禹謨校本，林國庚等人校《書鈔》删「兵」字，作「此有應」。

〔六〕步嘉謹按：「不可攻，攻之無後」，《北堂書鈔》卷一一三《武功部·論兵門》引《越記》與此文同。

〔七〕錢培名曰：「『攻者其誅乃身』，『乃』字疑當作『及』。」步嘉謹按，疑「其」、「乃」二字錯簡，原本或作「攻者乃誅其身」。

〔八〕步嘉謹按：「其本廣末鋭而來者」，「其」下當脱「氣」字。檢下文叙「赤氣」、「白氣」、「黑氣」，皆作「其氣本廣末鋭而來者」，叙「黄氣」此句「氣」字亦當脱。

〔九〕步嘉謹按：「青氣在上」，「在」下當脱「軍」字。檢下文作「赤氣在軍上」、「黄氣在軍上」、「白氣在軍上」、「黑氣在軍上」，則此句當作「青氣在軍上」。

〔一〇〕步嘉謹按：「青氣在後，將勇穀少，先大後小」，疑「將勇穀少，先大後小」二句錯簡，「先大後小」

句當在「青氣在後」句後，在「將勇穀少」句前。「先大後小」者，言「青氣」先大後小也，若在「將勇穀少」之後，義不可解。

〔一二〕步嘉謹按：以上言青氣之占。步嘉又按：本節之首，「軍上有赤色氣者」至「攻者其誅乃身」，當與以下叙「赤氣」連文，而錯簡至叙「青氣」之上。步嘉又按：檢本篇上文：「凡氣有五色：青、黄、赤、白、黑」，而下文所叙順序爲：青氣、赤氣、黄氣、白氣、黑氣。按五行之色，青爲東方之色，赤爲南方之色，黄爲中央之色，白爲西方之色，黑爲北方之色，則知上文「凡氣有五色」句下，「黄」、「赤」二字誤倒。

〔一三〕樂祖謀曰：「『衰去乃可攻』，原本『可』誤作『何』，據孔本改。」

〔一三〕張宗祥曰：「上文『青氣在右』、『青氣在後』、『青氣在左』成文，下文黄氣亦在右、在後、在左，知『右』當作『左』。」

〔一四〕步嘉謹按：「謀不來」，疑句首脱一「其」字。上文叙「青氣」，有「其軍必來」句，此云「謀不來」，正與相對。

〔一五〕步嘉謹按：「其本廣末鋭而來者」，「其」下當脱「氣」字，説參本篇〔校釋八〕。

〔一六〕樂祖謀曰：「『多爲』，各本『爲』下均有註：『一作焉。』」

〔一七〕步嘉謹按：以上叙黄氣。

〔一八〕錢培名曰：「『將勇而卒彊』，『卒』，漢魏叢書本作『兵』。」

〔一九〕步嘉謹按：以上叙白氣。

〔二〇〕錢培名曰：「『爲逆兵去乃可攻』，依上下文例，『兵』下當脱『氣』、『衰』二字。」步嘉謹按：錢説是。

〔二一〕步嘉謹按：「其在右而低者」，「其」下當脱「氣」字。檢下文作「其氣在前而低者」、「其氣在後而低者」、「其氣在左而低者」，此句當爲「其氣在右而低者」。

〔二二〕步嘉謹按：「無東」，「無」與勿同。無東者，勿向東行而戰也。以下「無北」、「無西」、「無南」之「無」皆同此。

〔二三〕樂祖謀曰：「『月日』，孔本、吴本、漢魏本及張本作『日月』，張本註云：『翻元本月日。』」

〔二四〕俞樾曰：「《外傳紀軍氣篇》：『算於廟堂，以知彊弱。一五九，西向吉，東向敗亡。無東。二六十，南向吉，北向敗亡。無北。三七十一，東向吉，西向敗亡，無西。四八十二，北向吉，南向敗亡，無南。此其用兵日月數，吉凶所避也。』樾謹按：《孫子·始計篇》：夫未戰而廟算勝者，得算多也。未戰而廟算不勝者，得算少也。是古兵家有廟算之説。此書所云，必是古法，惜不得其詳。」

〔二五〕張宗祥曰：「《史記·天官書》：角、亢、氐，兖州。」步嘉謹按：以下本篇引張宗祥註皆據《史記·天官書》文。

〔二六〕錢培名曰：「『燕故治今上漁陽』，『上』下當脱『穀』字。」

〔二七〕張宗祥曰：「尾、箕，幽州。」

〔二八〕張宗祥曰：「斗，江湖。宗祥按：即九江、廬江、豫章、丹陽等地。」步嘉謹按：「越故治，今大越山陰，南斗也」，《會稽志》卷一八引《越絶別傳》、《浙江通志》卷二引《越絶書》，與此文全同。

〔二九〕張宗祥曰：「牽牛、婺女，揚州。」步嘉謹按：「吴故治，西江，都牛、須女也」，《浙江通志》卷二引《越絶書》與此文同。

〔三〇〕張宗祥曰：「虚、危，青州。」

〔三一〕張宗祥曰：「營室至東壁，并州。」

〔三二〕張宗祥曰：「奎、婁、胃，徐州。」

〔三三〕張宗祥曰：「昴、畢，冀州。」

〔三四〕張宗祥曰：「觜觿、參，益州。」

〔三五〕錢培名曰：「『定襄太原』，四字原空，依漢魏叢書本補。」

〔三六〕張宗祥曰：「東井、輿鬼，雍州。」

〔三七〕欒祖謀曰：「『周故治洛』，『周』字正德本、陳本、吴本、漢魏本爲空格，孔本爲墨釘。」

〔三八〕張宗祥曰：「柳、七星、張，三河。河内、河東、河南。」

〔三九〕張宗祥曰：「翼、軫，荆州。」

〔四〇〕張宗祥曰：「觜觿、參，益州。宗祥按：分野之説，《周禮》、《左傳》已有之，此古説也。存之而已。」俞樾曰：「韓，角、亢也。鄭，角、亢也。燕，尾、箕也。越，南斗也。吴，牛、須女也。齊，虚、危也。衛，營室、壁也。魯，奎、婁也。梁，畢也。晉，觜也。秦，東井也。周，柳、七星、張也。楚，翼、軫也。趙，參也。樾謹按：十二分野見於《周官·保章氏》註。星紀，吴越也。元枵，齊也。娵訾，衛也。降婁，魯也。大梁，趙也。實沈，晉也。鶉首，秦也。鶉火，周也。鶉尾，楚也。壽星，鄭也。大火，宋也。析木，燕也。乃此書則爲十四國，蓋分吴越爲二，增韓、梁而無宋也。吴越雖分，然同一星紀之次，則仍與不分同。其增韓而與鄭同爲角、亢，則仍與不增同。惟所增之梁屬畢，則大梁之次，而占趙之分野，移趙屬參，則實沈之次，而占晉之分野。晉爲觜，則其爲實沈如故。然趙、韓、梁皆晉之所分，舊説有晉又有趙，已爲無理，此則分列晉、趙、韓、梁爲四國，更無理矣。其無宋，未詳，疑有闕誤。又按晉皇甫謐《帝王世紀》，自畢十二度至東井十五度，曰實沈之次，今晉魏分野。然則晉與魏同屬實沈。此書梁與趙宜互易，梁即魏也。晉、梁並屬實沈，與《帝王世紀》合，趙則仍爲大梁，與舊説無不合矣。」

越絶卷第十三

越絶外傳枕中第十六

昔者，越王句踐問范子曰〔一〕：「古之賢主、聖王之治，何左何右？何去何取？」范子對曰：「臣聞聖主之治〔二〕，左道右術，去末取實。」越王曰：「何謂道？何謂術？何謂末？何謂實？」范子對曰：「道者，天地先生，不知老，曲成萬物，不名巧〔三〕。故謂之道。道生氣，氣生陰，陰生陽〔四〕，陽生天地。天地立，然後有寒暑、燥濕、日月、星辰、四時，而萬物備。術者，天意也。盛夏之時〔五〕，萬物遂長。聖人緣天心，助天喜〔六〕，樂萬物之長。故舜彈五絃之琴，歌《南風》之詩，而天下治〔七〕。言其樂與天下同也。當是之時，頌聲作。所謂末者，名也。故名過實，則百姓不附親〔八〕，賢士不爲用。而外□諸侯〔九〕，聖主不爲也。所謂實者，穀□也，得人心，任賢士也。凡此四者〔一〇〕，邦之寶也。」

越王曰：「寡人躬行節儉，下士求賢〔一一〕，不使名過實，此寡人所能行也。多貯穀，富百姓，此乃天時水旱〔一二〕，寧在一人耶？何以備之？」范子曰：「百里之神，千里之君〔一三〕。湯執其中和〔一四〕，舉伊尹，收天下雄儁之士，練卒兵，率諸侯兵伐桀〔一五〕，爲天下除殘去賊，萬民皆歌而歸之〔一六〕。是所謂執其中和者。」越王曰：「善哉，中和所致也！寡人雖不及賢主、聖王，欲執其中和而行之。今諸侯之地，或多或少，彊弱不相當。兵革暴起〔一七〕，何以應之？」范子曰：「知保人之身者，可以王天下；不知保人之身，失天下者也。」越王曰：「何謂保人之身？」范子曰：「天生萬物而教之而生〔一八〕。人得穀即不死，穀能生人，能殺人。故謂人身。」

越王曰〔一九〕：「善哉。今寡人欲保穀，爲之奈何〔二〇〕？」范子曰：「欲保〔二一〕，必親於野〔二二〕，覩諸所多少爲備〔二三〕。」越王曰：「所少，可得爲因其貴賤〔二四〕，亦有應乎？」范子曰：「夫八穀貴賤之法〔二五〕，必察天之三表〔二六〕，即決矣。」越王曰：「請問三表。」范子曰：「水之勢勝金，陰氣蓄積大盛，水據金而死〔二七〕，故金中有水。如此者，歲大敗，八穀皆貴〔二八〕。金之勢勝木，陽氣蓄積大盛，金據木而死，故木中有火〔二九〕。如此者，歲大美，八穀皆賤〔三〇〕。金、木、水、火更相勝，此天之三表者也，不可不察〔三一〕。能知三表，可爲邦寶〔三二〕。不知三表之君〔三三〕，千里之神，萬里之君〔三四〕。故天下之君，發號施令，必順於四時〔三五〕。四時不正，則陰陽不調，寒暑失常。如此，則歲惡，五穀不登。聖主施令，必審於四時，此至禁也〔三六〕。」越王曰：「此寡人所能行也。願欲知圖穀上下貴賤，欲與他貨之内以自實，爲之奈何？」范子曰：「夫八穀之賤也，如宿穀之登，其明也。諦審察陰陽消息，觀市之反覆，雌雄之相逐，天道乃畢。」

越王問范子曰：「何執而昌〔三七〕？何行而亡？」范子曰：「執其中則昌〔三八〕，行奢侈則亡〔三九〕。」越王曰：「寡人欲聞其説。」范子曰：「臣聞古之賢主、聖君，執中和而原其終始，即位安而萬物定矣；不執其中和，不原其終始，即尊位傾，萬物散。文武之業，桀紂之跡，可知矣。古者天子及至諸侯，自滅至亡，漸漬乎滋味之費，没溺於聲色之類，牽攣於珍怪貴重之器〔四〇〕，故其邦空虚。困其士民，以爲須臾之樂，百姓皆有悲心，瓦解而倍畔者，桀紂是也。身死邦亡，爲天下笑。此謂行奢侈而亡也〔四一〕。湯有七十里地，務執三表，可謂邦寶；不知三表〔四二〕，身死棄道。」

越王問范子曰：「春肅，夏寒，秋榮，冬泄，人治使然乎？將道也？」范子曰：「天道三千五百歲，一治一亂，終而復始，如環之無端〔四三〕，此天之常道也。四時易次，寒暑失常，治民然也〔四四〕。故天生萬物之時，聖人命之曰春。春不生遂者，故天不重爲春〔四五〕。春者，夏之父也。故春生之，夏長之，秋成而殺之，冬受而藏之。春肅而不生者〔四六〕，王德不究也〔四七〕；夏寒而不長者，臣下不奉主命也〔四八〕；秋順而復榮者〔四九〕，百官刑不斷也；冬温而泄者，發府庫賞無功也〔五〇〕。此所謂四時者〔五一〕，邦之禁也。」越王曰：「寒暑不時，治在於人，可知也。願聞歲之美惡，穀之貴賤，何以紀之？」范子曰：「夫陰陽錯繆，即爲惡歲；人生失治〔五一〕，即爲亂世。夫一亂一治，天道自然。八穀亦一賤一貴，極而復反。言亂三千歲，必有聖王也〔五二〕。八穀貴賤更相勝。故死凌生者，逆，大貴；生凌死者，順，大賤。」越王曰：「善。」

越王問於范子曰〔五四〕：「寡人聞人失其魂魄者，死；得其魂魄者，生〔五五〕。物皆有之，將人也〔五六〕？」范子曰：「人有之，萬物亦然〔五七〕。天地之間，人最爲貴〔五八〕。物之生，穀爲貴〔五九〕，以生人，與魂魄無異〔六〇〕，可得豫知也。」越王曰：「其善惡可得聞乎？」范子曰：「欲知八穀之貴賤、上下、衰極，必察其魂魄，視其動靜，觀其所舍，萬不失一。」問曰〔六一〕：「何謂魂魄？」對曰〔六二〕：「魂者，橐也；魄者，生氣之源也〔六三〕。故神生者，出入無門，上下無根，見所而功自存，故名之曰神。神主生氣之精，魂主死氣之舍也〔六四〕。魄者主賤，魂者主貴，故當安靜而不動。魂者，方盛夏而行，故萬物得以自昌。神者，主氣之精〔六五〕，主貴而雲行，故方盛夏之時不行，即神氣槁而不成物矣〔六六〕。故死凌生者，歲大敗；生凌死者，歲大美。故觀其魂魄，即知歲之善惡矣。」

越王問於范子曰：「寡人聞陰陽之治，不同力而功成，不同氣而物生，可得而知乎？願聞其說。」范子曰：「臣聞陰陽氣不同處，萬物生焉。冬三月之時，草木既死，萬物各異藏，故陽氣避之下藏，伏壯於内，使陰陽得成功於外〔六七〕。夏三月盛暑之時，萬物遂長，陰氣避之下藏，伏壯於内，然而萬物親而信之，是所謂也〔六八〕。陽者主生，萬物方夏三月之時，大熱不至，則萬物不能成。陰氣主殺，方冬三月之時，地不内藏，則根荄不成，即春無生。故一時失度，即四序爲不行。」

越王曰：「善。寡人已聞陰陽之事，穀之貴賤，可得而知乎〔六九〕？」范子曰：「陽者主貴，陰者主賤〔七〇〕。故當寒而不寒者〔七一〕，穀爲之暴貴〔七二〕；當温而不温者〔七三〕，穀爲之暴賤〔七四〕。譬猶形影、聲響相聞〔七五〕，豈得不復哉！故曰秋冬貴陽氣施於陰，陰極而復貴；春夏賤陰氣施於陽，陽極而不復〔七六〕。」越王曰：「善哉！」以丹書帛〔七七〕，置之枕中〔七八〕，以爲國寶。

越五日，困於吴，請於范子曰：「寡人守國無術，負於萬物，幾亡邦危社稷，爲旁邦所議，無定足而立。欲捐軀出死，以報吴仇，爲之奈何？」范子曰：「臣聞聖主爲不可爲之行，不惡人之謗己；爲足舉之德，不德人之稱己。舜循之歷山，而天下從風〔七九〕。使舜釋其所循，而求天下之利，則恐不全其身。昔者神農之治天下，務利之而已矣，不望其報。不貪天下之財〔八〇〕，而天下共富之〔八一〕。所以其智能自貴於人〔八二〕，而天下共尊之〔八三〕。故曰富貴者，天下所置，不可奪也。今王利地貪財，接兵血刃，僵尸流血，欲以顯於世，不亦謬乎？」

越王曰：「上不逮於神農，下不及於堯舜，今子以至聖之道以説寡人，誠非吾所及也。且吾聞之也，父辱則子死，君辱則臣死。今寡人親已辱於吴矣。欲行一切之變，以復吴仇，願子更爲寡人圖之。」范子曰：「君辱則死〔八四〕，固其義也。立死〔八五〕。下士人而求成邦者，上聖之計也〔八六〕。且夫廣天下，尊萬乘之主，使百姓安其居、樂其業者，唯兵。兵之要在於人，人之要在於穀。故民衆則主安，穀多則兵疆。王而備此二者〔八七〕，然後可以圖之也。」越王曰：「吾欲富邦疆兵，地狹民少，奈何爲之〔八八〕？」范子曰：「夫陽動於上，以成天文，陰動於下，以成地理。審察開置之要，可以爲富。凡欲先知天門開及地户閉，其術：天高五寸，減天寸六分以成地。謹司八穀，初見出於天者，是謂天門開，地户閉〔八九〕，陽氣不得下入地户。故氣轉動而上下、陰陽俱絶，八穀不成，大貴必應其歲而起，此天變見符也。謹司八穀，初見入於地者，是謂地户閉〔九〇〕。陰陽俱會，八穀大成，其歲大賤，來年大饑，此地變見瑞也。謹司八穀，初見半於人者，糴平，熟，無災害。故天倡而見符，地應而見瑞。聖人上知天，下知地，中知人，此之謂天平地平，以此爲天圖。」

越王既已勝吴三日，反邦未至，息，自雄，問大夫種曰：「夫聖人之術，何以加於此乎？」大夫種曰：「不然。王德范子之所言，故天地之符應邦〔九一〕，以藏聖人之心矣。然而范子豫見之策，未肯爲王言者也。」越王愀然而恐，面有憂色。請於范子，稱曰：「寡人用夫子之計，幸得勝吴，盡夫子之力也。寡人聞夫子明於陰陽進退，豫知未形，推往引前，後知千歲，可得聞乎？寡人虚心垂意，聽於下風。」范子曰：「夫陰陽進退，前後幽冥。未見未形〔九二〕，此持殺生之柄〔九三〕，而王制於四海，此邦之重寶也。王而毋泄此事，臣請爲王言之。」越王曰：「夫子幸教寡人，願與之自藏，至死不敢忘。」范子曰：「陰陽進退者，固天道自然，不足怪也。夫陰入淺者即歲善，陽入深者則歲惡。幽幽冥冥，豫知未形。故聖人見物不疑，是謂知時，固聖人所不傳也。夫堯舜禹湯，皆有豫見之勞〔九四〕，雖有凶年而民不窮〔九五〕。」越王曰〔九六〕：「善。」以丹書帛，置之枕中〔九七〕，以爲邦寶〔九八〕。

范子已告越王，立志入海〔九九〕，此謂天地之圖也。

校　釋

〔一〕步嘉謹按：范子，范蠡也。本篇篇名題曰「枕中」，其内容通篇所載，越王問策於范子也。《范子》本爲書名，《齊民要術》卷三引《范子》曰：「堯舜禹湯皆有預見之明，雖有凶年而民不窮。王曰：善。以丹書帛，致之枕中，以爲國寶。」見於本篇篇末，則本篇當抄襲古本《范子》而來。《漢書・藝文志》録有《范蠡》二篇，入兵家類，檢諸本篇，多言陰陽、農家之事，似與《范蠡》有異。

〔二〕步嘉謹按：上文越王所問，稱「古之賢主、聖王之治」，此范子對曰，稱「聖主之治」，對答與提問異辭。檢下文，或言「聖主不爲也」，或言「寡人雖不及賢主、聖王」，其用例也參差不一。疑原本稱謂本有一定，後久經傳寫，附以淺人所增，致此竄亂不一，今既無舊文可校，姑存疑焉。

〔三〕錢培名曰：「『天地先生不知老曲成萬物不名巧』，『天地先生』，當作『先天地生』。《莊子・大宗師篇》云：『先天地生而不爲久，長於上古而不爲老。』又云：『長於上古而不爲老，雕刻衆形而不爲巧。』即此意。又見《天道篇》。」

〔四〕步嘉謹按：「道生氣，氣生陰，陰生陽。」《玉函山房輯佚書》載王應麟引《越絶外傳》與此文同。

〔五〕錢培名曰：「『術者天意也盛夏之時』，『天意也』三字，似有脱誤。又於四時獨提『盛夏』，與上下文不相掩覆，似他處錯簡。」

〔六〕步嘉謹按：天心，天帝之心。《尚書・咸有一德》：「克享天心，受天明命。」又《漢書》卷八五《谷永傳》：「竊聞明王即位，正五事，建大中，以承天心。」天喜，天帝之喜。陸龜蒙《苦雨詩》：「其如玉女正投壺，笑電霏霏作天喜。」可證。

〔七〕步嘉謹按：「故舜彈五絃之琴，歌《南風》之詩，而天下治。」《淮南子》卷二〇《泰族訓》作：「舜爲天子，彈五絃之琴，歌《南風》之詩，而天下治。」又《淮南子》卷一四《詮言訓》作：「舜彈五絃之琴，而歌《南風》之詩，以治天下。」高誘註：「古琴五絃，至周有七律，增爲七弦也。《南風》，愷樂之風。」步嘉又按：《南風》之詩，見《孔子家語》卷八，其曰：「昔者舜彈五絃之琴，造《南風》之詩，詩曰：『南風之薰兮，可以解吾民之慍兮，南風之時兮，可以阜吾民之財兮。』」又見《文選·琴賦》註引《尸子》載。

〔八〕步嘉謹按：「故名過實，則百姓不附親」，「附親」二字當誤倒。步嘉又按：《文選》卷五六崔子玉《座右銘》「無使名過實，守愚聖所臧」句下，李善註引《越絶書》作：「范子曰：『名過實者滅，聖人不使名過實。』」與本篇此文有異。

〔九〕樂祖謀曰：「『而外□諸侯』，各本均缺一字，唯陳本作『外王』，王謨刊漢魏本作『外入』。」

〔一〇〕步嘉謹按：「凡此四者」，乃指「左道右術，去末取實」也。

〔一一〕步嘉謹按：越王「躬行節儉，下士求賢」事，見本書《外傳計倪》，其曰：「越王大媿，乃壞池填塹，開倉穀，貸貧乏。乃使群臣身問疾病，躬視死喪。不厄窮僻，尊有德，與民同苦樂，激河泉井，示不獨食。」其事又見《國語·越語》、《史記·越王句踐世家》。

〔一二〕步嘉謹按：「此乃天時水旱」，文句不順，疑中有脱文。

〔一三〕錢培名曰：「『百里之神千里之君』，此下錯簡，當接後『千里之神萬里之君』至『務執』，三百八字。」

〔一四〕錢培名曰：「『湯執其中和』，『湯執』二字衍。其『中和』上錯簡，當接後『湯有七十里地務執』云云。」

〔一五〕步嘉謹按：「舉伊尹，收天下雄儁之士，練卒兵，率諸侯兵伐桀」，《史記》卷三《殷本紀》：「當是時，夏桀爲虐政淫荒，用諸侯昆吾氏爲亂。湯乃興師率諸侯，伊尹從湯，湯自把鉞以伐昆吾，遂伐桀。」

〔一六〕步嘉謹按：「爲天下除殘去賊，萬民皆歌而歸之」，《史記》卷三《殷本紀》：「桀敗於有娀之虚，桀奔於鳴條，夏師敗績。湯遂伐三㚇，俘厥寶玉，義伯、仲伯作《典寶》。湯既勝夏，欲遷其社，不可，作《夏社》。伊尹報。於是諸侯畢服，湯乃踐天子位，平定海内。」

〔一七〕步嘉謹按：「兵革暴起」，猶言兵革急起。《史記・平津侯主父列傳》「故倒行暴施之」，《索隱》：「暴者，卒也，急也。」

〔一八〕錢培名曰：「『而教之而生』，句似有誤脱。」

〔一九〕步嘉謹按：「越王曰」，賈思勰《齊民要術》卷三引《越絶書》作「越王問范子曰」，較今本多「問范子」三字，或彼爲節録，句首須補足此數字，與今本異。

〔二〇〕步嘉謹按：「今寡人欲保穀，爲之奈何」，《齊民要術》卷三引《越絶書》作「今寡人欲保穀，爲奈何」，「爲」下無「之」字。按：檢今本本篇前後文數作「爲之奈何」語，或《齊民要術》誤脱。

〔二一〕步嘉謹按：「范子曰：欲保」，《齊民要術》卷三引《越絶書》作「范子曰：欲保穀」，「欲保」下有「穀」字。按：此文既承上文「今寡人欲保穀」而來，則亦當作「欲保穀」，《齊民要術》引是，今本脱「穀」字。

〔二二〕步嘉謹按：「必親於野」，《齊民要術》卷三引《越絶書》作「必觀於野」，「親」作「觀」，其義較長。

〔二三〕步嘉謹按：「覩諸所多少爲備」，《齊民要術》卷三引《越絶書》作「視諸侯所多少爲備」，「覩」作「視」，「諸」作「諸侯」，《齊民要術》所引，其義較長。

〔二四〕步嘉謹按：「可得爲因其貴賤」，《齊民要術》卷三引《越絶書》作「可得爲困其貴賤」，「因」作「困」。按：「困其貴賤」，費解，今本是。

〔二五〕步嘉謹按：「夫八穀貴賤之法」，《齊民要術》卷三引《越絶書》作「夫知八穀貴賤之法」，「夫」下有「知」字，驗以下句，有「知」者義較勝，今本當脱「知」字。

〔二六〕步嘉謹按：「必察天之三表」，《齊民要術》卷三引《越絶書》與此文同。

〔二七〕錢培名曰：「『水之勢勝金陰氣蓄積大盛水據金而死』，二『水』字疑並當作『火』。」步嘉謹按：此節檢《齊民要術》卷三引《越絶書》與今本全同，似作「水」字並不誤，錢疑無據。

〔二八〕步嘉謹按：「如此者，歲大敗，八穀皆貴」，《齊民要術》卷三引《越絶書》與此文全同。

〔二九〕步嘉謹按：「金之勢勝木，陽氣蓄積大盛，金據木而死，故木中有火」，《齊民要術》卷三引《越絶書》與此文全同。

〔三〇〕步嘉謹按：「如此者，歲大美，八穀皆賤」，《齊民要術》卷三引《越絶書》與此文全同。

〔三一〕步嘉謹按：「金、木、水、火更相勝，此天之三表者也，不可不察」，《齊民要術》卷三引《越絶書》作「金、木、水、火更相勝，此天之三表也，不可不察」，「三表」下無「者」字。

〔三二〕步嘉謹按：「能知三表，可爲邦寶」，《齊民要術》卷三引《越絶書》作「能知三表，可以爲邦寶」，

「可」下多一「以」字。

〔三三〕錢培名曰：「『不知三表之君』，『之君』二字衍。此下錯簡，當接後『身死棄道』云云。」

〔三四〕步嘉謹按：「千里之神，萬里之君」，其文在此，扞格不通。依上條錢校説，當是錯簡之文。

〔三五〕步嘉謹按：「發號施令，必順於四時」，下文作「聖主施令，必審於四時」，「順」作「審」，疑有一訛，未知孰是。又《吕氏春秋·審時》：「是故得時之稼興，失時之稼約。……黄帝曰：『四時之不正也，正五穀而已矣』。」高誘註：「五穀正時，食之無病，故曰：『正五穀而已。』」與本篇此文稍異義。

〔三六〕步嘉謹按：「此至禁也」，禁，謹也。「至禁」猶言至謹。《禮記·緇衣》：「君子道人以言而禁人以行。」鄭玄註：「禁猶謹也。」

〔三七〕步嘉謹按：「何執而昌」，執，守也。下文「執」字皆此義。《禮記·曲禮上》「坐必安執爾顔」，鄭玄註：「執猶守也。」《尚書·大禹謨》：「惟精惟一，允執厥中。」

〔三八〕步嘉謹按：「執其中則昌」，「中」下當脱「和」字，原文應作「執其中和則昌」。下文「執中和而原其終始」，「不執其中和」，文皆作「中和」，此處不得獨作「中」字。

〔三九〕步嘉謹按：「行奢侈則亡」，「行」下當脱一「其」字。原文應作「行其奢侈則亡」。按：上文當爲「執其中和則昌」（參上條〔校釋〕），此文與之相對，故知亦當必有「其」字。

〔四〇〕步嘉謹按：「牽攣於珍怪貴重之器」，「牽攣」猶牽連也，今言牽扯。《説文·子部》：「孿，一乳兩子也。」段玉裁註：「此謂人也。攣之言連也。」「牽攣」字又作「牽攣」。《易·小畜》：「有孚攣如。」孔穎達《正義》曰：「五居尊位，不疑於二，來而不距，二既牽挽而來，已又攀攣而迎接。志意合同，不有專固相逼。是有信而相牽攣也。」

〔四一〕步嘉謹按：《太平御覽》卷八二《皇王部·帝桀門》引《帝王世紀》曰：「帝桀淫虐有才力，能伸鉤索鐵，手搏熊虎。多求美女以充後宮。爲瓊室瑶臺，金柱三千。始以瓦爲屋，以望雲雨。大進侏儒，倡優，爲爛漫之樂。設奇偉之戲，縱靡靡之聲。日夜與妹喜及宮女飲酒，常置妹喜膝上。妹喜好聞裂繒之聲，桀爲發裂繒以順適其意。以人駕車。肉山脯林，以爲酒池。一鼓而牛飲者三千餘人，醉而溺水。以虎入市而視其驚。伊尹舉觴造桀諫曰：『君王不聽群臣之言，亡無日矣。』」此皆桀行奢侈而亡之傳聞也。

〔四二〕錢培名曰：「『務執三表可謂邦寶不知三表』，自『千里之神、萬里之君』至『務執』，三百八字錯簡，當移置前『千里之君』句下。『三表』等十字衍。轉寫錯亂，又經淺人妄增字句，遂不可讀。」

〔四三〕步嘉謹按：「天道三千五百歲，一治一亂，終而復始，如環之無端。」《太平御覽》卷三《天部·日門》引《范子》曰：「日者行天，日一度。終而復始，如環無端。」又《文選》卷一九張華《勵志詩》李善註引《范子》曰：「度如環，無有端，周迴如循環，未始有極。」與此文義略同。

〔四四〕錢培名曰：「『四時易次寒暑失常治民然也』，『寒暑失常』下語意不屬，似有脱文。」步嘉謹按：錢校云「寒暑失常」句下有脱文，良是。疑「治民然也」，「民」下脱一「使」字。檢下文曰「春肅而不生者，王德不究也」，按：「究」，極也，竟也。《吕氏春秋・孝行》：「光耀加於百姓，究於四海。」高誘註：「究，極也。」《漢書・鼂錯傳》：「盛德不及究於天下。」顔師古註：「究，竟也。」此言王德不遍及百姓，即「治民」失當，故使「春肅而不生」。「春肅而不生者」，亦即「四時易次，寒暑失常」現象之一。以下「臣下不奉主命」、「百官刑不斷」、「發府庫賞無功」，皆「治民」失當之事，故使「夏寒而不長」、「秋順而復榮」、「冬温而泄」。若補「使」字，則文義可通。

〔四五〕錢培名曰：「『春不生遂者故天不重爲春』，『春不生遂者』下似有脱文。」

〔四六〕步嘉謹按：「春肅而不生者」，《後漢書・五行志》劉昭註引《越絶》作「春燠而不生者」，「肅」作「燠」。按：燠，暖也。《詩・小雅》「日月方奥」。《傳》：「奥，暖也。」「奥」與「燠」同。春季本暖，則此非「四時易次，寒暑易常」。《吕氏春秋・季春紀》：「季春行冬令，則寒氣時發，草木皆肅。」知今本作「肅」字不誤。

〔四七〕步嘉謹按：「王德不究也」，《後漢書・五行志》劉昭註引《越絶》作：「王德不完也。」「究」作「完」。按作「完」者於此無義，作「究」者義較勝。「究」、「完」形近易混，今本不誤。

〔四八〕步嘉謹按：「臣下不奉主命也」，《後漢書・五行志》劉昭註引《越絶》作「臣下不奉主令也」。「命」作「令」。

〔四九〕錢培名曰：「『秋順而復榮者』，『順』，《續漢書・五行志》註作『暑』。」步嘉謹按：作「暑」字者是。檢上下文曰「春肅」、「夏寒」、「冬温」，皆「寒暑失常」之事，此亦當作「秋暑」，若作「秋順」，與上下文義不合。今本「順」乃「暑」字之訛。

〔五〇〕步嘉謹按：「發府庫賞無功也」，《後漢書・五行志》劉昭註引《越絶》與此文同。

〔五一〕錢培名曰：「『此所謂四時者』，《續漢書・五行志》註作『此四者』。」

〔五二〕錢培名曰：「『人生失治』，『生』，當爲『主』。」

〔五三〕步嘉謹按：「必有聖王也」，疑「聖王」爲「聖主」之訛。本篇前文有「臣聞聖主之治」、「聖主不爲也」句，可證。按本篇亦有稱「聖王」者，如「古之賢主、聖王之治」、「寡人雖不及賢主、聖王」等句是。然稱「聖王」，必連帶「賢主」一並言及，單稱則作「聖主」。此處「聖王」前不見言及「賢主」，以句例言則當作「聖主」。

〔五四〕樂祖謀曰：「『越王問』，原本『問』作『間』，據正德本等改。」

〔五五〕步嘉謹按：《白虎通》卷三云：「魂魄者何謂也？魂猶伝伝也，行不休也。少陽之氣，故動不息，於人爲外，主於情也。魄者，猶迫然著人也。此少陰之氣，象金石著人不移，主於性也。魂著芸也，情以除穢，魄者白也，性以治内。」與本篇説有異。

〔五六〕錢培名曰：「『將人也』，《類聚》七九作『人皆有之』。」步嘉謹按：錢校引文有誤。檢《藝文類聚》卷七九《靈異部・魂魄門》引《越絶書》作「物皆有之，人亦有之」，錢校引「人皆有之」之「皆」，涉上文「物皆有之」之「皆」而抄録失誤。

〔五七〕步嘉謹按：「人有之，萬物亦然」，《藝文類聚》卷七九《靈異部・魂魄門》引《越絶書》與今本文同。

〔五八〕步嘉謹按：「天地之間，人最爲貴」，《藝文類聚》卷七九《靈異部·魂魄門》引《越絶書》作「天地之間，人爲貴」，「人」下無「最」字。

〔五九〕步嘉謹按：「物之生，穀爲貴」，《藝文類聚》卷七九《靈異部·魂魄門》引《越絶書》與此文同。

〔六〇〕步嘉謹按：「以生人，與魂魄無異」，《藝文類聚》卷七九《靈異部·魂魄門》引《越絶書》作：「以生人，與魂魄無異也。」句末多一「也」字。

〔六一〕步嘉謹按：「問曰」，本篇它處或作「越王問范子曰」，或作「越王曰」，此處獨作「問曰」，文例不合，疑有訛脱。

〔六二〕步嘉謹按：「對曰」，本篇它處皆作「范子曰」，唯此處獨作「對曰」，亦文例不合，疑有訛脱。

〔六三〕錢培名曰：「『魂者橐也魄者生氣之源也』，『魂』、『魄』字互易。」

〔六四〕錢培名曰：「『魂主死氣之舍也』，『魂』當作『魄』。」

〔六五〕步嘉謹按：「神者，主氣之精」，觀上文作「神主生氣之精」，此疑「氣」上脱「生」字。

〔六六〕錢培名曰：「『即神氣槁而不成物矣』，『槁』字原空，依漢魏叢書本補。」樂祖謀曰：「『即神氣槁』，正德本『即』作『則』。『槁』，原本及正德本、孔本爲墨釘，陳本、吴本爲空格，據漢魏本補。」

〔六七〕錢培名曰：「『使陰陽得成功於外』，『陽』字疑衍。」

〔六八〕步嘉謹按：「陰氣避之下藏，伏壯於内」，以下文義不屬。觀上文「故陽氣避之下藏，伏壯於内」

句下，作「使陰陽得成功於外」，錢培名謂是句「陽」字疑衍，則此處當有「使陽得成功於外」句，與上相對成文，且文義亦通。

〔六九〕錢培名曰：「『穀之貴賤可得而知乎』，『知』，《類聚》七〇作『聞』，《御覽》七〇七作『知』。」步嘉謹按：《齊民要術》卷三引《越絶書》亦作「聞」，與《藝文類聚》引《越絶書》文合。

〔七〇〕步嘉謹按：「陽者主貴，陰者主賤」，《太平御覽》卷七〇七《服用部・枕門》引《越絶書》作「陽者主穀貴，陰者主穀賤」，「主」下並有「穀」字。《齊民要術》卷三引《越絶書》作「陽主貴，陰主賤」，「陽」、「陰」二字下並無「者」字。《藝文類聚》卷七〇《服飾部・枕門》引《越絶書》與今本同。

〔七一〕錢培名曰：「『故當寒而不寒者』，『不寒』，《類聚》作『温』。」步嘉謹按：《太平御覽》卷七〇七《服用部・枕門》引《越絶書》作「故當寒而不寒」，句末無「者」字。又《齊民要術》卷三引《越絶書》作「當寒不寒」，無「而」字、「者」字。

〔七二〕步嘉謹按：「穀爲之暴貴」，《齊民要術》卷三引《越絶書》作「穀暴貴」，無「爲之」二字。《藝文類聚》卷七〇《服飾部・枕門》、《太平御覽》卷七〇七《服用部・枕門》引《越絶書》並與今本同。

〔七三〕錢培名曰：「『當温而不温者』，『不温』，《類聚》作『寒』。」步嘉謹按：《齊民要術》卷三引《越絶書》作「當温不温」，無「而」字、「者」字。《太平御覽》卷七〇七《服用部・枕門》引《越絶書》與今本同。

〔七四〕步嘉謹按：「穀爲之暴賤」，《齊民要術》卷三引《越絶書》作「穀暴賤」，無「爲之」二字。《藝文類聚》卷七〇《服飾部・枕門》、《太平御覽》卷七〇七《服用部・枕門》引《越絶書》與今本同。

〔七五〕步嘉謹按：「譬猶形影、聲響相聞」，此「聲」字謂發出之聲，「響」乃回響之響。「聲」、「響」可以相聞，然「形」、「影」則不得言「相聞」。疑「形影」後脱「相隨」二字，原文或作「譬猶形影相隨，聲響相聞」。

〔七六〕步嘉謹按：「陽極而不復」，句末當脱「賤」字。檢上文作「故曰秋冬貴陽氣施於陰，陰極而復貴」，則下文當作「春夏賤陰氣施於陽，陽極而不復賤」，此所謂相對成文也。

〔七七〕錢培名曰：「『以丹書帛』，『書』下原衍『玉』字。依漢魏叢書、逸史本删。與《類聚》、《御覽》所引合。篇末亦有『以丹書帛』語，無『玉』字。」樂祖謀曰：「『以丹書帛』，原本及正德本、孔本『書』下有一墨釘，陳本『書』下空一格，疑有脱字，案『以丹書帛』亦通，句又見篇末，據吴本等連『書』。」步嘉謹按：樂校云四部叢刊本、正德本、孔本「書」下有一墨釘，陳本空一格，疑有脱字，蓋即錢校所云衍字「玉」，各本已删。按：錢校云「玉」字衍，良是。然今檢《齊民要術》卷三、《太平御覽》卷七〇七《服用部・枕門》引《越絶書》並作「書帛」，《藝文類聚》卷七〇《服飾部・枕門》引《越絶書》作「書之帛」，皆無「以丹」二字，與今本異。

〔七八〕步嘉謹按：「置之枕中」，《太平御覽》卷七〇七《服用部・枕門》引《越絶書》作「藏之枕中」，「置」作「藏」，《齊民要術》卷三引《越絶書》作「致於枕中」，「置」作「致」，「之」作「於」。《藝文類聚》卷七〇《服飾部・枕門》引《越絶書》與今本合。

〔七九〕步嘉謹按：「而天下從風」，「從風」二字疑倒，或當作「風從」。

〔八〇〕步嘉謹按：「不貪天下之財」，《太平御覽》卷七八《皇王部・炎帝神農氏門》、《路史後紀》卷三註引《越絶書》並作「神農不貪天下」，「天下」後無「之財」二字，疑「之財」二字爲後人所增。

〔八一〕步嘉謹按：「而天下共富之」，《太平御覽》卷七八《皇王部・炎帝神農氏門》、《路史後紀》卷三註引《越絶書》並與今本同。

〔八二〕錢培名曰：「『所以其智能自貴於人』，『所』字誤，《御覽》七八作『不』。」步嘉謹按：檢《太平御覽》卷七八《皇王部・炎帝神農氏門》引《越絶書》作「不以其智貴於人」，《路史後紀》卷三註引《越絶書》作「不以自智而貴於人」，《路史》所引「自智」當爲「其智」之訛。今本「所」爲「不」之訛，錢說是。淺人不知，於「其智」後增「能自」二字，使文義稍順，然非原文。當以《御覽》所引爲正。

〔八三〕步嘉謹按：「而天下共尊之」，《太平御覽》卷七八《皇王部・炎帝神農氏門》、《路史後紀》卷三註引《越絶書》文，並與今本同。

〔八四〕步嘉謹按：「君辱則死」，「則」下疑脱「臣」字，原句或作「君辱則臣死」。按上文越王曰「父辱則子死，君辱則臣死」，此處范子曰乃承上文而來，故亦當有「臣」字爲是。

〔八五〕步嘉謹按：「立死」二字錯簡，當在「君辱則死」（按「君辱則死」當爲「君辱則臣死」，參上條〔校釋〕文）句下，在「固其義也」句上。立死，立刻死去。《荀子・榮辱篇》：「室家立殘，親戚不免乎刑戮。」《史記・平原君列傳》：「其末立見。」「立」字義與此文同。這裏范子說，按照君受辱而臣死節的原則，立刻死去，固然是這一原則的義的體現。這樣理解，才能與下文連接，否則，文義不通。

〔八六〕樂祖謀曰：「『上聖之計』，原本『上』作『且』，費解，據正德本等改。」

〔八七〕步嘉謹按：「王而備此二者」，而，若也。《經傳釋詞》卷七王引之曰：「而，猶若也。若與如古同聲，故而訓爲如，又訓爲若。」下文「王而毋泄此事」之「而」，與此句中「而」字義同。

〔八八〕步嘉謹按：「奈何爲之」，當是「爲之奈何」之誤倒。此「爲之奈何」乃越王問於范子語。檢本篇上越王問范子語有：「今寡人欲保穀，爲之奈何」、「欲與他貨之内以自實，爲之奈何」、「欲捐軀出死，以報吴仇，爲之奈何」。皆不作「奈何爲之」，知此處必有誤。

〔八九〕錢培名曰：「『是謂天門開地户閉』，『地户閉』三字似衍。」步嘉謹按：錢説是。「初見出於天者，是謂天門開」，與下「初見入於地者，是謂地户閉」，相對成文。此「地户閉」三字當衍。

〔九〇〕步嘉謹按：「是謂地户閉」下當有脱文。上文有「初見出於天者，是謂天門開（「地户閉」三字衍，參上條〈校釋〉），陽氣不得下入地户。」則此處當作：「初見入於地者，是謂地户閉，陰氣不得上出天門。」今本疑脱「陰氣不得上出天門」八字。

〔九一〕錢培名曰：「『王德范子之所言』，『德』，漢魏叢書本作『得』。」步嘉謹按：「故天地之符應邦」，疑「符」下脱「瑞」字。觀上句作「王德范子之所言」，范子所言見前節，略云：「此天變見符也」、「此地變見瑞也」；「故天倡而見符，地應而見瑞」。均天稱見符，地稱見瑞。本處「天地」連言，故

「符瑞」亦當連言，否則與前牴牾。

〔九二〕步嘉謹按：「未見未形」，疑是「豫見未形」之訛。檢下文曰「幽幽冥冥，豫知未形」，「幽幽冥冥」，與此句上「前後幽冥」義略同，則「豫知未形」亦即「豫見未形」也。又下文曰「皆有豫見之勞」，亦作「豫見」，「未見未形」費解，且與下文不屬。

〔九三〕錢培名曰：「『此持殺生之柄』，『持』，漢魏叢書、逸史本作『特』。」樂祖謀曰：「『持殺生之柄』，各本同。唯張本『持』作『特』，並註云：『翻元本持。』」步嘉謹按：錢校云漢魏叢書、逸史本作「特」，樂校云唯張本「持」作「特」。今檢漢魏叢書本作「特」，知錢云不誤，樂本脱校。

〔九四〕步嘉謹按：「夫堯舜禹湯，皆有豫見之勞」，《齊民要術》卷三、《太平御覽》卷七〇七《服用部・枕門》引《范子》並作：「堯舜禹湯，皆有預見之明。」「堯舜」前無「夫」字，「豫」作「預」，「之勞」作「之明」。按作「之明」者其義較長。

〔九五〕步嘉謹按：「雖有凶年而民不窮」，《齊民要術》卷三、《太平御覽》卷七〇七《服用部・枕門》引《范子》並與今本同。

〔九六〕步嘉謹按：「越王曰」，《齊民要術》卷三、《太平御覽》卷七〇七《服用部・枕門》引《范子》並作「王曰」，「王」前均無「越」字。

〔九七〕步嘉謹按：「以丹書帛，置之枕中」，《齊民要術》卷三引《范子》作「以丹書帛，致之枕中」，「置」作「致」。《太平御覽》卷七〇七《服用部・枕門》引《范子》與今本同。

〔九八〕步嘉謹按：「以爲邦寶」，《齊民要術》卷三、《太平御覽》卷七〇七《服用部·枕門》引《范子》並作「以爲國寶」，「邦」作「國」。

〔九九〕步嘉謹按：「范子已告越王，立志入海」，范蠡輔句踐勝吴後，乘舟浮海及浮海以後事，詳見《史記》卷四一《越王句踐世家》。

越絶卷第十四

越絶外傳春申君第十七

昔者〔一〕，楚考烈王相春申君吏李園〔二〕。園女弟女環謂園曰〔三〕：「我聞王老無嗣〔四〕，可見我於春申君〔五〕。我欲假於春申君〔六〕。我得見於春申君，徑得見於王矣〔七〕。」園曰：「春申君，貴人也，千里之佐〔八〕，吾何託敢言〔九〕？」女環曰：「即不見我，汝求謁於春申君：『才人告〔一〇〕，遠道客〔一一〕，請歸待之〔一二〕。』彼必問汝：『汝家何等遠道客者？』因對曰：『園有女弟，魯相聞之〔一三〕，使使者來求之園〔一四〕，才人使告園者〔一五〕。』彼必有問〔一六〕：『汝女弟何能〔一七〕？』對曰：『能鼓音。讀書通一經〔一八〕。』故彼必見我。」園曰：「諾。」

明日，辭春申君：「才人有遠道客〔一九〕，請歸待之。」春申君果問：「汝家何等遠道客？」對曰：「園有女弟，魯相聞之，使使求之〔二〇〕。」春申君曰：「何能？」對曰：「能鼓音〔二一〕，讀書通一經〔二二〕。」春申君曰：「可得見乎？」明日，使待於離亭〔二三〕。」園曰：「諾。」既歸，告女環曰〔二四〕：「吾辭於春申君，許我明日夕待於離亭〔二五〕。」女環曰：「園宜先供待之。」

春申君到，園馳人呼女環到，黄昏，女環至，大縱酒。女環鼓琴[二六]，曲未終，春申君大悦[二七]。留宿。明日，女環謂春申君曰：「妾聞王老無嗣，屬邦於君。君外淫，不顧政事，使王聞之，君上負於王，使妾兄下負於夫人，爲之奈何？無泄此口，君召而戒之。」春申君以告官屬：「莫有聞淫女也。」皆曰：「諾[二八]。」

與女環通，未終月，女環謂春申君曰：「妾聞王老無嗣，今懷君子一月矣，可見妾於王，幸産子男，君即王公也，而何爲佐乎[二九]？君戒念之[三〇]。」春申君曰：「諾[三一]。」五日而道之[三二]：「邦中有好女，中相，可屬嗣者[三三]。」烈王曰：「諾。」即召之[三四]。烈王悦[三五]，取之。十月産子男。

十年，烈王死[三六]，幽王嗣立[三七]。女環使園相春申君[三八]。相之三年，然後告園：「以吴封春申君，使備東邊。」園曰：「諾。」即封春申君於吴[三九]。幽王後懷王，使張儀詐殺之。懷王子頃襄王，秦始皇帝使王翦滅之[四〇]。

校釋

〔一〕步嘉謹按：此篇題曰《春申君》，所記史實與《戰國策》、《史記》諸書不合。按本書記春申君事跡唯二處，一即本篇，一見《記吴地傳》。其曰：「春申君，楚考烈王相也。烈王死，幽王立，封春申君於吴。三年，幽王徵春申君爲楚令尹，春申君自使其子爲假君治吴。十一年，幽王徵假君，與春申君並殺之。二君治吴凡十四年。後十六年，秦始皇并楚，百越叛去。東名大越爲山陰也。春申君姓黄，名歇。」云云。前人對此以爲奇，多有議論，《戰國策》卷一七《楚策四》姚宏曰：「《越絶書》，《隋經籍志》稱爲子貢作。今雜記秦漢事，疑後人所羼，不敢盡信。《史記》、《戰國策》、《列女傳》，不載女環之名，止見於此。其晝策終始，信如此，皆出於女環，尤爲異也。至言烈王死後，李園相春申君，方封於吴，又立其子爲假君，皆與《史記》、《國策》不合。聊記於此，以廣異聞。」又《雲麓漫抄》卷三趙彦衛云與姚説略同，疑趙襲姚。黄式三曰：「《策》、《史》言：春申君納李園妹，知娠而獻之。據《越絶書十四篇》則云（嘉按：「十四篇」疑是「十四卷」之訛）：烈王娶李園妹，十月産子男。則《策》、《史》之説非矣。夫春申果知娠而出諸謹宫，言之王而入幸之，則事非一月，安必其十月後生子乎？生而果男乎？行不可知之詭計，春申君何愚！此必後負芻謀弑哀王猶之誣言也。《越絶書二篇》言：幽王立，封春申君於吴。三年，徵爲令尹，使其子攝吴事。十一年，幽王徵其子與春申君並殺之。距此十四年。古事難考如此，讀史者不成人之惡可也。」又曰：「《列女傳》云：公子負芻之徒，聞知幽王非考烈王子，疑哀王，乃襲殺哀王及太后，盡滅李園之族，然則負芻謀篡，構釁造謗，楚事有不實者，當考。」今謹録以俟君子考證焉。步嘉又按：「昔者」，《戰國策》卷一七《楚策四》姚宏註引《越絶書》作「昔」，無「者」字。

〔二〕步嘉謹按：「楚考烈王相春申君吏李園」，《戰國策》卷一七《楚策四》姚宏註引《越絶書》作「楚考烈王相春申君也，吏李園」，「春申君」下多一「也」字。

〔三〕步嘉謹按：「園女弟女環謂園曰」，《戰國策》卷一七楚策四姚宏引《越絶書》作「園女弟環謂園曰」，「環」前無「女」字。檢姚宏引《越絶書》下文均作「女環」，知今本不誤，姚引有脱文。

〔四〕步嘉謹按：「我聞王老無嗣」，《戰國策》卷一七《楚策四》姚宏引《越絶書》與此文同。

〔五〕步嘉謹按：「可見我於春申君」，《戰國策》卷一七《楚策四》姚宏引《越絶書》與此文同。

〔六〕步嘉謹按：「我欲假於春申君」，假，借也。此言我欲借助於春申君。《國語・晉語》：「無必假手於武王。」韋昭註：「假，借也。」

〔七〕步嘉謹按：「徑得見於王矣」，《戰國策》卷一七《楚策四》姚宏引《越絶書》作「徑得幸於王矣」。「見」作「幸」。

〔八〕步嘉謹按：「春申君，貴人也，千里之佐」，《戰國策》卷一七《楚策四》姚宏引《越絶書》作「春申君，貴人也，千里佐」，「千里」下無「之」字。

〔九〕步嘉謹按：「吾何託敢言」，《戰國策》卷一七《楚策四》姚宏引《越絶書》作「吾胡敢託言」。

〔一〇〕樂祖謀曰：「『春申君才人』，陳本『才』作『小』，《史記》作『求見舍人。』下同。」步嘉謹按：樂祖謀校本斷句誤。「春申君」三字當從上讀，原文當斷句作：「汝求謁於春申君；才人告，遠道客，請歸待之。」觀下文有「春申君果問」，知所謁者，乃春申君，非是「春申君才人」，可證。

〔一一〕步嘉謹按:「遠道客」,《戰國策》卷一七《楚策四》姚宏引《越絶書》作「有遠道客」,句首多一「有」字。按有「有」字者是。下文作「才人有遠道客」,當與此句同。下文「才人」後脱「告」字,以此文可證。此文今本脱「有」字,以下文及姚引《越絶書》可證。如此,其義乃通。才人,宫中美人也。

〔一二〕步嘉謹按:「請歸待之」,《戰國策》卷一七《楚策四》姚宏引《越絶書》作「因請歸待之」。

〔一三〕步嘉謹按:「園有女弟,魯相聞之」,《戰國策》卷一七《楚策四》姚宏引《越絶書》作「園有女弟,聞之」,文義不通,當脱「魯相」二字,下文亦作「魯相聞之」,可證。今本不誤。

〔一四〕步嘉謹按:「使使者來求之園」,《戰國策》卷一七《楚策四》宋姚宏引《越絶書》作「使使來求之園」,後一「使」下無「者」字。

〔一五〕步嘉謹按:「才人使告園者」,《戰國策》卷一七《楚策四》姚宏引《越絶書》作「才人使告園也」,句末「者」作「也」。

〔一六〕步嘉謹按:「彼必有問」,《戰國策》卷一七《楚策四》姚宏引《越絶書》作「彼必問汝」。按今本《越絶書》下文作「汝女弟何能」,姚引《越絶書》下文作「女弟何能」,蓋今本「彼必」後較姚引多一「有」字,故今本「汝」字從下讀,姚引「汝」字從上讀,未知孰是,姑存疑。

〔一七〕步嘉謹按:「汝女弟何能」,檢下文春申君問作「何能」,無「汝女弟」三字,疑脱。

〔一八〕步嘉謹按:「能鼓音,讀書通一經」,《戰國策》卷一七《楚策四》姚宏引《越絶書》作:「能鼓音,讀

《詩》、《書》，通一經。」「書」作「詩書」。步嘉按：當有「詩」字。《越絶外傳本事篇》：「見夫子删《書》作《春秋》」句下，錢培名曰：「《書》上疑脱《詩》字，句又見本篇末，有《詩》字。」檢《本事篇》末正作「删《詩》、《書》」，知本書往往脱《詩》字，又見於此矣。

〔一九〕步嘉謹按：「才人有遠道客」，「才人」下當脱「告」字，原文應作「才人告有遠道客」。按所謂「遠道客」者，據前後文乃李園詐稱之魯相之使，李園之客，非才人之客也，故應有「告」字。上文「才人告遠道客」，雖今本脱「有」字（姚宏引《越絶書》有「有」字），但存「告」字，可證此處亦當有「告」字。

〔二〇〕步嘉謹按：「使使求之」，《戰國策》卷一七《楚策四》姚宏引《越絶書》作「使使來求之一」，「求之」上多「來」字。檢上亦作「使使者來求之園」，有「來」。則今本此文「求之」上當脱「來」字。

〔二一〕步嘉謹按：「能鼓音」，《戰國策》卷一七《楚策四》姚宏引《越絶書》作「對以鼓音」，「能」作「對以」。

〔二二〕步嘉謹按：「讀書通一經」，《戰國策》卷一七《楚策四》姚宏引《越絶書》作：「讀《詩》、《書》，通一經。」「書」作「詩書」。按作「詩書」者是，今本當脱「詩」字，參本篇〔校釋一八〕。

〔二三〕步嘉謹按：「春申君曰：可得見乎？明日，使待於離亭」，《戰國策》卷一七《楚策四》姚宏引《越絶書》作「春申君曰：可得見乎？園曰：可。明日使待於離亭」，姚引較今本多「園曰可」三字。按姚引《越絶書》文是，今本當脱此三字。

〔二四〕步嘉謹按：「告女環曰」，《戰國策》卷一七《楚策四》姚宏引《越絶書》作「告女弟環曰」，「女」下多一「弟」字。

〔二五〕步嘉謹按：「許我明日夕待於離亭」，《戰國策》卷一七《楚策四》姚宏引《越絶書》作「與我明日夕於離亭」，「許」作「與」，又「夕」下無「待」字。

〔二六〕步嘉謹按：「大縱酒，女環鼓琴」，《戰國策》卷一七《楚策四》姚宏引《越絶書》作「大縱酒，鼓琴」，「鼓琴」上無「女環」二字。

〔二七〕步嘉謹按：「曲未終，春申君大悦」，《戰國策》卷一七《楚策四》姚宏引《越絶書》作「曲未終，春申君重言善。女環鼓琴而歌，春申君大悦」，則今本脱「春申君重言善。女環鼓琴而歌」共十二字。

〔二八〕步嘉謹按：「皆曰諾」，《戰國策》卷一七《楚策四》姚宏引《越絶書》作「皆諾」，無「曰」字。

〔二九〕步嘉謹按：「君即王公也，而何爲佐乎」，《戰國策》卷一七《楚策四》姚宏引《越絶書》作「君即王公也，何爲而佐乎」，「而何爲」作「何爲而」。

〔三〇〕步嘉謹按：「君戒念之」，《戰國策》卷一七《楚策四》姚宏引《越絶書》作「君試念之」，「戒」作「試」，按：「試念之」，猶言試考慮之。《書·洪範》「汝則念之」，孫星衍疏引馬融曰：「當思念其行」。「思念」即考慮。「戒念」不辭，今本「戒念」爲「試念」之訛。

〔三一〕步嘉謹按：「春申君曰諾」五字，樂校本及他本皆無。《戰國策》卷一七《楚策四》姚宏引《越絶書》有此數字。按今本「君戒念之」下接「五日而道之」，文義不屬，必有脱文，且「君戒念之」爲女環謂春申君之言，春申君亦應有應答之辭，故今據姚宏引《越絶書》補。

〔三二〕步嘉謹按：「五日而道之」，《戰國策》卷一七《楚策四》引《越絶書》作「念之五日而道之」，句首多「念之」二字。嘉按：當有「念之」二字，今本脱。

〔三三〕步嘉謹按：「可屬嗣者」，《戰國策》卷一七《楚策四》姚宏引《越絶書》作「呼屬嗣者」，「可」作「呼」。

〔三四〕步嘉謹按：「即召之」，《戰國策》卷一七《楚策四》姚宏引《越絶書》作「即召而可之」，多「而可」二字。

〔三五〕步嘉謹按：「烈王悦」，《戰國策》卷一七《楚策四》姚宏引《越絶書》作「烈王大悦」，「悦」上多一「大」字。

〔三六〕步嘉謹按：「十年，烈王死」，《戰國策》卷一七《楚策四》姚宏引《越絶書》作「烈王死」，無「十年」二字。

〔三七〕步嘉謹按：「幽王嗣立」，《戰國策》卷一七《楚策四》姚宏引《越絶書》與今本同。吴師道引《越絶書》作「幽王立」，「立」上無「嗣」字。

〔三八〕步嘉謹按：「女環使園相春申君」，《戰國策》卷一七《楚策四》吴師道引《越絶書》作「環使園相春申君」，「女環」作「環」。同書同卷姚宏引《越絶書》與今本同。

〔三九〕步嘉謹按：「即封春申君於吴」，《越絶外傳記吴地傳》作「封春申君於吴」。句首無「即」字。《戰國策》卷一七《楚策四》姚宏引《越絶書》與今本同。

〔四〇〕步嘉謹按：「懷王子頃襄王，秦始皇帝使王翦滅之」，《史記》卷四〇《楚世家》，懷王後頃襄王立，頃襄王後考烈王立，考烈王後幽王立，幽王後哀王立，哀王後王負芻立。王負芻五年，秦將王翦、蒙武破楚國，楚國遂滅。與本書所記楚王世系有異。

越絶德序外傳記第十八

昔者，越王句踐困於會稽，嘆曰：「我其不伯乎〔一〕！」欲殺妻子，角戰以死。蠡對曰：「殆哉！王失計也，愛其所惡。且吴王賢不離〔二〕，不肖不去，若卑辭以地讓之〔三〕，天若棄彼，彼必許〔四〕。」句踐曉焉，曰：「豈然哉！」遂聽能以勝〔五〕。越王句踐即得平吴〔六〕，春祭三江，秋祭五湖〔七〕。因以其時，爲之立祠〔八〕，垂之來世〔九〕，傳之萬載。鄰邦樂德，以來取足〔一〇〕。范蠡内視若盲，反聽若聾〔一一〕，度天關，涉天機，後衽天人，前帶神光。當是時言之者，□其去甚微甚密，王已失之矣，然終難復見得〔一二〕。於是度兵徐州〔一三〕，致貢周室，元王以之中興〔一四〕，號爲州伯，以爲專句踐之功，非王室之力。是時越行伯道，沛歸於宋；浮陵以付楚；臨沂、開陽〔一五〕，復之於魯。中邦侵伐，因斯衰止〔一六〕。以其誠行於内〔一七〕，威發於外，越專其功，故曰《越絶》是也。故傳曰：「桓公迫於外子〔一八〕，能以覺悟。句踐執於會稽〔一九〕，能因以伯。」堯舜雖聖，不能任狼致治〔二〇〕。管仲能知人，桓公能任賢，蠡善慮患，句踐能行焉。臣主若斯，其不伯，得乎？《易》曰：「君臣同心，其利斷金〔二一〕。」此之謂也。

吳越之事煩而文不喻，聖人略焉。賢者垂意，深省厥辭，觀斯智愚。夫差狂惑，賊殺子胥，句踐至賢，種曷爲誅〔二二〕？范蠡恐懼，逃於五湖，蓋有説乎〔二三〕？夫吳知子胥賢，猶昏然誅之。《傳》曰：「人之將死，惡聞酒肉之味，邦之將亡，惡聞忠臣之氣。」身死不爲醫，邦亡不爲謀，還自遺災，蓋木土水火，不同氣居，此之謂也。

種立休功〔二四〕，其後厥過自伐。句踐知其仁也，不知其信。見種爲吳通越，稱：「君子不危窮，不滅服〔二五〕。」以忠告，句踐非之〔二六〕，見乎顔色。范蠡因心知意〔二七〕，策問其事，卜省其辭，吉耶凶耶？兆言其災。夫子見利與害，去於五湖。蓋謂知其道，貴微而賤獲。《易》曰：「知幾其神乎？道以不害爲左〔二八〕。」《傳》曰：「知始無終，厥道必窮。」此之謂也。

子胥賜劍將自殺，歎曰：「嗟乎！衆曲矯直，一人固不能獨立。吾挾弓矢以逸鄭楚之間〔二九〕，自以爲可復吾見淩之仇，乃先王之功，想得報焉，自致於此。吾先得榮，後僇者，非智衰也，先遇明，後遭險，君之易移也已矣〔三〇〕。坐不遇時，復何言哉〔三一〕。此吾命也，亡將安之？莫如早死，從吾先王於地下，蓋吾之志也。」吳王將殺子胥，使馮同徵之〔三二〕。胥見馮同〔三三〕，知爲吳王來也。洩言曰：「王不親輔弼之臣而親衆豕之言，是吾命短也〔三四〕。

高置吾頭，必見越人入吴也〔三五〕，我王親爲禽哉！捐我深江，則亦已矣！」胥死之後，吴王聞，以爲妖言，甚咎子胥。王使人捐於大江口〔三六〕。勇士執之，乃有遺響〔三七〕，發憤馳騰，氣若奔馬〔三八〕。威凌萬物〔三九〕，歸神大海。彷彿之間，音兆常在〔四〇〕。後世稱述，蓋子胥，水僊也〔四一〕。

子胥挾弓去楚〔四二〕，唯夫子獨知其道。事□世□有退，至今實之，實秘文之事。深述厥兆，徵爲其戒。齊人歸女，其後亦重。各受一篇，文辭不既，經傳外章，輔發其類。故聖人見微知著，覩始知終〔四三〕。由此觀之，夫子不王可知也。恭承嘉惠，述暢往事〔四四〕。夫子作經，攬史記，憤懣不泄，兼道事後〔四五〕，覽承傳説。厥意以爲周道不敝，《春秋》不作。蓋夫子作《春秋》，記元於魯〔四六〕。大義立，微言屬，五經六藝，爲之檢式。垂意於越，以觀枉直。陳其本末，抽其統紀，章決句斷，各有終始。吴越之際，夫差弊矣，是之謂也。故觀乎《太伯》，能知聖賢之分；觀乎《荆平》，能知信勇之變；觀乎《吴越》〔四七〕，能知陰謀之慮；觀乎《計倪》，能知陰陽消息之度；觀乎《請糴》，能知□人之使敵邦賢不肖；觀乎《九術》，能知取人之真，轉禍之福〔四八〕；觀乎《兵法》，能知却敵之路；觀乎《陳恒》，能知古今相取之術〔四九〕；觀乎《德叙》，能知忠直所死，狂㥚通拙〔五〇〕。經百八章〔五一〕，上下相明。齊桓興盛，執操以同。管仲達於霸紀，范蠡審乎吉凶終始。夫差不能□邦之治。察乎馮同〔五二〕、宰噽，能知諂臣之所移，哀彼離德信不用。内痛子胥忠諫邪君，反受其咎〔五三〕。夫差誅子胥，自此始亡之謂也〔五四〕。

校釋

〔一〕步嘉謹按：「越王句踐困於會稽，嘆曰：我其不伯乎」，伯，讀若霸。下同。《史記》卷四一《越王句踐世家》云：「句踐之困會稽也，喟然嘆曰：『吾終於此乎！』」「終於此」，也即「不伯」也。二書義略同。

〔二〕步嘉謹按：「且吴王賢不離」，離，麗也。附著之義。《易·説卦》：「離，麗也。」《漢書·揚雄傳》：「哀帝時，丁傅董賢用事，諸附離之者，或起家而二千石。」此言吴王賢人不近，與下文「不肖不去」相對成文。

〔三〕步嘉謹按：「若卑辭以地讓之」，本書《請糴内傳》云：「大夫種對曰：君王卑身重禮，以素忠爲信，以請糴於吴。天若棄之，吴必許諾。」其事似與此同。

〔四〕樂祖謀曰：「『彼必許』，『彼』字原本及正德本、孔本爲墨釘，陳本無此字，據吴本補。」錢培名曰：「『天若棄彼彼必許』，下『彼』字原空，依漢魏叢書、逸史本補。」

〔五〕錢培名曰：「『曰豈然哉遂聽能以勝』，此文上下當有脱誤。」步嘉謹按：《韓詩外傳》卷六云：「越王句踐困於會稽，疾據范蠡、大夫種而霸南國。齊桓公困於長勺，疾據管仲、甯戚、隰朋，而匡天下。此皆困而知疾據賢人者也。夫困而不知疾據賢人，而不亡者，未嘗有也。」

〔六〕錢培名曰：「『越王句踐即得平吴』，『即』字誤。《書鈔》八八、《御覽》五二六並作『既』。」步嘉謹按：《藝文類聚》卷三八《禮部上・祭祀門》引《越絶書》作「越王既往平吴」，「即」亦作「既」。又「越王」下無「句踐」二字。「得」作「往」。

〔七〕步嘉謹按：《國語》卷二一《越語》下：「（范蠡）遂乘輕舟以浮於五湖，莫知其所終極。王命工以良金寫范蠡之狀而朝禮之，浹日而令大夫朝之，環會稽三百里者以爲范蠡地，曰：『後世子孫，有敢侵蠡之地者，使無終没於越國，皇天后土、四鄉地主正之。』」又馬總《意林》卷五載《物理論》：「范蠡字少伯，楚三户人也。使越滅吴，已後乘輕舟游五湖，王令人寫其狀恒朝禮之。」

〔八〕錢培名曰：「『春祭三江，秋祭五湖，因以其時，爲之立祠，垂之來世，傳之萬載』，『祠』，《書鈔》作『祀』。詳此，當是范蠡去國後事，疑有錯簡。」

〔九〕步嘉謹按：「垂之來世」，《藝文類聚》卷三八《禮部上・祭祀門》引《越絶書》作「垂之末世」，「來」作「末」。《太平御覽》卷五二六《禮儀部・祭禮門》引《越絶書》與今本同。

〔一〇〕錢培名曰：「『以來取足』，《御覽》作『皆來取之』，疑並有誤。」

〔一一〕步嘉謹按：「范蠡内視若盲，反聽若聾」，其句又見本書《外傳紀策考》，其曰：「（范蠡）其爲結僮之時，一癡一醒，時人盡以爲狂。然獨有聖賢之明，人莫可與語，以内視若盲，反聽若聾。」

〔一二〕錢培名曰：「『范蠡内視若盲反聽若聾度天關涉天機後衽天人前帶神光當是時言之者□其去甚

微甚密王已失之矣然終難復見得」，此段當是范蠡去國時事，下當接「春祭三江」一段。然亦有脱誤。「度天關」四句，《吴越春秋》作「度天關，涉天梁，後入天一，前翳神光。」「梁」與「光」韻。「天人」無義。疑此「機」字、「人」字並誤。」

〔一三〕張宗祥曰：「《吴越春秋》作：『乃以兵北渡江淮，與齊晉諸侯會於徐州。』《史記索隱》曰：『徐音舒。齊邑薛縣是也。』」步嘉謹按：張宗祥所引《吴越春秋》文，見是書卷一〇《句踐伐吴外傳》。此文首見《史記》卷四一《越王句踐世家》。

〔一四〕步嘉謹按：「致貢周室，元王以之中興」，《史記》卷四一《越王句踐世家》云：「句踐已平吴，乃以兵北渡淮，與齊晉諸侯會於徐州，致貢於周。周元王使人賜句踐胙，命爲伯。」

〔一五〕錢培名曰：「『臨沂開陽』，『沂』原誤『期』，依《本事篇》改。」步嘉謹按：樂祖謀校本作「臨期」，樂祖謀曰：「『臨期』，各本同。按：據《外傳本事篇》，當作『沂』。」今據錢校改。

〔一六〕步嘉謹按：「中邦侵伐，因斯衰止」，本書《外傳本事篇》作「中國侵伐，因斯衰止」，「邦」作「國」。

〔一七〕錢培名曰：「『以其誠行於内』，『行』字原空。依漢魏叢書、逸史本補。《本事篇》作『在』。」

〔一八〕張宗祥曰：「當指出奔事。」

〔一九〕樂祖謀曰：「『執於會稽』，孔本、漢魏本『執』作『報』。」

〔二〇〕錢培名曰：「『不能任狼致治』，『狼』，原誤『狠』，依漢魏叢書、逸史本改。」

〔二一〕步嘉謹按：「《易》曰：君臣同心，其利斷金」，今本《易·繫辭上》作：「二人同心，其利斷金。同心之言，其臭如蘭。」考《晉書》卷八七《涼武昭王李玄盛傳》記玄盛與群臣議遷都云：「二人同心，其利斷金。張長史與孤同矣，夫復何疑！」即暗引《周易》文，與今本《周易》同。《越絶書》「二人」作「君臣」，蓋以義言之。

〔二二〕步嘉謹按：《新序》卷三云：「夫秦用商鞅之法，東弱韓魏，立强天下，而卒車裂商君。越用大夫種之謀，擒勁吴，霸中國，卒誅其身。是以孫叔敖三去相而不悔，於陵仲子辭三公爲人灌園。」

〔二三〕步嘉謹按：《吴越春秋》卷一〇《句踐伐吴外傳》記越滅吴後云：「臺上群臣大悦而笑，越王面無喜色。范蠡知句踐愛壤土，不惜群臣之死，以其謀成國定，必復不須功而返國也，故面有憂色而不悦也。范蠡從吴欲去，恐句踐未返，失人臣之義，乃從入越。行謂文種曰：『子來去矣，越王必將誅子。』種不然言。」

〔二四〕步嘉謹按：「種立休功」，休，美也。《爾雅·釋詁》下：「休，美也。」《廣韻》：「休，美也，善也。」此言文種助越王平吴，立美善之功。

〔二五〕步嘉謹按：「種爲吴通越，稱君子不危窮，不滅服」，當指越王句踐臨滅吴時，文種爲吴諫句踐也。此事不見各書所記，姑俟考焉。

〔二六〕張宗祥曰：「此節《吴越春秋》作『大王知臣勇也，不知臣仁也。知臣忠也，不知臣信也。臣數以損聲色，減淫樂、奇説怪諭（嘉按：「諭」，檢原書當是「論」之訛），盡言竭忠，以犯大王。逆心咈耳，必以獲罪』云云。」

〔二七〕步嘉謹按：《無能子》卷中《范蠡説第六》云：「范蠡佐越王句踐，滅吴殺夫差，與大夫種謀曰：吾聞陰謀人者，其禍必復。夫姑蘇之滅，夫差之死，由吾與子陰謀也。況王之爲人也，可與共患，不可共樂，且功成名遂身退，天之理也。吾將退，子其偕乎？大夫種曰：夫天地之於萬物也，春生冬殺，萬物豈於冬殺而反禍天地乎？吾聞聖人不貴乎獨善，而貴乎除害成物。苟成於物，除害可也。是以黄帝殺蚩尤，舜去四凶。我今除吴之亂，成越之霸，亦成物除害爾。何禍之復我哉？況王方以滅吴德子與我，必相始終。子無遽於退也。范蠡曰：不然。夫天地無心，且不自宰，況宰物乎？天地自天地，萬物自萬物。春以和自生，冬以害自殺。非天地使之然也。聖人雖有心，其用也體乎天地。天地雖無心，機動則應，事迫則順，事過則逆。除害成物，無所憎愛。故害除而無禍，物成而無福。今王以怨吴之心，禄我與子以取其謀，我與子利其禄而謀吴，以滅人爲功以報，禄我者，人之奸也。自謂天地之生殺，聖人之除害成物，不其欺邪！大夫種不説，疑之不決。范蠡竟辭句踐，泛扁舟五湖，俄而越殺大夫種。」

〔二八〕步嘉謹按：「《易》曰：知幾其神乎？道以不害爲左。」考今本《易·繫辭下》：「子曰：知幾其神乎？君子上交不諂，下交不瀆，其知幾乎。」無「道以不害爲左」句。步嘉又按：《説苑》卷一〇《敬慎》云：「子路曰：『損之有道乎？』孔子曰：『高而能下，滿而能虚，富而能儉，貴而能卑，智而能愚，勇而能怯，辯而能訥，博而能淺，明而能暗，是謂損而不極。能行此道，唯至德者及之。』」

〔二九〕步嘉謹按：「吾挾弓矢以逸鄭楚之間」事，見本書《荆平王内傳》。又《吕氏春秋》卷一〇《異寶篇》：「五員亡，荆急求之，登太行而望鄭曰：『蓋是國也，地險而民多知，其主俗主也，不足與舉。』去鄭而之許，見許公而問所之。許公不應，東南嚮而唾。五員載拜受賜曰：『知所之矣。』」

〔三〇〕步嘉謹按：《吕氏春秋》卷二四《不苟》云：「人主雖不肖，其説忠臣之聲與賢主同，行其實則與賢主有異。異，故其功名禍福亦異。異，故子胥見説於闔閭而惡乎夫差，比干生而惡於商，死而見説乎周。」又《戰國策》卷三〇《燕策三》載樂毅報燕王書云：「臣聞善作者，不必善成；善始者，不必善終。昔者五子胥説聽乎闔閭，故吴王遠跡至於郢。夫差弗是也，賜之鴟夷而浮之江。故吴王夫差不悟先論之可以立功，故沉子胥而不悔。子胥不蚤見主之不同量，故入江而不改。」

〔三一〕步嘉謹按：《韓詩外傳》卷七：「子路進諫曰：『爲善者，天報之以福，爲不善者，天報之以賊。今夫子積德累仁，爲善久矣。意者尚遺行乎，奚居之隱也？』孔子曰：『由來，汝小人也，未講於論也。居，吾語汝。子以知者爲無罪乎？則王子比干何爲刳心而死？子以義者爲聽乎？則伍子胥何爲抉目而懸吴東門？……伍子胥前功多，後戮死，非知有盛衰也。前遇闔閭，後遇夫差也。」

〔三二〕樂祖謀曰：「『馮同』，陳本作『逢同』。」

〔三三〕樂祖謀曰：「『馮同』，陳本作『逢同』。」

〔三四〕步嘉謹按：「是吾命短也」，《國語》卷一九《吴語》記子胥臨死嘆曰「是吴命之短也」，疑即當此文，然「吾」作「吴」，疑原文應作「吴」，輾轉傳寫，訛作「吾」。

〔三五〕步嘉謹按：《太平廣記》卷二九一「伍子胥」條：「伍子胥累諫吴王，賜屬鏤劍而死。臨終，戒其子曰：懸吾首於南門，以觀越兵來。以鱇魚皮裹吾尸，投於江中。我當朝暮乘潮，以觀吴之敗。自是自海門山，潮頭洶高數百尺，越錢塘漁浦，方漸低小。朝暮再來，其聲震怒，雷奔電走百餘里。時有見子胥乘素車白馬，在潮頭之中。因立廟以祠焉。廬州城内淝河岸上，亦有子胥廟。每朝暮潮時，淝河之水，亦鼓應而起。至其廟前，高一二尺，廣十餘丈，食頃乃定。俗云與錢塘水相應焉。」

〔三六〕步嘉謹按：「王使人捐於大江口」，《文選》卷五《吴都賦》李善註引《越絶書》作「子胥死，王使捐於大江口」，「王使」下無「人」字。又《文選》卷三四《七發》李善註引《越絶書》作「王捐子胥於大江口」，亦無「人」字。與今本異。

〔三七〕步嘉謹按：「勇士執之，乃有遺響」，《文選》卷三七《七發》李善註引《越絶書》作「勇士之執，乃有遺鄙」。按「遺鄙」似爲「遺響」之訛，今本不誤。又「執之」是，「之執」恐誤。

〔三八〕步嘉謹按：「發憤馳騰，氣若奔馬」，《文選》卷五《吴都賦》李善註引《越絶書》作「乃發憤馳騰，氣若奔馬」，句首多一「乃」字。《文選》卷三四《七發》李善註引《越絶書》與今本同。

〔三九〕錢培名曰：「『威凌萬物』，『凌』字原空，依漢魏叢書本補。」樂祖謀曰：「『威凌萬物』，『凌』字正德本、孔本爲墨釘，陳本、吴本爲空格。」

〔四〇〕步嘉謹按：「歸神大海」，《文選》卷五《吴都賦》李善註引《越絶書》作「乃歸神大海」，句首多一「乃」字。又樂祖謀曰：「『音兆常在』，原本誤『在』作『王』，據正德本等改。」

〔四一〕步嘉謹按：「蓋子胥，水僊也」，《文選》卷五《吴都賦》李善註引《越絶書》與此文同。《論衡・書虚篇》：「傳書言：吴王夫差殺伍子胥，煮之於鑊，乃以鴟夷橐投之於江。子胥恚恨，驅水爲濤，以溺殺人。今時會稽丹徒大江，錢唐浙江，皆立子胥之廟。蓋欲慰其恨心，止其猛濤也。夫言吴王殺子胥，投之於江，實也；言其恨恚驅水爲濤者，虚也。」張宗祥曰：「《吴越春秋》作『伍子胥從海上穿山，脅而持種去。與之俱浮於海。故前潮水潘候者，伍子胥也。後重水者，大夫種也。』」

〔四二〕錢培名曰：「『子胥挾弓去楚』，此六字與下文不相涉。疑字錯簡。」

〔四三〕錢培名曰：「『覩始知終』，『終』，《文選・王仲宣・贈文叔良詩》註作『已』。」

〔四四〕步嘉謹按：「恭承嘉惠，述暢往事」，《文選》卷二五《盧子諒・贈劉琨一首並書》、卷二六《陸韓卿・奉答内兄希叔詩》、卷六〇《弔屈原文》李善註引《越絶書》並與今本同。

〔四五〕步嘉謹按：「兼道事後」，「事後」疑爲「後事」之誤倒。

〔四六〕步嘉謹按：「蓋夫子作《春秋》，記元於魯」，本書《吴内傳》作「於是孔子作《春秋》，方據魯以王。」

〔四七〕錢培名曰：「『觀乎吴越』，『越』，當依《篇叙篇》作『人』。」

〔四八〕步嘉謹按：「轉禍之福」，「之」，疑當作「爲」。

〔四九〕錢培名曰：「『能知古今相取之術』，『古』字原空，依漢魏叢書本補。」樂祖謀曰：「『古今相取之術』，『古』字正德本爲墨釘，陳本爲空格。」

〔五〇〕步嘉謹按：《春秋繁露》卷四《王道》：「觀乎亳社，知驕溢之罰，觀乎許由，知諸侯不得專封。觀乎齊桓、晉文、宋襄、楚莊，知任賢奉上之功。觀乎魯隱、祭仲、叔武、孔文、荀息、仇牧、吴季子、公子且夷，知忠臣之效。觀乎楚公子比，知臣子之道、效死之義。觀乎潞子，知無輔自詛之敗。觀乎公在楚，知臣子之恩。觀乎漏言，知忠道之絶。觀乎獻六羽，知上下之差。觀乎宋伯姬，知貞婦之信。觀乎吴王夫差，知强凌弱。觀乎晉獻公，知逆理近色之過。觀乎楚昭王之伐蔡，知無義而反。觀乎晉厲之妄殺無罪，知行暴之報。觀乎陳佗、宋閔，知妒淫之過。觀乎虞公梁亡，知貪財枉法之窮。觀乎楚靈，知苦民之壞。觀乎魯莊之起臺，知驕奢淫泆之失。觀乎晉郤缺之伐邾婁，知臣下作福之誅。觀乎公子翬，知臣窺君之意。觀乎世卿，知移權之敗。故明王視於冥冥，聽於無聲……故君子慎之。」此乃《繁露》述《春秋》之要旨，爲後世戒，與本書此節用意同。

〔五一〕步嘉謹按：「經百八章」，「百」疑爲「凡」字之訛。

〔五二〕樂祖謀曰：「『馮同』，陳本作『逢同』。」

〔五三〕步嘉謹按：「反受其咎」，《説苑》卷一六《談叢》云：「天與不取，反受其咎；時至不迎，反受其殃。」

〔五四〕錢培名曰：「『自此始亡之謂也』，『自』原誤『目』，依漢魏叢書、逸史本改。」張宗祥曰：「此書《崇文總目》凡二十五篇，今存十九篇，亡其六篇。據此節所叙：觀乎《太伯》，觀乎《吳越》，觀乎《兵法》云云，疑三者均有專篇，均在亡佚之數，其他三篇則難考矣。」

越絶卷第十五

越絶篇叙外傳記第十九

維先古九頭之世〔一〕，蒙水之際，興敗有數，承三繼五。故曰衆者傳目，多者信德。自此之時，天下大服。三皇以後，以一治人。至於三王，爭心生，兵革越〔二〕，作肉刑。五胥因悉挾方氣，歷天漢。孔子感精，知後有疆秦喪其世，而漢興也〔三〕。賜權齊、晉、越，入吴。孔子推類，知後有蘇秦也。權衡相動，衡五相發。道獲麟，周盡證也〔四〕，故作《春秋》以繼周也。此時天地暴清，日月一明，弟子欣然，相與太平。孔子懷聖承弊，無尺土所有，一民所子〔五〕，覩麟垂涕〔六〕，傷民不得其所，非聖人孰能痛世若此。萬代不滅，無能復述。故聖人没而微言絶〔七〕。賜見《春秋》改文尚質，譏二名，興秦王，亦發憤記吴越，章句其篇，以喻後賢。賜之説也，魯安，吴敗〔八〕，晉疆，越霸〔九〕，世春秋二百餘年，垂象後王。賜傳吴越，□指於秦。聖人發一隅，辯士宜其辭，聖文絶於彼〔一〇〕，辯士絶於此。故題其文，謂之《越絶》。

問曰：「《越絶》始於《太伯》，終於《陳恒》，何？」「《論語》曰：『雖小道，必有可觀者焉〔一一〕。』乃太伯審於始，知去上賢。太伯特不恨，讓之至也〔一二〕。始於《太伯》，仁賢，明大吴也〔一三〕。仁能生勇，故次以《荆平》也，勇子胥忠、正、信、智以明也。智能生詐，故次以《吴人》也，善其務救蔡，勇其伐荆。其范蠡行爲，持危救傾也，莫如循道順天，富邦安民，故次《計倪》。富邦安民，故於自守〔一四〕，易以取，故次《請糴》也。一其愚，故乖其政也。請粟者求其福禄，必可獲〔一五〕，故次以《九術》。順天心，終和親，即知其情。策於廊廟，以知疆弱。時至，伐必可克，故次《兵法》。兵，凶器也〔一六〕。動作不當，天與其殃。知此上事，乃可用兵。《易》之卜將，《春秋》無將〔一七〕，子謀父，臣殺主〔一八〕，天地所不容載。惡之甚深，故終於《陳恒》也〔一九〕。」

問曰：「《易》之卜將，《春秋》無將。今荆平何善乎〔二〇〕？君無道，臣仇主，以次《太伯》，何？」曰：「非善荆平也，乃勇子胥也，臣不討賊，子不復仇，非臣子也〔二一〕。故賢其冤於無道之楚，困不死也；善其以匹夫得一邦之衆〔二二〕，竝義復仇，傾諸侯也；非義不爲，非義不死也。」

問曰：「子胥妻楚王母〔二三〕，無罪而死於吴。其行如是，何義乎？」曰：「孔子固貶之矣〔二四〕。賢其復仇〔二五〕，惡其妻楚王母也。然《春秋》之義，量功掩過也。賢之〔二六〕，親親也。」

「子胥與吳何親乎？」曰：「子胥以困干闔廬[二七]，闔廬勇之甚，將爲復仇[二八]，名譽甚著。《詩》云：『投我以桃，報之以李[二九]。』夫差下愚不移，終不可奈何。言不用，策不從，昭然知吳將亡也。受闔廬厚恩，不忍去而自存，欲著其諫之功也。故先吳敗而殺也。死人且不負，而況面在乎[三〇]？昔者管仲生，伯業興。子胥死，伯名成[三一]。周公貴一概，不求備於一人。及外篇各有差叙[三二]，師不説[三三]。」

問曰：「子胥未賢耳。賢者所過化，子胥賜劍，欲無死，得乎[三四]？」「盲者不可示以文繡，聾者不可語以調聲。瞽瞍不移，商均不化[三五]。湯繫夏臺，文王拘於殷[三六]。時人謂舜不孝，堯不慈[三七]，聖人不悦下愚[三八]，而況乎子胥？當困於楚，劇於吳，信不去耳，何拘之有？孔子貶之奈何？其報楚也，稱子胥妻楚王母，及乎夷狄。貶之，言吳人也[三九]。」

問曰：「句踐何德也？」曰：「伯德，賢君也。」「《傳》曰：『危人自安，君子弗爲；奪人自與，伯夷不多[四〇]。』行僞以勝，滅人以伯，其賢奈何[四一]？」曰：「是固伯道也。祺道厭駮，一善一惡。當時無天子，彊者爲右[四二]，使句踐無權，滅邦久矣。子胥信而得衆道，范蠡善僞以勝。當明王天下太平，諸侯和親，四夷樂德，款塞貢珍[四三]，屈膝請臣，子胥何由乃困於楚？范蠡不久乃爲狂者？句踐何當屬莝養馬[四四]？遭逢變亂，權以自存，不亦賢乎？行伯非賢，晉文之能因時順宜，隨而可之。故空社易爲福，危民易爲德，是之謂也。」

問曰：「子胥、范蠡何人也？」「子胥勇而智，正而信〔四五〕。范蠡智而明，皆賢人〔四六〕。」問曰：「子胥死，范蠡去，二人行違，皆稱賢，何〔四七〕？」「《論語》曰：『陳力就列，不能者止〔四八〕。』事君以道言耳。范蠡單身入越，主於伯〔四九〕，有所不合，故去也。」問曰：「不合何不死？」曰：「去止，事君之義也〔五〇〕。義無死，胥死者，受恩深也。今蠡猶重也，不明甚矣。」問曰：「受恩死，死之善也。臣事君，猶妻事夫，何以去？」「《論語》曰：『三日不朝，孔子行〔五一〕。』行者，去也。《傳》曰：『孔子去魯〔五二〕，燔俎無肉；曾子去妻，藜蒸不熟〔五三〕。』微子去，比干死，孔子並稱仁〔五四〕。行雖有異，其義同〔五五〕。」「死與生，敗與成，其同奈何？」「《論語》曰：『有殺身以成仁〔五六〕。』子胥重其信，范蠡貴其義。信從中出，義從外出〔五七〕。微子去者，痛殷道也。比干死者，忠於紂也。箕子亡者，正其紀也〔五八〕。皆忠信之至〔五九〕，相爲表裏耳〔六〇〕。」問曰〔六一〕：「二子孰愈乎？」曰：「以爲同耳。然子胥無爲能自免於無道之楚，不忘舊功，滅身爲主。合，即能以霸；不合，可去則去，可死則死。范蠡遭世不明，被髮佯狂，無正不行，無主不止。色斯而舉，不害於道。億則屢中，貨財殖聚。作詐成伯，不合乃去。三遷避位〔六二〕，名聞海内〔六三〕。去越入齊，老身西陶〔六四〕。仲子由楚，傷中而死。二子行有始終。子胥可謂兼人乎〔六五〕？」

問曰：「子胥伐楚宫，射其子，不殺，何也？」「弗及耳。楚世子奔逃雲夢之山〔六六〕。子胥兵笞平王之墓〔六七〕，昭王遣大夫申包胥入秦請救〔六八〕。于斧漁子進諫子胥〔六九〕，子胥適會秦救至，因引兵還。越見其榮於無道之楚〔七〇〕，興兵伐吴。子胥以不得已，迎之就李。」問曰：「笞墓何名乎？」「子之復仇，臣之討賊，至誠感天，矯枉過直。乳狗哺虎，不計禍福〔七一〕。大道不誅，誅首惡〔七二〕。子胥笞墓不究也。」

維子胥之述吴越也，因事類，以曉後世。著善爲誠，譏惡爲誡；〔七三〕。句踐以來，至乎更始之元，五百餘年〔七四〕，吴越相復見於今〔七五〕。百歲一賢，猶爲比肩〔七六〕。記陳厥說，略其有人。以去爲姓〔七七〕，得衣乃成。厥名有米，覆之以庚。禹來東征，死葬其疆。不直自斥，託類自明。寫精露愚〔七八〕，略以事類，俟告後人。文屬辭定，自于邦賢。邦賢以口爲姓〔七九〕，丞之以天〔八〇〕。楚相屈原，與之同名。明於古今，德配顔淵。時莫能與，伏竄自容。年加申酉，懷道而終〔八一〕。友臣不施，猶夫子得麟〔八二〕。覽覩厥意，嗟嘆其文，於乎哀哉！温故知新，述暢子胥，以喻來今。經世歷覽〔八三〕，論者不得，莫能達焉。猶《春秋》鋭精堯舜，垂意周文。配之天地，著於五經。齊德日月，比智陰陽。《詩》之《伐柯》〔八四〕，以己喻人。後生可畏，蓋不在年。以口爲姓，萬事道也。丞之以天，德高明也。屈原同名，意相應也。百歲一賢，賢復生也。明於古今，知識宏也〔八五〕。德比顔淵，不可量也。時莫能用，籥口鍵精，深自誠也。猶子得麟，丘道窮也。姓有去，不能容也。得衣乃成，賢人衣之能章也。

名有米，八政寶也。覆以庚，兵絶之也〔八六〕。於乎哀哉，莫肯與也。屈原隔界，放於南楚，自沉湘水，蠡所有也。

校釋

〔一〕張宗祥曰：「《春秋元命苞》有《九頭紀》，即紀人皇氏，兄弟九人治世也。」

〔二〕錢培名曰：「『兵革越』，『越』字誤，疑當作『起』。」

〔三〕錢培名曰：「『喪其世而漢興也』，『而』字原空，依漢魏叢書本補。」樂祖謀曰：「『而漢興也』，『而』字原本及正德本、孔本爲墨釘，陳本、吴本爲空格，據漢魏本補。」

〔四〕步嘉謹按：「道獲麟，周盡證也」，《春秋左傳》哀公十四年：「《經》：十有四年，春，西狩獲麟。」杜預注：「麟者，仁獸。聖王之嘉端也。時無明王出而遇獲。仲尼傷周道之不興，感嘉瑞之無應。故因《魯春秋》而修中興之教。絶筆於獲麟之一句，所感而作，固所以爲終也。」

〔五〕樂祖謀曰：「『一民所子』，張本『子』作『主』。」

〔六〕錢培名曰：「『覩麟垂涕』，『垂』原誤『乘』，依漢魏叢書、逸史本改。」樂祖謀曰：「『覩麟垂涕』，『垂』字原本及正德本、陳本誤作『乘』，據孔本等改。」步嘉謹按：《搜神記》卷八云：「魯哀公十四年，孔子夜夢三槐之間，豐沛之邦，有赤氤氣起。乃呼顔回、子貢同往觀之。馳車到楚西北范氏街，見芻兒打麟，傷其左前足，束薪而覆之。孔子曰：『兒來！汝姓爲誰？』兒曰：『吾姓爲赤松，名時喬，字受紀。』孔子曰：『汝豈有所見乎？』兒曰：『吾所見一禽，如麕，羊頭，頭上有角，其末有肉。方以是西走。』孔子曰：『天下已有主也。爲赤劉，陳、項爲輔。五星入井，從歲星。』兒發薪下麟，示孔子。孔子趨而往。麟向孔子，蒙其耳，吐三卷圖。廣三寸，長八寸，每卷二十四字。其言：『赤劉當起日周亡。赤氣起，火耀興。玄丘制命，帝卯金。』」

〔七〕步嘉謹按：「故聖人没而微言絶」，《漢書》卷三六《劉歆傳》：「及夫子没而微言絶，七十子終而大義乖。」又《漢書》卷三〇《藝文志》：「昔仲尼没而微言絶，七十子喪而大義乖。」

〔八〕錢培名曰：「『魯安吴吴敗』『吴』字複，當衍其一。」張宗祥曰：「疑衍一『吴』字。」樂祖謀曰：「『吴敗』，各本均作『吴吴敗』，張宗祥云：『疑衍一吴字。』張説甚。據删。」

〔九〕步嘉謹按：《越絶外傳本事篇》作「子貢一出，亂齊，破吴，興晉，彊越。」《越絶内傳陳成恒篇》作：「故曰子貢一出，存魯，亂齊，破吴，彊晉，霸越是也。」《史記》卷六七《仲尼弟子列傳》作：「故子貢一出，存魯，亂齊，破吴，彊晉而霸越。」《太平御覽》卷四四七《人事部・品藻門》引蔣子《萬機論》：「昔齊欲伐魯，回求説陳常而孔子不許，遂使子貢。子貢一出，破齊，彊晉，亡吴，霸越，存魯也。」

〔一〇〕錢培名曰：「『聖文絶於彼』，『絶』，《直齋書録解題》引作『越』。」步嘉謹按：「聖文絶於彼」，疑「聖文」乃「聖人」之訛。

〔一一〕步嘉謹按：「《論語》曰：雖小道，必有可觀者焉。」此語見《論語・子張篇》。其文曰：「子夏曰：

雖小道，必有可觀者焉。致遠恐泥。是以君子不爲也。」

〔一二〕步嘉謹按：《史記》卷三一《吴太伯世家》：「吴太伯，太伯弟仲雍，皆周太王之子，而王季歷之兄也。季歷賢，而有聖子昌，太王欲立季歷以及昌，於是太伯、仲雍二人乃奔荆蠻，文身斷髮，示不可用，以避季歷。季歷果立，是爲王季，而昌爲文王。太伯之奔荆蠻，自號句吴。荆蠻義之，從而歸之千餘家，立爲吴太伯。」《論衡・譴告篇》曰：「太王亶父以王季之可立，故易名爲『歷』。歷者，適也。太伯覺悟，之吴越採藥，以避王季。使太王不易季名，而復字之『季』，太伯豈覺悟以避之哉？」

〔一三〕步嘉謹按：「始於《太伯》，仁賢，明大吴也」，《史記・吴太伯世家》列諸《世家》之首，《吴越春秋》首篇也爲《吴太伯傳》，此云《越絶》「始於《太伯》」，蓋此三書之體例，有所承襲也。

〔一四〕錢培名曰：「『故於自守』，『故』字誤，疑當作『固』。」

〔一五〕錢培名曰：「『問曰請粟者』，『問曰』二字錯簡，當在下節首。此段原文提行另起。按此與上文文氣一貫，發明『始於《太伯》，終於《陳恒》』之意。不應中斷，今連並。」樂祖謀曰：「『請粟者求其福禄必可獲』，此句前各本均有『問曰』二字，錢培名《札記》以爲錯簡，當置於下節『《易》之卜將，《春秋》無將』句前。錢説甚是。以此節文氣一貫，始於《太伯》，終於《陳恒》，確不應中斷，今從而勾正之。」

〔一六〕步嘉謹按：「兵，凶器也」，《説苑》卷一五《指武》：「且吾聞兵者，凶器也；爭者，逆德也。今子陰謀逆德，好用凶器，殆人所棄，逆之至也。」

〔一七〕步嘉謹按：「《易》之卜將，《春秋》無將」，二「將」字皆爲語氣助詞。

〔一八〕樂祖謀曰：「『臣殺主』，陳本『殺』作『弑』。」

〔一九〕錢培名曰：「『故終於陳恒也』，按：據此，則《越絶》原次：一《太伯》，次《荆平》，次《吴人》，次《計倪》，次《請糴》，次《九術》，次《兵法》，次《陳恒》。今本缺《太伯》、《兵法》二篇，其《陳恒篇》，誤次於《九術》之前，而其餘五篇，篇次皆合，又或稱《内傳》，或稱《内經》，明與《外傳》不相混雜。蓋《外傳》皆後人附益也。《德序篇》『故觀乎太伯』數語，所列篇次，與此篇同。《本事篇》亦云：『然越專其功而有之，何不第一？而卒本《吴太伯》爲？』又趙曄作《吴越春秋》，往往依傍《越絶》，其以《吴太伯傳》爲首，蓋亦竊取其義。」

〔二〇〕錢培名曰：「『《易》之卜將，人臣（步嘉按：「人臣」當是「《春秋》」之訛。）無將，今荆平何善乎』，上節『請粟者』上『問曰』二字錯簡，當移置此節首。此節原本連上。按上節統叙八篇，此專釋荆平，例當另起。又審《易》之卜將，人臣（「《春秋》」之訛）無將二字，復衍上節語，與下文義不相涉，今字亦無所承，疑此九字皆衍文。」

〔二一〕步嘉謹按：《白虎通》卷二：「子得爲父報仇者，臣子於君父，其義一也。忠臣孝子所以不能已，以恩義不可奪也。」

〔二二〕步嘉謹按：「善其以匹夫得一邦之衆」，參見本書《吴内傳》。

〔二三〕步嘉謹按：「子胥妻楚王母」，《越絶吴内傳》云：「君舍君室，大夫舍大夫室，蓋有妻楚王母者。」

〔二四〕步嘉謹按：「孔子固貶之矣」，事見《春秋公羊傳》、《春秋穀梁傳》定公四年條。

〔二五〕錢培名曰：「『賢其復仇』，按復仇義已見上，下文釋親親，又不言復仇。疑『復仇』二字有誤。」

〔二六〕錢培名曰：「『賢之』，『賢』字原空，依漢魏叢書本補。按此下分釋賢之、貶之二義。此『賢之』下疑脱『奈何』二字，與下『貶之奈何』句法一例。」

〔二七〕錢培名曰：「『子胥以困干闔廬』，『干』，原誤『于』，漢魏叢書本作『于』，亦誤，今依逸史本改。」樂祖謀曰：「『以困干闔廬』，『干』字原本及孔本、漢魏本誤作『于』，據正德本等改。」

〔二八〕步嘉謹按：「闔廬勇之甚，將爲復仇」，《越絶荆平王内傳》：「子胥居吴三年，大得吴衆。闔廬將爲之報仇。」又《越絶吴内傳》：「子胥挾弓，身干闔廬。闔廬曰：『士之甚，勇之甚。』將爲之報仇。」

〔二九〕步嘉謹按：「投我以桃，報之以李」，見《詩經・大雅・抑》。其曰：「投我以桃，報之以李。彼童而角，實虹小子。」鄭箋云：「此言善往則善來，人無行而不得其報也。」

〔三〇〕步嘉謹按：「死人且不負，而況面在乎」，死人謂闔廬也，面在謂夫差也。

〔三一〕步嘉謹按：《新序》卷二《雜事》：「無賢臣，雖五帝三王不能以興。齊桓公得管仲，有霸諸侯之榮，失管仲而有危亂之辱。虞不用百里奚而亡，秦繆公用之而霸。楚不用伍子胥而破吴，闔廬用之而霸。夫差非徒不用子胥也，又殺之，而國卒以亡……此父用之，子不用，其事可見也。

故闔廬用子胥以興，夫差殺之而亡。」又《戰國策》卷五《秦策三》記蔡澤曰：「主聖臣賢，天下之福也。君明臣忠，國之福也。父慈子孝，夫信婦貞，家之福也。故比干忠，不能存殷，子胥知，不能存吴，申生孝，而晉惑亂。是有忠臣孝子，國家滅亂，何也？無明君賢父以聽之。故天下以其君父爲戮辱，憐其臣子。夫待死而後可以立忠成名。是微子不足仁，孔子不足聖，管仲不足大也。」

〔三二〕樂祖謀曰：「『各有差叙』，『叙』，原本作『叙』，據正德本等改。」

〔三三〕錢培名曰：「『及外篇各有差叙師不説』，此十字疑錯簡，當在上第二節『故終於《陳恒》也』句下。」樂祖謀曰：「『師不説』，原本『説』下有一墨釘。」

〔三四〕錢培名曰：「『子胥賜劍欲無死得乎』，此上下似有脱文。」

〔三五〕步嘉謹按：「瞽瞍」，舜之父，數欲殺舜。「商均」，舜之子，不肖。事皆見《史記》卷一《五帝本紀》。

〔三六〕步嘉謹按：「湯繫夏臺」，《史記》卷二《夏本紀》：「（桀）乃召湯而囚之夏臺。」《索隱》：「獄名。夏曰均臺。皇甫謐云『地在陽翟』是也。」「文王拘於殷」，《史記》卷三《殷本紀》：「紂囚西伯羑里。」《集解》：「《地理志》曰：河内湯陰有羑里城，西伯所拘處。」

〔三七〕步嘉謹按：「時人謂舜不孝，堯不慈」，參《越絶吴内傳》：「堯有不慈之名」、「舜有不孝之行」〔校釋〕。

〔三八〕錢培名曰：「『聖人不悦下愚』，『悦』，疑當作『移』，『下』，原誤『夏』。依漢魏叢書本改。」

〔三九〕步嘉謹按：「貶之，言吴人也」，《越絶吴内傳》：「吴何以稱人乎？夷狄之也。」又曰：「吴師何以稱人？吴者，夷狄也，而救中邦，稱人，賤之也。」

〔四〇〕步嘉謹按：「伯夷不多」，伯夷，《史記》卷一《五帝本紀》中《史記正義》曰：「齊太公之祖也。」

〔四一〕步嘉謹按：《春秋繁露》卷九云：「命令相曰：大夫蠡、大夫種、大夫庸、大夫睪、大夫車成，越王與此五大夫謀伐吴，遂滅之，雪會稽之恥，卒爲霸主。范蠡去之，種死，寡人以此二大夫者爲皆賢。孔子曰：殷有三仁。今以越王之賢與蠡、種之能，此三人者，寡人亦以爲越有三仁，其於君何如？桓公決疑於管仲，寡人決疑於君。仲舒伏地再拜，對曰：仲舒知褊而學淺，不足以決之。雖然，主有問於臣，臣不敢不悉以對，禮也。臣仲舒聞，昔者魯君問於柳下惠曰：我欲攻齊，何如？柳下惠對曰：不可。退而有憂色，曰：吾聞之也，謀伐國者，不問於仁人也。此何爲至於我？但見問而尚羞之，而況乃與爲詐以伐吴乎？其不宜明矣。以此觀之，越本無一仁，而安得三仁？仁人者，正其道不謀其利，修其理，不急其功，致無爲而習俗大化，可謂仁聖矣。三王是也。《春秋》之義，貴信而賤詐，詐人而勝之，雖有功，君子弗爲也。是以仲尼之門，五尺童子，言羞稱五伯，爲其詐以成功，苟爲而已也。故不足稱於大君子之門。五伯者，比於他諸侯爲賢者，比於仁賢，何賢之有？譬猶珷玞比於美玉也。臣仲舒伏地再拜以聞。」持論與本篇異趣。

〔四二〕步嘉謹按：「當時無天子，疆者爲右」，《越絶吴内傳》云：「當此之時，上無明天子，下無賢方伯，諸侯力政，彊者爲君。」又云：「天子微弱，諸侯力政，彊者爲君。」按《吴内傳》皆作「彊者爲君」，此作「彊者爲右」。考《淮南子》卷二一《要略》：「齊桓公之時，天子卑弱，諸侯力征……勝者爲右。」則亦有作「右」者。今不必皆作「君」字。

〔四三〕步嘉謹按：「款塞貢珍」，款，叩也。謂叩塞上之關門而貢珍物。

〔四四〕步嘉謹按：「句踐何當屬莝養馬」，《越絶外傳本事篇》作「越王句踐屬芻莝養馬」，「屬」下有「芻」字。又《越絶外傳記吴王占夢》作「而王恒使其芻莖秩馬」，張宗祥謂「莖」當爲「莝」之誤。然亦有「芻」字。疑本篇脱。

〔四五〕錢培名曰：「『正而信』，《御覽》四四六無此句。」步嘉謹按：考《太平御覽》卷四〇二《人事部·叙賢門》引《越絶書》正作「子胥正而信」，知今本不誤。

〔四六〕錢培名曰：「『皆賢人』句下，《御覽》有『也』字。」步嘉謹按：錢校引《御覽》乃卷四四六《人事部·品藻門》引《越絶書》文，今檢《太平御覽》卷四〇二《人事部·叙賢門》引《越絶書》句末亦有「也」字。

〔四七〕錢培名曰：「『皆稱賢何』句下，《御覽》有『也答曰』三字。」

〔四八〕步嘉謹按：「《論語》曰：陳力就列，不能者止」，見《論語》卷一六《季氏》，其曰：「孔子曰：求，周任有言曰：陳力就列，不能者止。危而不持，顛而不扶，則將焉用彼相矣。」

〔四九〕錢培名曰：「『主於伯』，《御覽》作『致主於伯』，今本脱『致』字。」步嘉謹按：檢《太平御覽》卷四四六《人事部·品藻門》引《越絶書》作「致主於霸」，「伯」作「霸」，錢校或引誤。

〔五〇〕步嘉謹按：「去止，事君之義也」，《白虎通》卷二曰：「臣諫，君不從，則去，何法？法水潤下達於上也。」《白虎通》卷二又曰：「諸侯之臣諍，不從，得去何？以屈辱申卑，孤惡君也。」

〔五一〕步嘉謹按：《論語》曰：三日不朝，孔子行」，文見《論語》卷一八《微子》，其曰：「齊人歸女樂，季桓子受之。三日不朝。孔子行。」

〔五二〕步嘉謹按：「孔子去魯」，《北堂書鈔》卷一四五《酒食部·蒸篇》引《越記傳》作「孔子之魯」，「去」作「之」。

〔五三〕步嘉謹按：「曾子去妻，藜蒸不熟」，《白虎通》卷二云：「朋友之道有四焉。通財不在其中。近則正之，遠者稱之，樂則思之，患則死之。夫妻相爲隱乎？《傳》曰：曾子去妻，藜蒸不熟。問曰：婦有七出，不蒸亦預乎？曰：吾聞之也，絶交令可友，棄妻令可嫁也。藜蒸不熟而已。何問其故乎！此爲隱之也。」

〔五四〕步嘉謹按：「微子去，比干死，孔子並稱仁」，《鹽鐵論》卷二《非鞅第七》：「是以箕子執囚，比干被刑。伍員相闔閭以霸，夫差不道，流而殺之。……大夫種輔翼越王，爲之深謀，卒禽彊吴，據有東夷，終賜屬鏤而死。……文學曰：比干剖心，子胥鴟夷，非輕犯君以危身，彊諫以干名也。……是以比干死而殷人怨，子胥死而吴人恨。」

〔五五〕步嘉謹按：「行雖有異，其義同」，《太平御覽》卷四四六《人事部・品藻門》引《越絶書》作「行雖違，其義同」，「有異」作「違」。按上文作「子胥死，范蠡去，二人行違」，亦作「違」字，疑今本誤。

〔五六〕步嘉謹按：「《論語》曰：有殺身以成仁」，此見《論語》卷一五《衛靈公》，其文曰：「子曰：『志士仁人，無求生以害仁，有殺身以成仁。』」

〔五七〕錢培名曰：「『義從外出』，『出』，《御覽》作『入』字。」

〔五八〕步嘉謹按：「箕子亡者，正其紀也」，《太平御覽》卷四四六《人事部・品藻門》引《越絶書》作：「箕子亡者，絶也。」「正其紀也」，作「絶也」。

〔五九〕步嘉謹按：「皆忠信之至」，《太平御覽》卷四四六《人事部・品藻門》引《越絶書》作「忠信之至」，句首無「皆」字。

〔六〇〕步嘉謹按：《韓詩外傳》卷六：「比干諫而死。箕子曰：知不用而言，愚也，殺身以彰君之惡，不忠也，二者不可。然且爲之，不祥莫大焉。遂被髮佯狂而去。君子聞之曰：勞矣箕子，盡其精神，竭其忠愛，見比干之事，免其身，仁知之至。」

〔六一〕步嘉謹按：「問曰」，《太平御覽》卷四四六《人事部・品藻門》引《越絶書》作「問」，無「曰」字。

〔六二〕步嘉謹按：《拾遺記》卷三云：「范蠡相越，日致千金。家童閑算術者萬人。收四海難得之貨，盈積於越都，以爲器。銅鐵之類，積如山阜，或藏之井塹，謂之『寶井』。奇容麗色，溢於閨房，謂之『游宫』。歷古以來，未之有也。《録》曰：《易》尚謙益，《書》著明謨，人臣之體，以斯爲上。

《傳》曰：『知無不爲，忠也。』范蠡陳工術之本，而句踐乃霸，卒王百越，稱爲富彊，斯其力矣。故能佯狂以晦跡，浮海以避世，因三徙以别名，功遂身退，斯其義也。」

〔六三〕步嘉謹按：《魏書》卷七二《陽尼傳》：「以患蹇爲福兮，痛比干之殘軀。以佞諛爲獲安兮，哂宰嚭之見屠。……哀越種之被戮兮，嘉范蠡之脱羈。」

〔六四〕步嘉謹按：「去越入齊，身老西陶」，《白氏六帖》卷七《姓氏門》：「范蠡浮海，出齊，易名爲鴟夷子，後至陶爲陶朱公。」又《風俗通義》卷上：「俗言東方朔太白星精。黄帝時爲風后，堯時爲務成子，周時爲老聃，在越爲范蠡，在齊爲鴟夷子。言其神聖，能興五霸之業，變化無常。」

〔六五〕步嘉謹按：《揚子法言》卷一〇《重黎》：「或問子胥、種、蠡孰賢，曰胥也。俾吴作亂，破楚入郢，鞭尸藉館，皆不由德。謀越諫齊不式，不能去，卒眼之。種、蠡不彊諫而山棲，俾其君詘社稷之靈而童僕，又終弊吴，賢皆不足邵也。至蠡策種而遁，肥矣哉。」又《説苑》卷一七《雜言》：「大夫種存亡越而霸句踐，賜死於前。李斯積功於秦，而卒被五刑。盡忠憂君，危身安國，其功一也。或以封侯而不絶，或以賜死而被刑，所慕所由異也。故箕子棄國而佯狂，范蠡去越而易名，智過去君弟而更姓，皆見遠識微，而仁能去富勢，以避萌生之禍者也。……比干死紂而不能正其行，子胥死吴而不能存其國。二子者，强諫而死，適足明王之暴耳。」

〔六六〕錢培名曰：「『楚世子奔逃雲夢之山』，『之山』，原誤倒。依漢魏叢書、逸史本乙轉。」

〔六七〕錢培名曰：「『子胥兵笞平王之墓』，『平』，原誤『卒』，依漢魏叢書本改。」步嘉謹按：樂祖謀校本

「平王」作「卒主」，欒祖謀曰：「『卒主』，原本及正德本、孔本、陳本、吴本並作『卒主』，漢魏本作『平王』，張本同。」嘉按：《越絶吴内傳》作「子胥將卒六千人，操鞭笞平王之墳」。又《越絶荆平王内傳》作「子胥將卒六千，操鞭捶笞平王之墓而數之曰」。皆作「平王」，錢校是。今依錢説改。

〔六八〕步嘉謹按：《説苑》卷一四《至公》云：「子胥將之吴，辭其友申包胥曰：『後三年，楚不亡，吾不見子矣。』申包胥曰：『子其勉之！吾未可以助子，助子是伐宗廟也；止子是無以爲友。雖然，子亡之，我存之。』於是乎觀楚一存一亡也。後三年，吴師伐楚，昭王出走。申包胥不受命，西見秦伯曰：『吴無道，兵彊人衆，將征天下，始於楚。寡君出走，居雲夢。使下臣告急。』哀公曰：『諾！固將圖之。』申包胥不罷朝，立於秦庭，晝夜哭，七日七夜不絶聲。哀公曰：『有臣如此，可不救乎！』興師救楚。」

〔六九〕步嘉謹按：「于斧漁子進諫子胥」，《越絶外傳紀策考》云：「吴使子胥救蔡，誅彊楚，笞平王墓，久而不去，意欲報楚。楚乃購之千金，衆人莫能止之。有野人謂子胥曰：『止！吾是于斧掩壺漿之子、發簞飯於船中者。』子胥乃知是漁者也，引兵而還。」

〔七〇〕錢培名曰：「『越見其榮於無道之楚』，『榮』疑『勞』。」

〔七一〕步嘉謹按：「乳狗哺虎，不計禍福」，其典無考。「乳狗」，母狗也，「哺虎」，喂養虎子也，蓋虎子成年後當反噬其乳狗。故下云「不計禍福」。

〔七二〕步嘉謹按：「大道不誅，誅首惡」，《漢書》卷二七《五行志》云：「王者於大敗，誅首惡，赦其衆，不則皆函陰氣，厥水流入國邑，隕霜殺叔草。」

〔七三〕樂祖謀曰：「『譏惡爲誠』，『誠』，漢魏本作『誠』。」步嘉謹按：作「誠」字者是。

〔七四〕樂祖謀曰：「『五百餘年』，『百』字原本及正德本、孔本爲墨釘，陳本爲空格，據吳本等增。」

〔七五〕錢培名曰：「『吳越相攻』，原脱『攻』字，依漢魏叢書本補。」樂祖謀曰：「『相復』，漢魏本作『相攻復』，多『攻』字。」步嘉謹按：今仍從樂本。

〔七六〕步嘉謹按：「百歲一賢，猶爲比肩」，《戰國策》卷一〇《齊策三》：「淳于髡一日而見七人於宣王。王曰：『子來，寡人聞之，千里而一士，是比肩而立，百世而一聖，若隨踵而至也。』」高誘註：「比，謂肩相次也。言士難得，千里有一，猶爲並肩也。」《吕氏春秋》卷一六《觀世》：「天下雖有有道之士，國猶少。千里而有一士，比肩也；累世而有一聖人，繼踵也。」《新書》卷九《大政下》：「故聖王在上位，則士百里而有一人，猶無有也。故王者衰則士没矣。如暴亂在上位，則千里而有一人，則猶比肩也。」又《意林》卷一引《鬻子》：「聖人在位，百里有一士猶無有也。王道衰，千里一士則猶比肩也。」

〔七七〕錢培名曰：「『以去爲姓』，『姓』，原誤『生』，依漢魏叢書、逸史本改。」樂祖謀曰：「『以去爲姓』，原本及正德本、陳本誤『姓』作『生』，據孔本等改。」

〔七八〕錢培名曰：「『寫精露愚』，句下似脱一韻。」

〔七九〕錢培名曰：「『邦賢以口爲姓』，『邦賢』二字疑衍。」

〔八〇〕步嘉謹按：「邦賢以口爲姓，丞之以天」，乃釋「吴」字，前人已説。考《三國志》卷五三《薛綜傳》：「薛綜字敬立，沛郡竹邑人也。少依族人避地交州，從劉熙學。……西使張奉於權前列尚書闞澤姓名以嘲澤，澤不能答。綜下行酒，因勸酒曰：『蜀者何也？有犬爲獨，無犬爲蜀，横目苟身，虫入其腹。』奉曰：『不當復列君吴邪？』綜應聲曰：『無口爲天，有口爲吴，君臨萬邦，天子之都。』」此亦釋「吴」字也，與本篇隱語略近。

〔八一〕步嘉謹按：「年加申酉，懷道而終」，《玉函山房輯佚書》引晉袁准《袁子正書》：「語曰：歲在申酉，乞漿得酒。歲在辰巳，嫁妻賣子。夫盛衰更代，豐荒相半，天之常道也。」又《史通》卷三《書志》：「又語曰：『太歲在酉，乞漿得酒。太歲在巳，販妻鬻子。』」

〔八二〕錢培名曰：「『猶子得麟』，『子』上原衍『夫』字。按此文上下皆以四字爲句，此句不應獨出五字。下文『猶子得麟，丘道窮也』，亦無『夫』字，今删。」步嘉謹按：今仍從樂本。

〔八三〕錢培名曰：「『經世歷覽』，句下似脱一韻。」

〔八四〕步嘉謹按：「《詩》之《伐柯》」，見《毛詩・國風》。其《小序》曰：「《伐柯》，美周公也。周大夫刺朝廷之不知也。」其《詩》曰：「伐柯如何？匪斧不克。取妻如何？匪媒不得。伐柯伐柯，其則不遠。我觀之子，籩豆有踐。」

〔八五〕樂祖謀曰：「『知識宏也』，原本及陳本、吴本『識宏』二字爲空格；正德本、孔本爲墨釘，據漢魏本補。」

〔八六〕錢培名曰：「『姓有去不能容也得衣乃成賢人衣之能章也名有米八政寳也覆以庚兵絶之也』，按：此釋著書人姓名。當先袁後吳。此八句疑當在『蓋不在年』句下。『姓有去』，當依上作『以去爲姓』，『人』字、『能』字，當衍其一。『衣之』二字並衍。『名有米』上當脱『厥』字，『覆』下當脱『之』字。此皆解釋上文，不當有異。且自『吳越相攻』至末，皆四言韻語，不應參差其文。『八政寳也』，正與下『萬事道也』爲韻。惟『兵絶之也』句不叶，疑有誤字。諸本皆同，不敢以意更易，凡是所疑，姑附其説，俟博聞者理之。」

附録一：越絶書佚文校箋

錢培名輯佚
李步嘉校箋

《文選・吴都賦註》

〔一〕名門者，車船並入。昌門，今見在。銅柱，石填地。

【校箋】

此條佚文出自《文選・吴都賦》劉淵林註引，非李善註引也。此文原當在《越絶外傳記吴地傳》中，今本不載。按劉淵林引《越絶書》曰：「吴郭周匝六十八里六十步，大城周匝四十七里二百一十步，水門八，陸門八，其二有樓。名門者，車船並入。昌門，今見在。銅柱，石填地。大城中有小城，周十二里，亦有水陸門，皆闔閭宫，在高平里。」「吴郭周匝六十八里六十步」者，今本《吴地傳》作「吴郭周六十八里六十步」，無「匝」字。「大城周匝四十七里二百一十步，水門八，陸門八，其二有樓」者，今本《吴地傳》作「吴大城，周四十七里二百一十步二尺。陸門八，其二有樓。水門八。」「大城中有小城，周十二里，亦有水陸門」者，今本《吴地傳》作：「吴小城，周十二里。門三，皆有樓，其二增水門二。」「皆闔閭宫，在高平里」者，今本《吴地傳》作：「闔廬宫，在高平里。」此節佚文前後銜接文字皆見今本《吴地傳》，故知此佚文原當在《吴地傳》中。

〔二〕夫差小女，字幼玉。見父無道，輕士重色，其國必危。遂願與書生韓重爲偶。不果，結怨而死。夫差思痛之，金棺銅槨，葬閶門外。其女化形而歌曰：「南山有鳥，北山張羅。鳥既高飛，羅當柰何。志願從君，讒言孔多。悲怨成疾，没身黄坡。」　《吴地記》

【校　箋】

按「結怨而死」，學海類編本《吴地記》引作「絶怨而死」，「結」作「絶」。此條記夫差無道，其女怨死事，不見今本，也未知原出何篇也。然佚文有云「葬閶門外」，考今本《越絶外傳記吴地傳》：「闔廬子女冢，在閶門外道北。」是知闔廬、夫差子女死，皆葬於閶門外也。又考《搜神記》卷一六「紫玉」條，也載夫差小女死事，與此佚文相較，事略同而文爲詳也，今録以參觀：「吴王夫差小女，名曰紫玉，年十八，才貌俱美。童子韓重，年十九，有道術。女悦之，私交信問，許爲之妻。重學於齊魯之間，臨去，屬其父母，使求婚。王怒，不與女。玉結氣死，葬閶門之外。三年重歸，詰其父母，父母曰：『王大怒，玉結氣死，已葬矣。』重哭泣哀慟，具牲幣，往弔於墓前。玉魂從墓出，見重，流涕謂曰：『昔爾行之後，令二親從王相求，度必克從大願。不圖别後，遭命奈何！』玉乃左顧宛頸而歌曰：『南山有鳥，北山張羅。鳥既高飛，羅將奈何！意欲從君，讒言孔多。悲結生疾，没命黄壚。命之不造，冤如之何！羽族之長，名爲鳳凰。一日失雄，三年感傷。雖有衆鳥，不爲匹雙。故見鄙姿，逢君輝光。身遠心近，何當暫忘。』歌畢，歔欷流涕，要重還冢。重曰：『死生異路。懼有尤愆，不敢承命。』玉曰：『死生異路，吾亦知之。然今一别，永無後期。子將畏我爲鬼而禍子乎？欲誠所奉，寧不相信。』重感其言，送之還冢。玉與之飲讌，留三日三夜，盡夫婦之禮。臨出，取徑寸明珠以送重，曰：『既毁其名，又絶其願，復何言哉！時節自愛。若至吾家，致敬大王。』重既出，遂詣王，自説其事。王大怒曰：『吾女既死，而重造訛言，以玷穢亡靈。此不過發冢取物，託以鬼神。』趣收重。重走脱，至玉墓所訴之。玉曰：『無憂。今歸白王。』王粧梳，忽見玉，驚愕悲喜，問曰：『爾緣何生？』玉跪而言曰：『昔諸生韓重，來求玉，大王不許，玉名毁義絶，自致身亡。重從遠還，聞玉已死，故齎牲幣，詣冢弔唁。感其篤終，輒與相見，因以珠遺之。不爲發冢，願勿推治。』夫人聞之，出而抱之，玉如烟然。」又宋朱長文《吴郡圖經續記》卷下「女墳湖在吴縣西北六里」條云：「《吴越春秋》以謂吴王小女因食蒸魚，辱之，不忍久生，乃自殺。一説夫差小女字幼玉，觀父之過，憂國之危，願與書生韓重者爲偶。志願不果，結怨而死。夫差痛思之，以金棺銅槨葬之閶門外。葬已，祭之，其女化形而歌曰：『南山有鳥，北山張羅。鳥既高飛，羅將奈何。志欲從君，讒言孔多。悲怨成疾，殁身黄坡。』竊謂此詩亦有深旨，殆此女生時所賦邪？『南山有鳥』，喻越也。『北山張羅』，喻制越非其所也。『鳥既高飛』，句踐之盛也。『羅將奈何』，夫差不可以制越也。『志欲從君，讒言孔多』，謂雖欲從父之命，奈何其聽讒言而忘忠義也。彼韓重之怨，蒸魚之忿，殆恐非也。墳之爲湖，或曰墓所陷也。或曰取土爲墳，鑿而成也。」

〔三〕闔廬葬女於郌西，名爲三女墳。吳先主發掘無得，鑿分爲三，呼爲三女墳也。

《書鈔》卷九四

錢培名曰：「按《越絶書》安得及吳先主事？蓋後人妄增。」

【校箋】

按此條不見他書所引，唯《北堂書鈔》卷九四「三女墳」條註引《越記》出此文。今本《越絶書》雖無，然據所記亦冢墓之事，知也出《吳地傳》中。檢光緒南海孔氏刊本，「郌西」作「野西」，《校勘記》云：「陳俞本『野』作『郌』。」又「鑿墳分爲三」，南海孔氏本作「鑿墳分爲二百」，文亦有異。按：既云「三女墳」，恐「三」字是，「二百」或訛。俟考。

〔四〕美山　大雷山　小雷山　有西岑冢，越王孫開所立，以備春申君。使其子守之。死，遂葬城中。

上並見《後漢書·郡國志註》

【校　箋】

此條錢培名云，出自《後漢書·郡國志註》，今檢其文，皆見於《後漢書·郡國志四》「吴郡」條下劉昭註引。以文中「有西岑冢，越王孫開所立」句觀之，則爲《越絶外傳記地傳》之佚文也。錢培名將「美山」、「大雷山」、「小雷山」三條分置，今考劉昭註引《越絶》「闔閭置美人山」，知錢培名節録其文；又「大雷山」、「小雷山」，劉昭註：「《越絶書》曰：『湖周三萬六千頃。』又有大雷山，小雷山，周處《風土記》曰舜漁澤之處。」今標點本以此二山非《越絶書》文也，則錢或誤引。又「使其子守之，死，遂葬城中」句，今標點本劉昭註引作「使其子守之，子死遂葬城中」，知錢輯「死」上誤脱「子」字。

《咸淳毗陵志》

〔五〕北城，泰伯所築。

【校　箋】

此條不見今本《越絶書》。「北城」，未知何城，「泰伯」即吴太伯，則此言吴太伯築城事，依例亦應原出《越絶外傳記吴地傳》。考黄裳《新定九域志》卷五《常州》「太伯城」條引《越絶書》云「吴太伯所築」，疑與錢輯同條，文或相先後，今姑存疑焉。

〔六〕伍員取利浦黃瀆土築此城。

錢培名曰：「在無錫闔閭城下。」《咸淳毗陵志》引

【校箋】

此條記伍子胥築闔閭城事，原當在《越絶外傳記吴地傳》中。黃裳《新定九域志》卷五《常州》、《無錫縣志》卷三引此條皆作「《越絶書》云：『伍員取利浦及黃瀆土築闔閭城。』」「利浦」二字下皆有「及」字，又句末皆有「闔閭城」三字。今本《越絶書》「闔廬城」即「吴大城」，然云「闔廬所造」，與此佚文云爲伍員所築不合。《無錫縣志》對此甚疑，是書卷三云：「《吴地記》云：闔閭城，周敬王六年，伍員伐楚還，運潤州利湖土築之，不足，又取吴地黃瀆土爲大小二城。當闔閭伐楚回，故因號之。若以《越絶書》利瀆爲證，恐非吴之大城。自姑蘇至潤州四百餘里，其取土不應如是之遠。」

〔七〕吴人於硯石置館娃宮。《寰宇記》卷九一

錢培名曰：「《吴郡圖經續記》引，『硯石』下有『山』字。」

【校箋】

此條記館娃宫事。館娃宫者，越獻美女西施等人於吴，吴建館娃宫置焉。越獻美女事，今本《越絶書》二見。《越絶外傳記地傳》云：「美人宫，周五百九十步，陸門二，水門一，今北壇利里丘土城，句踐所習教美女西施、鄭旦宫臺也。女出於苧蘿山，欲獻於吴。」又《越絶内經九術》云：「越乃飾美女西施、鄭旦，使大夫種獻之於吴王。」館娃宫在吴地，《姑蘇志》卷八云：「靈巖山在天平山之南，一名石鼓山，又有石馬，望如人騎。館娃宫在焉。西施洞、響履廊、香水溪、吴王井，皆其跡也。……山巔有琴臺，刻字猶存。又有硯池、玩花池，山頂别有石池。」知佚文原當出《越絶外傳記吴地傳》。《吴郡志》卷一五引《越絶書》作「吴人於硯石山作館娃宫」，「硯石」下有「山」字，與錢培名引《吴郡圖經續》記載《越絶書》文合。《太平御覽》卷四六《地部·硯石山門》引《越絶書》無「山」字，則與《寰宇記》文同。蓋硯石山即石鼓山也。

〔八〕秦始皇至會稽，徙越之人於烏程。　　《寰宇記》卷九四

【校箋】

檢光緒八年金陵書局刊本《太平寰宇記》卷九四《江南東道六·湖州·烏程縣》引《越絶外傳》

作：「秦始皇至會稽，徙於越之人於烏程。」「越」作「於越」。按《寰宇記》當本《元和郡縣圖志》，《元和志》卷二五《江南道一》「烏程縣」條引《越絶》作：「始皇至會稽，徙於越之人於烏程。」句首雖無「秦」字，然亦作「於越」，知錢輯録脱字。又《石柱記箋釋》引《越絶外傳》作「秦始皇至會稽，徙大越之人於烏程」，「於」改作「大」。步嘉謹按：此佚文所叙，今本《越絶外傳記吴地傳》實記其事，而文稍有異。《吴地傳》曰：「烏程、余杭、黝、歙、無湖、石城縣以南，皆故大越徙民也。秦始皇帝刻石徙之。」則佚文原必出《吴地傳》無疑。

《路史·國名紀》

〔九〕東甌越王所立，元王四年，范蠡築。

錢培名曰：「秣陵上元西南七里，有古越城，《越絶書》云云」。

【校　箋】

此條據錢氏引《路史》載《越絶書》，乃記築古越城事，按例原當在《越絶外傳記地傳》中，今本不載。檢四部備要本《路史》，錢註引「古越城」作「故越城」，作「故」字者是。《太平寰宇記》卷九〇《江南東道二·升州·上元縣》下云：「故越城在縣西南七里。《越絶書》云：『東甌越王所立也。即周元王四年越相范蠡所築。』」「古」亦作「故」。又佚文「所立」下多一「也」字。「元王四年」上多「即周」二字。「范蠡」上多「越相」二字。「築」上多一「所」字。

〔一〇〕宋大夫華元冢，在華原陳留小黄縣北。

《太平御覽》卷五五八

【校　箋】

此條記宋大夫華元冢，且葬地在華原陳留小黄縣，與《越絶書》專記吴、越地名之例不合。又「華原」不詳何地，下文陳留當指陳留郡，前後漢陳留郡下均轄小黄縣，在今開封市東北，非吴越之地也。檢《太平御覽》卷五五八《禮儀部·冢墓門》引《越絶書》作：「宋大夫華元冢，在華原陳留小黄縣城北。」「小黄縣」下多一「城」字，錢輯佚或誤脱。

〔一一〕闔閭惡王子慶忌，問於伍子胥。子胥曰：臣有所厚於國，其人細小也，曰要離。臣嘗見其辱壯士菑邱訢，（錢培名曰：「《吴越春秋》作『椒邱訢』。」）東海上人也。爲齊王使於吴，過淮津，欲飲馬。水神出取，菑邱訢大怒，徧袒操劍，入水與戰，殺兩蛟一龍。連日乃出，眇其左目。遂之吴，會於友人之座，訢恃其神戰之勇，輕士大夫。要離與之對座，即謂之曰：吾聞勇士之戰也，與日戰者不移表，與鬼戰者不旋踵，與人戰者不達聲。生往死還，不受其辱。今子與神戰於泉水之中，亡馬失御，又受眇目之病，形殘名辱，勇士所恥，自驕於友人之旁，何其忍負也。於是菑邱訢卒於結恨勢怒，未及有言，座衆分解。菑邱訢宿怒遺恨，夜往攻要離。要離戒其妻曰：曩者吾辱壯士菑邱訢於大衆之座，有受不還報答之怒，餘恨忿恚，冥必來矣。愼毋閉門。菑邱訢果往。入門不閉，登堂不關，入室不守，放髮僵卧。訢乃手拔劍而捽要離，曰：子有三當死之過，子知之乎？要離曰：吾不知也。菑邱訢曰：子辱吾於大座之衆，（錢培名曰：「『座』、『衆』二字，疑當互易。《吴越春秋》作『千人之衆』。」）一死也；歸不閉門，二死也；卧不守衛，三死也。子有三死之過，雖欲勿怒，其得乎哉！要離曰：吾無三死之過，子有三不肖之媿，子知之乎？菑邱訢曰：吾不知。要離曰：吾辱子於千人之衆，子不報答，是一不肖也；入門不咳，登堂無聲，是二不肖也；先拔劍，手持頭，乃敢有言，是三不肖也。子有三不肖之媿，而欲威我，豈不鄙哉！於是菑邱訢仰天歎曰：吾之勇也，人莫敢有訾吾者，若斯要離，乃加吾之上，此天下壯士也。

《御覽》卷四三七

【校箋】

按此節文字甚長，言菑邱訢與要離使氣復仇之事，不見今本《越絶書》，也未詳原出何篇也。錢培名云出《御覽》四三七，今檢《太平御覽》卷四三七《人事部·勇門》引《越絶書》，與錢輯小有不同。「菑邱訢」，今檢《御覽》皆作「菑丘訢」。又「有受不還報答之怒」句上，有「彼勇士」三字，錢輯誤脱。

又「而欲威我」，《御覽》作「而欲滅我」，「威」作「滅」。步嘉又按：此事又見《韓詩外傳》及《吴越春秋》，文字大同小異，今録以參觀：《韓詩外傳》卷一〇云：「東海有勇士曰菑邱訢，以勇猛聞於天下。遇神淵，曰：飲馬。其僕曰：飲馬於此者，馬必死。曰：以訢之言飲之。其馬果沉。菑邱訢去朝服拔劍而入，三日三夜，殺三蛟一龍而出。雷神隨而擊之十日十夜，眇其左目。要離聞之，往見之曰：訢在乎？曰：送有喪者。往見訢於墓，曰：聞雷神擊子十日十夜，眇子左目。夫天怨不全日，人怨不旋踵，至今弗報，何也？叱而去墓上，振憤者不可勝數。要離歸，謂門人曰：菑邱訢，天下之勇士也，今日我辱之人中，是其必來攻我，暮無閉門，寢無閉户。菑邱訢果夜來，拔劍住要離頭，曰：子有死罪三。辱我以人中，死罪一也；暮不閉門，死罪二也；寢不閉户，死罪三也。要離曰：子待我一言。來謁，不肖一也；拔劍不刺，不肖二也；刃先辭後，不肖三也。能殺我者，是毒藥之死耳。菑邱訢引劍而去，曰：嘻！所不若者，天下惟此子爾。」《吴越春秋》卷四《闔閭内傳》云：「二年，吴王前既殺王僚，又憂慶忌之在鄰國，恐合諸侯來伐。……吴王曰：『吾之憂也，其敵有萬人之力，豈細人之所能謀乎？』子胥曰：『其細人之謀事，而有萬人之力也。』王曰：『其爲何誰？子以言之。』子胥曰：『姓要名離。臣昔嘗見曾折辱壯士椒丘訢也。』王曰：『辱之奈何？』子胥曰：『椒丘訢者，東海上人也，爲齊王使於吴，過淮津，欲飲馬於津，津吏曰：水中有神，見馬即出，以害其馬。君勿飲也。訢曰：壯士所當，何神敢干？乃使從者飲馬於津，水神果取其馬，馬没。椒丘訢大怒，袒裼持劍，入水求神決戰，連日乃出，眇其一目。遂之吴，會於友人之喪。訢恃其與水戰之勇也，於友人之喪席而輕傲於士大夫，言辭不遜，有陵人之氣。要離與之對坐，合坐不忍其溢於力也。時要離乃挫訢曰：吾聞勇士之鬥也，與日戰不移表，與神鬼戰者不旋踵，與人戰者不達聲，生往死還，不受其辱。今子與神鬥於水，亡馬失御，又受眇目之病，形殘名勇，勇士所恥。不即喪命於敵，而戀其生，猶傲色於我哉！於是，椒丘訢卒於詰責，恨怒並發，暝即往攻要離。於是，要離席闌至舍，誡其妻曰：我辱壯士椒丘訢於大家之衆，餘恨蔚恚，暝必來也，慎無閉吾門。至夜，椒丘訢果往，見其門不閉，登其堂不關，入其室不守，放髮僵卧無所懼。訢乃手劍而捽要離曰：子有當死之過者三，子知之乎？離曰：不知。訢曰：子辱我於大家之衆，一死也；歸不關閉，二死也；卧不守御，三死也。子有三死之過，欲無得怨。要離曰：吾無三死之過，子有三不肖之愧，子知之乎？訢曰：不知。要離曰：吾辱子於千人之衆，子無敢報，一不肖也；入門不咳，登堂無聲，二不肖也；前拔子劍，手挫捽吾頭，乃敢大言，三不肖也。子有三不肖而威於我，豈不鄙哉？於是，椒丘訢投劍而嘆曰：吾之勇也，人莫敢眥占者，離乃加吾之上，此天下壯士也。臣聞要離若斯，誠以聞矣。」《史記·吴太伯世家》

〔二〕屬鏤

錢培名曰：「《索隱》曰：『劍名，見《越絶》。』」

【校　箋】

按「屬鏤」爲寶劍名，各書所記，夫差賜伍子胥死，即此劍也，不見今本《越絶書》。今本《越絶書》記吴王賜劍殺子胥，唯見二處。《越絶請糴内傳》云：「（吴王）以申胥爲不忠，賜劍殺申胥。」又《越絶德序外傳》記云：「子胥賜劍將自殺。」則知此佚文「屬鏤」二字，原當出自《請糴内傳》或《德序外傳》矣。步嘉又按：檢標點本《史記》卷三一《吴太伯世家》中《史記索隱》作：「劍名，見《越絶書》。」錢培名輯佚作「《越絶》」，脱「書」字。

《史記越世家・正義》

〔一三〕無餘都，會稽山南今越城是也。

【校　箋】

檢標點本《史記》卷四一《越王句踐世家》中《史記正義》引《越絶記》作：「無餘都，會稽山南故越城是也。」「故越城」錢培名輯佚引作「今越城」，「今」乃「故」之訛。按「無餘」，越先祖之名，此條記無餘都城之事。考今本《越絶外傳記地傳》云：「昔者，越之先君無餘，乃禹之世，别封於越，以守禹冢。……無餘初封大越，都秦餘望南，千有餘歲而至句踐。句踐徙治山北。」亦記無餘建都事，則佚文當出自《記地傳》中。

〔一四〕句踐遊臺上有龜公冢在。　《寰宇記》卷九六

【校　箋】

此條不見他書所引，唯見《太平寰宇記》卷九六《江南東道八·越州·山陰縣》「龜山，縣東北九十四步」後引《越絶書》云云。按今本《越絶外傳記地傳》云：「龜山者，句踐起怪遊臺也。東南司馬門，因以炤龜。又仰望天氣，觀天怪也。」所記爲句踐起遊臺，此佚文云「句踐遊臺上有龜公冢在」，當接此處，原應出《越絶外傳記地傳》。

〔一五〕興平二年，分立吴寧縣。　《後漢書·郡國志註》

【校　箋】

「興平」爲後漢獻帝年號，「興平二年」，爲公元一九五年。此條不見他書所引，唯見《後漢書·郡國志四》劉昭註引《越絶》。考《宋書》卷三五《州郡志》一云：「吴寧令，漢獻帝興平二年，孫氏分諸暨立。」所記爲設立吴寧縣令之事，然時間與《越絶書》此佚文合。

〔一六〕餘暨，西施之所出。　　　　《後漢書·郡國志註》

【校　箋】

錢培名輯佚「餘暨，西施之所出」，句首「餘暨」二字，檢標點本《後漢書·郡國志四》，乃《郡國志》原文，非《越絶》書之文也。劉昭於「餘暨」下註引《越絶》曰：「西施之所出。」知「餘暨」二字爲錢連寫所附。《越絶外傳記地傳》云：「美人宫，周五百九十步，陸門二，水門一，今北壇利里丘土城，句踐所習教美女西施、鄭旦宫臺也。女出於苧蘿山。」按「苧蘿山」舊傳在諸暨縣，劉昭註引出自餘暨縣，然二縣地亦相近。疑佚文原出《記地傳》。

〔一七〕棟猶鎮也。　　　　《水經·漸江水註》

【校　箋】

《會稽志》卷九、《太平御覽》卷四七《地部·秦望山門》引《越絶》，《路史·後紀》引《越絶書》，皆見此文。按各書所引此佚文均附於「棟山」條下，今本《越絶外傳記地傳》有「東山」，錢培名、熊會貞皆以即「楝山」之訛，前〔校釋〕已據改。則此條原當在《記地傳》中。

〔一八〕越王句踐既爲吴辱，常盡禮接士，思以平吴。一日出遊，見蛙怒，句踐揖之。左右曰：王揖怒蛙何也？答曰：蛙如是怒，何敢不揖。於是勇士聞之，皆歸越而平吴。

《太平廣記》卷四七三

【校　箋】

此條錢培名輯自《太平廣記》，依錢説檢《太平廣記》卷四七三，確載此文，字句不誤。然此條首見於唐李亢《獨異志》卷中引，其云：「《越絶書》：越王句踐既爲吴辱，嘗盡禮接士，思以平吴。一日出遊，蛙怒，句踐揖之。左右曰：『王揖怒蛙何也？』答曰：『蛙如是怒，可不揖？』於是勇士聞之，皆歸越而助平吴。」文有小異，「見蛙怒」，作「蛙怒」，無「見」字。又「何敢不揖」，作「可不揖」，「何敢」作「可」。又「而平吴」，作「而助平吴」，多一「助」字。《獨異志》成書於唐宣宗至僖宗乾符元年之間，《太平廣記》修於北宋太平興國年間，錢培名引《太平廣記》而未引《獨異志》，亦失之檢。《吴越春秋》卷一〇《句踐伐吴外傳》也記此事，而文稍異，其云：「(句踐)恐軍士畏法不使，自謂未能得士之死力。道見蛙張腹而怒，將有戰爭之氣，即爲之軾。其士卒有問於王曰：『君何爲敬蛙蟲而爲之軾？』句踐曰：『吾思士卒之怒久矣，而未有稱吾意者。今蛙蟲無知之物，見敵而有怒氣，故爲之軾。』於是，軍士聞之，莫不懷心樂死，人致其命。」此事又見《韓非子》卷九《内儲説》，其云：「賞譽薄而謾者，下不用，賞譽厚而信者，下輕死。……句踐知之，故式怒鼃。」又同書同卷云：「越王慮伐吴，欲人之輕死也，出見怒鼃，乃爲之式。從者曰：奚敬於此？王曰：爲其有氣故也。明年之請以頭獻王者，歲十餘人。由此觀之，譽之足以殺人矣。一曰：越王句踐見怒鼃而式之，御者曰：何爲式？王曰：鼃有氣如此，可無爲式乎！士人聞之曰：鼃有氣，王猶爲式，況士人之有勇者乎。」《尹文子》亦記此事，是書《大道篇》云：「越王句踐謀報吴，欲人之勇，路逢怒蛙而軾之。比及數年，民無長幼，臨敵雖湯火不避。」又《劉子》卷上《從化篇》云：「楚靈王好細腰，臣妾爲之約食，饑死者多。越王句踐好勇而揖鬥蛙，國人爲之輕命，兵死者衆。」按佚文與今本《越絶書》各篇叙事不類，俟考。

〔一九〕闔廬既重莫耶，乃復命國中作金鉤。有人貪王賞之重，殺其兩兒，以血釁鉤，遂成二鉤。獻之闔閭，詣官求賞。王曰：爲鉤者衆多，而子獨求賞，何以異於衆人之鉤乎？曰：我之作鉤也，殺二子成兩鉤。王曰：舉鉤以示之，何者是也？於是鉤師向鉤而哭，呼其兩子之名吴鴻、扈稽曰：我在此，王不知汝之神也。聲未絶於口，兩鉤俱飛，著於父之背。吴王大驚，曰：嗟乎！寡人誠負子。迺賞之百金，遂服其鉤。

《文選・吴都賦註》，亦見《吴越春秋》。

【校　箋】

此條《文選》註引《越絶書》，爲劉淵林註所引，非李善註引也。檢胡克家校本《文選》首句「闔廬」作「闔閭」，觀之下文亦作「闔閭」，錢培名輯録誤作「廬」也。錢培名曰「亦見《吴越春秋》」者，檢之見於是書卷四《闔閭内傳》，云：「闔閭既寶莫耶，復命於國中作金鉤，令曰：『能爲善鉤者，賞之百金。』吴作鉤者甚衆，而有人貪王之重賞也，殺其二子，以血舋金，遂成二鉤。獻於闔閭，詣宫門而求賞。王曰：『爲鉤者衆，而子獨求賞，何以異於衆夫子之鉤乎？』作鉤者曰：『吾之作鉤也，貪而殺二子，舋成二鉤。』王乃舉衆鉤以示之：『何者是也？』王鉤甚多，形體相類，不知其所在。於是鉤師向鉤而呼二子之名：『吴鴻、扈稽，我在於此，王不知汝之神也。』聲絶於口，兩鉤俱飛著父之胸。吴王大驚曰：『嗟乎！寡人誠負於子。』乃賞百金，遂服而不離身。」其文較《吴都賦註》引《越絶書》略異。「詣官求賞」，作「詣宫門而求賞」，按當作「詣宫門」。上文作「獻之闔閭」，下文作「王曰」，當是詣吴王所在求賞，若是「詣官」，則文義不屬。「官」爲「宫」之訛，而脱「門」字。又「聲未絶於口」，《吴越春秋》作「聲絶於口」，無「未」字。「著於父之背」，作「著父之胸」，此類皆傳聞有異也。按此文亦記吴之寶劍事，原或出自《越絶外傳記寶劍》中。

〔二〇〕《伍子胥水戰兵法内經》曰：大翼一艘，廣一丈五尺二寸，長十丈。（錢培名註：「《文選・侍游曲阿後湖詩註》、《御覽》三百十五作『廣丈六尺，長十二丈』。」）容戰士二十六人，櫂五十人，舳艫三人，操長鉤矛斧者四，吏僕射長各一人，凡九十一人。當用長鉤矛長斧各四，弩各三十二，矢三千三百，甲兜鍪各三十二。（錢培名註：「《御覽》三百十五。」）中翼一艘，廣一丈三尺五寸，長九丈六尺。（錢培名註：「原作『五丈六尺』，依《七命》註改。」）小翼一艘，廣一丈二尺，長九丈。

《侍游曲阿後湖詩註》

錢培名曰：「按：此本吴事，而《初學記》二十五引『越爲大翼小翼中翼，爲船軍戰』。《事類賦註》亦引云『越爲大翼中翼小翼之船，以水戰』。皆屬之越，疑誤。」

【校　箋】

按「大翼一艘，廣一丈五尺二寸」，洪邁《容齋四筆》「船名三翼」條引《水戰兵法内經》作「大翼一艘，廣一丈五尺三寸」，「二寸」作「三寸」。又中翼「長九丈六尺」，王應麟《小學紺珠》卷一〇「三翼」條引同。《容齋四筆》「船名三翼」引《水戰兵法内經》作「長九丈」，無「六尺」二字。錢培名曰，所記當是吴國之事，《初學記》、《事類賦註》皆屬之於越。按《玉海》卷一四七《兵制部·水戰門》引《越絶書》也作「越爲大翼、中翼、小翼，爲船軍戰」，與《初學記》卷二五引《越絶書》略同。此佚文錢培名云屬《越絶·兵法篇》，俟考。

〔三一〕闔閭見子胥：敢問船軍之備何如？對曰：船名大翼、小翼、突冒、樓船、橋船。令船軍之教，比陵軍之法，乃可用之。大翼者，當陵軍之重車。小翼者，當陵軍之輕車。（錢培名註：「《書鈔》百三十七引云：『小翼可載踐餉也。』[一]）突冒者，當陵軍之衝車。樓船者，當陵軍之行樓車。橋船者，當陵軍之輕足驃騎也。

《御覽》卷七七〇

錢培名曰：「『橋船』，《書鈔》百三十八作『篙船』。」

【校　箋】

此條佚文《北堂書鈔》卷一三七《舟部》引作「《越記》云」，《北堂書鈔》卷一三八《舟部》、《太平御覽》卷七七〇《舟部》均引作「《越絶書》曰」，蓋《越記》也即《越絶書》之證。《容齋四筆》「船名三翼」條引作「闔閭見子胥，問船運之備」，「船軍」作「船運」，「運」爲「軍」之訛。又「之備」後無「何如」二字。又《北堂書鈔》（南海孔氏刊本）卷一三八《舟部·篙門》引《越絶書》「篙船者，當陵軍之輕足驃騎也」句下，《校勘記》曰：「陳俞本『篙船』作『篙工船師』，『陵軍』，註作『君』字。」亦皆本之異同，今並録附此，俟方家考焉。此條佚文，錢培名屬《越絶·兵法篇》，俟考。

〔三二〕吳王闔閭問伍子胥軍法，子胥曰：王身將即疑船旌麾兵戟與王船等者七艘，將軍疑船兵戟與將軍船等三船，皆居於大陣之左右。有敵，即出就陣，吏卒皆銜枚，敖歌擊鼓者斬。

《御覽》卷三五七

錢培名曰：「上三條，蓋皆《兵法篇》之僅存者。」

【校　箋】

此條見《太平御覽》卷三五七《兵部・銜枚門》引《越絶書》。「王身將即疑船旌麾兵戟與王船等者七艘」句，「即疑船」疑爲「王疑船」之訛。此似言吴王親自率領類似王船而旌旗兵器與王船相等的戰船七艘。「將軍疑船兵戟與將軍船等三船」句，亦當有脱誤，依前後文，疑原當作「將軍將將軍疑船旌麾兵戟與將軍船等者三艘」，此似言將軍率領類似將軍船而旌旗兵器與將軍船相等的戰船三艘。若從原文，句不可解。錢培名以此條爲《越絶・兵法篇》之佚文，已見上引。步嘉謹按：《越絶・兵法》已佚，考諸書所載者，唯上數條，然似有暗引者，今録以備參觀。《太白陰經》卷四《水戰具篇》云：「《經》曰：水戰之具，始自伍員。以舟爲車，以楫爲馬。」《武經總要前集・水戰》云：「春秋時，吴以舟師伐楚。又越軍舟戰於江。伍子胥對闔閭，以船軍之教，比陸軍之法。大翼者，當陸軍之車。小翼者，當輕車。突冒者，當衝車。樓船者，當行樓車。橋船者，當輕足驃騎。公輸般自魯之楚，爲舟戰之具，謂之鉤拒。退則鉤之，進則拒之。」

〔二三〕在越爲范蠡，在齊爲鴟夷子皮，在陶爲朱公。

《史記越世家·正義》

【校　箋】

檢《史記》卷四一《越王句踐世家》「范蠡事越王句踐」句下，《史記正義》引：「《越絶》云：『在越爲范蠡，在齊爲鴟夷子皮，在陶爲朱公。』又云：『居楚曰范伯。謂大夫種曰：三王則三皇之苗裔也，五伯乃五帝之末世也。天運歷紀，千歲一至，黄帝之元，執辰破巳，霸王之氣，見於地户。（後略）』」上《史記正義》所引，「又云」以前，爲錢培名所輯之佚文，「又云」以後，見於今本《越絶外傳記范伯》，故疑佚文也或出自《記范伯》中。按：此佚文不見他書所引。

〔二四〕西施亡吴國後，復歸范蠡，同泛五湖而去。

《吴地記》

【校　箋】

此條唯見《吴地記》引，檢學海類編本，錢培名輯録不誤。按今本《越絶外傳枕中篇》末云：「范子已告越王，立志入海，此謂天地之圖也。」疑本條佚文原出此處。

〔二五〕蜀有蒼鴝，狀如春花。　　《御覽》卷九二二

【校　箋】

以上佚文錢培名云出自《御覽》卷九二二，檢之不見此文，乃見於《太平御覽》卷九二三《羽族部·鴝門》引《越絶書》，錢誤録卷數。又錢引「蒼鴝」二字，檢之《御覽》作「花鴝」。按既云「狀如春花」，則當以「花」字爲是，載入「《鴝門》」，則不當作「鴝」字，錢或據誤本。此條與今文《越絶書》各篇文字不類，且記蜀事，未知原在何篇也。

附録二：越絶書佚文輯補

李步嘉輯録

〔一〕越王臣於吴，故城北向。以東爲右，西爲左。小城周三里七十步，陸門四，水門一。

《會稽志》卷一引《越絶書》

步嘉謹按：此條乃記越城事。今本《越絶外傳記吴地傳》，首記吴大城，接記吴小城。《越絶外傳記地傳》雖亦記「山陰大城、小城」，然終不見此文。檢之《記地傳》篇末有云：「吴王夫差伐越，有其邦，句踐服爲臣。三年，吴王復還封句踐於越，東西百里，北鄉臣事吴，東爲右，西爲左。大越故界，浙江至就李，南姑末、寫干。」按文中「北向臣事吴，東爲右，西爲左」數語，文義扞格，似有脱字。驗以本條佚文「越王臣於吴，故城北向。以東爲右，西爲左」，正當彼文之脱，則本條原當出《記地傳》中。

〔二〕少康立禹祠於陵所。

《會稽三賦》卷上周世則註引《越絶書》

步嘉謹按：本佚文《會稽三賦》卷上周世則註凡二引，一已見上輯録，一作「少康立祠於禹陵所」，其文有異。按「禹祠」即禹廟。檢今本《越絶外傳記地傳》有云：「故禹宗廟，在小城南門外大城内。禹稷在廟西，今南里。」此言及禹廟事，疑與本條佚文相涉，則佚文或出自《記地傳》中。

〔三〕句踐種蘭渚山。《會稽續志》卷四引《越絶書》

步嘉謹按：此條不見今本所引。《水經註疏》卷四〇「浙江又東與蘭溪合，湖南有天柱山，湖口有亭，號曰蘭亭」句下，熊會貞按：「《名勝志》，考古蘭亭，即《越絶書》句踐種蘭渚田也。」「渚山」作「渚田」，未詳孰是。佚文亦當出《記地傳》。

〔四〕姑嫯州。《元和郡縣圖志》卷二六引《越絶書》

步嘉謹按：此條僅見《元和志》卷二六《江南道二》引，其前後文作：「龍丘縣，本春秋姑蔑之地，越西部也，杜註云『今東陽太末縣』，《越絶書》謂之姑嫯州。晉改太末爲龍丘，因縣東龍丘山爲名。」檢今本《越絶外傳記地傳》有云：「南姑末、寫干。」又云：「姑末，今大末。寫干，今屬豫章。」按「大末」即「太末」，古字「大」、「太」不分。「寫干」或爲「餘干」之訛。則佚文當出《記地傳》中。

〔五〕餘大越故界，即謂干越也。在縣東南三十步，屹然孤嶼。

《太平寰宇記》卷一〇七引《越絶書》

步嘉謹按：陳橋驛先生引北京圖書館藏鈔本《晏元獻公類要》卷一載《越絶書》此條，作：「余大越故界，所謂越也，在縣東南五十步，屹然孤竹。」晏元獻公即晏殊，北宋景德年間進士，則其書當在《寰宇記》成書之後也，故先列《寰宇記》。二文略有不同，《寰宇記》「即謂」，《類要》作「所謂」，「所謂」是。《寰宇記》「三十步」，《類要》作「五十步」，未知孰是。《寰宇記》「孤嶼」，《類要》作「孤竹」，按「孤竹」費解，干越在故越西界，「孤嶼」即「孤山」，義可通。（陳橋驛先生引見《點校本越絶書序》，上海古籍出版社一九八五年十月版。）步嘉又按：佚文首句「餘大越故界」，「餘」下疑脱「干」字。原文或作：「餘干，大越故界。」韋昭《漢書音義》曰：「干越，今餘干縣，越之别名也，亦古謂越餘地曰餘干。」（參見拙著《韋昭漢書音義輯佚》一七七、二〇八頁。武漢大學出版社一九九〇年版。）步嘉又按：檢今本《越絶外傳記地傳》有云：「南姑末、寫干。」又云：「姑末，今大末。寫干，今屬豫章。」疑「寫干」爲「餘干」之訛，則佚文或與之連文。佚文疑出《記地傳》。

〔六〕（競渡）起於越王句踐。

《荆楚歲時記》杜公瞻註引《越地傳》

步嘉謹按：《初學記》卷四《歲時部·五月五日門》、《白氏六帖》卷一《五月五日門》引《越地傳》與上文同。

〔七〕越人爲競渡，有輕薄少年，各尚其勇，爲鶩没之戲。有至水底然後魚躍而出。《太平御覽》卷九一九《羽族部·鶩門》引《越地傳》

步嘉謹按：上二條均不見今本《越絶書》，所引書名亦爲《越地傳》。按《越地傳》往往與今本《越絶書》合。如《太平御覽》卷一八四《居處部·户門》引《越地傳》曰「句踐宫有百户」，其文見今本《記地傳》，可證。（參《記地傳》〔校釋五一〕）故輯録以附此。亦疑爲《記地傳》之佚文。

〔八〕左手如附泰山，右手如抱嬰兒。《史記周本紀·索隱》引《越絶書》

步嘉謹按：《吴越春秋》卷九《句踐陰謀外傳》記陳音與越王論射作：「左手若附枝，右手若抱兒。」又《史記周本紀·索隱》引《列女傳》作：「左手如拒，右手如附枝。」未詳佚文本何篇。

〔九〕（黄竹山，）范蠡遺鞭於此，生笋爲陵，竹色皆黄。陳橋驛引北京圖書館藏鈔本《晏元獻公類要》卷一引《越絶記》

陳橋驛曰：「其文字與《越絶書》傳統風格實在格格不入，則《類要》《越絶記》看來就不一定是《隋志》《越絶記》。」(説見《點校本越絶書序》,載上海古籍出版社一九八五年版《越絶書》一〇頁。)步嘉謹按:《浙江通志》卷一五引《晏公類要》,題此文作「《越絶書》云」。又《會稽續志》卷四「黄竹,出蕭山」句下引《越絶書》云:「范蠡遺鞭於此,生笋爲林,竹色皆黄。」「陵」作「林」。又《會稽三賦》卷上「黄竹神木」句下,周世則註引《越絶書》云:「范蠡遺鞭於地,生笋爲林,竹色皆黄,狀如刀割。」「此」作「地」,又「陵」亦作「林」。句末多「狀如刀割」四字。又《會稽志》卷九「黄竹山在縣東三十三里」句下,引《舊經》云:「范蠡遺鞭於此山,生笋爲林,竹色微黄,狀如刀削。」嘉按:以上《會稽志》引《舊經》云,究爲《舊經》暗引《越絶書》文,抑或《舊經》徑云,今《舊經》已佚,已不可考。然《會稽續志》、《會稽三賦》周註引稱皆作「《越絶書》云」,則當有所本。今統歸於此,俟考。

〔一〇〕夫差伐齊,越范蠡、洩庸帥師屯海道江,以絶吴路。敗太子友,遂入吴國。燒姑胥臺,徙其大舟。

《吴郡志》卷八引《越絶書》

步嘉謹按:本條佚文不見今本《越絶書》,也未詳出何篇也。《吴越春秋》卷五《夫差内傳》所載,與此節文字合,其云:「越王聞吴王伐齊,使范蠡、洩庸率師屯海通江,以絶吴路。敗太子友於始熊夷,通江淮轉襲吴,遂入吴國。燒姑胥臺,徙其大舟。」「屯海道江」,作「屯海通江」,其餘文字亦各有小異。又《國語》卷一九《吴語》:「於是越王句踐乃命范蠡、舌庸,率師沿海泝淮以絶吴路。敗王子友於姑熊夷。越王句踐乃率中軍泝江以襲吴,入其郛,焚其姑蘇,徙其大舟。」

〔二一〕海鏡，蟹爲腹。水母即蝦爲目也。《嶺表録異》卷上引《越絶書》

步嘉謹按：《嶺表録異》卷下註引《越絶書》句末無「也」字。又《太平廣記》卷四六五「水母」條註引《越絶書》作「海鏡蟹爲腹，水母蝦爲目。」文小異。又《會稽志》卷一七引《越絶書》作：「海鏡蟹爲腹，水母蝦爲目也。」較《廣記》引句末多「也」字。又《海録碎事》卷二二上「海鏡」條曰：「《越絶書》云：海鏡，廣人呼爲膏菜盤，盤殻相合以成形，外圓而中甚瑩潔，有少肉如蚌，中有紅蟹子，如小豆，而螯足皆具。海鏡饑，則蟹出拾食，蟹飽歸腹，海鏡亦飽。」云出《嶺表録異》，考《嶺表録異》今本不見此文，也未知所引《越絶書》文前後起至。統録於此，以備考焉。

〔二二〕禍爲福先，福爲禍堂。《文選》卷二五《盧子諒贈劉琨一首並書》李善註引《越記》

步嘉謹按：本條佚文不見它書所引，疑出《越絶計倪内經》。

附録三：古代學者對越絶書的評議

李步嘉輯録

（説明：本篇的輯録，基本上是按作者的先後排列。評議有些是僅爲《越絶書》而發，有些則是因議論某個歷史人物、事件或某類文獻古籍而涉及到《越絶書》，不管屬於哪種情況，都予輯録，其目的是想爲今後《越絶書》的深入研究提供一些參考資料。由於我個人所能見到的書有限，加上前修時賢在這方面曾作過一些工作，與我的輯録有少數重合，因此，凡未見及原書的略有轉引；凡與他人輯録重合者，概從他人轉引，並註明轉引出處，以示不掠人之美。由於我所見不廣，資料有限，所輯也都挂一漏萬。糾謬拾遺，謹俟君子。）

一、唐代部分

(1)自秦撥去古文，篇籍遺散。漢初，得《戰國策》，蓋戰國游士記其策謀。其後陸賈作《楚漢春秋》，以述誅鋤秦項之事。又有《越絶》，相承以爲子貢所作。後漢趙曄，又爲《吴越春秋》。其屬辭比事，皆不與《春秋》、《史記》、《漢書》相似，蓋率爾而作，非史策之正也。靈獻之世，天下大亂，史官失其常守。博達之士，愍其廢絶，各記聞見，以備遺亡。是後群才景慕，作者甚衆。又自後漢以來，學者多鈔撮舊史，自爲一書，或起自人皇，或斷之近代，亦各其志，而體制不經。又有委巷之説，迂怪妄誕，真虚莫測。然其大抵皆帝王之事，通人君子，必博採廣覽，以酌其要，故備而存之，謂之雜史。

《隋書·經籍志二》

⑵當晉宅江、淮，實膺正朔，嫉彼群雄，稱爲僭盜。故阮氏《七録》，以田、范、裴、段諸記，劉、石、苻、姚諸書，别創一名，題爲「僞史」。及隋氏受命，海内爲家，國靡愛憎，人無彼我，而世有撰《隋書·經籍志》者，其流别群書，還依阮録。案國之有僞，其來尚矣。如杜宇作帝，句踐稱王，孫權建鼎峙之業，蕭詧爲附庸之主，而揚雄撰《蜀紀》，子貢著《越絶》，虞裁《江表傳》，蔡述《後梁史》。考斯衆作，咸是僞書，自可類聚相從，合成一部，何止取東晉一世十有六家而已乎？

《史通·因習》

⑶又按《禹本紀》、《山海經》，不知何代之書，詳其恢怪不經，疑夫子删詩書以後尚奇者所作；或先有其書，如詭誕之言，必後人所加也，若《古周書》、《吴越春秋》、《越絶書》諸緯書之流是矣。而代纂録者，務廣異聞，如范曄叙蠻夷廩君盤匏之類是也。輒以愚管所窺，宜皆不足爲據。然去聖久遠，雜説紛紜，非夫宣尼復生，重爲删革，則何由詳正，縱有精鑒達識之士，抗辯古釋今之論，或未能振頽波遏横流矣。

《通典·州郡四》

(4)按《越絶書》云是子貢所著，恐非也。其書多記吴越亡後土地，或後人所録。

《史記·孫子吴起列傳·索隱》

(5)《七録》云《越絶》十六卷，或云伍子胥撰。

《史記·孫子吴起列傳·正義》

二、宋代部分

(1)《越絶書》，《隋經籍志》稱爲子貢作。今雜記秦漢事，疑後人所羼，不敢盡信。《史記》、《戰國策》、《列女傳》，不載女環之名，止見於此。其畫策終始，信如此，皆出於女環，尤爲異也。至言烈王死後，李園相春申君，方封於吴，又立其子爲假君，皆與《史記》、《國策》不合。聊記於此，以廣異聞。

《戰國策·楚策四》姚宏註

(2)秦《越絶書》，《隋經籍志》云：子真（步嘉按：「子貢」之訛，又下當脱「作」字），其書雜記秦漢事，疑後之所贋。内載春申君、李園事，《史記》、《戰國策》、《列女傳》不載女環之名，僅見於此。其策畫始終，皆出女環，尤爲異已。至書烈王死後，李園殺春申君，不于子吴。又立其子爲假君，皆與《史記》、《戰國策》不合。

《雲麓漫抄》卷三

(3)《越絶書》十五卷）子貢撰，或曰子胥。舊有《内紀》八，《外傳》十七，今文題闕舛，裁二十篇。又載《春申君》，疑後人竄定，世或傳二十篇者，非是。

《崇文總目》

從《文獻通考》卷一九五《經籍門》轉引

(4)（《越絶書》十六卷）無撰人名氏，相傳以爲子貢者，非也。其書雜記吴、越事，下及秦、漢，直至建武二十八年。蓋戰國後人所爲，而漢人又附益之耳。越絶之義曰：「聖人發一隅，辯士宣其辭，聖文越於彼，辯士絶於此。」故題曰「越絶」。雖則云然，而終未可曉也。

《直齋書録解題》卷五《雜史類》

(5)《越絶》之義，取句踐功成能絶人之惡，於理既無當矣。謂子貢所作，又疑子胥所作，而所載乃建武二十八年，何其自爲矛盾耶？其書大抵祖襲《吴越春秋》，而文則雜而不倫矣。《史記》載楚滅越，殺無彊，諸侯子爭立於江南，而《吴越春秋》載無彊卒，子玉立，玉卒，子尊立，子親始失衆。自句踐後立八王，皆稱霸，徙瑯琊者，二百二十四年，而徙於吴。《越絶》則謂無彊名之侯，之侯子尊。尊子親。親失衆。楚伐之，走南山。此爲不同。

《黄氏日抄》卷五二

(6)《越絶》，復仇之書也。子胥、夫差以父之仇，句踐以身之仇，而皆非其道焉。夫君，天也。君有臣而君殺之，尚可仇乎？故子胥鞭平王之墓爲不義。闔廬之死，夫差使人謂己曰：「而忘越王之殺而父乎？」則對曰：「不敢忘。」三年乃報越。故夫椒之敗，釋越而不誅爲不孝。會稽之棲，苦身焦思，嘗膽而食，卒以滅吴。不知越實得罪於吴，而吴之赦己也。故其却公孫雄之請爲不仁。《春秋》書子胥之事曰：「吴入郢。」狄吴而諱楚也。於夫椒之戰則不書，蓋不足乎書也。於黄池之會，書「於越入吴」。狄越而咎吴也。春秋之末，復仇之事，莫大於斯三者，《越絶》實備之。有國有家者，可以鑒觀焉。

無名氏《越絶書跋》

（此跋係從樂祖謀《越絶書序跋輯録》轉引，樂校本《越絶書》上海古籍出版社一九八五年出版。由於跋語撰寫具體時間不詳，一般認爲是南宋人所作，故附於「宋代部分」之末，以備參考。）

三、元代部分

(1)越者，國之氏也。絶者絶也，謂句踐時也。絶者絶也，絶惡反之於善。越專其功，故曰「越絶」。並見本書。文簡批編尾云：《越絶書》訛不可讀，如樂架之有啞鐘。漁父辭劍事，見於此書。

《直齋書録解題·雜史類·隨齋批註》

(2)常疑《越絶書》非子貢作，特後人託名耳。何以知其非子貢作？《越絶内傳》於説陳恒曰之事，終之曰：「子貢一出，存魯、亂齊、破吴、强晉、霸越」是也。斯言也，乃後之人多其功，是非子貢之言也。且他文亦不類，或者所載未必盡實。辛嚭得保首領以没，蓋幸而免，前既備論之矣。此書謂「亦葬卑猶之旁」，豈其後嚭死於越而返葬於吴耶？然吴時諸家墓如巫臣、要離、干將之類，皆具載《圖志》，獨不及辛嚭家，何也？

《吴越春秋·夫差内傳》徐天祜註

四、明代部分

(1)吴在周末爲江南小國，秦屬會稽郡。及漢中世，人物財賦，爲東南最盛。歷唐越宋以至於今，遂稱天下大郡。然其事因革盛衰之際，紀載於簡册者，自《吴越春秋》、《越絶書》以下，若晉張勃、顧夷、隋虞世基、唐陸廣微等所述，及《元和郡縣志》、《寰宇記》，各有所明。

《姑蘇志·序》

(2)或問《越絶》不著作者姓名，何也？予曰：姓名具在書中，覽者第不深考耳。子不觀其絶篇之言乎？曰：「以去爲姓，得衣乃成，厥名有米，覆之以庚。禹來東征，死葬其鄉，不直自斥，託類自明。文屬辭定，自於邦賢。以口爲姓，承之以天。楚相屈原，與之同名。」此以隱語見其姓名也。去其衣乃袁字也，米覆庚乃康字也。禹葬之鄉則會稽也。是乃會稽人袁康也。其曰不直自斥，託類自明，厥旨昭然，欲後人知也。文屬辭定，自於邦賢，蓋所共著，非康一人也。以口承天，吴字也。屈原同名，平字也。與康共著此書者，乃吴平也。不然，此言何爲而設乎？或曰：二人何時人也？予曰：東漢也。何以知之？曰：東漢之末，文人好作隱語，黄絹碑其著者也。又孔融以漁父屈節，水潛匿方云云，隱其姓名於離合詩。魏伯陽以委時去害，與鬼爲鄰云云，隱其姓名於《參同契》。融與伯陽俱漢末人，故文字稍同。則兹書之著爲同時何疑焉？問者喜曰：二子名微矣，得子言乃顯之，誰謂後世無子雲乎！

《楊升菴全集》卷一〇

(3)《越絶》一書，或以爲子貢作，又云子胥，皆妄説也。而越絶二字，尤非。解者曰：絶者絶也，謂句踐時也。内能約己，外能絶人，故曰越絶。又曰：聖文絶於此，辯士絶於彼，故曰越絶。二説似夢魘譫語，不止齊東人之類而已。王充《論衡·□□篇》：臨淮袁太伯文術，會稽吴君高，即其人乎。又曰：吴君高作《越紐録》，紐即絶字之誤，書以紐名，猶漢雋之例也。絶字曲迂不通，而千年之誤，無人證之。袁康、吴平之姓名，著在卷末，無人知之。蓋觀書者鹵莽，閲未數簡已欠伸，意思睡，而束之高閣矣。余始發其隱，然即其書以證其人，以訂其名，非臆説也。博古君子，必印可而樂聞之乎？

《楊升菴全集》卷一〇

(4)後漢人好作隱語於文字中。蔡中郎題曹娥碑云：黄絹幼婦，外孫虀臼。隱「絶妙好辭」四字。魏伯陽《參同契後序》云：鄶會鄙夫，幽谷朽生。委時去害，依託丘山。循游寥廓，與鬼爲鄰。百世一下，遨游人間。湯遭厄際，水旱隔屏。隱「會稽魏伯陽」五字。古魏字作「魏」，故云依託丘山。宜乎後世白丁道士不知，而以丹法解之，可發一笑。又孔融離合作郡姓名詩云：漁父屈節，水潛匿方（楊註：離「魚」字）。與旹進止，出行施張（楊註：離「日」字，「魚」、「日」合成「魯」）。吕公釣磯，盍口謂滂（楊註：離「口」字）。九域有聖，無土不王（楊註：離「或」字，「口」合「或」成「國」）。好是正直，女回於匡（楊註：離「子」字）。海内有截，隼逝鷹揚（楊註：離「一」字，「子」、「一」合成「孔」）。六翮將奮，羽儀未彰（楊註：離「鬲」字）。蛇龍之蟄，俾也可忘（楊註：離「禹」字，合成融）。玟璇隱曜，美玉韜光（楊註：「玟」去「王」乃「文」字）。無名無譽，放言深藏（楊註：離「與」字）。按轡安行，誰謂路長（楊註：離「手」字，合成「舉」）。蔡中郎、魏伯陽、孔文舉，皆後漢末同時人，與袁康、吴平亦同時，隱語離合相似，故詳著之，以見《越紐》之出於袁、吴二子也。歷千餘年而始顯，不謂余爲千載知音乎！

《楊升菴全集》卷四六

(5)《越絶後篇》隱語云：以去爲姓，得衣乃成。又曰：厥姓有口，承之以天。乃袁與吴也。《論衡·按書篇》云：臨淮袁太伯袁文術、會稽吴君高，豈其人乎？又曰：君高之《越紐録》，疑越紐即越絶也，絶與紐相近。

《丹鉛總録》卷一三

(6)《越絶書》十五卷，《崇文總目》云：子貢撰，或曰子胥。陳氏《書録解題》曰：無撰人名氏，相傳以爲子貢者，非也。其書雜記吴越事，下及秦漢，直至建武二十八年，蓋戰國後人所爲，而漢人又附蓋之耳。余按《越絶》篇末叙云：「記陳厥説，略其有人。以去爲姓，得衣乃成，厥名有米，覆之以庚。禹來東征，死葬其疆。不直自斥，託類自明。寫精露愚，略以事類，俟告後人。文屬辭定，自於邦賢。邦賢以口爲姓，丞之以天。楚相屈原，與之同名。」是則草創《越絶》者，爲會稽袁康，而潤色之者，乃同郡吴平耳。《崇文總目》及《書録解題》，皆失詳考。及《論衡·按書篇》，有會稽吴君高《越紐録》，意者君高即吴平之字，《越紐》或《越絶》之訛也。

《真珠船》卷三

(7)予越人也。《越絶》之書，宜刻於予之鄉，而刻之岭海，可乎？曰：吴越之傳遐矣。事筆於《春秋》，語備於《左氏》，蓋非一國之私言也。世代推移，文獻散佚，中古以來之書，不傳者多矣。而近世無實，駁雜之書，方列肆而衒奇。故夫書之出於古也，雖虧純雅，要非無爲，固當尚而傳之，而況事裨史缺，義存世鑒，若《越絶》者乎？《國語》之言文，《越絶》之言質；文或夸以損真，質則約而存故；欲論吴越之世，舍此焉適矣。刻成，今宫詹泰泉黄先生視予以楊升菴所爲跋語，曰：「千載隱語，得升菴而後白，盍刻諸？」予受而讀之。而因稽之於書，而知斯之爲信也。書具建武二十八年，其爲東漢之作無疑。其自命曰「記陳厥略」，其謂邦賢曰「文屬辭定」，蓋袁康草創，而潤色之以吴平也。東漢去古未遠，殘編遺事，固當不泯。綴輯而成之，語雖質，猶近於古。獨「禍晉之驪姬，亡周之褒姒」，八言也，不類，蓋六朝之先驅也。其曰作於子貢，又曰子胥，蓋皆隱語假託，以尊邦賢也。書載子胥之死，彼豈不知其不可以爲子胥作耶？趙曄《吴越春秋》，又因是書而爲之。黄東發《日抄》以爲《越絶》之出於《春秋》也，殆不然矣。校書至此，可爲一快。因附刻跋語於書末，而予又首之以故，以諗於觀者云。嘉靖丁未春正月穀日。餘姚陳塏書。

（此跋係從樂祖謀《越絶書序跋輯録》轉引。）

陳塏《越絶書跋》

⑻《越絶》名實群籍，辨者非一，咸無核焉。書蓋古而未考，按載多吴越事，《崇文總目》爲端木賜作，尤非。其文辨而奇，博而機，藏知周信，重讎明勇，與《國策》譎權傾捭者異。獨《陳成子篇》，愚間列國，操縱成敗，固游士譚也。據《春秋》，哀公使賜正吴尋盟，以尊魯。斯後人襲事騁辭，且將嫁於善言子貢，徵信焉，博材如子長，《史記》亦云然也，不知霸術恥稱聖門。兹書及秦漢，陳氏謂戰國人所爲，漢人從而附益，似矣。賜也乎哉？舊本自宋嘉定間刻於吾夔門，再刻會稽，乃久遠不真。嘗思廣傳，黎陽盧少楩出孟汝再家藏書舊本於予，頗爲完善。二子好古博文，雅會斯志，爰校刻焉，交成厥美云爾。時嘉靖壬子夏六月朔日。西蜀張佳胤撰。

張佳胤《越絶書序》

（此序係從樂祖謀《越絶書序跋輯録》轉引。）

(9)《越絶書》一十五卷，凡十九篇。爲内經者二，内傳者四，外傳者十有三。或曰作於子貢，或曰子胥，豈其然哉。内經、内傳辭義奥衍，究達天人，明爲先秦文字；外傳猥駁無倫，而記地二篇雜以秦漢郡縣，殆多後人附益無疑也。《本事篇》序又依託《春秋》，引證獲麟，歸於符應，若何休之徒爲《公羊》之學者，故知是書成非一手，習其可信而略其所疑，亦可以苴埤史氏之闕脱矣。其曰《越絶》，義含二端，或曰奇絶，或曰斷絶。句踐困僨餘魂，弱身强志，轉敗爲功，得非夷裔雄材曠世奇事乎？故解者曰：絶者絶也，謂句踐時也，誠積於中而威發於外。内能約己，外能絶人，故曰越絶。齊將伐魯，仲尼恥之，子貢一出而動四國，遂以興越滅吴，亂齊伯晉，魯恃以無恐。而《春秋》所紀，二百二十四年，諸侯之事，適以於越入吴終焉，故解者曰：聖人發一隅，辯士宣其辭，聖文絶於此，辯士絶於彼，故曰《越絶》。愚謂二説殊科，咸從臆决，折衷確貫，則前説爲優。吴越保界遐陬，勢同脣齒，持信義以相恤，則敗亡之禍安從生哉？而互爲窫窳，日尋干戈，隙劇仇深，一施一復。興廢之際，天人昭矣。方吴之初，伐越也，歲在牽牛，史墨占之，以爲越得歲而吴伐之，必受其咎。越人迎擊，闔廬殲焉。是吴違天也，是以有檇李之辱。夫差畜憤父讎，冀於必報，人謀定矣。越雖得天，未可逞也。句踐不納范蠡之諫，而先事襲之，訖以大敗，是越之違人也，是以有會稽之辱。越王卑詞厚禮，請成於吴，吴人許之，殆天意焉。而越王苦身焦思，約己阜民，折節賢豪，繕飭備利。范伯治外，大夫種治内，計然畫策，明於陰陽，天人合矣。夫差方且恣其淫心，窮購奢靡，疏子胥而昵宰嚭，忠佞倒植。當是時，人有言宰嚭死者，仲尼曰：否。天生宰嚭以亡吴也，吴不亡，嚭將無死。嗟乎！天人之度，不更昭乎！終以勤兵遠略，而越乘虚擣之，吴是以有姑蘇之辱。其時越猶未能即有吴也，而與之平。夫差苟有志焉，或能以一旅自奮。而翳驌跧安，餘身無幾。越且假仁徼譽，取舍循方，人事備矣。天眷殷矣。吴是以有甬東之辱。嗣是越勢益張，威振上國，會諸侯於徐州，主歸侵地。天王致胙，比跡桓文，鴻烈徽名，彈壓宇内。謂之越絶，不亦宜乎！夫吴越比壤而封，吴之視越也，猶擾虎也，跳梁不出楯檻之間，其大小强弱不敵甚明。然吴以强大而敗，越以弱小而興，形勢非偶安所論哉！善乎范蠡有言：持盈者與天，定傾者與人。夫差拙於持盈，而句踐工於定傾，則其興廢之際，又何疑焉？太原孔子督學兩浙，得是書而悦之，曰：入其疆而不習其故，非學也。校其訛舛而付梓焉。以予爲吴越之遺黎也，屬序於予，爲之引端若此，而歸之天人之度焉。嗚呼！順天者祥，逆天者殃。修人者昌，怠人者荒。豈惟吴越爲然。持以考百代之推遷，其故可立睹也。

《田叔禾小集》卷一

⑽（越絶書）馬氏《通考》云：「二十篇者非是。」蓋《左傳》、《國語》之流，第作者之名不著。曰「賜見春秋，發憤記吴越」，則明載於外傳之篇；而序曰：「吴越賢者所作，或曰子胥。」又曰：「後人述説。」其曰：「句踐以來，至乎更始之元，五百餘年，吴越將復見於今」，是紀其時也；「百歲一賢，猶爲比肩」，是紀其侣也；「以去爲姓，得衣乃成，厥名有米，覆之以庚」，「以口爲姓，承之以天，楚相屈原，與之同名」，是紀其姓與名也；「禹來東征，死葬其疆，文屬辭定，自於邦賢」，是紀其地也；「德配顔淵，伏竄自容，年

加申酉，懷道而終」，是紀其行與年也。究而繹之，義斯顯矣。要之，記陳厥説者，袁創於先，而屬文定辭者，吴成於後也。豈斯人之徒，當建武之末，追痛中國之亡，而句踐之祀忽諸，故因越絶以成書邪？

《田子藝集》卷二

（此文係從徐益藩《越絶考》中轉引。）

⑾余嘗作《越絶書序》，見《文集上》卷二，所云「以去爲姓，得依乃成，厥名有米，覆之以庚」，去而得衣，非袁乎？米而覆庚，非康乎？此則姓袁名康也。蓋袁，長衣貌，從衣，曹省聲。毛氏云：「從口，俗從厶，非也。」康本古文米康字，從米，庚聲。口承以天，當爲吴。屈原同名，當爲平。此則姓吴名平也。吴，大言也，從矢口。大言，故側口以出聲。類范云：「如言有口爲吴，無口爲天」，是古文變隸易楷之訛，非從天也。

《留青日札》

（此文係從徐益藩《越絶考》轉引。）

⑿《越絶書》十五卷，稱子貢，亦曰子胥，並依託也。楊用修據《後序》「以去爲姓，得衣乃成」等語，謂東漢人袁康作。按魏伯陽《參同契・後序》「鄶國鄙夫」等句，亦寓會稽魏某姓名，而孔文舉「漁父屈節」十六言，亦離合魯國孔融四字。蓋東漢末盛爲此體，用修之論，或不誣也。第書稱《越絶》，昔人以

終不可解。余按前代書名往往有鄙拙可咲者。如常璩記漢事而名《漢之書》，杜預彙集古文而名《善文》，謝靈運採輯衆詩而直云《詩集》。又釋典《維摩詰所説經》，雖書並不刊其名，總之不可法也。劉炫《魯史記》今不傳，炫經術冠絶，史筆或非其任，而博學强識，時莫與倫。且隋世古書存者尚夥，炫所採録必多，可補前史之缺，惜亡從見矣。

《少室山房筆叢·丁部·四部正譌下》

⒀《越絶》一書，或以爲子貢作，又云子胥，皆妄説也。而《越絶》二字尤非。解者曰：絶者絶也，謂句踐時也。内能約己，外能絶人，故曰越絶。又曰：聖文絶於此，辯士絶於彼，故曰越絶。二説似夢魘譫語，不止齊東野人之類而已。王充《論衡·按書篇》云：臨淮袁太伯袁文術，會稽吴君高。豈即其人乎？又曰：吴君高作《越紐録》，「紐」即「絶」字之誤。書以紐名，猶漢雋之例也。「絶」字曲迂不通，而千年之誤，無人證之，袁康、吴平之姓名，著在卷末，無人知之，蓋觀書者鹵莽，閲未數簡，已欠伸思睡，而束之高閣矣。《越絶書》名解今在篇首，其文字灼然。東漢末人，與著書者相去不遠，蓋其書東漢人本《伍子胥》而潤色之者也。即所解「絶」字未暢，不得以爲「紐」字之誤。嗣是隋、唐、宋《藝文志》，馬、鄭諸家書目並無作「紐」字者，況「紐」字文義曲迂，又甚於「絶」乎？《越絶書跋》云：「維子胥之述吴越也，因事類，以曉後世，著善爲誠，譏惡爲誡。句踐以來至乎更始之元，五百年，吴越相復見於今，百歲一賢，猶爲比肩。記陳厥説，略其有人。以去爲姓，得衣乃成。厥名有米，覆之以庚。禹來東征，死葬

其疆，不直自斥，託類自明。寫精露愚，略以事類，俟告後人。文屬辭定，自於邦賢。邦賢以口爲姓，承之以天。楚相屈原，與之同名。明於古今，德配顔淵。時莫能與，伏竄自容。年加申酉，懷道而終。友臣不施，猶夫子得麟。覽睹厥意，嗟嘆其文，於乎哀哉！温故知新，述暢子胥，以喻來今」云。以上俱本書跋語。按《漢書・藝文志》「雜家」有「伍子胥八篇」。觀此跋首言子胥之述吴越，終言述暢子胥，以喻來今，豈東漢越中文士以子胥雜家之舊，而附益以句踐、種、蠡行事，會爲此編易名越絶乎？不然此書所載吴越事相半，何得獨云述暢子胥，且首言子胥之述吴越又何也？用修據「以去爲姓」等語，而得袁康、吴平名姓，可謂異代賞音。至子胥撰述之由，明記始末，而不復詳察，亦得其一而不得其二者歟？（胡註：余著《九流緒論》，以《越絶》本於《子胥》，是時尚未參此跋也。）此書以爲子貢作者，絶不經，又一無左驗。第據「亂齊存魯」一章爾。用修以爲妄説，是也。詳味此跋，維子胥之述吴越，以事類，以曉後世。著善爲誠，譏惡爲誡，洎後温故知新，述暢子胥，以喻來今等語，則子胥舊有是書，述吴越雜事，而後人温其故典，而暢述之，以傳於世，意旨甚明。其云更始之元，當是西京之末，而此書文氣全不類其時，蓋袁康者先述此書於東漢初，而吴平者復爲之屬文定辭於東漢之季。故云百歲一賢，猶爲比肩也。其云禹來東征，死葬其疆。末又云覆之以庚，兵絶之也。豈袁非越人，更始間爲亂兵戕於越地，因而葬歟？吴平則自是越人成此書者，故云文屬辭定，自於邦賢也。此書閱世數千年，至用修始發作者姓名，而未及究其顛末之悉，余不敏，實首竊窺。豈書之顯晦，自有時歟？庸録諸此，俟異時博綜之士。

《少室山房筆叢續編・藝林學山六》

(14)《越絶書》，鄭夾漈《經籍略》等，皆以爲子貢所作，殊無據。此書終篇，業見姓名，讀者未審耳。云：「以去爲姓，得衣乃成。厥名有米，覆之以庚。禹來東征，死葬其疆。」又云：「文屬辭定，自於邦賢。以口爲姓，承之以天。楚相屈原，與之同名。」去得衣乃袁字，米覆庚乃康字。禹葬會稽，是會稽袁康著耳。文屬辭定，自於邦賢，言此書非康自作，口承天吴字，與屈原同名平字。是邑人吴平所共定。如《參同契》所謂「委時去害，與鬼爲鄰。百世一下，遨游人間。陳敷羽融，東西南傾。湯遭阨際，水旱隔並」，亦自隱魏伯陽三字。古人好爲狡獪乃爾。

《焦氏筆乘續集》卷四

五、清代部分

(1)考《後漢書·郡國志》於會稽郡餘暨縣下云：《越絶書》曰：蕭山，西施之所出。其云《越絶書》者，非今本《越絶》，此正春秋時人如子貢、范蠡輩所作，而其書既亡，散見其語句於他書者。與今本《越絶》作於東漢袁康、吴平大異。如此書，豈唐時小記、明代曲子可置喙者。

《西河合集·蕭山縣志刊誤》

(2)《越絶》言舜父頑母嚚，兄狂弟傲。《尸子》言舜事親養兄爲天下法，是舜又有兄也。《尸子》又云：其游得六人，曰雄陶、方回、續牙、伯陽、東不識、秦不空，皆賢者也。或益以靈甫爲七人。然則舜既征庸，而七人者何以皆不見舉？諸子之言，誕妄不經如此。《吕覽》、《淮南》、《新序》、《説苑》之類，類此者多有，君子存而不論可矣。

《帶經堂集》卷九一

(3)《越絶書》十六卷，子貢撰。《越絶本事》：絶謂句踐時也。貴其内能自約，外能絶人也。吴越賢者所作。按：書内有春申、秦皇、漢祖諸人。又有毗陵、無錫、鹽官、太末、丹陽、豫章諸地，皆後世名，其非子貢撰可知。

《史通通釋》卷五《因習》

(4)《越絶書》十五卷，不著撰人姓名。王充《論衡・按書篇》云：會稽吴君高之《越紐録》，劉子政、楊子雲不能過也。今作《越絶書》，似訛。然其篇末云：以去爲姓，得衣乃成。厥名有米，覆之以庚。禹來東征，死葬其疆。不直自斥，託類自明。寫精露愚，俟告後人。文屬辭定，自於邦賢。以口爲姓，承之以天。楚相屈原，與之同名。楊慎云：此以隱語見其姓名也。去得衣乃袁字，米覆庚乃康字。禹葬之鄉，則會稽也。是乃會稽人袁康。其曰不直自斥，託類自明，厥旨昭然，欲後人知也。文屬辭定，自於邦賢，蓋所共著非康一人也。以口承天，吴字。屈原同名，平字。與康共著此書者，乃吴平也。此言似確。至云臨淮袁太伯袁文術即其人則謬。既稱會稽，又籍臨淮，既稱太伯，又字文術。任意撏撦，非也。

(5)明之楊升菴、今之毛西河，其所著論，止圖眼前好看，不顧他人根究。即如此條，以《論衡》證之，其説不攻自破。《論衡》云：東番鄒伯奇、臨淮袁太伯、袁文術，會稽吴君高、周長生之輩，位雖不至公卿，誠能知之囊橐，文雅之英雄也。觀伯奇之《元思》，太伯之《易章句》，文術之《箴銘》，君高之《越紐録》，長生之《洞歷》，劉子政、楊子雲不能過也。然則袁太伯是一人，袁文術是一人，吴君高是一人。升菴既據《越紐録》（步嘉按：當是《越絶書》之誤）篇末隱語以爲袁康所撰，其友吴平共成之，又見《論衡·按書篇》之第六條適有袁太伯、袁文術，而遂以爲即袁康，獨不思一在臨淮，一在會稽，一著《易章句》，一著《咸銘》，一著《越紐録》，王充因分别言之哉！至《隋經籍志》謂《越絶記》十六卷，子貢撰。蓋見書中多子貢説吴存魯之事，故遂以爲出自子貢爾。

《蛾術編·説録》迮鶴壽註

(6)右《越絶書》十五卷，《崇文總目》：「子貢撰。或曰子胥。」陳氏云：「無撰人名氏，相傳以爲子貢者，非也。其書雜記吴越事，下及秦漢，直至建武二十八年，蓋戰國後人所爲，而漢人又附益之耳。《越絶》之義曰：『聖人發一隅，辯士宣其辭；聖文絶於彼，辯士絶於此，故曰越絶。』雖則云然，終未可曉也。」《經義考》據田、胡二家之説，斷爲袁康、吴平所撰，正以《叙外傳記篇》云「以去爲姓，得衣乃成。厥名有米，覆之以庚」，又「以口爲姓，承之以天。楚相屈原，與之同名」，謂以隱語離合姓名，推而得之耳。要之，作者大意，已具卷首《本事篇》，今可不論也。書多陰謀秘計，而其精奥，又在《計倪内經》、《外傳枕中》二篇。太史公《貨殖傳》略採其説，所謂計然者，即計倪，范蠡之師也。書本雜記吴越事，而有《荆平王》、《春申君》篇。以子胥入吴、破楚、服越爲此書之始，及越滅吴，楚又并越，而春申君封吴，爲此書之終也。其所以分内外篇，體例未聞。而《吴内傳》中雜引堯舜、禹湯、文武、齊桓、晉文事，若欲以吴越事附於帝王霸之後者。又稱引孔子《春秋》，以自附於作者之例，則夸大之意也。至謂「賜以《春秋》改文尚質，譏二名，興素王，亦發憤記吴越」之句，知作者蓋傳《公羊》家學，而託之子貢云。汝上王謨識。

王謨《越絶書跋》

（此文係從樂祖謀《越絶書序跋輯録》轉引）

(7)毛奇齡《蕭山縣志刊誤》云：考《後漢書·郡國志》（孫志祖按：當作《續漢書》）會稽郡餘暨縣云：《越絶書》曰蕭山，西施之所出。其云《越絶書》者，非今本《越絶》，此正春秋時人如子貢、范蠡輩所作。其書亡散，與今本《越絶》，作於東漢袁康、吴平者大異。志祖案：《郡國志》註引《越絶書》「西施之所出」，本無「蕭山」二字。今《越絶書》無此文，蓋偶有缺佚爾。（孫志祖註：《郡國志》諸暨下引《越絶》

曰：興平二年分立吴寧縣。今亦無此文，必非古《越絶》也。）非別有古《越絶書》也。如子貢、范蠡輩有古《越絶書》，豈容《漢藝文志》不載？西河持論乖僻，往往如此。

《讀書脞録》卷四

(8)袁氏康、吴氏平《越絶書》。《後序》内譏惡爲誠，誠當作誠。吴越相復見於今，相下脱攻字。明於今古，知□□也。知下是識宏二字。陳振孫條内聖人絶於彼，絶當作越。

《經義考補正·擬經類》

(9)此書爲漢更始、建武之際，會稽袁康之所作，又屬其邑人吴平定之。觀其篇中，離合姓名而知也。而王仲任《論衡·案書篇》稱會稽吴君高之《越紐録》，向、雄不能過。《越紐》即《越絶》，君高即平之字無疑。則以是書專屬平所撰矣。其首篇乃託之子貢，復託之子胥，且以小藝之文，未足自稱爲言，其所載略與《吴越春秋》同。蓋雜採諸書而成，故往往有異文駁義。如伍胥又以爲申胥，逢同又以爲馮同，類參錯不一。康行事無所考，然由此書以想其爲人，蓋其生適當雲集龍門之時，負其奇氣，欲有所試，而卒不爲人用，故無所表見於世，乃借胥、倪、種、蠡之事，會萃增益之，以發抒己意云爾。雖其自言欲竊附於《春秋》，而實不離乎短長家之餘習，其文奇而不典，華而少實，且亦多庸猥煩復，蓋其辭又出《國策》下矣。予偶得明張佳嗣槧本，後又得吴琯本相參校，吴本有脱文，張本皆就其闕補之。至不能補者，乃作一方圍。予意所脱，必不止是。吴本僅空一字者，乃轉寫既久，失其所脱字數故耳。不當僅作一方圍於中也。乾隆十六年五月三日識。《越絶外傳本事第一》、《越絶荆平王内傳第二》、《越絶外傳記吴地傳第三》，今本次第如是。然案《本事篇》以越何不第一，而卒本《吴太伯》爲問，其末篇又云：始於《太伯》，次《荆平》，次《吴人》，次《計倪》，次《請糴》，次《九術》，次《兵法》，終於《陳恒》，是皆以《太伯》爲第一。案《吴地》首稱太伯，當即此篇，然今本次在第三，其下次序皆不相應，豈爲後人所貿亂歟！其最無理者，如稱舜用其仇而王天下，仇者，舜後母也，鄙倍至此。他如論堯舜不慈孝，皆不可訓。舜不聞有兄，獨此書稱舜兄狂弟傲，可以廣異文云。

《抱經堂文集》卷九

⑽《越絶書》十五卷，不著撰人名氏。書中《吴地傳》稱句踐徙瑯琊，到建武二十八年，凡五百六十七年，則後漢初人也。書末《叙外傳記》，以廋詞隱其姓名，其云「以去爲姓，得衣乃成」，是袁字也。「厥名有米，覆之以庚」，是康字也。「禹來東征，死葬其疆」，是會稽人也。又云「文辭屬定，自於邦賢」，「以口爲姓，承之以天」，是吴字也。「楚相屈原，與之同名」，是平字也。然則此書爲會稽袁康所作，同郡吴平所定也。王充《論衡·按書篇》曰：「東番鄒伯奇，臨淮袁太伯、袁文術，會稽吴君高、周長生之輩，位雖不至公卿，誠能知之囊橐，文雅之英雄也。觀伯奇之《元思》，太伯之《易章句》，文術之《箴銘》，君高之《越紐録》，長生之《洞歷》，劉子政、揚子雲不能過也。」所謂吴君高，殆即平字，所謂《越紐録》，殆即此

書歟？　楊慎《丹鉛録》、胡侍《珍珠船》、田藝蘅《留青日札》皆有是説。核其文義，一一吻合，《隋》、《唐志》皆云子貢作，非其實矣。其文縱横曼衍，與《吴越春秋》相類。而博麗奥衍，則過之。中如《計倪内經》、《軍氣》之類，多雜術數家言，皆漢人專門之學，非後來所能依託也。此本與《吴越春秋》，皆大德丙午紹興路所刊。卷末一跋，諸本所無，惟申明復仇之義，不著姓名。詳其詞意，或南宋人所題邪？鄭明選《秕言》引《文選・七命註》引《越絶書》：「大翼一艘十丈，中翼九丈六尺，小翼九丈。」又稱王鏊《震澤長語》引《越絶書》「風起震方」云云，謂今本皆無此語，疑更有全書，惜未之見。按《崇文總目》稱《越絶書》「舊有内記八，外傳十七，今文題厥舛，裁二十篇」，是此書在北宋之初，已佚五篇。《選》註所引，蓋佚篇之文，王鏊所稱，亦他書所引佚篇之文。以爲此本之外，更有全書，則明選誤矣。别有《續越絶書》二卷。上卷曰《内傳本事》、《吴内傳》、《德序記》、《子游内經》、《外傳越絶後語》、《西施鄭旦外傳》；下卷曰《越外傳雜事》、《别傳變越上》、《别傳變越下》、《經内雅琴考》、《序傳後記》。朱彝尊《經義考》謂爲錢堲僞撰，詭云得之石匣中。堲與彝尊友善，所言當實。今未見傳本，其僞妄亦不待辨。以其續此書而作，又即託於撰此書之人，恐其幸而或傳，久且亂真，又恐其或不能傳，而好異者耳聞其説，且疑此書之真有續編，故附訂其僞於此，釋來者之惑焉。

《四庫總目提要・史部・載記》

（此文係從樂祖謀《越絶書序跋輯録》轉引，又核對原書，改正少數訛文。）

(11)周時有《越絶》一書，所謂或子貢或子胥作者，今所傳《越絶書》，乃漢袁康所作。是《越絶》之傳，其後《越絶》亡而《越絶書》獨存，書中明白可考。不解數千年來讀是書皆復夢夢，即以漢人之書，而疑子貢、子胥作也。其篇末詳記作書人姓名爲袁康，删定者爲吴平，既顯著名氏，毫不掩飾如此，而書中乃曰子貢作此書、子胥作此書，雖夢中囈語，無是理也。《本事篇》明云何不稱《越經書記》？謂此書何以不名曰《越經》、或《越書》、或《越記》，而乃名《越絶》，下文詳釋所以稱絶之故。今此書儼然名《越絶書》，而尚曰何不稱書，又夢中囈語所未有者。即此兩端，今書顯爲《越絶》之傳，作者本是明白，並未作一夢語，而後之讀其書者，反皆憒憒説夢，可異也。餘證甚多，余將爲《越絶考》以發其覆，而解數千年來不解之疑案，亦一快事也。

《煙嶼樓讀書志》卷一三

（從余嘉錫《四庫提要辨證》卷七轉引）

(12)《雜家》，《五子胥》八篇，《兵技巧家》，《五子胥》十篇，《圖》二卷。頤煊案：《武帝紀》臣瓚曰：《伍子胥書》有戈船。又曰：《伍子胥書》有下瀨船。此當在《兵技巧家》十篇中。《史記正義》引《七録》云：《越絶》十六卷，或云伍子胥撰。《藝文志》無《越絶》，疑即《雜家》之《五子胥》八篇，後人並爲一。故《文選·七命》李善註引《越絶書·伍子胥水戰兵法》一條，《太平御覽》卷三百一十五引《越絶書·伍子胥水戰法》一條，引《五子胥書》，皆以《越絶》冠之。今本《越絶》無《水戰法》，又篇次錯亂，以末篇證之，

《越絶》本八篇，《太伯》一，《荆平》二，《吴》三，《計倪》四，《請糴》五，《九術》六，《兵法》七，《陳恒》八。與《雜家·五子胥》篇數正同。

《讀書叢録》卷二〇

⒀《外傳本事篇》：「問曰：何爲越絶？越者，國之氏也。何以言之？按《春秋》爲（嘉按：「爲」是「序」之誤）齊魯，皆以國爲氏姓，是以明之。絶者絶也，謂句踐時也。」樾謹按：此説絶字之義未明。下文又曰：「於是句踐抑强扶弱，絶惡反之於善。」又曰：「貴其内能自約，外能絶人也。」轉展申釋而愈不明。愚謂此絶字即絶筆獲麟之絶。下云：「賢者辯士見夫子作《春秋》而略吴越，又見子貢與聖人相去不遠，脣之與齒，表之與裏。」是以此書爲繼《春秋》而作。《春秋》絶筆於獲麟之年，吴越之事，略而未詳，此書踵而成之，直至句踐之霸而絶，故曰絶者絶也，謂句踐時也。《叙外傳記》云：「聖人没而微言絶，賜見《春秋》改文尚質，譏二名，興素王，亦發憤記吴越，章句其篇，以喻後賢。賜之説也。」又曰：「聖人發一隅，辯士宣其辭，聖文絶於彼，辯士絶於此。故題其文，謂之越絶。」然則越絶名義，固可見矣。

《曲園雜纂》第十九

⒁《策》、《史》言：春申君納李園妹，知娠而獻之。據《越絶書》十四篇則云：烈王娶李園妹，十月産

子男。則《策》、《史》之説非矣。夫春申君果知娠而出諸謹宫，言之王而入幸之，則事非一月，安必其十月後生子乎？生而果男乎？行不可知之詭計，春申君何愚！此必後負芻謀弑哀王猶之誣言也。《越絶書》二篇言：幽王立，封春申君於吴。三年，徵爲令尹，使其子攝吴事。十一年，幽王徵其子與春申君並殺之。距此十四年。古事難考如此，讀史者不成人之惡，可也。

《戰國策集註彙考》卷一七引黄式三曰。

⒂《史記·孫吴列傳·正義》引《七録》云：「《越絶書》十六卷。」《隋書經籍志》、《唐書藝文志》並同。《崇文總目》云：「十五卷，舊有内紀八，外傳十七。今文題舛闕，才二十篇。」按今本十五卷，内傳四，内經二，外傳十三，合之止十九篇，是較北宋時又缺其一。然《郡齋讀書志·附志》所舉篇目、卷第，全與今本相同，則其來久矣。《直齋書録解題》乃稱十六卷，意偶誤耳。其撰人或云伍子胥，或云子貢。《四庫全書提要》據《篇叙篇》，斷爲會稽袁康所作，同郡吴平所定。又據王充《論衡》，知吴平即吴君高，《越絶》即《越紐録》。然《篇叙篇》於子貢、子胥已不能定。其云「記陳厥説，略其有人」，又曰「文屬辭定，自於邦賢」，則袁、吴止爲之論説。疑外傳諸篇是其所作，非即原著《越絶》之人。《本事篇》曰：「《越絶》誰所作？吴越賢者所作也。」陳振孫曰蓋戰國人所爲，而漢人附蓋之，斯得其實矣。是書世無善本，殘闕舛誤，殆不可讀。此爲元大德間刊本，末有無名氏跋，即《四庫》著録本也。然以漢魏叢書、古今逸史本校之，舛誤更多。因雜取古人所引，舉其同異。又趙曄《吴越春秋》之文，往往依傍《越絶》，可以互證。

其灼然無疑者，徑改之；義有兩可者，並存之；他無佐證而以意参決者，輒著案語，附記書後，授之剞劂，聊誌一時之勤。以云善本，則吾豈敢？錢培名識。

錢培名《越絶書札記》

（此文係從樂祖謀《越絶書序跋輯録》轉引）

⒃讀《越絶書》，此書各叢書本皆殽亂訛脱，紛不可理。予嘗欲合諸本及各籍所引，校正此書與《吴越春秋》，又輯録謝承《後漢書》、虞預《會稽典録》，合而刻之，以見越中史學淵源之古。困於資力，不能成就，而鄉人又無好事者。越俗不好古，可一嘆也。越絶字，近儒以爲是越紐之誤。案：首篇《外傳本事》，首發絶字之義，兩云絶者絶也。謂句踐内能自約，外能絶人，故不稱《越經書記》，而稱《越絶》。末篇《叙外傳記》，又自比於孔子之作《春秋》，謂聖人殁而微言絶。聖文絶於彼，辯士絶於此，故題其文謂之越絶，其旨甚明，何得謂誤？又自記其姓名爲袁康，定其文辭者爲邑人吴平。而袁字隱語乃曰：「以去爲姓，得衣乃成。」吴字隱語乃曰：「以口爲姓，承之以天。」康爲建武時人。而以「袁」爲「表」，以「吴」爲「吴」，已大繆六書之旨。足見程邈隸行以後，俗字紛紜，漢時已不可究詰。如以劉爲卯金刀，以貨泉爲白水真人，至見之圖讖，此許君《説文》所以不得不作也。

《越縵堂讀書記》三

(17)右《越絶書》盧紹弓學士所校，余從德清戴君子高假録之。蓋以明吴琯古今逸史本校張佳胤刻本，又取《史記》、《續漢志》註及唐宋類書征引之文，勘今本之奪誤，其舉正多精審。如《荆平王内傳》漁者歌曰：日炤炤（孫詒讓自註：今本作昭昭，此據《御覽》五一引改）侵以施。紹弓校云：侵與浸同，施音移。《史記・賈誼傳》：庚子日施兮，《索隱》云：施猶斜也，似本此。《外傳春申君篇》末「即封春申於吴」下，今本舛誤不可讀。紹弓據吴師道《楚策補註》所引，改正三十字，若此之類，並左證較然，足可依據。卷末自跋謂《本事篇》以越爲何不第一，而卒本吴太伯爲問，其末篇（孫詒讓自註：《叙外傳記篇》）又云：始於太伯，次荆平，次吴人，次計倪，次請糴，次九術，次兵法，終於陳恒，是皆以太伯爲第一，《吴地》首稱太伯，當即此篇，然今本次在第三，其下次序皆不相應，疑其爲後人所貿亂。（孫詒讓自註：此跋亦見《抱經堂集》九卷）其説亦至確。今考《文獻通考・經籍考》二二引《崇文總目》云：《越絶書》舊有《内紀》八，《外傳》十七，今文題闕舛，才二十篇。今本有《内經》二、《内傳》四、《外傳》十三，而無所謂《内紀》者，與《總目》所記不合。竊疑紀乃經字之誤。《叙外傳記》所謂始太伯而終陳恒者，即《内經》八篇之目。古實無所謂《内傳》，盧君未考《崇文總目》，故未能得其要領也。今本惟《計倪》、《九術》兩篇尚稱《内經》，《荆平王》、《吴人》、《請糴》、《陳成恒》篇則改經作傳，《吴地記》一篇則並改爲《外傳》矣。至《兵法》一篇，今已亡失，李善《文選註》三五引《越絶書・伍子胥水戰兵法内經》曰：大翼一艘長十丈，中翼一艘長九丈六尺，小翼一艘長九丈，（孫詒讓自註：《御覽》三一五引作《越絶書・伍子胥水戰法》，其文較此尤詳。）正其佚文而並改《内經》篇目，可藉見唐本舊式矣。今據

《叙外傳記》所叙篇目次第，合以《崇文總目》所紀舊本《内經》篇數，别爲《越絶内經》如左。《外傳》十七篇，舊叙無説，今亦不論也。

《籀膏述林》卷六

附録四：越絶書目録版本情況一覽

徐益藩撰

（説明：民國時期的學者徐益藩曾撰《越絶考》一文，載《文瀾學報》第三卷二期。文中徐氏對《越絶書》目録版本情況輯録、介紹甚詳，對於我們今天深入展開《越絶書》的研究，仍有着一定的參考價值。由於此文發表在抗日戰爭的前夕，因此也就不可能流行甚廣。爲了省讀者翻查之勞，本附録謹據徐文轉録《越絶書》目録版本情況，特此説明。）

一、目録情況

⑴官修目録

①梁阮孝緒士宗《七録》：「越絶書十六卷，或云伍子胥撰。」

②唐魏徵玄成等《隋書經籍志》（雜史）：「越絶記十六卷，子貢撰。」

③後晉劉昫耀遠《唐書經籍志》（雜史）：「越絶書十六卷，子貢撰。」

④宋歐陽修永叔《新唐書藝文志》（雜史）：「子貢越絶書十六卷。」

⑤王堯臣伯庸《崇文總目》（雜史）：「越絶書十五卷。」

⑥鄭樵漁仲《通志藝文略》（古雜史）：「越絶書十六卷。」

⑦趙希弁《郡齋讀書志附志》（拾遺）：「越絶書十五卷。」

⑧陳振孫伯玉《直齋書録解題》（雜史）：「越絶書十六卷。」

⑨馬端臨貴與《文獻通考經籍考》（雜史）：「越絶書十五卷。」

⑩元脱脱等《宋史藝文志》（霸史）：「越絶書十五卷，或云子貢作。」

⑪明高儒子醇《百川書志》（雜史）：「越絶書十五卷。」

⑫焦竑弱侯《國史經籍志》（古雜史）：「越絶書十六卷，袁康撰。」

⑬清朱彝尊錫鬯《經義考》（擬經）：「袁氏康吴氏平越絶書十五卷。」

⑭紀昀曉嵐等《四庫全書總目提要》（載記）：「越絶書十五卷。」

⑮《簡明目録》（載記）：「越絶書十五卷，漢袁康撰，其友吴平同定，《隋志》稱『子貢作』者，謬也。」

⑯章宗源逢之《隋書經籍志考證》：「越絶記十六卷，子貢撰。今存十五卷。《四庫目録》曰：『漢袁康撰，其友吴平同定。』舊稱子貢作，誤。」

⑰錢大昭晦之《補續漢書藝文志》（國史）：「袁康越絶書十五卷，其友吴平同定。」

⑱侯康君謨《補後漢書藝文志》（雜史）：「越絶書十五卷，會稽袁康撰，吴平屬定。」

⑲顧懷三秋碧《補後漢書藝文志》（雜史霸史）：「越絶書十五卷。」

⑳姚振宗海槎《後漢藝文志》（載記）：「越絶書十六卷。」

㉑袁昶爽秋《袁氏藝文志》：「袁康——漢會稽人——越絶書十六卷，與吴平同撰。」

㉒今人曾樸孟樸《補後漢書藝文志並考》（記傳志雜史）：「袁康吴平越絶書今存十五卷。」

⑵私家目録

①宋尤袤延之《遂初堂書目》（雜史）：「越絶書外傳。」

②明葉盛與中《菉竹堂書目》（經濟）：「越絶書一册。」

③周弘祖《古今書刻》（浙江嘉興府桐鄉）：「越絶書。」

④朱睦㮮灌甫《萬卷堂書目》（雜史）：「越絶書十五卷。」

⑤徐𤊹惟起氏《家藏書目》（旁史）：「越絶書十五卷。」

⑥祁承㸁爾光《澹生堂書目》（霸史）：「越絶書十六卷四册，袁康吴君平著，又載古今逸史。」

⑦陳第季立《世善堂書目》（稗史野史並雜記）：「越絶書十五卷。」

⑧清錢謙益受之《絳雲樓書目》（雜史）：「越絶書十六卷。」陳景雲少章註：「嘉靖間錢唐田副使叔禾家有翻宋刻本。」

⑨錢曾遵王《述古堂書目》（雜史）：「越絶書十卷。」

⑩又《也是園書目》（雜史）：「越絶書十五卷。」

⑪季振宜詵兮《滄葦書目》（宋元雜板雜部）：「越絶書十六卷。」

⑫姚際恒立方《好古堂書目》（雜史）：「越絶書十五卷，漢袁康。」

⑬孫從添慶曾《上善堂書目》（鈔本）：「舊鈔越絶書十六卷，缺八卷，葉石君校正本。」

⑭范懋柱《天一閣書目》（載記）：越絶書十五卷，刊本。嘉定庚辰丁黼序云：『《隋經籍志》越絶記十六卷，《崇文總目》則十五卷，註司馬遷《史記》者屢引以爲據。予紹熙壬子，游吴中，得許氏本，訛舛特甚；嘉定壬申令餘杭，又得陳正卿本；乙亥官中都，借本祕閣，以三本互相參考，擇其通者從之，乃粗可讀；遂刻之夔門，以俟來者。』汪綱、都穆俱有後跋。」

⑮張金吾慎旃《愛日精廬藏書志》（載記）：「越絶書十五卷，明刊本，無名氏跋，尾鈐虞山印記，或牧翁故物歟？」

⑯黄澄量石泉《五桂樓書目》（載記）：「越絶書。」

⑰瞿鏞子雍《鐵琴銅劍樓書目》（載記）：「越絶書十五卷，明刊本，不著撰人。《隋唐志》云：『子貢作。』《四庫書目》云：『漢袁康撰，其友吴平同定。』宋紹興、嘉定，元大德間，皆有刻本，有無名氏跋及丁黼序，汪綱跋，此明時翻刻本也。」

⑱邵懿辰位西《四庫簡目標註》：「越絶書……明初刊本，漢魏叢書本，古今逸史本，汪綱刊本，明田汝成刊本，佳。丁文伯刊本。《四庫》著録《吴越春秋》、《越絶書》皆元大德丙午刊本。」

⑲莫友芝郘亭《郘亭知見書目》（載記）：「越絶書十五卷，漢袁康撰。明初刊本，古今逸史本，田汝成本——昭文張氏藏，明張佳胤校本，丁文伯刊本。」

⑳陸心源剛甫《儀顧堂續跋》（卷之七）：「明仿宋汪綱本《越絶書跋》：『越絶書十四卷，前有嘉靖二

十四年田汝成序，後有無名氏跋、丁黼序、汪綱跋，每葉十八行，每行十六字。黼先得許氏本，後得陳正卿本，嘉定庚辰以祕閣本參校，刊於夔州。嘉定壬申汪綱得丁文伯本，覆刻於紹興郡齋。正德己巳吉水劉恒字以貞者知吴縣，以都穆家藏本，重刻於吴，田汝成爲之序；卷十三……缺一葉，卷七……缺兩葉，皆留空白，常熟瞿氏以爲田汝成刻者（案《瞿目》無此語），蓋未細繹田序、都跋耳。』雙柏堂仿宋丁黼本《越絶書跋》：『越絶書十四卷，後有無名氏跋、丁黼跋，每葉十六行，每行十七字，版心有雙柏堂校四字，缺字與趙恒（案上文作劉，此作趙，誤。）仿汪綱本同而無缺葉。蓋趙恒刊出汪綱本，此則出丁黼刊也。丁黼死節成都，《宋史・忠義》有傳。無名氏跋有惓惓於復仇語，或亦丁黼所爲歟？是書明刊甚多，此本之外，有趙恒本，有張佳胤本，有吴琯古今逸史本，有程榮漢魏叢書本，何鏜漢魏叢書本（案此處有誤），論者以田汝成本爲最佳（參前引邵註），愚論以此本爲最善耳。』」

㉑薛福成叔耘《天一閣見存書目》（載記）：「越絶書十五卷，全。著撰人名氏。又一部十六卷，缺，存卷九至十六。」

㉒今人傅增湘沅叔《雙鑒樓善本書目》：「越絶書，明張佳胤刊本，每半葉八行，每行十七字，龔定菴跋。明正嘉間刊本，每半葉十行，每行二十一字。明萬曆翻元本，每半葉八行，每行十七字。」

㉓葉德輝焕彬《郎園讀書志》：「越絶書，明嘉靖卅三年張佳胤仿宋丁黼本，每半葉八行，每行十七字，版心有雙柏堂版四字；前張佳胤序……後無名氏跋、宋紹興庚辰東徐丁黼一跋。陸心源《儀顧堂續跋》以爲此本之外有張佳胤本，當是所跋者失去張序，以爲别有一本；又板心雙泊堂板『板』字不誤，陸

跋以『板』爲『校』，殊未細審。明嘉靖丁未餘姚陳塏刻本，前有自序，後録無名氏跋、宋紹興庚辰七月望日東徐丁黼書、嘉定甲申八月旦日新安汪綱書、正德己巳三月甲辰南京兵部主事吴人都穆記、無年月成都楊盛跋，每半葉十行，每行二十三字。陸跋有明仿宋汪綱本云……（案已見前引，兹不贅抄。）案陸氏此跋，殊未明晰，都穆跋劉刻此書，時在正德己巳，至嘉靖二十四年，相距三十六年之久，何待田汝成爲之序？蓋田序者乃重刻劉本耳。明萬曆丙戌馮念祖刻本，諸家刻本《外傳本事》皆在首篇，此則在末十五卷；《外傳》即作者自叙，如《史》、《漢》自叙之例，則此篇宜在於後而不宜於冠前。此本祇載無名氏一跋，汪、丁兩跋均不載，殆别有所據，以理度之，其原本必宋刻之至佳者。諸家書目，皆未著録。」

㉔楊立誠以明《四庫目略》（載記）：「越絶書，漢袁康撰，十五卷。明初刊本，漢魏叢書本，吴越全史本，古今逸史本，汪綱刊本，明田汝成刊本，丁文伯刊本，明張佳胤校刊本，四庫著録爲元大德丙午刊本。小萬卷樓附札記本。」它如明李廷相夢弼《蒲汀家藏書目》等，以橱號編次者，以無裨考證，概從略。

二、版本情況

(1)所見諸本

①明何鏜振卿輯漢魏叢書本（别史）有嘉靖壬子夏六月朔日西蜀張佳胤序：「舊本自宋嘉定間刻於吾蜀夔州，再刻會稽，乃久遠不真，嘗思廣傳。黎陽盧少楩出孟汝再家藏舊本於予，頗爲完善，二子好古博文，雅會斯志，爰校刻焉，交成厥美云。」案何氏舊目，原有百種。新安程榮版行，僅梓三十八種，本

書末及；武林何允中搜益其半，合七十六種，始有之。清王謨汝上廣之，爲八十四種，復各系以跋。陸跋云「有程榮漢魏叢書本」，殊謬，又與何鏜本並舉，疑何鏜當作何允中耳。

②吴琯輯古今逸史本（世家）無序跋。

③陳繼儒仲醇輯吴越全史本，全史有天啟丁卯清和月仁和何允中開引。本書有山陰王業恂王資治仝校評。

④葉紹泰來甫纂漢魏别解節本，全書有崇禎戊寅臯月既望自序及凡例。本書選録《荆平王内傳》、《計倪内經》、《請糴内傳》、《叙外傳記》四篇，與黄澍仲霖同評。

⑤張運泰來倩選漢魏名文乘節本，全書有××壬午選例，楊鶚無山、黄國琦五湖鑒定。本書選録《荆平王内傳》、《吴内傳》、《計倪内經》、《請糴内傳》、《外傳策考》、《外傳范伯》、《内傳陳成恒》、《外傳計倪》、《外傳計》（案「記」誤）、《寶劍》、《外傳枕中》、《外傳春申君》、《德序外傳》、《叙外傳記》十三篇，題袁康補，與《吴越春秋》、《素書》同入西漢文。（案本書作者時代，誠不能定，若《吴越春秋》撰人趙曄，見《後漢書・儒林傳》，何得爲西漢文？）有李長庚酉卿叙而與余允熹延穉彙評，評者有鍾惺伯敬、陳仁錫明卿、葉紹泰來甫、周玉蒨等。

⑥清紀昀曉嵐總纂《四庫全書》本（載記）《提要》云：「兵部侍郎紀昀藏本，此本與《吴越春秋》皆大德丙午紹興路所刊；卷末一跋，諸本所無，惟申明復仇之義，不著姓名，評其詞意，或南宋人所題耶？」然文瀾閣本乃無無名氏跋而有張佳胤序。

⑦錢培名賓之輯小萬卷樓叢書本，據元大德本，用漢魏、逸史兩本校，爲《札記》一卷附後，並輯逸二十有八條，有跋。

⑧鄭國勛輯龍溪精舍叢書本，據萬卷本，因與悉同。

⑨上海涵芬樓四部叢刊本（史部），借烏程劉氏嘉業堂藏明萬曆本景印，有無名氏跋，《書録》云：「明刻越絶書，陸心源盛稱雙柏堂本，此本行款及卷中墨釘與之悉同。」

⑩今人陸費逵伯鴻總勘四部備要本（古史）據明刻本（案即漢魏本），無序跋。

⑵歷代版本

①宋祕閣本。

②許氏吴中本。

③陳正卿餘杭本（以上並據丁序，參前引范目）。

④嘉定十三年庚辰丁黼文伯夔州刊本，有序（據范目、瞿目、邵註、莫目、陸跋、葉志、楊略及漢魏本張序。序參前引范目，有紹熙壬子、嘉定壬申乙亥等語，其爲嘉定庚辰無疑。葉志乃作紹興庚辰，想是明刻翻誤，故瞿目亦云「紹興間有刻本」也。又據《宋史·忠義傳》，黼以嘉熙三年死節，距紹興庚辰，且八十歲，其誤更不待辯）。

⑤嘉定十七年甲申汪綱仲舉紹興覆丁刊本，有跋（據同上。漢魏本張序所云「再刻會稽」，當即此本。陸跋乃作壬申，則爲嘉定五年，時丁文伯本未有，安從而覆刻之？此亦涉上紹興庚辰而誤）。

⑥元大德十年丙午紹興路刊本，有無名氏跋（據四庫提要、瞿目、邵註。提要云「或南宋人所題」，陸跋云「或亦丁黼所爲」。萬卷本自此出）。

⑦正德四年己巳劉恒以貞吴中仿汪刊本，有都穆跋，又有以上諸序跋，缺葉二（據范目、瞿目、陸跋、葉志。陸跋又作「趙恒」，案趙恒字志貞，晉江人，嘉靖進士，教授袁州，屢擢姚安知府，與劉恒籍貫官階並異，當非一人）。

⑧嘉靖二十四年乙巳田汝成叔禾錢唐覆劉刊本，有序，又有以上諸序跋；每半葉九行，行十六字。（據錢目、陳註、張志、邵註、莫目、陸跋、葉志、楊略。莫目云：「佳。」陸跋誤以爲即劉刊本。序見文集卷一，有云：「太原孔子，督學兩浙，得是書而悦之，曰：『入其疆而不習其故，非學也。』校其訛舛而付梓焉。以予爲吴越之遺黎也，屬序於予，爲之引端若此而歸之。」則此本似爲孔刊，顧無可考。）

⑨又二十六年丁未陳塏山甫餘姚刊本，有序及楊盛跋，又有以上諸序跋。每半葉十行，行二十二字（據葉志）。

⑩又三十三年甲寅張佳胤肖甫雙柏堂仿丁刊本，有序，又有無名氏、丁黼二跋。每半葉八行，行十七字。（據莫目、陸跋、傅目、葉志、楊略。序見漢魏本、四庫本。陸跋以未見序文，歧張刊與雙柏堂爲二，誤。陸氏十萬卷樓藏本今歸日本靜嘉堂文庫。傅氏雙鑒樓藏本，有清龔自珍定菴跋，跋文未見。）

⑪正嘉間刊本，每半葉十行，行二十一字。（據傅目。）

⑫萬曆十四年丙戌馮念祖與《吴越春秋》合刻本，僅無名氏一跋（據葉志）。

⑬又翻元本，每半葉八行，每行十七字（據傅目，劉氏嘉業堂藏，爲涵芬本所自出者同）。它如周刻所云「桐鄉刊本」，季目所云「宋元雜板」，以不審年月，姑從闕。又如明鍾惺伯敬評祕書十八種本，陳仁錫明卿越絶書奇質權譎祕書本，日本尊經閣文庫所藏，皆未及見，而所見文乘本，有鍾、陳兩家評語，豈其一斑？

附録五：越絶書校釋徵引文獻一覽

《周易正義》（中華書局影印阮元十三經校刻本）

《尚書正義》（中華書局影印阮元十三經校刻本）

《毛詩正義》（中華書局影印阮元十三經校刻本）

《周禮注疏》（中華書局影印阮元十三經校刻本）

《儀禮注疏》（中華書局影印阮元十三經校刻本）

《禮記注疏》（中華書局影印阮元十三經校刻本）

《春秋左傳正義》（中華書局影印阮元十三經校刻本）

《春秋左傳詁》（中華書局點校本）

《春秋穀梁傳注疏》（中華書局影印阮元十三經校刻本）

《春秋公羊傳注疏》（中華書局影印阮元十三經校刻本）

《論語注疏》（中華書局影印阮元十三經校刻本）

《孟子注疏》（中華書局影印阮元十三經校刻本）

《爾雅注疏》（中華書局影印阮元十三經校刻本）

《方言》（上海古籍出版社影印錢繹《方言箋疏》本）
《釋名》（上海古籍出版社影印王先謙《釋名疏證補》本）
《説文解字注》（中華書局影印經韻樓藏板）
《廣雅》（江蘇古籍出版社影印高郵王氏四种《廣雅疏證》本）
《經典釋文》（中華書局一九八三年影印本）
《廣韻》（中國書店影印張氏澤存堂宋本）
《玉篇》（中國書店影印張氏澤存堂宋本）
《小學紺珠》（江蘇古籍出版社、上海書店影印光緒九年浙江書局刊本）
《别雅》（上海古籍出版社影印文淵閣四庫全書本）
《經義考補正》（粤雅堂叢書本）
《讀書雜志》（江蘇古籍出版社影印高郵王氏四种本）
《經義述聞》（江蘇古籍出版社影印高郵王氏四种本）
《經傳釋詞》（江蘇古籍出版社影印高郵王氏四种本）
《辭通》（上海古籍出版社一九八二年重印本）
《辭源》（商務印書館一九七九年脩訂本）
《史記》（中華書局點校本）

《史記會注考證駁議》（岳麓書社一九八六年重印本）
《漢書》（中華書局點校本）
《韋昭漢書音義輯佚》（拙著，武漢大學出版社一九九〇年出版）
《新校注（《漢書》）地里志集釋》（二十五史補編本）
《後漢書》（中華書局點校本）
《三國志》（中華書局點校本）
《晉書》（中華書局點校本）
《宋書》（中華書局點校本）
《魏書》（中華書局點校本）
《隋書》（中華書局點校本）
《資治通鑑》（中華書局點校本）
《讀通鑑論》（四部備要本）
《國語》（上海古籍出版社點校本）
《國語正義》（巴蜀書社影印光緒庚辰章氏式訓堂本）
《戰國策》（上海古籍出版社點校本）
《戰國策集注彙考》（江蘇古籍出版社一九八五年出版）

《吴越春秋》（江蘇古籍出版社點校本）

《路史》（四部備要本）

《漢武帝内傳》（增訂漢魏叢書本）

《水經注》（上海人民出版社王國維校本）

《水經注疏》（江蘇古籍出版社一九八九年版點校本）

《荆楚歲時記》（上海古籍出版社影印文淵閣四庫全書本）

《元和郡縣圖志》（中華書局點校本）

《嶺表録異》（廣東人民出版社一九八三年點校本）

《吴地記》（學海類編本）

《太平寰宇記》（光緒八年金陵書局刻本）

《吴郡志》（江蘇古籍出版社一九八六年點校本）

《吴郡圖經續記》（學津討原本）

《新定九域志》（中華書局點校本）

《會稽志》（上海古籍出版社影印文淵閣四庫全書本）

《會稽續志》（上海古籍出版社影印文淵閣四庫全書本）

《會稽三賦》（上海古籍出版社影印文淵閣四庫全書本）

《景定建康志》（上海古籍出版社影印文淵閣四庫全書本）

《姑蘇志》（上海古籍出版社影印文淵閣四庫全書本）

《三吴水考》（上海古籍出版社影印文淵閣四庫全書本）

《無錫縣志》（上海古籍出版社影印文淵閣四庫全書本）

《石柱記箋釋》（上海古籍出版社影印文淵閣四庫全書本）

《浙江通志》（上海古籍出版社影印文淵閣四庫全書本）

《漢唐地理書抄》（中華書局影印麓山精舍輯本）

《周書王會補注》（江蘇古籍出版社、上海書店影印光緒九年浙江書局刊本）

《通典》（中華書局影印萬有文庫十通本）

《通志》（中華書局影印萬有文庫十通本）

《史通通釋》（上海古籍出版社點校本）

《直齋書録解題》（上海古籍出版社點校本）

《崇文總目》（叢書集成初編本）

《經史避名彙考》（臺灣明文書局影印適園鈔本）

《管子》（中華書局重印世界書局諸子集成本）

《老子》（中華書局重印世界書局諸子集成本）

《莊子》（中華書局新編諸子集成郭慶藩《莊子集釋》本）
《鶡冠子》（浙江人民出版社影印掃葉山房本）
《尉繚子》（浙江人民出版社影印掃葉山房本）
《尹文子》（中華書局重印世界書局諸子集成本）
《孔子家語》（上海書店重印國學基本叢書陳士珂《孔子家語疏證》本）
《無能子》（浙江人民出版社影印掃葉山房本）
《韓非子》（中華書局重印世界書局諸子集成本）
《荀子》（中華書局重印世界書局諸子集成本）
《新書》（浙江人民出版社影印掃葉山房本）
《春秋繁露》（上海古籍出版社影印文淵閣四庫全書本）
《淮南子》（中華書局新編諸子集成劉文典《淮南鴻烈集解》本）
《新語》（浙江人民出版社影印掃葉山房本）
《新序》（叢書集成初編本）
《揚子法言》（中華書局重印世界書局諸集子集成本）
《太玄經》（上海古籍出版社影印文淵閣四庫全書本）
《吕氏春秋》（學林出版社陳奇猷《吕氏春秋校釋》本）

《鹽鐵論》（中華書局重印世界書局諸子集成本）
《説苑》（中華書局向宗魯《説苑校證》本）
《論衡》（中華書局重印世界書局諸子集成本）
《白虎通義》（叢書集成初編本）
《風俗通義》（叢書集成初編本）
《潛夫論》（中華書局新編諸子集成汪繼培《潛夫論箋校正》本）
《太白陰經》（上海古籍出版社影印文淵閣四庫全書本）
《五經總要》（上海古籍出版社影印文淵閣四庫全書本）
《博物志》（中華書局點校本）
《搜神記》（中華書局點校本）
《拾遺記》（中華書局點校本）
《獨異志》（中華書局點校本）
《北堂書鈔》（中國書店影印光緒十四年南海孔氏刊本）
《藝文類聚》（上海古籍出版社重印汪紹楹校訂本）
《初學記》（中華書局一九七九年重印校本）
《群書治要》（江蘇古籍出版社影印宛委別藏本）

《意林》（四部備要本）

《白氏六帖事類集》（商務印書館影印傅增湘舊藏宋本）

《太平御覽》（中華書局重印涵芬樓影印宋本）

《太平廣記》（中華書局重印人民文學出版社校勘本）

《群書考索》（上海古籍出版社影印文淵閣四庫全書本）

《玉海》（江蘇古籍出版社、上海書店影印光緒九年浙江書局本）

《海録碎事》（上海辭書出版社影印萬曆卓顯卿刻本）

《格致鏡原》（江蘇廣陵古籍刻印社影印本）

《楚辭補注》（中華書局點校本）

《文選》（中華書局影印胡克家校刻本）

《文心雕龍》（人民文學出版社周振甫《文心雕龍注釋》本）

《劉子》（上海古籍出版社影印文淵閣四庫全書本）

《容齋隨筆》（上海古籍出版社影印文淵閣四庫全書本）

《東觀餘論》（上海古籍出版社影印文淵閣四庫全書本）

《雲麓漫抄》（筆記小說大觀本）

《黄氏日抄》（上海古籍出版社影印文淵閣四庫全書本）

《楊升菴全集》（民國十八年新都同文會影印本）
《丹鉛總録》（寶顔堂秘笈本）
《田叔禾小集》（武林往哲遺書本）
《少室山房筆叢》（廣雅書局叢書本）
《真珠船》（寶顔堂秘笈本）
《焦氏筆乘》（叢書集成初編本）
《西河合集》（乾隆三十五年陸體元脩補重印本）
《抱經堂文集》（抱經堂叢書本）
《蛾術編》（日本中文出版社影印本）
《讀書叢録》（道光二年廣東富文齋刻本）
《讀書脞録》（嘉慶間刻本）
《越縵堂讀書記》（中華書局重印商務印書館排印本）
《曲園雜纂》（春在堂叢書本）
《玉函山房輯佚書》（日本中文出版社影印同治十年濟南皇華館書局補刻本）
《讀越絶書札記》（叢書集成初編本）
《越絶書校註》（商務印書館一九五六年出版）

《越絶書》：

上海古籍出版社一九八五年版樂祖謀點校本

上海古籍出版社影印文淵閣四庫全書本

叢書集成初編本

漢魏叢書本

增訂漢魏叢書本

四部叢刊本

研究論文：

徐益藩《越絶考》　載《文瀾學報》第三卷二期

陳橋驛《關於越絶書及其作者》　載《杭州大學學報》一九七九年第四期

《點校本越絶書序》　載上海古籍出版社一九八五年版點校本《越絶書》卷首

後記

本書的選題始於八十年代中期，先從輯佚入手，在玩味原著的同時，積累了一些有關材料，然後分篇寫出校釋内容，删除叢雜枝蔓，最後就成了今天這個樣子。

曾經有些師友鼓勵我把《越絶書研究》與本書合在一起出版，後來因爲這樣篇幅過大，加上《研究》還要進一步地擴充、脩訂，所以《校釋》就先《研究》印行了。

我應該感謝我的老師宗福邦教授，他在主編國家重點項目《故訓彙纂》十分繁忙的情況下，還經常關心並熱情鼓勵書稿的寫作，創造各種條件，使研究得以順利地進行；還應該感謝陳世鐃副教授與肖海波副教授，他們在緊張的科研第一綫，撥冗審閲書稿的《前言》部分，並提出寶貴的意見；還應該感謝責任編輯羅通秀同志，他耐心而細緻地審閲了本書的全部書稿。

本書的研究課題，承蒙全國高等院校古籍整理研究工作委員會的科研經費資助，謹致謝忱。

與我以往的著作一樣，本書也必然由于我的水平有限和見之不廣，存在一些缺點以至錯誤，懇請讀者批評指正。

李步嘉壬申年（一九九二）初記于武漢大學